가슴에
들리는

이야기

가슴에 들리는 설교 이야기

펴낸날 2023년 12월 8일

지은이 이경만
펴낸이 주계수 | **편집책임** 이슬기 | **꾸민이** 김명신

펴낸곳 밥북 | **출판등록** 제 2014-000085 호
주소 서울시 마포구 양화로 7길 47 상훈빌딩 2층
전화 02-6925-0370 | **팩스** 02-6925-0380
홈페이지 www.bobbook.co.kr | **이메일** bobbook@hanmail.net

© 이경만, 2023.
ISBN 979-11-5858-976-9(03230)

수필식 설교론

가슴에 들리는 설교 이야기

The Sermon that touches the Heart

이경만

"설교가 살아야 교회가 산다"

이 시대가 필요로 하는 '설교'는 귓가를 맴도는 설교가 아니다.
바로 청중의 가슴에 들리는 설교이다.

'별빛 이경만 목사'가 한국 교회를 생각하며, 수필 형식으로 그린 설교 이야기

누구나 쉽게 접근할 수 있도록 설교의 이론과 실무를 엮은, 재미와 의미가 있는 53편의 단편 스토리

추천사

김진홍 목사(금천교회 원로목사, 금천설교아카데미 원장, 목회학박사, 명예신학박사)

사람이 글을 쓴다는 것은 참으로 귀하고 어려운 일이다. 그리고 가치가 있는 일이다. 글은 자신의 생각과 사상과 마음과 학문을 보여주는 일이기 때문이다. 이번에 이경만 목사가 또 다른 책을 발간한 것을 매우 기쁘게 생각한다. 지난번에는 설교집을 내었고, 이번에는 더 좋은 설교를 준비할 수 있는 방법론에 대한 책을 내놓게 되었다. 이것은 학자(學者)가 아니면 할 수 없는 일이다. 저자는 주님의 소명을 받아서 늦은 나이에 목사가 되었는데, 배우려는 학구열이 대단하다. 얼마나 열정적인지 모른다. 그런 열정(熱情)이 드디어 그의 인생에서 역작(力作)을 하나 만들어내었다. 그것이 『가슴에 들리는 설교 이야기』 라는 책이다.

사실 "목회는 설교이다. 그리고 설교가 목회이다"라고 해도 과언이 아니다. 그만큼 목회에서 설교의 중요성이 크다는 말이다. 또한 설교는 성경 본문에서 주제와 목적을 찾아내어 그것을 어떤 설교의 구성 방법으로 잘 풀어 가느냐가 중요한 관건이다. 그런데 안타깝게도 많은 목회자들이 설교의 구성 방법을 모르고 설교를 준비하고 있다. 저자는 설교의 구성 방법인 연역법적 방법과 귀납법적 방법을 잘 알고 있기에 이 책을 세상에 내놓을 수 있었다. 일반적으로 많은 설교자들은 연역법적 설교에만 머물고 있다.

그러나 깊고 시원한 영적(靈的)인 우물물을 길어내는 설교 방법은 귀납법적 설교 구성 방법이다. 귀납법적 설교의 구성 방법은 만들기는 어렵지만 이 방법을 터득하여 만들 수만 있기만 한다면 설교는 훨씬 더 영적으로 깊은 설교가 될 것이다. 이 귀납법적 설교에는 이야기 설교, 네 페이지 설교, 현상학적 전개식 설교가 있다. 이런 설교를 성경 본문에서 자유롭게 뽑아낼 수 있을 때 강단이 은혜로워진다. 『가슴에 들리는 설교 이야기』는 바로 이것들에 대한 방법을 잘 수록한 책이다. 저자의 깊은 영성과 학문이 본서를 그렇게 이끌어가고 있다. 이 책을 읽는 모든 독자들이 하나님이 주시는 영감으로 본서를 읽을 수 있기를 기도드린다. 그리고 이 책을 집필하느라 피와 같은 땀을 흘리신 이경만 목사에게 진실로 격려와 축하를 드린다.

조성현 박사(부산장신대 설교학 교수, 포스틱설교연구소 소장)

20세기 스위스의 유명한 신학자인 에밀 브루너(Emil Brunner)는 말하길 "아무리 아니라고 하더라도 이 지구상에서 일어나는 일 중 가장 중요한 일을 행하는 것이 바로 설교이다"라고 했다. 이는 기독교의 정체성을 대표하는 것이 바로 설교라는 것이다. 이 귀한 설교의 가치를 높여주는 위대한 작품이 나왔다. 바로 이경만 목사의 저작인『가슴에 들리는 설교 이야기』이다.

본 추천인은 귀한 저서를 처음부터 마지막까지 탐독하면서, 몇 가지 면에서 추천하는데 조금도 주저하지 않았다. 첫째, 본서는 설교의 이론과 실제, 설교의 문무(文武)를 매우 잘 겸비한 저술이기 때문이다. 설교의 정의, 설교의 목적, 설교의 신학을 비롯하여 설교원고 작성, 예화의 작성, 시선접촉 및 설교의 피드백 등을 총 망라한 이론과 실무의 저작이기 때문이다. 둘째, 본서는 설교학이라는 딱딱한 학문적인 논리를 부드러운 이야기체로, 수필형태로 독자가 쉽게 읽을 수 있도록 저작한 '설교학 이야기'이다.

또한 저자는 포스트모더니즘(Post Modernism)과 새로운 설교학(New Homiletics)의 중요한 핵심을 잘 갈파하였다. 즉 논리보다는 감성, 머리보다는 가슴, 화자보다는 청중 중심이라는 그 변화를 치밀하게 파악한 작품이기 때문이다. 셋째, 본서를 작성하기 위하여 국내외 저명한 설교학자와 설교자들에 대한 깊은 연구와 그들의 저작을 탐독한 흔적과 열정이 역력하다. 본서를 집필하신 저자의 노고에 대하여 힘찬 격려를 보내드린다. 그리고 본서를 통해 신학도와 현장 설교자들이 설교와 설교학에 대하여 더 깊이 인식하게 되기를 원한다. 또한 더 나은 설교를 하기를 원하는 설교자들이 본서를 손에 들고 읽으므로 사랑받는 책이 되기를 기대한다.

홍은익 목사(생명의빛교회 담임목사, 금천설교아카데미 총무)

　그 무엇에 관하여 말하고 글을 쓸 때 중요한 요소 중 하나가 그것을 바라보는 사람의 가치관(價値觀)이다. 그런 점에서 이경만 목사의 「설교(說敎)」에 대한 생각은 남다르다. 그는 설교에 대한 가치와 영향력을 그 누구보다도 크게 두고 있다. 그런 그가 논리성과 치밀함을 갖추고 누구라도 아주 이해하기 쉽고도 유용한 설교에 관한 책을 낸 것을 진심으로 환영한다. 『가슴에 들리는 설교 이야기』는 설교를 듣는 청중의 자리에서 설교를 이해하고 바라보고 쓴 글이어서, 책의 제목처럼 공감이 되고 이해가 쉽다.

　거기에 '설교학(說敎學)'이라는 딱딱한 이미지와는 달리 저자의 겸손하고 온유한 그러면서도 섬세한 인성이 더하여져서 읽는 내내 마음도 따뜻하게 되는 것 같았다. 미당 서정주는 "한 송이의 국화꽃을 피우기 위해 봄부터 소쩍새는 그렇게 울었나 보다"라고 했는데 이 책의 저자 역시 그 이상 수고의 땀과 눈물을 이 가운데 흘리지 않았을까? 라고 생각하며, 『가슴에 들리는 설교 이야기』 출간에 다시 한번 축하의 박수를 보내드린다.

　이 책은 현장에서 '설교'때문에 고민하는 많은 목회자들에게는 좋은 설교의 소재와 방향을 제공하고, 설교에 관심을 가진 신학도들에게는 새롭고 참신한 설교의 아이디어를 제시한다. '설교의 이론과 실제'를 두루 갖춘 설교학에 좋은 참고서이기에 적극 추천한다. 모쪼록 이 책을 읽는 독자를 향한 저자의 간절한 바람(별빛이라도 비추겠다는 심정)처럼, 목회의 현장에서 '청중의 가슴에 와 닿는 들리는 설교'를 하게 되는 아름다운 열매가 맺어져, 성도의 삶이 변화하고, 교회가 크게 부흥케 되길 소망해 본다.

정해우 목사(신양교회 위임목사, 기아대책기구 이사, 목회학박사)

설교의 목적은 하나님의 마음을 전하여 성도들이 은혜를 받고 믿음의 열매를 맺게 하는 것이다. 또한, 설교는 하나님의 말씀을 듣고 사람들에게 전달한다는 점에서, 설교자와 회중이 '소통(疏通)'해야 한다. 이번에 오랜 지인인 이경만 목사가 집필한 『가슴에 들리는 설교 이야기』는 하나님의 말씀인 설교가 그저 회중의 귀에 맴도는 소리가 아니라, 회중의 의식과 함께 설교가 그들의 삶에서 열매를 맺도록 함을 지향하고 있다.

단순하게 설교의 이론과 형태를 넘어 설교자가 회중의 귓가에 맴도는 설교가 아닌 가슴에 들리는 설교를 하게 하려는 고민을 저자가 하고 있음에 진정 감사하다. 설교자는 설교를 준비하면서 하나님과 반드시 먼저 소통해야 하며, 하나님으로부터 받은 말씀을 회중에게 잘 들리게 선포하여야 한다. 그렇다! 설교는 본문중심(Text-Driven)의 내용을 전할 때 진정으로 회중의 가슴에 들리는 설교가 될 것이다. 이를 위해 설교자가 먼저 하나님의 말씀 앞에서 겸손하게 기도하고, 성령 충만의 은혜를 받아야 한다.

이번에 이경만 목사의 세 번째 책인 『가슴에 들리는 설교 이야기』는 단순히 설교의 이론과 형태를 통하여 만들어지는 것이 아닌, 회중의 마음을 감동시키며, 그 말씀대로 순종하게 하는 설교가 만들어지도록 하는 귀한 가이드를 제시하고 있다. 그러므로 신학생 및 목회자들이 일독하기를 적극 추천한다.

손의석 목사(명륜중앙교회 위임목사, 목회학박사)

　여행 중에 가장 먼 여행을 '머리에서 가슴까지의 여행'이라고 한다. 머리에서 가슴까지는 30 센티미터 남짓하지만, 그 거리를 이동하는데 평생이 걸리기 때문이다. 그런 의미에서 보면, 설교는 귀에 들리는 설교에서 가슴에 들리는 감동의 설교가 되어야 하고, 그것이 사람을 변화시킬 수 있어야 한다. 혹자는 이것을 가슴에서 발로 가는 것이라고 말하기도 했다. 이런 관점에서 설교의 중요성을 깨달은 이경만 목사는 하나님의 말씀을 무척 사랑하는 분이다. 특히 하나님의 말씀을 설교를 통해 바르게 전달하고자 하는 그의 열망(熱望)과 열정(熱情)이 대단히 강하다.

　많은 사람들은 나이가 들면 현실에 안주하려고, 하던 일도 정리하며 마무리하기 쉽다. 그러나 그는 끊임없이 자신을 채근(採根)하면서, 자기계발의 끈을 놓지 않고, 지속적으로 선한 흔적을 남기고 있다. 조금 더 일찍 신학에 입문하여, 많은 설교의 기회와 경험을 가졌다면 좋았을 것이라는 아쉬움이 크다. 이번에 출간된 『가슴에 들리는 설교 이야기』에는 신학자나 설교자가 미처 깨닫지 못한 내용을 정확히 갈파한 그의 통찰력이 사뭇 깊이 있게 묻어나고 있다.

　이 책을 통하여 기존의 설교자들은 처음 신학을 공부하며 두려움으로 설교를 시작할 때의 초심으로 돌아갈 수 있을 것이다. 특히 신학교를 졸업한 지 오래된 목회자들은 설교의 기본에서부터 최근 설교학의 트렌드까지 점검해 볼 수 있다. 이 책은 지금 신학을 공부하며 설교자가 되어야하는 목사후보생들에게 아주 유용한 길라잡이가 될 수 있다. 또한 평신도들에게도 설교자가 한 편의 설교를 준비하기 위해 어떤 과정을 겪으며 설교단에 올라가는지 이해하는 계기가 될 것이다. 그래서 설교자의 설교를 더 깊이 공감하며 은혜를 받을 수 있을 것이다. 모두가 이 책을 읽어보시기를 적극 추천 드린다.

이은철 목사(강내교회 위임목사, 하브루타(유대인자녀교육)방식 교회에 도입, 부부교육 시행)

이경만 목사를 금천설교아카데미 모임에서 처음으로 만나 교제하며, 그의 '설교'에 대한 열정과 집념을 보게 되었다. 설교가 얼마나 중요하고 귀한 지를 깨닫고, 열심히 연구하며, 연습하는 그의 모습이 참으로 아름답다. 좀 더 일찍 목사가 되었다면 좋은 설교자가 되어 선한 영향력을 한국 교회에 주었을 것이다. 그는 이제 목사은퇴를 불과 1년여 남기고 있다. 그럼에도 수필형태의 설교론(說敎論)인『가슴에 들리는 설교 이야기』를 썼다는 그 자체가 놀랍고 훌륭하다.

설교는 수십 년을 하여도 늘 부담이 되고 힘이 드는 것이 사실이다. 즐기라고 하는 분도 있지만 하나님 앞에 언제나 죄송하고, 사람들 앞에서도 부끄러운 마음이 앞선다. 공부는 죽을 때까지 해야 한다는 말이 있는 것처럼, 설교도 죽을 때까지 준비하고 작성해야 하는 것일까라는 생각도 해본다. 정기적으로 설교할 목회지가 없다 해도 은혜로운 설교를 항상 준비한다는 것은 자신의 신앙의 성숙과 하나님의 음성을 듣는 시간을 갖게 하므로, 하나님과 가까워지는 좋은 방법이 될 것이다.

시대가 변하는 상황에서 설교도 변해야 하는 것이 아니냐는 논란이 있어왔다. 설교형태에 최대한의 변화를 주고자 시도하지만 쉽지는 않다. 그런데 이경만 목사는 늦게 목사가 되고도, 설교에 눈을 떠서 열심히 배우며,『가슴에 들리는 설교 이야기』와 같은 설교론을 집필하는 은혜는 하나님이 주신 달란트와 성령의 충만하신 열정(熱情)의 소산이라고 말할 수 있다. 이 책은 '설교'에 대하여 잔잔한 필체로 심오한 진리를 보여주며, 다양한 설교형태의 이론과 실무를 쉽게 설명하고 있다. 설교자라면 이 책을 통하여 자신의 설교와 비교 분석을 해 볼 수 있기에 꼭 읽어보시기를 추천하는 바이다.

신경민 목사(금천교회 위임목사, 신학박사)

선교여행 중, 아프리카에서 밤하늘을 바라본 적이 있었다. 낯선 그곳에서 하늘의 쏟아지는 별빛이 나를 반겨주었다. 큰 기쁨과 행복의 경험이었다. 오래전 아브라함도 그 별빛으로 하나님의 광활한 계획을 경험하였고(창 15:5), 욥과 다윗을 비롯한 성경의 많은 인물들도 그 별빛을 통해 주님의 위로와 계획을 가늠할 수 있었다.(욥 38:32, 시 8:3) 여기 '별빛 이경만 목사가 집필한 『가슴에 들리는 설교 이야기』는 설교학(說敎學)에 관한 책이다. 저자는 포스트코로나 시대를 살아가는 우리에게 별빛과 같이 하나님의 위로와 뜻을 제공하며, 설교의 방향성과 지침을 알려준다.

이 책에는 하나님이 원하시는 설교를 찾기 위해 연구를 거듭한 스티그마(흔적)가 담겨있다. 신학교에서, 사역의 현장에서, 설교아카데미에서 저자(著者)가 만난 신학과 신앙의 뜨거운 체험이 여기에 고스란히 담겨 있다. 따라서 본서를 통해 '한국 교회'의 설교자들은 하나님의 중심을 전하고, 성도들의 가슴에 들리는 설교를 할 수 있게 될 것이다. 20세기의 위대한 신학자인 칼 바르트(Karl Barth)는 "설교자가 한손에는 성경을, 한손에는 신문을 들어야 한다"라는 말을 남겼다. 이와 같이 『가슴에 들리는 설교 이야기』는 지금 이 시대의 설교에 대한 고민과 해결방안이 듬뿍 담겨있다.

그러므로 본서는 저자의 깊은 학문과 통찰력이 물씬 묻어나는 이 시대의 작품(作品)이다. 이 책만큼 다양한 설교의 배경지식이 담긴 책은 찾아보기 힘들다. 여기에 설교의 개념과 이론, 설교의 유형, 시대에 알맞은 설교, 여러 설교자들의 사례가 담겨있으며, 저자의 설교문과 강평이 부록에 들어있다. 이제 새로운 시대의 설교를 청중들이 '가슴'으로 맞이하도록 돕는 『가슴에 들리는 설교 이야기』는 우리 모두에게 별빛의 행복을 경험하게 해 줄 것이다. 놀라운 땀의 결실을 맺은 저자에게 축하와 감사의 갈채를 드린다.

프롤로그

하늘 은혜로 채워 주심

고희(古稀) 기념으로 집필계획을 세우다

2021년에 『들려지는 요한계시록』 설교집을 발간한 이래 책을 집필하는 어려움을 익히 체득한 입장에서 이제 몸도 조금씩 약화(弱化)되어가기에 감히 또 책을 만들어낼 생각을 하지 못한 채 시간이 지나갔다. 그러나 인생에는 언제나 하나님께서 정한 시간이 있는 법이다. 부모님의 은혜로 세상에 태어난 지 만 69년, 우리나라에서 일컫는 칠순인 고희(古稀)의 시간이 다가오고 있었다. 이제는 100세 장수시대라고 하지만 이미 급성심근경색의 흔적이 있는 몸을 여기까지라도 살게 해 주신 하나님의 은혜가 너무나 감사하다. 그래서 불신영혼을 구원시키는 목사(牧師)로서의 사명으로 희미하지만 의미가 있는 일을 하고 싶은 마음이 자꾸 생기는 것이었다. 고희 기념으로 할 수 있는 것이 무엇일까 고민하다가, 마침내 그동안 금천설교아카데미를 통해 배우고 익힌 '설교(preaching)'에 대하여 현재 알고 있는 지식만큼 집필해보기로 결심하였다.

신대원에서 '설교학(說敎學)'을 이론으로 배우고, 교수님과 여러 동료 신학생들 그리고 많은 가족들이 지켜보는 가운데 설교발표도 하였다. 졸업 후 막상 현장인 교회에서 전임전도사로 사역하면서 그런대로 '삼대지 설교'로 하긴 하지만 설교를 더 잘해야겠다는 마음이 늘 있었다. 그럴 때 아주 우연히 만나게 된 금천설교아카데미와 김진홍 목사님이 어두운 내 눈을 뜨게 해주셨다. 지난날을 생각하면 금천설교아카데미를 통한 금천교회와 김진홍 목사님과의 만남은 하나님의 보이지 않는 놀라운 손길이었다. 아직도 설교문 작성과 설교 전달력이 여전히 부족하다. 하지만, 그래도 5년 전과 비교하면 격세지감(隔世之感)이다. 하늘과 땅의 차이만큼의 발전이 있었다. 이 책을 집필하려고 할 처음에는 마이클 샌델의 베스트셀러 『정의란 무엇인가』처럼 멋진 '설교학' 책을 만들겠다는 마음을 가졌다. 그래서 감히 『설교란 무엇인가』라는 제목의 이론적으로 완성된 '설교론'에 관한 신학 책을 만들려는 당찬 포부를 가졌다. 일단 머릿속을 정리한다는 생각으로 우리나라 설교학의 대가이신 정장복 교수님, 주승중 목사님 그리고 김운용 총장님의 설교관련 책들을 다시 열심히 읽고, 음미하며, 노트에 정리하였다.

김진홍 목사님의 책 『깊은 설교 얕은 설교』도 당연히 정독하였고, 마틴 로이드존스의 『설교와 설교자』와 토마스 롱의 『증언으로서의 설교』, 그리고 조성현 교수님, 권호 교수님, 박영재 목사님, 김도인 목사님 등의 귀중한 책들을 다시 한번 두 달 동안 세심하게 정독하였다. 정독을 하니 책들이 서로 큰 테두리 안에서 연결되고, 기술된 내용에 대한 이해가 더욱 잘 되었다. 신대원 시절에 공부한 설교학 노트와 금천설교아카데미에서 여러 회원 목회자분들이 설교 원고를 발표하면 그에 대한 각자의 의견 및 김진홍 원장 목사님의 최종 강평을 기록한 9권의 노트들을 읽으면서 다시 정리가 되었다. 노트에는 실무적인 코멘트와 격려, 지적 등 당시에 나타난 내용들로 인하여 이론과 실제가 잘 연결되었다. 제법 자신이 붙었다고 생각하였다. 더구나 지난 5년간 금천설교아카데미에서 터득한 실무지식과 이론이 겸비되었으니 이제는 설교학 집필이 충분히 가능할 것 같은 자만심의 허풍(虛風)이 가득 차게 되었다.

별빛이라도 비추겠다는 심정으로 시작하다

일단 "설교가 무엇인가?"라는 제목 하에서 시작해 보기로 하였다. 하지만 몇 자를 적어보다가 "아뿔싸! 진도를 나갈 수가 없네…" 그렇다! 신학적으로의 '설교론'은 아직 나에게 있어서 큰 무리라는 판단이 들었다. 설교학만 가지고 수십 년간 공부해도 모자랄 판인데, 알량한 내 지식과 경험으로 학적인 책을 집필한다는 목표는 너무나 시간적으로나 지식적으로나 당랑거철(螳螂拒轍)*이라는 것을 깨달았다. 일찍 자신의 부족함을 깨달은 것이 다행이다 싶다. 그러나 설교에 관한 책을 만들어서, 적지만 지금까지의 깨우침을 남기고 싶었고, 신대원에서 배운 설교학 지식만 있었던 내가 금천설교아카데미를 만나서 새롭게 눈이 뜨인 사항을 나와 같은 처지에 있을 목회자들께 전달해 드리고 싶은 욕구가 용암처럼 계속 분출(噴出)하고 있었다.

* 당랑거철(螳螂拒轍): 사마귀가 수레바퀴를 막아서다. 즉, 자기 능력도 가늠하지 않고 강적에게 덤비는 것을 비유하는 말이다.

그래서 방법을 바꾸었다. '설교'라는 큰 산에 조금이라도 가까이 접근하기 위한 안내서의 개념으로 주관적인 사항이 많이 첨부되지만 편하게 만들고자 계획하였다. 그래서 생각해 낸 것이 바로 수필(隨筆)을 쓰는 것과 같이 짧지만 쉽게 설교에 대한 이야기 글을 만들기로 하였다. 태양빛을 받아 태양계에서 반짝이는 조그만 별빛이라도 되겠다는 심정이었다. 이제 어두운 초행길을 가야만 하는 나그네에게 아주 환하지는 않더라도 단순하고 자그마한 이정표의 별빛이라도 된다면 가없는 기쁨이 될 것이다. 책의 주제를 '청중에게 감동을 주는 설교'로 정하였다. 요즘의 설교 트렌드는 설교자 중심이 아니라, 청중에게 들리는 설교를 해야 한다는 점이다. 실제로 이 책 안에는 청중에게 들리는 설교를 해야 한다는 격려와 지침이 많이 나타난다.

3부 7장 53절의 재미있는 이야기책이 되다

"금강산도 식후경(食後景)"인 것처럼 청중에게 설교자가 복음을 전하며, 말씀을 풀이하고 있다고 하여도 가슴에 들리지 않으면, 배고픈 사람에게 천하경관(天下景觀)이 소용없듯이, 그런 설교는 그냥 땅에 떨어져 버리게 된다. 그러므로 이 책도 똑같은 원칙을 세워서 독자들이 쉽게 읽을 수 있도록 한다는 기본 방침을 세웠다. 모두 3부 7장 53절(소제목)로 만들었는데, 일곱이라는 의미를 살리기 위하여 7장으로 만들었다. 소제목 내용은 독자가 편하게 읽기 쉽도록 길이는 짧게, 내용은 쉽고 재미있게 하면서 유익한 도움이 되도록 하였다. 에세이 형태로 작성해 나가되 서론에서는 독자와 공감이 되는 내용으로 접촉점을 넓혀나가려고 하였다.

책의 구성으로, 제1부는 설교의 이론, 2부는 설교 준비와 실무, 3부는 설교 비평과 미래로 하였다. 그리고 책자의 제목에 대하여 많은 고민을 하였다. 주제에 맞도록 제1안이 「가슴에 들리는 설교 이야기」였고, 제2안은 「마음을 움직이는 설교 이야기」이었다. 모두 "이야기"라는 꼬리를 붙여서 책이 딱딱하지 않고 재미있다는 느낌을 나타내도록 하였다. 두 안이 모두 마음에 들어 선택하기가 어려웠다. 그러나 집필이 완성된 후, 고심 끝에 제1안을 선택하였다. '가슴'이라는 단어는 육체와 정신의 두 개념이 다 있으며, '마음'은 오로지 정신적인 부분에만 해당되므로 '가슴'이 들어간 제1안이 좋겠다고 결정하였다. 또 주제의 '청중 감동'도 제1안에 더 결부가 되었기 때문이다. 무엇보다도 큰며느리가 제1안을 적극적으로 찬성하였기 때문이었다.

여러분께 감사와 사랑의 마음을 표하다

그리고 부족한 책이지만 주옥같은 추천사를 기꺼이 써주신 존경하고 사랑하는 목사님들께 깊은 감사를 드리며, 이 책이 나오기까지 수고해 주신 서적출판 밥북의 주계수 대표님과 편집자분들께 감사의 인사를 드린다. 원고 작성에 전념하느라 함께 시간을 보내지 못하였지만, 사랑으로 이해하고 늘 기도로 지원해 주는 아내(유지애 사모)에게 감사하며, 세 아들(승일, 승진, 승태)과 두 자부(장희진, 손선영) 그리고 벌써 중학생이 된 큰 손녀 '예나'와 신앙생활을 잘하는 둘째 손녀 '세아'에게 사랑과 감사를 표한다. 나를 낳고 길러주신 부모님(李樹芳님, 李康熙님)의 가없는 사랑과 은혜가 더욱 생각나며, 언제나 하늘의 은혜로 채워 주시는 성삼위일체 하나님 아버지께 영광과 찬양을 올려드린다. 아멘!

2023년 12월, 은총의 대림절(Advent)에
하나님의 은혜를 감사하며
별빛(星光) 이경만 목사 이 경 만

목차

제1부 / 설교의 이론

1장 설교의 정의

2장 설교학과 강단 설교

3장 설교의 형태와 구성

제2부/ 설교 준비와 실무

4장 설교의 심층 노하우

5장 설교 원고의 작성

제3부/ 설교 비평과 미래

6장 설교 비평의 양면성

7장　설교 장르의 미래

부록

제1부

설교의 이론

18 주의 성령이 내게 임하셨으니 이는 가난한 자에게 복음을 전하게 하시려고 내게 기름을 부으시고 나를 보내사 포로 된 자에게 자유를, 눈 먼 자에게 다시 보게 함을 전파하며 눌린 자를 자유롭게 하고   19 주의 은혜의 해를 전파하게 하려 하심이라 하였더라 (눅 4:18-19)

18 The Spirit of the Lord is on me, because he has anointed me to preach good news to the poor. He has sent me to proclaim freedom for the prisoners and recovery of sight for the blind, to release the oppressed,   19 to proclaim the year of the Lord's favor. (Lk. 4:18-19)

1장 · 설교의 정의

예수께서 온 갈릴리에 두루 다니사 그들의 회당에서 가르치시며
천국 복음을 전파하시며 백성 중의 모든 병과 모든 약한 것을 고치시니 † 마 4:23

1/ 설교의 정체성

> 설교는 듣는 이들을 변화시켜서 이전과 다르게 만드는 것이다.
> 즉, 설교자와 청중사이의 상호작용이다.
> - Martyn Lloyd-Jones

동서양의 설교 인식

설교를 한자어로 풀이하면 말씀 설(說), 가르칠 교(敎)이다. 그러므로 설교란 말하여 가르치는 것으로 풀이가 된다. 사람을 가르치기 위해 말한다고도 볼 수 있다. 먼저 진리를 배운 사람이 또는 먼저 진리를 깨달은 사람이 그렇지 않은 사람들에게 말로 가르치는 행위라고 말할 수 있다. 그런데 영어로는 sermon 또는 preaching이라고 한다. 먼저 sermon은 라틴어 sermo에서 온 것인데, 말, 대화, 연설, 토론 등의 뜻이다. 그리고 preaching은 라틴어 praedicare에서 유래되어 '공적으로 알리다.' '선포하다'라는 의미를 가진다.[1] 이와 같이 설교에 대하여 동양과 서양의 뜻이 약간 다르다는 것을 알 수가 있다. 동양에서는 설교를 가르치고 배우는 수직적 관계인 스승과 제자의 서열적인 역할이 나타나고 있지만, 서양에서의 설교인 sermon이나 preaching은 수평적관계로,

---

1) Isolde Karle, 『Practical Theology』, 재인용, 164.

말하는 자와 듣는 또는 배우는 청자가 서로 대등한 입장을 나타내고 있다. 동서양 어느 쪽이 더 옳다고 할 수는 없다. 다만 인간의 권리 입장으로만 본다면 서양의 언어적 사고가 조금 앞선다고 할 수도 있다.

1925년 평양신학교에서 곽안련 선교사가 집필하고, 고려위가 번역한 설교학 교과서의 제목이 『강도학(講道學)』이었다.[2] 설교를 초창기에 강도(講道)라고 불렀는데 이는 중국 한자의 영향으로 보인다. 지금도 장로교 합동측에서는 여전히 "강도사(講道師)"라는 명칭을 목사되기 전에 부여하고 있다. 즉 설교를 할 수 있는 자격이 주어진 분이라는 명칭이다. 뜻은 좋지만 어감이 그리 좋게 느껴지지 않는다. 현대사회에서는 기본적으로 '설교'라는 단어가 거의 종교적인 의미로 사용되고 있는 언어라고 말할 수 있다. 그래서 일반인들은 설교라는 말을 대화 가운데 부정적으로 극히 제한되게 사용하기는 한다. 예를 들면 사회에서는 보통으로 하는 말인데, 이를 설교한다고 느낀다면 일단 거부감이 앞선다고 할 수 있다. 그래서 그 말을 잔소리로 생각하며 지루하다고 느낀다. 예를 들어 직장상사가 부하 직원에게 훈시하거나 나무라는 것을 빗대어 설교한다고 말하기도 한다. 화자인 상사는 청자인 부하 직원에게 듣기 싫은 소리를 일방적으로 말하면서 자신은 맞는 말만 한다고 생각할 것이므로 듣고 있는 입장의 부하 직원에게 더욱 반감을 일으키게 만든다. 그래서 속으로 말한다. "설교하고 있네!"

설교는 케리그마의 선포

하지만 교회에서의 설교는 전혀 다른 뉘앙스를 갖는다. 장로회신학대학교 예배·설교학 김운용 교수는 설교를 다음과 같이 정의하고 있다.

---

2) 정장복, 『한국교회의 설교학 개론』, (예배와 설교 아카데미, 2001), 26.

"본래 기독교 설교는 예수 그리스도의 복음을 선포하기 위하여 시작되었다. 기독교 설교의 원형은 케리그마(복음)의 선포에 있었다. 케리그마는 예수 그리스도의 탄생, 생애, 죽으심, 부활 그리고 다시 오심을 그 중심내용으로 하고 있고, 이것이 초대교회 설교의 중심내용이었다. 그러므로 교회의 설교에는 언제나 예수 그리스도를 통한 하나님의 구원역사와 구속의 은혜가 중심을 이루고 있었다."[3] 절절히 옳은 설명이다. 이와 같이 설교라는 의미 안에 하나님의 구원역사와 구속의 은혜가 중심을 이루고 있기에 성스러운 일로 칭할 수밖에 없다. 탁월한 강해설교가인 마틴 로이드존스(Martyn Lloyd Jones, 1899–1981)는 설교야말로 교회의 주된 임무이자 목회자의 주된 임무라고 말하고 있다.[4]

그러므로 교회에서 설교가 없는 예배순서란 어딘가 어색하게 느껴지기도 한다. 필자는 설교 없이 예전만으로 된 동방정교회 예배에 참석해본 경험은 있지만 왠지 허전함이 남아있기는 하였다. 그만큼 기독교의 설교는 교회의 예배 순서에서 반드시 있어야 할 것으로 여겨지고 있다. 그렇다! 설교의 근본 목적은 그 설교를 듣는 사람들의 가슴에 들려서, 다른 표현으로 마음을 움직여서 성경에서 말하는 교훈에 따라 변화된 생활을 하도록 한다고 말할 수 있다. 이를 회개(悔改)라고 말한다 하여도 어폐는 분명 아니다. 이것이 인간의 삶의 목적인 하나님께 영광을 돌리는 것이다. 설교를 통하여 하나님을 드러내는 것이다. 반대로 본다면 하나님이 드러나지 않으면 제대로 된 설교를 했다고 볼 수 없다.

---

3) 김운용, 『현대설교 코칭』, (장로회신학대학교출판부, 2012), 100.
4) 마틴 로이드존스, 정근두 역, 『설교와 설교자』, (복 있는 사람, 2005), 47.

설교자의 설교는 하나님의 말씀

우리나라 속담에 "열길 물속은 알아도 한길 사람 속은 모른다"라는 말이 있다. 이처럼 사람의 마음을 제대로 안다는 것은 너무나 어려운 일이다. 인심난측(人心難測)이다. 그러므로 설교자는 사람의 마음을 건드릴 수 있도록 설교해야 한다. 그렇게 되려면 반드시 공감(共感)이 이루어져야 하며, 공감으로 말미암아 설교를 듣는 청자의 삶의 방향이 바꾸어지게 된다. 다른 말로 라포(Rapport)가 되어야 한다고 한다. 라포의 뜻은 의사소통에서 상대방과 형성되는 친밀감 또는 신뢰관계이다. 설교를 하면서 공감이 되거나 라포가 이루어지면 설교가 가슴에 들리게 된다.

은퇴목사로서 크로스로드선교회 대표이신 정성진 목사는 "성언운반일념(聖言運搬一念)"이라는 문구를 자신의 목회신념으로 삼고, 평생 설교에 임하였다고 고백하였다. 하나님의 말씀을 운반하는 그런 마음으로 목회를 하고 설교했다는 뜻이다. 교회의 강단에서 설교하는 것이 하나님의 말씀을 전하는 것이기에 설교자는 단순히 도구로만 사용되는 것이 믿음이라고 한다. 실제로 유명한 개신교 신학자인 칼 바르트(Karl Barth, 1886-1968)는 설교는 하나님의 말씀을 대언하는 것이기에 설교자의 말씀을 하나님의 말씀과 동일하게 여겨야 한다고 말하였다. 즉 설교란 하나님 자신의 말씀이라고 하였다. 이 생각에 극히 동감을 하시는 분으로 한국 교회의 설교학의 대가로 정평이 나있는 정장복 교수가 계신다. 정장복 교수는 설교를 다음과 같이 정의하고 있다. "설교란 택함 받은 설교자가 당대의 커뮤니케이션을 통하여 회중에게 하나님의 말씀인 성경의 진리를 선포하고, 해석하고, 이 진리를 회중의 삶에 적용함이다. 이것은 반드시 성령님의 감화하심에 의해 이루어져야 한다"[5]라고 정의를 내리고 있다.

---

5) 정장복, 『한국교회의 설교학 개론』, (예배와 설교 아카데미, 2001), 70.

설교 능력의 객관적인 함양

설교에서 선포-해석-적용이란 일련의 행위는 매우 중요한 가르침을 주고 있다. 구약에서는 이사야, 예레미야, 에스겔 등과 같은 위대한 선지자들이 죽음을 각오하고, 백성들에게 하나님의 말씀을 예언하였다. 그 결과 감옥에 갇히기도 하고, 죽음을 당하기도 하였다. 신약에서는 우리의 구세주 예수 그리스도의 설교가 대표적이다. 갈릴리 바닷가에서, 들판에서, 회당과 성전에서 혹은 가정집에서 설교하셨다. 그리고 예수 그리스도께서 부활승천하신 후에 성령님의 강림이 있었으며, 성령님의 능력에 힘입어 베드로 사도, 스데반 집사 그리고 바울 사도로 이어지는 설교는 엄청나게 많은 반향을 일으켰다. 설교가 살고 죽는 문제로까지 귀결이 되었던 것이다.

그러므로 교회에서 설교는 가장 중요한 위치를 차지하고 있다고 보아도 과언이 아니다. 담임목사가 설교 하나만 잘해도 교회는 부흥한다. 필자가 공부한 3년 과정의 장로회신학대학교 신학대학원에서는 2학년 2학기 때 이론과목으로 3학점짜리 '설교학 개론'이라는 과목이 편성되어 필수이수과목이었다. 또한 3학년 1학기 때 1학점인 설교실습과정도 필수 이수과목으로서 목사가 되는 과정에서 중요한 위치를 점하고 있다. 이렇게 중요한 "설교"를 담임목사가 되면 엄청나게 많이 하게 된다. 평균적으로 매주 10번이상의 설교를 하는 것이 한국 교회의 실정이다. 설교를 많이 하면 할수록 대단한 달변의 전문가가 될법하지만 실제로는 그렇지 않다. 너무나도 많은 목회자들이 설교를 잘하고 싶어 해도 제대로 하지 못한다는데 문제가 있다. 설교의 트렌드가 변화하고 있는 현대 상황에서 설교자는 분명하게 설교의 정체성이 무엇인지 늘 염두에 두어야 한다.

2 / 설교는 말인가? 글인가?

> 설교는 하나님에 대한 말이라기보다 하나님에 의해서 되어 진 말이다.
>
> - J. J. Von Allmen

언어의 중요성

새벽에는 거의 집 근처에 있는 장로교 통합측 교회인 "난곡신일교회"의 새벽기도회에 참석하여 경건의 시간을 갖는다. 기도회에서는 '생명의 삶'이라는 QT책의 순서에 따라 김명수 담임목사께서 말씀을 전하신다. 오늘은 사도행전 7장 51절로 8장 1절까지 보았는데 안타깝지만 너무나도 숭고한 스데반 집사의 순교하는 모습이 예수님의 십자가 죽음의 모습과 겹치어 애절하게 나타난다. "주여 이 죄를 그들에게 돌리지 마옵소서"(행 7:60)라고 스데반은 기도하며, 순교의 반열로 나아갔다. 스데반의 죽음은 그의 강렬한 설교 때문이었다. 예수 그리스도를 죽인 죄악을 범한 당시의 대제사장들과 종교 지도자들을 향한 회개 촉구의 설교로 죽임을 당하게 되었다. 여기에 영안이 열려 하나님 보좌 우편에서 서서 영접하시는 예수님의 모습을 생생하게 묘사하므로 더욱 죽음이 가속되었다. 그러나 성경은 스데반이 순교하는 모습을 "잠들었다(fell asleep)"라고 기술하고 있다. 여기서 스데반이 설교하면서 무슨 원고를 준비해서 전한 것이 아니었다. 아브라함에서 시작하여 모세 그리고 조상들의 불신앙, 가나안 땅에 입성, 솔로몬 성전 등을 말하면서 하나님이 보내신 선지자들을 죽인 살인자라고 대제사장에게 지적하며 7장 2절로 53절까지 막힘없이 물 흐르는 듯 역사의 흐름을 설교하고 있음을 알 수 있다.

생각해 보면 창세 이후로 모세 오경의 책이 나오기 전까지 인간에게는 언어(말)만 있었다. 에덴동산에서 아담과 이브는 한 가지 언어로만 의

사소통하였을 것이다. 그러나 두 사람은 하나님께 불순종의 죄를 짓고 에덴동산에서 쫓겨났다. 이후에 태어난 아담의 후손들은 땅을 갈고, 목축을 하다가, 죄악으로 대홍수로 멸절하였지만, 노아의 후손들이 바벨탑을 건설하게 되면서 언어가 갑자기 달라졌다. 하나님께서 언어를 서로 다르게 하심으로 의사소통이 안 되어 이들은 뿔뿔이 흩어지게 된 것이다. 그래서 동일한 언어를 사용하는 사람들끼리 모인 것이다. 언어가 민족을 이루고 나라를 세우게 하였다. 이후에 문자가 자연만물을 본 따서 자연스럽게 만들어졌고 결국 돌 위에, 동물의 가죽에 그리고 파피루스 등에 의사소통의 기록으로 만들어지게 되었다. 그러므로 역사의 순서로 본다면 말이 우선인 것이 사실이다. 동물과 달리 사람들의 말은 언어체계를 갖추어 단어의 사용이 많아지면서 언어의 발전을 이루게 되었다. 말이 체계를 갖추어 언어가 되었는데 현대에서는 언어생활의 품격에 따라서 사회생활의 성공여부가 갈라질 수도 있다. 그래서 사람들은 말을 잘 하기 위하여 스피치 강좌에 관심을 기울이고 있다. 매스컴에서는 김미경 원장이나 김창옥 교수처럼 말을 잘하는 분들의 인기가 대단하다.

그리고 사회적으로 말을 잘하는 사람이 성공할 수가 있는데 사회적으로 리더그룹에 속하는 사람에게 스피치는 상당한 영향을 끼친다. 특히 정치인, 아나운서, 사회자 등 전문성을 가진 사람들은 기본적으로 말을 잘해야 한다. 그 중에서 목사라는 성직(사실 모든 직업은 성직이다)에서는 '설교'라는 행위가 교회부흥과 발전에 거의 절대적인 영향을 끼치므로, 목사는 말을 더욱 잘해야 하는 사람이어야 한다. 목사가 늘 함께 하는 성경이란 무엇인가? 우리말로 쉽게 풀이한다면 "하나님의 말씀"이다. 그러므로 성경의 복음서인 요한복음 1장 1절을 "태초에 말씀이 계시니라 이 말씀이 하나님과 함께 계셨으니 이 말씀은 곧 하나님이시니라"라고 번역하였는바 여기서 말씀은 바로 "로고스(logos)"이다. 이 로고스가 예수 그리스도를 지칭한다. 어찌 보면 말은 암탉이고, 글은 달걀이라고 할 수도 있다.(창조론적으로 본다면) 설교라는 뜻 자체도 '말로 가르치는 행위'라고 할 수 있으므로 도리어 "설교는 말하기이다"라고 해야 보다 근본적인 명제가 아닌가 생각해 본다.

설교는 글쓰기다

설교하는 것에 어려움을 느끼고는 10년간 인문학 책을 5,000권(매주 10권 읽은 량)이나 읽고, 글쓰기에 대하여 일가견을 갖게 된 분이 있다. 총회신학대 신대원출신의 김도인 목사이시다. 이분이 2018년도에 발간한 『설교는 글쓰기다』라는 제목의 책이 있다. 이 책에서 저자는 강력하게 설교자는 글쟁이가 되어야 한다고 밝힌다. 김도인 목사는 "설교의 시작은 글쓰기다. 설교의 마침도 글쓰기다. 글을 써야 말할 수 있다. 그러므로 설교자 이전에 '글쟁이'가 되어야 한다. 그것도 세상의 문학작품과 견주어 뒤지지 않을 수준의 글이어야 한다. 그 수준이 탁월하지 않으면 문학적 역량을 중시하는 사회가 교회에 매력을 느끼기 힘들다"[6] 라고 기술하고 있다. 나는 그 글에 많은 감명이 되었다. 그런데 말은 잘 못해도 글은 잘 쓸 수가 있다. 물론 그 반대의 경우도 있다. 그러므로 말과 글은 동전의 양면과 같은 것이다. 어느 한 쪽을 양보할 수가 없다는 것이다. 설교문을 아주 은혜로운 내용으로 서론, 본론, 결론을 명확하게 잘 정리하고 예화와 적용을 매우 잘 구성하시는 목회자가 있었다. 그런데 강단에 올라가면 설교를 너무나 못하는 것이었다. 발음도 그렇고 전달력에서 너무나 약하여 아무도 그 설교에 공감할 수가 없었다. 소위 델리버리(delivery)가 잘 안 되는 경우이다. 그러나 대부분

---

6) 김도인, 『설교는 글쓰기다』, (CLC, 2018), 302.

의 목회자들에게 있어서 설교는 그런대로 하지만, 설교문의 작성에 큰 어려움을 가지고 있음을 알 수 있다. 이 점을 김도인 목사는 자신의 경험에도 비추어 '설교는 글쓰기다'라고 반전의 강조를 하신 것이다.

하지만 설교는 분명히 말의 행위이다. 설교문 없이 설교하는 목사님들도 계신다. 미국의 유명한 부흥사인 D. L. 무디 목사는 설교문을 기록하지 않고 설교하였다고 알려져 있는데 그의 설교로 수많은 사람들이 주님께로 오게 되었다. 따져보면 성경 속에 나타난 예수 그리스도의 설교, 사도 베드로의 설교, 사도 바울의 설교 그리고 교회 최초의 순교자인 스데반 집사가 산헤드린 공회에서 행한 설교는 전혀 사전에 준비된 설교 원고가 없었다. 원고를 보고 한 설교가 아니었다. 이 분들은 모두 성령님의 충만함으로 인한 설교였다. 이를 본받아 설교 원고를 준비하지 않고 항상 성경만을 가지고 즉흥적으로 그때그때 설교하시는 목사님들도 꽤 있다고 알고 있다. 문제는 설교 원고를 작성하지 않고 수십 년간을 성공적으로 설교할 수가 있느냐 하는 점이다. 아마 예화가 중복되며, 이전에 했던 설교의 내용이 다시 나오곤 할 수밖에 없다.

온전한 설교 원고 작성

어떤 목회자는 설교원고를 다 작성하지 않고 요약문만 만들어 설교하신다. 설교 원고를 완벽하게 작성하는 것이 너무 부담이 되기 때문이라고 한다. 그러나 대부분의 전문가들은 설교 원고를 온전하게 다 작성해 놓고 숙지한 후에, 요약문을 만들어서 강단에 올라가기를 추천하고 있다. 독일 로이트링겐 신학대학은 감리교 대학이다. 이 대학의 실천신학교수인 A. 헤르트너 교수와 H. 에쉬만 교수가 2013년에 공저한 『다시 설교를 디자인하라(Predigen Lernen)』라는 제목의 책(2014년, kmc, 손성현 역)에서 "원고 없이 설교하는 것은, 잘만 된다면, 좋은 일이다. 시선이 자꾸만 원고에 쏠리거나 고정되는 일없이 청중에게 집중하며 말을 할 수가 있기 때문이다. 그러나 원고 없는 설교의 위험성도 만만치 않다"라고 말하고 있다.[7] 그러므로 이 분들은 A5 크기(A4 용지의 절반크기)의 원고를 만들어 강단에 올라가기를 추천하고 있으며 독일의 설교자들은 많이 그렇게 하고 있다고 한다.

영국 속담에 '펜은 칼보다 강하다(The pen is mightier than the sword)'라는 말이 있다. 문제는 '누구의 펜이냐'이다. 혹자는 이 펜을 언론이라고 말하기도 하고, 작가라고 말하기도 한다. 그런데 펜보다 더 강한 것은 바로 설교(연설)이다. 말이라는 것이다. 이제는 침묵이 동(銅)이고, 글이 은(銀)이며, 말이 금(金)인 세상이다. 독일의 실천신학 교수인 'W. 트릴하스'는 설교를 다음과 같이 전통적으로 정의하고 있다. "설교는 기독교 신앙 곧 '옛' 복음을 오늘의 의식 지평에서 교회 공동체와 이 사회를 위해 증언해야 하는 연설, 철저하게 현재와 결부된 연설이다."[8] 트릴하스는 설교를 하나의 연설로 보고 있다. 말이라고 한다. 그러나 설교가 전달되려면 그 내용이 복음의 증언이고, 현실과 연결되어 있어야 한다. 그래야 제대로 그 복음이 전달되고 적용될 수 있을 뿐만 아니라 그 복음 내용으로 말미암아 청중의 마음을 흔들 수가 있다. 그러므로 "설교는 말이자 글이다"라고 결론을 내릴 수밖에 없다. 두 마리 토끼를 다 잡지 않으면 안 된다. 말을 잘하자면 일단 그 내용을 문장으로 기술하여야 한다. 그리고 그 글을 자꾸 소리 내어 읽으면서 내 입과 귀에 적응이 되어야 한다. 설교강단에 오르기 전에 최소한 20번을 설교원고를 소리를 내어 읽어야 한다. 결국 말쟁이와 글쟁이는 목사가 평생 지녀야 하는 영원한 숙제의 두 가지 특성이 아닐까?

---

7) 아힘 헤르트너/홀거 에쉬만, 손성현 역, 『다시 설교를 디자인하라』, (kmc, 2014), 196.
8) 위의 책, 23.

3/ 설교를 하는 목적

설교란 하나님의 말씀을 오늘의 회중에게 선포하고, 해석하고,
그들의 삶에 적용토록 하는 것이다.
- 정장복

예배에서 비중이 큰 설교

기독교 예배, 특히 개신교에서의 예배드림에 있어 목회자의 설교시간은 필수적인 순서임에 틀림이 없다. 설교가 없는 예배는 거의 상상하기 어렵지만 '동방정교회'와 같은 일부 종교개혁을 받아들이지 않은 종파에서는 설교 없이 오로지 예전의식만으로 예배를 드리기도 한다. 그러나 프로테스탄트(protestant), 즉 개신교에서는 마르틴 루터를 비롯한 종교개혁자들이 로마가톨릭교회에 대항하여 선포한 주된 신학적 신앙가운데 하나인 "오직 성경(sola scriptura)"이란 모토를 따른다. 여기에 근거하여 예배에서 성경말씀을 낭독하는 것은 기본이며, 설교자가 이를 해석하여 성도들이 이해할 수 있도록 하였다. 그러므로 신학교육을 전문적으로 연마한 목회자가 성경을 해설하는 순서가 예배가운데 들어가게 된 것이다. 여기에 연설이나 웅변에 도입된 수사학(修辭學)[9]을 성경말씀 풀이에 도입하여, 오늘날의 설교에도 상당수 적용하게 되었다.

그러므로 설교하는 시간은 개신교의 개혁 모토에 맞는 예배에서의 순서이지만 현대에서는 이 설교의 비중이 너무 크게 부각되어 있음으

---

9) 수사학: 아리스토텔레스가 타인을 설득하기 위해 발전시켰다. 언어의 사용법을 연구하는 학문으로서 의미 전달에 효과적인 문장과 어휘를 사용해서 설득의 효과를 높이기 위한 표현 방법을 연구한다.

로 기도, 찬양, 봉헌, 말씀 봉독 더 나아가 세례와 성찬의식의 의미와 가치가 약화되어 가고 있는 실정이다. 그래서 장로회신학대학교에서는 설교와 예전의 균형을 맞추려고 노력하고 있다. 그럼에도 불구하고 설교는 여전히 예배의 핵심으로서 자리매김을 하고 있다. 왜냐하면 예배는 하나님을 경배하고 그 은혜에 감사하는 형식으로, 예배를 통하여 하나님과 교통하고 영적인 은혜를 받기 때문이다. 아무래도 신자들에게 있어서 중심적인 역할은 오롯이 하나님의 말씀을 듣는 설교시간일 것이다.

설교학자인 주승중 교수는 미국의 기능신학자인 H. 그래디 데이비스의 말을 인용하여 설교의 일반적인 목적을 1) 복음 선포(proclamation) 2) 가르침(teaching) 3) 치유(therapy)라는 세 가지 양상으로 말하고 있다.[10] 이는 예수 그리스도께서 공생애기간에 하셨던 행동과 일치한다. "예수께서 모든 도시와 마을에 두루 다니사 그들의 회당에서 가르치시며, 천국 복음을 전파하시며, 모든 병과 모든 약한 것을 고치시니라"(마 9:35) 이를 미루어볼 때 설교는 예수 그리스도의 삼대 사역을 이 땅에서 계승하는 일이라고도 할 수 있다. 그러므로 설교를 하는 목적을 두 가지로 구분하여 말할 수 있다. 첫째, 하나님의 말씀을 있는 그대로 청중에게 선포하는 것이다. 이스라엘 백성들에게 제사장이 "쉐마"교육을 하는 것과 유사하다. 하나님께서 인간들을 위한 뜻을 말씀을 통해 전달하는 일이 직접적으로 설교라고 할 수 있다. 많은 목사님들이 금과옥조처럼 생각하는 "성언운반일념(聖言運搬一念)"의 개념대로 설교자는 오로지 하나님의 말씀을 운반하는 도구라

---

10) 주승중, 『성경적 설교의 원리와 실제』, (예배와 설교 아카데미, 2006), 48. (주승중 교수는 2012년부터 인천 주안장로교회의 담임목사로 있다.)

는 개념으로 말씀을 곧이곧대로 선포한다는 기능만을 갖는다. 그야말로 듣든지 아니 듣든지, 청중이 그 말씀을 이해했든지 안 했든지 그냥 선포하는 것이다.

설교자는 복음의 메신저

이는 설교자가 하나님과 청중 사이에서 일종의 메신저 역할을 하는 것이다. 예를 들어 아군과 적군이 치열하게 전쟁을 치렀는데 간발의 차로 아군이 승리를 하였다. 그러면 아군의 총 사령관은 승리의 기쁜 소식을 속히 왕과 백성들에게 전하라고 전령을 보낸다. 전령은 그 소식을 가지고 열심히 달려가 왕과 백성들에게 승리의 소식을 전한다고 가정하자. 여기서 전령이 바로 설교자이다. 그렇다! 그는 메신저(messenger)이다. 그는 그 복된 소식을 가감 없이 전하면 되는 것이다. 그러므로 설교자는 그런 자세로서 하나님의 말씀을 청중들에게 가감 없이 선포하고 전해야 한다. 하지만 자신이 총사령관이 아님을 알아야 하는데 마치 총사령관의 행세를 한다면 옳지 않은 것이다.

둘째는, 설교를 통하여 청중들의 마음이 움직이게 되어 주님이 원하는 그런 참된 사람으로의 변화를 가져오게 하는 것이다. 바로 이점에서 미묘한 차이가 생겨난다. 그저 선포하고 전달하는 방식이 일회성으로 그친다면 별 문제는 없을 것이다. 하지만 성도들은 일주일에 10번 이상 설교를 들어야 하는 입장이 된다. 그런데 그 말씀이 잘 이해가 안 되어 귀에 들리지도 않고, 혹 들린다고 하여도 그 내용에 전혀 공감이 안 된다면 그 성언(聖言)은 무슨 의미가 있을 것인가? 그러므로 청중이 이해할 수 있도록 설교자는 전하려는 하나님의 말씀을 충분히 이해하고, 석의한 후에 가장 적절한 방법으로 전달해야 할 책임이 있다고 할 수 있다.

과거에는 설교의 방식을 그저 선포만 하는 방식이어도 큰 문제가 없었다. 그냥 성경말씀만 들어도 은혜가 쏟아졌었다. 그러나 현대사회에서는 청중의 지적수준이 엄청나게 높아져서 설교를 판단하고, 비평까지 하는 상황에 도달되어 있다고 해도 과언이 아니다. 물론 청중인 성도들은 마음속으로 판단하겠지만 곧 설교에 은혜가 없다고 담임목사의 사임을 요청하는 볼썽사나운 상황이 도래할 수도 있을 것이다. 그러므로 청중이 설교를 제대로 들을 수 있도록 설교는 논리적이어야 하며 감동적으로 해야 한다. 설교의 형태에 대하여는 본서의 제3장에서 거론하겠지만 청중의 가슴을 꿰뚫지 않으면 현대에 적합한 설교자는 분명히 아닌 것이다.

설교의 궁극적 목적

그러므로 설교의 궁극적인 목적은 예배를 드리는 목적과 마찬가지로 하나님을 경배하고 그 분께만 영광을 드리기 위함이다. 설교는 청중의 귀를 통하여 가슴에 들려야 한다. 그래야 감동이 되어 행동에 옮기면서 새로운 사람으로의 변화가 일어나게 된다. 사도 바울은 고린도전서 13장 1절에서 "사랑이 없으면 소리 나는 구리와 울리는 꽹과리가 된다"라고 강조하는 바와 같이 설교가 청중에게 들리지 않으면 즉 이해되고 공감되고, 감동되지 않으면 이는 아무 것도 아닌 것이다. 그저 허공에 대고 외쳐진 소리일 뿐이다. 하나님의 말씀이 아무런 권세도, 능력도 발휘하지 못하고 시간만 허비해서는 되겠는가? 설교를 설교답게 만들어야 할 것이다.

이와 같이 설교는 세미나에서의 연구 발표가 아니다. 교실의 강의도 아니며, 청중을 대상으로 한 강연도 아니다. 일부분의 기능은 있을지언

정 핵심 내용은 복음을 해석하고, 선포하며, 적용하는 것이다. 이는 설교학자인 정장복 교수가 강조한 말이기도 하다.[11] 크게 생각한다면 설교는 복음 전파의 한 기능으로서 주님의 지상명령에 해당되는 활동으로 볼 수도 있다. 신학자 에밀 부르너는 설교에 대하여 "이 지구상에서 일어나는 일 중 가장 중요한 일을 행하는 것"이라고 말하였다. 해돈 로빈슨은 설교의 목적이란 "설교를 행한 결과로서 청중에게 어떤 변화가 일어나기를 바라는지를 말해 주는 것이다"라고 말하고 있다.[12] 즉 설교를 함으로서 그 설교를 들은 청중들이 설교의 내용에 따라 실행함으로서 변화가 일어나는 것이며 그것을 바라는 것이라고 말하여 청중의 변화를 설교의 목적임을 분명하게 하고 있다.

또한 토마스 롱 교수는 "설교의 목적은 설교를 통하여 창조하기 원하며, 회중들에게 일어나기 원하는 변화에 대한 서술이다… 그것은 회중들 속에 변화가 일어나도록 하기 위해 말하는 것의 또 다른 방법이다"라고 거론하고 있다.[13] 설교학 교수들은 공통적으로 설교의 목적을 청중의 변화를 말하고 있다. 다시 말해 설교를 듣고도 청중의 변화가 일어나지 않으면 어디엔가 문제가 발생되었다는 것을 입증하게 된다. 화자인 설교자가 메신저로서의 역할을 잘못했다든지, 청중들이 아예 마음 문을 굳게 닫아두었든지 말이다.

11) 정장복, 『한국교회의 설교학 개론』, (예배와 설교 아카데미, 2001), 70.

12) Haddon W. Robinson, 『Biblical Preaching』, 재인용, 108.

13) 토마스 롱, 정장복·김운용 역, 『증언으로서의 설교』, (쿰란출판사, 1998), 177.

4 / 설교에 대한 신학적 이해

> 설교란 설교자의 견해, 의견과 사상 등을 전하는 것이 아니라,
> 하나님의 전능하신 역사를 선포하기 위해 존재한다.
> - James Stewart

설교의 홍수시대

요즘 날씨의 변화가 예스럽지 않다. 갑자기 엄청난 폭우가 쏟아지는가 싶더니, 어느 한 쪽에서는 주먹만 한 우박이 떨어져 애써지은 농사를 망하게 만들기도 한다. 그리고 햇볕이 쨍쨍 찌는데 한낮의 햇볕의 강도가 마치 사막 한가운데 온 것 같이 대단히 강렬하다. 기상청에서 폭염경보를 발령하기도 한다. 기후위기가 바로 우리 곁에 다가온 것이다. 세계기상기구(WMO)에서는 지구의 온도가 1.5℃ 오르면 더 이상 인간의 힘으로는 도저히 감당할 수가 없을 것이라고 경고를 한다. 그리고 향후 5년 이내에 1.5℃ 상승 가능성이 66%라고 발표하였다. 18-19세기의 산업혁명이후부터 지구의 온도가 1.5℃ 상승되면 재앙이 온다고 하는 것이다. 그리고 이제 겨우 0.3℃만 남기고 있는데 이 온도상승에 거의 근접해 오고 있다고 하니 우리는 물론 미래의 세대가 무척 걱정스럽다. 하지만 이 세상이 이런 황폐해진 모습으로 존재하는 것이 아닌 새로운 하늘과 땅을 하나님께서 주신다고 하였으니 감사드릴 뿐이다. 창세기에 있었던 아름다운 에덴동산의 낙원보다 비교할 수 없을 정도의 아름다운 새 예루살렘을 보내어 주실 것이다. 이 시대를 살아가는 우리들이 오직 하나님의 말씀으로 힘을 얻고 소망으로 살아가야 할 것이다. 믿음은 그리스도의 말씀을 들음에서 온다(롬 10:17)고 하셨는데 말씀을 스스로 읽는 것과 함께 주의 종을 통한 설교를 들어서 말씀의 뜻을 밝히 깨닫게 된다.

하지만 요즘을 '설교의 홍수시대'라고 한다. 이는 인터넷의 발달로 구글의 유튜브와 같은 엄청난 설교의 영상들이 실시간 또는 녹화된 설교가 얼마나 많은지 모른다. 게다가 챗 GPT와 같은 인공지능이 순식간에 설교를 양산시킬 수 있는 시대이다. 그럼에도 '말씀의 기갈시대'가 아닌가 한다. 홍수에 마실 물이 없다는 뜻이다. 하나님의 말씀이 우리에게 은혜로 다가와야 한다. 그러면서 중요한 점은 그 말씀에는 신학이 바로 서 있어야 본질이 흐려지지 않고 명확하게 그 뜻이 전달될 수가 있기 때문이다. 즉 설교에 대한 신학적인 부분이 올곧아야 한다는 점이다. 왜 많은 이단들이 출현하여 교회를 어지럽히고 수많은 젊은 영혼들을 망치는지 정말 안타까운 일이 비일비재하다. 그리고 인터넷에 있는 많은 유튜브 영상에서 이단과 정통을 분간하기 아주 어려운 것이 사실이다. 거기에는 가증스럽게 위장한 이단들의 설교 영상이 넘쳐나고 있다. 한번 예를 들어 보자. 아주 산뜻하게 만들어진 유튜브 영상이 보인다. 그 영상의 제목이 "챗 GPT가 교회와 설교에 가져올 충격"이라면 인공지능인 챗 GPT에 대하여 조금이라도 관심을 갖고 있는 신자는 그 제목에 흥미를 가지고 영상을 클릭하여 시청하게 될 것이다.

이단들의 교묘한 유튜브 영상

그러면 그 영상에 교회 강단에 서있는 아주 깔끔한 모습의 설교자가 성경 속에 있는 여러 말씀을 가지고 인공지능에 의한 문제점을 아주 잘 지적한다. 그곳에서 함께 그 달변의 설교를 듣고 있는 청중들의 '아멘'하는 화답의 소리가 들린다. 여느 교회의 모습과 그리 다르지 않다. 그러나 설교자가 세상종말을 계속 강조하면서, 킹 제임스 성경을 자주 거론하고, 내용적으로 조금씩 번역이 다른 내용이 나타나는데 설교의 문제점을 눈치 챌 평신도는 거의 없을 것이다. 이 유튜브는 안식교에서 교묘하게 위장한 '마지막 사명'이란 방송채널에서 '앤드류 강'이라는 인물이 설교하는 모습을 찍은 것이다. 곱상하게 보이는 안식교에서는 이렇게 주장한다. "자비로우신 하나님께서 어떻게 지옥에 사랑하는 사람을 보내어 영원히 고통을 받게 하시겠는가?"라면서 지옥은 존재하지 않는다고 단언한다. 그리고 토요일 예배를 안식일과 연계하여 안식일을 지켜야 함을 강조하며, 철저히 육식을 금한다. 마치 구약의 유대교인들과 유사한 모습이다. 그렇다! 이런 문제는 바로 신학적인 교리 문제이다. 신학이 바르지 않은 설교는 아무리 은혜롭게 들려도 서서히 신자들의 영혼을 파괴할 뿐이다. 그러므로 말세에 가까워질수록 모든 목회자들은 물론 평신도들도 설교에서 신학적인 오류를 분간할 수 있는 능력을 갖추어야 한다.

영생을 좌우하는 안내자

16세기 종교개혁자들, 특히 칼뱅의 '오직 성경, 오직 은혜, 오직 믿음, 오직 하나님의 영광, 오직 예수 그리스도'라는 5대 강령(five sola)인 개혁의 모토가 늘 우리의 신학에 분명하게 자리 잡고 있어야 한다. 마르틴 루터가 생명을 걸고 종교개혁의 기치를 들은 것은 성경을 따라 살아가야 하겠다는 본질의 믿음으로의 임함이다. 이 믿음은 로마서 1장 17절에 기인된다. "복음에는 하나님의 의가 나타나서 믿음으로 믿음에 이르게 하나니 기록된바 오직 의인은 믿음으로 말미암아 살리라 함과 같으니라." 그리고 존 칼뱅의 five sola를 기치로 개혁교리를 완성함으로써 종교개혁이 이루어질 수 있었다. 그러므로 주승중 목사는 "성경적 설교" 또는 "강해 설교"라는 말을 하기도 한다.[14] 무엇이 성경에 근거한 바른 설교인가? 그 설교에서 흐르고 있는 말씀의 내용이 바른 신

---

14) 주승중, 『성경적 설교의 원리와 실제』, (예배와 설교 아카데미, 2006), 36.

학적인 흐름에서 빗나가지 않아야 한다. 이것을 캐치해야 바른 영성이 아니겠는가? 그러므로 설교가 참으로 중요하다. 사람의 영생을 좌우할 수 있는 안내자가 되기 때문이다.

실천신학의 주류, 설교학

설교가 체계를 이루며 바르게 청중들에게 전달될 수 있도록 가르치는 학문이 '설교학'이다. 이 설교학을 영어로 homiletics(하멀레틱스)라고 한다. homiletics란 "모인 군중 또는 군중"이란 뜻인 그리스어인 homilos(호밀로스)에서 유래되었다. 사도행전 20장 11절에서 사도 바울이 3차 전도여행 중에 드로아에서 강론을 하는데, 창틀에 걸터앉아 설교를 듣다가 피곤에 지쳐 졸다가 떨어져 죽은 유두고를 살린 내용이 있다. 그리고 죽은 유두고를 살린 후에 사도 바울이 신자들과 밤새워 이야기하고 떠난다. 여기에 "이야기하고"라는 말의 원형이 "호밀레오"인 것이다.[15] 그리고 고린도전서 15장 33절에서도 "동무" 즉 "함께 함"인 "호밀리아"가 사용되고 있다.

그러므로 설교학은 청중을 대상으로 이야기하고, 함께 한다는 근원적인 뜻을 가지며, 대중설교의 특정 기술에 수사학의 일반 원칙을 적용한 실천신학의 주류이다.[16] 쉽게 말한다면 설교학은 설교에 대한 학문이다. 설교학이 포함된 실천신학은 교회 안에서 발생되는 실제적인 여러 가지 문제에 대하여 실천적인 해결방법을 다루는 기독교 신학의 한 분야이다. 실천신학에는 예배, 설교, 교육, 선교, 교회법, 봉사, 상담 등 상당히 많은 실제적인 내용이 들어가 있으므로 교회생활에서 신자

---

15) 옥스퍼드원어성경대전, 사도행전, 527.

16) 강용원, 설교와 설교학, (2023. 6. 4)

들에게 가장 가깝게 다가오는 내용이다. 그러므로 실천신학만을 다루는 초교파계열의 '실천신학대학원대학교'라는 정규대학원이 있을 정도이다.

　그런데 설교학은 크게 1) 설교역사 2) 설교신학 3) 설교의 이론과 기술 등 세 가지로 나눌 수 있다. 먼저, 설교역사는 성경 속에서 예수 그리스도, 모세, 여호수아, 사무엘, 바울, 베드로, 스데반의 설교를 들 수 있다. 그 이후 중세의 어거스틴, 칼뱅 등이 있으며, 근대에서는 에드워즈, 휫 필드, 웨슬리 등이 있다. 현대에서는 무디, 마틴 루터 킹, 빌리 그래함, 존 켈러, 존 스토트 등이 있다. 또한 원로설교학자인 정장복 교수는 설교신학의 개념을 설교자의 에토스(ethos), 즉 하나님의 말씀인 복음을 전하는 '성언운반일념(聖言運搬一念)'이라고 말한다. 하나님의 말씀을 손상하지 않고, 청중의 가슴에 잘 전달하는 데 온 마음을 기울여야 신학이 있는 설교라고 생각된다. 그리고 실제적으로 설교를 어떻게 할 것인지에 대한 이론과 기술이 포함되어야 한다. 설교의 이론과 형태에 대하여는 본서의 제3장에서 구체적으로 다루어지고 있다.

5 / 설교 환경의 급격한 변화

오늘의 시대에서도 과연 생명의 말씀을 생명으로, 능력의 말씀은 능력으로, 전할 수 있을 것
인지에 대한 깊은 고민과 함께 설교사역의 재구성(re-forming)을 필요로 한다.
- 김운용

코로나 19의 팬데믹 환경

2019년 12월에 중국 우한(武汉)에서 급성폐렴이 발생되어 많은 사람들이 감염되고 있다는 뉴스를 들었지만 SARS(중증급성호흡기증후군)나 MERS(중동호흡기증후군) 등과 같이 조금 번지다가 수그러들겠지 하는 생각만하고 대수롭지 않게 생각하였다. 그리고 2020년 새해가 되었다. 그때 필자는 충주에서 2년간의 전임전도사 사역을 마치고, 청주의 금천교회로 적을 옮긴 때였다. 곧 목사안수를 받을 준비를 하여야 했다. 우리나라에서는 신종 바이러스성 우한폐렴이 확진자와 접촉만 안 되면 감염이 안 된다는 전문가들의 이야기, 공기 중에서 전파되느냐 마느냐 등으로 내과의사들 간에 갑론을박하고 있었다. 그러나 미국, 남미, 유럽, 일본 등에서 속절없이 수많은 사람들, 특히 고령자들이 대거 사망하는 사태에 직면하였고, 우리나라는 이를 대비하고자 모든 모임을 강력하게 규제하였다. 세계보건기구(WHO)에서 우한폐렴을 "Covid-19"이라고 정하고, 우리나라는 "코로나 19"로 불렀다. WHO는 이 질병이 전 세계적으로 퍼져나가는 전염병이란 뜻의 팬데믹(pandemic)이라고 공포하였다. 우리나라에서는 매 주일마다 신자들이 모여서 예배드리며, 함께 식사도 하는 "교회"에 직격탄이 떨어졌고, 교인 중에 한 사람이라도 코로나 19에 걸리면 교회 예배가 금지되는 초유의 사태에 직면하였다. 주일에 교회 문이 닫히는 사태가 된 것이다. 여기에서 현장예배를 끝까지 강행하는 교회와 온라인으로 예배를 드려야 한다는 교회로 나뉘어졌다. 희생과 사랑의 대립각이 세워졌다.

결국 많은 교회가 온라인으로 예배를 드릴 수밖에 없었고, 교인들도 집에서 모니터 혹은 스마트폰으로 설교를 듣기 시작했다. 헌금도 온라인 계좌로 보내는 것이 익숙해졌다. 문제는 이런 환경에 수많은 그리스도인들이 서서히 젖어들게 되었다는 점이다. 예전에는 목숨을 걸고 "주일성수"를 신앙의 모토로 삼고, 주일에는 교회당에 나와서 예배를 드려야만 그것이 예배이고, 하나님께서 받으신다고 가르치고 알았는데, 이제는 그렇지 않다고 여기게 된 것이다. 신앙에 큰 변화가 온 것이다. 교인들의 교회 출석이 안 되니 작은 교회마다 헌금이 안 들어왔다. 교회를 운영해 나갈 수가 없었다. 교회의 월세 또는 교회 건물에 대한 은행빚 등의 이자부담은 눈덩이처럼 커져만 갔다. 결국 만여 곳의 교회가 문을 닫게 되었다. 이 모든 일이 진보적인 문재인 정부 때 생겨났는데 나름 코로나 19에 대한 전염방지를 위해 강력한 정책을 추진하였다. 백신을 강제적으로 접종하게 하였다. 교인들의 예배나 집회가 코로나 19 전염의 온상인 것처럼 만들어 간 것이다. 뒤돌아보면 과연 그러한 정책이 정말 잘하였느냐에 대하여는 의문이 생겨난다. 새롭게 보수적인 윤석열 정부가 들어서면서 다행스럽게 코로나 19의 전염이 낮아졌고, WHO에서도 팬데믹을 종식시켰다. 이제는 거의 모든 통제가 해제되어 있는 상태이다.

포스트코로나 이후 설교의 판도

지난 약 3년간의 코로나19에 의한 통제로 교회에서 드리는 현장예배가 급격히 통제되다가 이제는 해제가 되었지만 현재까지 코로나 19 이전과 비교하면, 교회 예배 출석은 70% 정도의 수준에 머물고 있다고 한다. 그러므로 조금 규모가 있는 교회의 경우, 유튜브를 통한 실시간 영상 예배와 현장 예배를 동시에 실시하고 있다. 그리고 녹화영상은 많은 경우, 예배의 전 과정 중에 설교부분만 발췌 편집하여 언제라도 다시 듣고 볼 수 있게 해 놓았다. 그래서 자의건 타의건 간에 이제는 많은 목사님들의 설교가 비교대상이 되어 버렸다. 그것은 설교영상의 조회 수로 알 수도 있다. 그 중에 인기가 있는 부분은 '쇼츠(shorts)'라는 1분이내의 짧은 영상으로도 올리고 있다. 이제는 영상이 점점 중요한 시대가 되어가고 있다. 이런 상황에서 오늘날의 설교자들은 어떻게 설교해야 하나? 설교의 형태는 어떤 식으로 구성하여야 하는가? 라는 고민을 하지 않을 수 없다. 지난 300여 년간 고집해 오던 전통적인 설교만을 계속 해 나가야 하는지 여부에 대한 갈등이 안 생길 수가 없는 것이다. 그래서 김운용 교수는 "새롭게 설교하기", "현대 설교 코칭"과 같은 집필 책에서 포스트모던 시대에는 설교주제를 하나로 설정하고 청중의 감성에 다가가는 이미지 설교를 해야 한다고 강조하고 있다[17]. 포스트코로나 시대가 포스트모던 시대를 더욱 가속화시켜 나가고 있다.

---

17) 김운용, 『새롭게 설교하기』, (예배와 설교 아카데미, 2007), 249.

유튜브 교회, 죽알성 교회

아예 유튜브 교회라고 하면서 목회하는 교회도 있다. 대표적인 교회가 "죽알성 교회"라는 곳인데 찬양대 지휘자의 배경을 가지신 유형욱 목사가 코로나 19 시작 전인 2019년에 선견지명으로 온라인으로만 교회를 시작하여 지금은 가입자가 1만 명을 넘는다고 한다. '죽기 전에 알아야 할 성경'에서 첫 글자를 따서 '죽알성'이라고 명명된 이 교회는 유형욱 목사가 차분하게 성경을 풀이하고 설교하는 온라인 교회이다. 그런데 설교와 강의만으로 과연 교회의 역할이 잘 이루어져 나갈 것인가에 대하여는 의문이 가기도 한다. 이런 움직임은 신선하게 보이기는 하지만 위험부담이 있는 것은 사실이다. 하지만 이와 같이 현장 예배가 아닌 유튜브 상에서만 예배를 드리는 교회가 앞으로 더 늘어갈 것이라고 예상된다. 김동호 목사, 조정민 목사, 유기성 목사 등이 별도의 아이템으로 온라인 설교하는 것도 유사한 온라인 교회 활동이다. 그리고 기존의 교회에서는 현장 예배와 실시간 영상 예배의 양면의 목회환경을 다 놓치는 않을 것이다.

이와 같이 유튜브라는 공간은 누구나 클릭하여 들어가 영상설교를 들을 수 있는 환경이므로 설교자도 조심성 있게 설교할 수밖에 없게 되었다. 그런데 설교에서 설교자는 누구를 바라보며 설교해야 하는가? 지금까지 그래왔던 것처럼 설교자는 청중을 바라보는 아이콘택트(eye contact)를 하며 설교하는 것이 정설이다. 그래야 설교자의 마음이 전해지고, 청중은 자신에게 들리는 말씀으로서 은혜로 받아들이게 된다. 그렇다면 유튜브 영상으로 설교를 듣는 보이지 않는 청중과의 아이콘택트는 어떻게 이루어질 것인가? 그렇다고 현장 설교에서 설교자가 카메라만을 응시하며 설교할 수는 없을 것이다. 간혹 카메라를 볼 수는 있겠지만…. 하지만 여기에 심리적인 문제가 있다. 익명의 유튜브 청중이 설교자를 보는 것이지 설교자가 청중을 보는 것이 아니다. 도리어 설교자가 카메라를 응시하여 마치 나를 보는 것같이 느껴지는 것이 부담스러울 수도 있을 것이다.

두 마리 토끼를 잡아라

그런데 대통령이나 정치인들의 연설에서 사용되는 프롬프트[18] 라는 장치가 있다. 이 장치를 사용하면 대통령은 프롬프트의 자막을 보고 읽으며 연설하지만 TV앞에서 연설을 보고 들으면 대통령과 아이콘택트가 이루어지고 있다는 착각을 갖게 만든다. 그런데 이런 장치를 교회에서 사용하는 사례는 아직 없다. 왜냐하면 설교자가 프롬프터를 읽고 있다는 것을 인지하게 되면 설교자에 대한 신뢰도가 떨어지기 때문이다. 하지만 조만간에 교회에서의 설교에서 프롬프터의 사용이 안 이루어진다고 단언할 수는 없을 것이다. 하여간 현재의 상황에서 설교자는 원고를 볼 수는 있으나, 그냥 읽고 있다는 느낌이 안 생기도록 충분한 원고 숙지가 이루어져야 할 것이다. 청중연설과 예배에서의 설교의 분명한 차이점이 이것이 아닌가 한다. 바로 이런 점 때문에 온라인으로 설교를 듣는 청중은 현장 설교에서의 감동보다 분명하게 떨어지는 상황에 들어가게 된다. 이런 점을 감안하여 특별한 사정이 있는 사람, 예를 들면 몸이 아파서 교회에 나가지 못하게 될 때, 직장일로 출장을 불가피하게 가게 되었을 때 그 지역교회에 가지도 못할 형편에 처했을 때를 제외하고는 자신이 소속한 교회에 나와서 예배드리는 것이 옳다고 필자는 판단하고 있다.

---

18) 프롬프터(prompter): 뉴스 등의 프로그램 진행자나 출연자가 카메라에서 시선을 떼지 않고도 자연스럽게 원고 내용을 읽으며 진행하거나 연기할 수 있도록 만든 장치이다. 이제는 정치인의 연설에 많이 사용되고 있으나 교회 설교에서는 아직 사용되고 있지 않다.

인터넷의 발달로 실시간으로 전 세계 어느 곳에서나 설교 영상을 볼 수 있는 유비쿼터스(ubiquitous) 환경에 모두가 놓여있다.[19] 이런 환경 속에서 예배에 참여할 수 있게 된 현실에서 설교자는 두 마리의 토끼를 다 잡아야 한다. 교인들이 반드시 주일에 교회에 나와서 예배를 드리며, 목사님의 설교를 들어야 한다는 불문율을 더 이상 따르지 않게 되었다는 것을 잊어서는 안 된다. 특별히 젊은 세대의 신앙이 점점 더 그런 쪽으로 가게 될 것이다. 그러므로 설교자의 설교는 급격하게 달라진 포스트코로나 시대속의 환경에 처하게 되었다. 사람들의 마음에도 세속과 신앙의 갈림길에서 헤매고 있는 때이다. 설교자의 태도, 설교형태와 내용이 시대에 맞도록 변화되지 않으면 안 되는 현실이다.

---

19)   유비쿼터스(ubiquitous): (동시에) 도처에 존재하는, 편재(遍在)하는 이라는 뜻이다.

6/ 설교와 설법 그리고 강론

목사에게 모든 것이 다 중요하다. 그러나 우선순위를 정한다면 설교가 가장 중요한 일이다.
- 김진홍(청주)

인공지능(AI)의 급격한 발전

먼 옛날부터 사람들이 살아가고 있는 곳에는 자신보다 크고 높고 위대하고 두렵게 느껴지는 천지신명에게 기원이나 기도하는 생활이 존재해 오고 있다. 하늘에서 천둥과 벼락이 친다든지 지진이나 화산, 태풍과 해일 등과 같은 자연재해가 생겨나면 인간은 두렵기 마련이다. 그래서 사람들은 인간의 힘을 초월한 신을 생각하게 되었고, 그 신에게 평안과 복을 비는 자연신앙이 생겨나게 되었다. 신이 깃들었다고 느껴지는 크고 오래된 고목, 큰 바위나 천체에 있는 태양, 달, 별 그리고 광활한 바다를 향하여 기원하는 무속적인 신앙이 뿌리내리기도 하였다. 여타 짐승과는 달리 인간에게는 불멸의 영혼이 있기에 영원을 사모하는 마음이 표출된 것이다.[20] 현대에 들어와 첨단과학이 크게 발전하고, 우주에 인공위성을 쏘아 올려서 다른 행성이나 항성을 연구하는 것을 지속하고 있다. 더구나 지금은 고도로 발전한 인공지능(AI)이 사람들의 반복적인 일은 물론 지식의 분석이나 생성하는 일까지 하게 되는 세상에 우리는 살고 있다.

---

20) [전도서 3:11] 하나님이 모든 것을 지으시되 때를 따라 아름답게 하셨고 또 사람들에게는 영원을 사모하는 마음을 주셨느니라. 그러나 하나님이 하시는 일의 시종을 사람으로 측량할 수 없게 하셨도다.

현재 획기적인 개발품중 하나가 바로 '챗 GPT'라는 인공지능(AI)이다. 이 AI는 오픈에이아이(OpenAI)에서 개발한 대화형 언어 모델이다. 챗은 영어로 'chat'인데 '이야기하다, 수다 떨다'라는 뜻이다. 그리고 'GPT'는 'Generative Pre-trained Transformer(생성하는 사전 학습된 변환기)'의 머리글자로써, 인터넷상에 광범위하게 있는 데이터를 수집하여 그를 기반으로 사전 학습되어, 주어진 질문에 아주 빠르게 생성된 답을 문장 또는 음성으로 제시하며 대화할 수 있는 인공지능을 말한다. 개인정보 및 저작권의 문제가 나타나기는 하지만 대세를 거스를 수는 없을 것이다. 그럼에도 불구하고 인간은 생명의 기원에 대하여 여전히 명확히 알지 못하고 있으며, '제임스 웹 우주 망원경(JWST)'으로 바라보는 우주의 그 광대한 은하계에 비하여 현재까지 유일하게 생명이 존재하는 지구는 비할 바 없이 작다고 할 수 있다. 넓은 백사장에 있는 한 개의 모래알갱이 정도로 보일 수 있다. 그 반대로 어떤 생명체의 세포를 전자현미경으로 분석하여 들어가 보면 그 속에도 또 다른 우주가 역방향으로 펼쳐지는 것을 알 수 있다.

사상을 주관하는 종교의 세계

이렇게 인간과 생명체가 살아가는데 최적화된 지구의 80억 명에 가까운 인류에게 종교는 커다란 위안과 평화 그리고 소망을 주고 있다. 그리하여 세계 3대 종교로 기독교, 이슬람교, 불교를 들고 있는데 기독교는 다시 천주교와 개신교, 즉 구교와 신교로 나누어지고 있다. 기독교는 삼위일체의 하나님을, 이슬람교는 알라를, 불교는 석가모니를 숭배하고 있다. 조금 구체적으로 본다면 기독교는 삼위일체 하나님이신 예수 그리스도를 구세주로 섬기고 있으며, 이슬람교는 알라 신의 대언자인 마호메트를 공경하고, 불교는 인생의 모든 진리를 깨달았다는 석가모니를 경배하고 있다. 그밖에도 수많은 종교가 존재하고 있는데 그 중에 힌두교, 유대교, 유교, 도교 등이 있다. 하다못해 북한의 주체사상도 김일성교라고 부를 만큼 하나의 종교성의 집단으로 구분되고 있는 실정이다. 북한의 2,500만 주민이 김일성교의 강제적 신도일 뿐이다.

　이와 같이 사람들의 정신세계를 관할하는 종교는 그 교리와 사상을 사람들에게 어떻게 전달하고 가르치고 있는가? 종교의 경전을 전문적으로 배우고 익혀서 객관적으로 인정된 성직자를 기독교에서는 목사(牧師), 천주교에서는 신부(神父), 불교에서는 승려(僧侶), 성직자는 아니나 스승의 개념으로 이슬람교에서는 이맘(Imam), 유대교에서는 랍비(Rabbi)라고 부른다. 이분들이 청중들에게 해당 종교의 경전인 성경이나 불경 또는 코란에 있는 교리 및 말씀을 가르치며, 이를 삶과 생활에 적용할 수 있도록 설교(기독교) 또는 강론(천주교)이나 설법(불교)으로 전하고 있다. 그런데 최근에 성직자들이 청중들을 대상으로 강연하는 모습이 유튜브 영상에 자주 나타나고 있다. 천주교에서는 황창연 신부의 특강(행복특강) 유튜브 영상이 보통 100만 조회수를 훌쩍 넘는다. 황 신부의 특징은 청중에게 실생활에서 공감되는 이야기를 무심하게 전달하는 담백한 재담에 청중들이 즐겁고 편하게 웃는다. 그리고 불교에서는 법륜 스님의 강연(즉문즉설)도 보통 20만 조회수를 넘긴다. 청중석에서 즉시 나오는 고민과 질문에 대한 단순한 답변이 사람의 심금을 울리거나 폭소를 자아내게 하고, 공감이 저절로 되도록 만들어 준다.

기독교의 설교에 대한 반응

그렇다면 우리 기독교에서는 어떨까? 대표적으로 침례교 장경동 목사의 특강(부흥특강)도 청중들에게 인기가 있는데 10만 조회수는 그리 잘 넘지 못한다. 당연하기는 하지만 불교나 천주교의 성직자들이 강연하는 내용에 일반 청중은 더 관심을 갖고 있는 듯하다. 이는 강연을 하는 분의 자질이나 능력의 문제가 아니다. 기독교 성직자들의 설교나 강연은 불교나 천주교의 성직자들보다 더 잘 알려져 있기에 보다 덜 알려진 종교의 성직자의 강연에 흥미를 느낀다고 평가된다. 막상 각 종교의 종교의식에서의 성직자의 말씀은 그 격을 매우 달리한다. 불교에서는 이런 행위를 '설법(說法)'이라고 한다. 스님은 의자에 앉아서 신도들에게 조곤조곤 이야기하듯이 설법을 한다. 마치 동네 사랑방에서 이야기를 듣는 듯한 분위기를 자아낸다. 천주교에서는 신부가 강단에 서서 말씀을 전하는데 이를 '강론(講論)'이라고 한다. 목사의 설교하는 스타일과 유사하지만 그리 다이나믹하지는 못하다. 예전에는 그저 조용하게 강의하듯 강론하였다. 기독교에서는 목사가 하는 말씀전함을 '설교(說敎)'라고 하는데 기독교 예배에서 가장 중요한 위치를 차지할 정도로 설교는 하나님의 말씀을 전하고, 듣는 시간이다.

설교가 본질적으로 가장 우수

엄밀하게 말하면 성직자가 종교의 경전을 읽고, 그것을 우리말로 쉽게 풀이하면서 신자들의 생활에 적용하도록 하는 것을 목표로 말씀을 전하는 것이다. 그런데 이 말씀전하는 행위에서 가장 역동적이며 수사학적 기법도 활용하여 청중들에게 잘 들리도록 하는 행위의 발전은 기독교의 설교라고 할 수 있다. 종교개혁이전의 천주교회에서는 거의 천년이상 미사를 라틴어로 드렸으며, 신자들에게 성경 읽는 것을 금지 시켰는바, 미사 중에 전해지는 신부의 말씀에 그다지 크게 공감이 되지 않았다. 그러나 종교개혁이후 시작된 개신교에서는 누구나 자기나라의 언어로 성경을 읽을 수 있도록 라틴어 성경이 여러 나라 언어로 번역되었고, 청중들은 등받이가 있는 장의자에 앉아서 목사의 설교를 들을 수 있는 환경이 조성되었다. 이를 본받아 천주교에서도 신자들에게 장의자를 제공하였고, 신부들의 강론은 성경만 읽는데서 탈피하였다.

그런데 요즘 매스컴을 보면 불교와 가톨릭교의 친밀도가 대단히 높아지고 있다. 서로 상대 종교의 성직자를 초청하여 특강을 하도록 하는 기회도 만들고 있다. 상대 종교에서 숭배하는 분의 탄신일에는 축하한다는 현수막을 걸어 주기도 한다. 아마 불교와 천주교의 기도하는 스타일이나 엎드려 경배하는 모습 그리고 묵주를 손에 쥐고 경전의 암송 및 기도하면서 행동으로 신앙심을 나타내는 방법이 서로 유사하기에 그런 것 같다. 기독교에서는 진보적인 신앙을 가진 한신대학교 계열의 "한국기독교장로회"에서 종교 간의 대화를 추진하며 서로 초청하는 프로그램을 시행하고는 있으나, 개신교 전반에 흐르고 있는 신앙의 절대성에 대한 사수(死守)에 밀려 큰 진전은 보이고 있지 않다. 이는 종교개혁의 모토가 된 칼뱅의 5대 강령인 "오직 성경, 오직 은혜, 오직 믿음, 오직 하나님의 은혜, 오직 하나님께 영광"의 오로지 정신이 강하게 작용하고 있기 때문으로 보인다. 통전적(統全的, holistic) 신앙을 강조하는 통합장로교단과 복음적 칼뱅신앙을 유지하는 합동장로교단이 다시 합쳐지는 것이 보다 장로교라는 전통을 잘 지켜나갈 수 있는 대안이 될 것이다.

설교는 이제 점점 이야기식 설교형태로 나아가며 목사가 예배시간 내내 강단에서 있는 것만이 아닌 무선마이크를 들거나 마이크를 뺨에 붙이고 자유롭게 강단 좌우를 이동하면서 설교하는 목사님도 많이 계신다. 특히 미국에서 공부하였거나 청중과의 커뮤니케이션의 중요성을 감지하신 분이 과감하게 변신을 시도한다. 개신교는 타 종교와의 교류 이전에 여러 교단과 교파로 갈라진 현실을 탈피하여 하나로 통일시켜 나가는 것이 더 급선무가 아닌가 한다.

2장 · 설교학과 강단 설교

1/ 신학교에서 배운 설교학

> 설교는 하늘과 땅이 잇대어지고, 하나님의 세계와 이 세상이 잇대어 진다는 점에서
> 실로 중요한 사역이다.
> - 김운용

장신대 신대원에서의 학업

필자는 서울 광진구 아차산 기슭에 있는 아담하고 아름다운 장로회 신학대학교 신학대학원에서 2015년부터 2017년까지 3년간 풀로 공부하였다. 환갑을 넘기고 시작한 신학공부이기에 기억력도, 체력도 많이 떨어졌지만, 전심을 다하여 열성적으로 공부에 매진하였다. 1학년 2학기 동안의 기숙사생활은 많이 힘들었지만 소중한 기간이었다. 너무나 훌륭한 교수들께서 정성을 다하여 가르쳐 주신 덕분에 3.98의 학점으로 무사히 졸업하였다. 가슴 떨리는 목사고시를 거쳐, 충주 중원경교회에서 전임전도사로서 만 2년간의 꿈같은 사역을 마친 후에, 적을 옮긴 청주 금천교회의 청원으로 드디어 2020년 4월 20일(월) 충북노회에서 목사 안수를 받을 수 있었다. 만 65세에 통합장로교목사가 된 것이다! 김진홍 목사와 금천교회의 사랑을 크게 입은 것이다. 이 모두에 눈에 보이지 않는 하나님의 놀라운 사랑의 손길과 인도하심이 있었다.

신대원에서 6학기 동안 수강 신청한 과목들(47과목, 111학점)을 빠짐없이 다 열심히 공부하였다. 3번의 성적우수 장학금과 종강감사예배 시에 3년 개근상을 받기도 했다. 그 가운데 2학년 2학기에 필수과목으로 공부한 "설교학 개론" 그리고 3학년 1학기에도 역시 필수과목인 "목회실습"은 설교를 직접 해보며 평가를 받는 실습과목이었다. 목사로서 영원한 동반자인 "설교"에 밑거름이 되는 과목들이다. 당시 설교학 개론과 설교실습 과목을 정성스럽게 강의 및 지도해 주신 분은 최진봉 교수이었다. 최 교수는 캐나다 토론토대학교 녹스신학교(Knox College)에서 신학박사학위를 받으신 매우 다정다감하신 분이었다. 당시에는 잘 인지하지 못했지만 세월이 지나고 보니 최 교수께서 정말 열심히 잘 가르쳐 주셨다는 생각이 든다.

금천설교아카데미와의 만남

전임전도사 때인 2019년 2월 11일(월)부터 현재까지 매주 참여하고 있는 "금천설교아카데미"는 청주의 금천교회 당회에서 적극적으로 후원하고 있다. 당시 금천교회의 당회장이신 김진홍 목사(현재 금천교회 원로목사)는 원장으로서 1997년부터 초교파적으로 전국의 후배 목회자들에게 설교의 노하우를 열정적으로 가르치며, 인도하시는 순수한 설교연구모임이다. "강단이 살아야 교회가 산다"라는 모토로 설교의 실제를 가르치는 이 모임은 기본적으로 매주 금요일 오전 10-12시에 금천교회에서 모인다. 모임의 총무로서 진행을 주도하시는 분은 청주의 생명의빛교회 홍은익 목사이다. 초창기부터 성실함으로 모임을 원만하게 잘 이끌어 가신다. 최근에는 매주 줌(zoom)으로 모임을 갖고, 매달 마지막 주 금요일에만 금천교회의 5층 JEBS실에서 모이는데 실무적으로 너무나 큰 도움이 된다.

실제로 금천설교아카데미를 통하여 설교 원고 작성에 눈이 떠지기 시작하였다. 물론 최진봉 교수로부터 설교학을 배우고 실습을 한 것이 기본이 되었음은 물론이다. 최진봉 교수에게 배운 내용을 필기한 노트를 꺼내어 읽어보니, 이론적인 내용이 상세하게 다 들어있음을 알 수 있었다. 당시에 "설교학 개론" 수업의 목표는 다음과 같다. "기독교의 설교는 교회와 하나님의 백성들의 공동체인 교회를 세우고 인도하는데 가장 중요한 사역가운데 하나이다. 특히 변화하는 시대 가운데서 이러한 설교사역을 감당할 수 있도록 설교자를 훈련하여 바로 세우는 것은 교회의 사활이 걸린 주요한 사역이 아닐 수 없다. 현대의 변화하는 시대 속에서 어떠한 설교신학을 가지고 어떻게 감당할 것인지를 교육하는데 본 과목의 목적이 있다."[21]

최진봉 교수의 '설교학 개론' 수업

최진봉 교수는 2016년 8월 23일(화) 첫 수업시간에 "왜 설교를 해야 하는가?"라는 질문으로부터 시작하였다. 설교의 일반적인 목적에 대하여 화두(話頭)를 던지신 것이었다. 신학은 설교에 근간을 두고 있다는 것과 칼 바르트의『교회교의학』 1권 1장에서 설교에 대하여 기술하고 있다는 점을 설명해 주었다. 그리고는 성적평가에 관련하여 설교에 관한 책 7권을 다 읽으라고 하였는데, 토마스 롱의『증언으로서의 설교』, 정장복 교수의『한국교회의 설교학 개론』, 김운용 교수의『현대설교 코칭』 그리고 주승중 교수의『성경적 설교의 원리와 실제』가 눈에 떠었다. 그리고 설교 예화를 20개 주제에 각각 10개 예화로 모두 200개의 예화에 출처를 명시해서 제출하고,『현대설교 코칭』에 대한 독서보고서도 제출하라고 하셨다.

---

21) 최진봉, 2016-2학기 수업 계획서

예화가 설교에서 얼마나 중요한 역할을 하는지를 알게 하는 선제적 가르침이었다. 실제적으로 설교에 맞는 예화는 그야말로 은쟁반에 옥 구슬이다. "예화는 적용을 구체화한다.", "예화가 적용에 현실성과 사실성을 준다." 그리고 "적용과 예화는 유기적으로 서로 주고받는다"라는 귀중한 교훈을 주셨다. 신대원에서 배운 설교학 개론의 내용을 충실히 숙지를 했다면 더욱 좋았겠지만 당시에 배운 여러 내용들이 나의 머릿속 어딘가에 깊이 숨어버렸다. 그러다가 금천설교아카데미에서 김진홍 목사의 설교의 이론과 실제를 가르쳐 주시는 내용을 들으니 신대원에서 배운 지식들이 조금씩 튀어나오기 시작하였다.

최 교수는 교회의 표지(標識, marks)가 말씀과 성례전인데, 칼 바르트의 말을 인용하여 20세기 교회는 선포의 행위 즉 설교와 성례전에 의해 교회가 되어간다고 강조하였다. 그리고 토마스 롱, 불트만, 후스, 토마스 오덴, 어거스틴, 윤철호 등의 신학자들부터 나온 설교에 대한 이야기를 상당히 긴 시간동안 설명해 주었다. 그 중에서 성 어거스틴의 말이 각별하다. 그는 설교의 목적을 "to teach, to move, to delight"라고 하였다. 즉 "가르치는 것이다, 움직이게 하는 것이다. 기쁘게 하는 것이다"라고 말했는데 매우 일리가 있는 말이다. 여기서 가르치는 것은 설교자의 몫이고, 움직이고 변화하는 것은 청중의 몫이며, 기쁘게 하는 것은 하나님의 기쁨을 말하는 것으로 해석하면 어떨까?

그리고 최진봉 교수로부터 설교의 형태를 배웠다. 후반부 4번의 강의를 통해 대지 설교(주제 설교, 본문 설교, 강해 설교), 분석 설교, 귀납식 설교, 이야기 설교, 네 페이지 설교에 대하여 배운 것이다. 이렇게 가르치시고는 학생들에게 내린 결론은 매우 간결하였다. "대지 설교 한 가지만 잘해도 훌륭합니다." 왜 그럴까? 지난 300여 년간 기독교설교는 대부분 '대지 설교'였으며, 지금도 한국 교회에서는 대지 설교형태로 설교를 하고, 듣는 것이 너무나 익숙하고 편하다. 대지(大旨)란 말이나 글의 대강의 요지나 취지로서, 본문의 중심 뜻(major point)이며 주안점이다. 대지 설교는 연역적 설교인데 삼단논법으로 명제-증명-확인으로 아주 논리적이어서 설득에 능한 설교형태이다.

故 스티브 잡스도 큰 그림을 제시하고 구체적인 예를 들고 나서, 요약을 하는 3단 설득으로 메시지를 고객들에게 명확하게 전하였다. TV 뉴스도 그렇다고 하며, 사도 바울도 고린도후서 6장 14-18절에서 우리는 살아 계신 하나님의 성전이라고 3단 논법으로 설득하고 있다는 점을 최 교수님은 잘 설명해 주셨다. 하지만 이제는 설교 환경이 급격히 달라졌다. 김운용 교수는 자신의 책인 『새롭게 설교하기』에서 이렇게 말한다. "어쩌면 오늘날의 설교에서 가장 위험하고 적대적인 요소는 지루함이다." 현대의 청중은 이 '지루함'을 용납하지 못하고 정말 싫어한다고도 적시하고 있다.[22] 보다 자세한 설교형태에 대하여는 본서 제3장에서 보다 구체적으로 다루고 있다.

---

22) 김운용, 『새롭게 설교하기』, (예배와 설교 아카데미, 2007), 223.

설교의 실제에서 얻은 자신감

  그리고 3학년 1학기에 실시한 '목회실습'은 매주 세 명의 학생이 주어진 성경 본문과 형식으로 작성하여 3일전에 제출하고, 그 원고를 가지고 한 사람씩 직접 강단에 올라가 12분 내로 설교를 한다. 배우자도 반드시 와야 했다. 참석한 학생들과 최진봉 교수로부터 설교 원고내용 및 형식 그리고 설교자로서의 태도, 자세 등에 대한 비평을 받는 자리였다. 설교하면서 원고를 8번 이상 보면 감점이다. 모두가 긴장하였지만 아주 뛰어나게 잘 하는 학생들도 있었다. 나는 2017년 4월 4일에 "요한복음 11:17-27, 39-44"를 본문으로 "베다니의 기적"이라는 제목으로 귀납법형태의 설교를 하였다. 설교시간이 초과되었고, 머리를 숙이고 원고를 15번 정도 보았으니 1분도 안되어 원고에 눈길이 간 것이다. 이후 최 교수께서 일대일 면담을 실시하여 깊이 있게 설명해 주셨다. 주제, 명제, 적용이 부족하며, 귀납법 설교에 대한 이해부족이라는 지적이 있었지만, 설교의 델리버리는 확신, 열정, 안정, 교감, 주의집중, 박력이 있었다고 칭찬해 주셨다. 예화나 사례는 본 설교와 맥을 같이 해야 한다는 코멘트 등을 보니 당시에 아주 섬세하게 보시고 깨알같이 잘 지도해 주셨는데 지금 다시 그 내용을 보니 이제야 알 것 같다.

  그런데 뜻밖에 나에게는 "교인들에게 꼭 설교하도록 하세요. 아주 잘 하실 것입니다"라고 격려해 주셨다. 간단명료한 덕담이었지만 지금까지도 내 뇌리 속에 고이 간직되어 힘이 되고 있다. 이렇게 사람들에게 힘이 되고 용기가 되는 말은 반드시 설교자에게 필요하다는 생각이 들었다. 문제는 자신이 설교를 못한다고 생각하는 설교자는 거의 없다는 점이다. 그러므로 자신의 설교에 대한 지적과 비평을 잘 견디지 못한다. 의기소침하여 점점 더 설교를 못하게 되는 것도 문제이지만, 자신의 설교능력을 과신하거나 과도하게 긍정적으로 보려고 하는 것이 결국 발전을 방해한다. 그러므로 동료평가(peer review)가 중요하다. 더 중요한 것은 목회 경험이 풍부하며, 설교에 대하여 전문적으로 배우고 익힌 분으로부터 지적과 검토를 받는 훈련이 주기적으로 있어야 자신의 설교가 발전될 것이다. 이 부분은 본서 제6장에서 별도로 다루었다.

2 / 설교와 예전(禮典)의 두 트랙

설교는 전달되어진 계시이다.
- Domenico Grasso

성령님이 도우시는 설교

주일예배를 드리기 위해 교회에 가면 제일먼저 주보(週報)를 보게 된다. 주보를 받아 살피는데, 다른 무엇보다도 오늘 어떤 본문으로, 어떤 제목으로 목사님이 설교하시는지에 가장 관심이 쏠린다. 혹시 주보 면에 설교의 요약본이라도 있다면 어떤 형식으로 작성되었는지, 어떤 결론을 도출해 가시는지를 생각하며 설교를 기대하게 된다. 나도 모르게 설교에 집중하다보니 그렇게 변모된 것이다. 그런데 주보를 잘 살피면 예배의 모든 순서들은 담임목사님의 설교에 집중되어 있음을 알 수 있다. 예배를 드리는 것이 설교를 듣는 것과 거의 동일시된 것처럼 느껴진다. 예배순서 가운데 통상 대표기도를 장로님이 하시는데 다른 내용도 있지만 반드시 있어야 하는 기도 내용은 곧 설교하기 위해 강단에 올라오실 목사님을 위하여 기도하는 것이다. 어떤 교회에서는 담임목사님이 설교하는 동안에 별도로 구성된 '기도팀'이 교회 지하실에서 실시간으로 목사님을 위하여 집중적으로 기도한다고 한다.

이런 헌신적인 기도는 성령님의 도우심으로 목사님의 설교에 하나님의 크신 은혜가 있기를 간구하는 행위이다. 할 수만 있다면 이런 기도팀이 모든 교회에 있기를 소망한다. 분명한 것은 이와 같은 행위는 설교가 예배에서 차지하는 비중이 지대(至大)하기 때문이다. 설교가 은혜롭고 공감이 되며, 다짐이 되는 내용이라면 예배에 참석한 교인들은 당연히 오늘 예배가 아주 은혜로웠다고 느낄 것이다. 그러나 목사님의 설교가 나에게 아무런 감동도 안 되며, 무슨 말씀을 하였는지 기억조차 나지 않았을 때는 아무리 대표기도가 훌륭하였고, 찬양대의 찬양소리가 좋았더라도 그 예배에서는 가슴에 남는 것이 없는 허전함과 답답함을 느끼게 된다. 그러므로 개신교에서는 담임목사는 설교에 교회의 사활을 걸고, 절실하게 기도하며, 온 힘을 다하여 설교준비를 하여야 할 것이다. 마치 선한 목자가 자기 양들을 정성껏 보살피는 마음으로 담임목사는 설교를 목회의 최우선순위에 두어야한다. "강단이 살아야 교회가 산다"라는 모토로서 설교하는 것에 목숨을 걸어야 한다.

우리의 예전 인식은?

그런데 신학적으로 살펴본다면, 예배를 하나님께 우리 자신을 드리는 행위로 볼 때, 여기에는 오로지 설교자를 통한 성경말씀의 선포, 해석, 적용만의 보이지 않는 은혜의 행위만 있어서는 안 된다는 점이다. 초대교회 때부터 전통적으로 계승되고 있는 성례식, 즉 성찬식과 세례의식이 반드시 현재의 예배에서도 보다 더 자주 있어야 한다는 점이다. 다시 말하면 보이는 설교를 우리가 체험해야 한다. 더구나 이제는 포스트모던 시대를 살아가는 '다음세대'들을 요즘에는 MZ세대[23]라고 하는데, 이들은 영상과 이미지를 통한 메시지가 없으면 그들의 마음속에 침투한다는 것 자체가 어렵게 되어졌다. 눈으로 보고, 만지고, 느껴지는 그런 예전이 있어야 더욱 메시지 전달이 원활하게 이루어질 수가 있다. 하나님의 말씀은 설교자의 입을 통하여 나오는 말로서만 되는 것이 아

---

23)　MZ세대: 1980년부터 1994년생까지를 일컫는 밀레니얼(M)세대와 1995년부터 2000년 내 출생자를 뜻하는 Z세대를 합친 세대이다. 2019년 기준 약 1700만 명으로 국내 인구의 약 34%를 차지한다. MZ세대는 스마트폰, 인터넷, 소셜미디어 등 디지털 환경에 익숙하고, 트렌드에 민감하며 이색적인 경험을 추구한다. 특히 SNS 활용에 능숙하므로, 유통시장에 강력한 영향력을 발휘하고 있다. – 다음백과

니라 성찬식의 빵과 포도주 그리고 세례식의 물로 보이는 의미의 전달이 더 강렬하게 마음을 흔들 수가 있다.

　'설교와 예전'은 각각 '예배(禮拜, worship)'의 대부분을 차지하는 너무나 중요한 내용이다. 새의 두 날개와 같이 설교와 예전은 예배라는 큰 울타리 안에서 가장 중요한 은혜의 자리로 인도하는 두 트랙(track)이라는 것을 알 수 있다. 철도 선로와 같이 그 길을 따라가야 목적지에 갈 수 있는 것처럼 우리는 이 트랙 위를 걸어가야 한다. 즉 예배에서 설교와 예전의 길을 균형을 맞춰서 가듯 두 길이 반듯해야 할 것이다. 그런데 우리의 예배는 자칫 '설교'에 경도되어 설교만이 예배의 큰 자리를 차지하고 있는 듯하다. 그러므로 어찌 보면 설교학도 예배학에서 나온 것이 아닌가? 이는 원로설교학자인 정장복 교수는 『예배학 개론』에서 언급하고 있다. "개신교의 성장과 확장에 절대적인 기틀을 마련해 준 것이 설교이지만, 실제로 그 본래적 의미와 역사적 발전은 예배 가운데서 이룩되었음을 간과해서는 안 된다."[24]

　조직신학자인 최윤배 교수는 『개혁교회의 예배예전 및 직제 I』에서 주도홍 교수의 글을 인용하여[25] 다음과 같이 말하고 있다. "어떤 칼뱅 연구가들은 칼뱅의 '예배 모범서(1542)'에 근거하여 칼뱅이 주장한 예배 요소를 ① 말씀 선포 ② 공적 기도 ③ 성례전 집례라고 주장한다."[26] 하지만 그는 계속하여 "칼뱅의 「기독교 강요 초판(1536)」에서 예배의 주된 세 가지 요소에다가 '④ 교제(구제)'의 요소를 이미 포함시키고 있음

---

24)　정장복, 『예배학 개론』, (예배와 설교 아카데미, 2014), 277.

25)　주도홍, 제네바 예배 모범(1542), 「요한 칼빈 탄생 500주년 기념 학술 심포지움, 제5분과」, 22.

26)　최윤배, 『개혁교회의 예배예전 및 직제 I』, 「3. 칼뱅의 예배」, (한국장로교출판사, 2015), 66.

이 발견된다"라고 말한다. 그러므로 예배의 요소는 모두 네 가지가 된 다는 것을 알 수 있다. 이를 두 가지로만 요약하자면 결국 '설교와 예전' 으로 집결된다.

예전이 훼손된 역사

여기서 예전(禮典)을 영어로는 'liturgy(리터지)'라고 하는데, 본래 는 '백성에 대한 봉사'라는 뜻인 그리스어 'λειτουργία(레이투르기아)'에 서 유래되었다고 한다. 그러므로 예전은 하나님의 은혜가 성도에게 부 여되는 의식으로서, 개신교에서는 '세례와 성찬'인 두 가지의 예식을 말 한다. 그러나 가톨릭교에서는 이를 성사(聖事, confirmation)라고 하 여 세례, 견진, 성체, 고해, 종부, 신품, 혼배 등 일곱 가지로 나누어 시 행하고 있다. 그만큼 가톨릭교에서는 예전을 중시하고 있다고 볼 수 있 다. 즉 보이는 설교를 강조하고 있다. 하지만 종교개혁의 강력한 추진자 인 츠빙글리는 가톨릭교회가 가진 일체의 신조나 예전을 부정하였다. 그래서 매주일 거행하던 성찬의 의미를 축소하였고, 성찬식도 년 4회 로 제한하였다.[27] 가톨릭교회가 생명의 말씀인 성경보다 예전의 행위를 더 미화시켰을 뿐 아니라 미신화 시켰던 것이다.

하지만 종교개혁을 시작하면서도 실상 마르틴 루터는 가톨릭교회를 떠나려고 하지 않았고, 그 안에서 개혁하려고 마음먹었다. 그러므로 교 회력을 충실히 따르는 예전적 설교를 강조하였다. 설교에 많이 기울어 진 개혁교회예배에서 매주 성찬식이 거행되는 루터교회의 모본을 따 를 수는 없다고 할지라도 초대교회의 원형을 따라서 최소한 월 1회 정

---

27)   정장복, 『예배학 개론』, (예배와 설교 아카데미, 2014), 16–17.

도는 성찬을 시행하여 '보여주는 말씀'을 강조할 필요가 있다.[28] 하지만 일반적으로 한국의 장로교회에서는 부활절과 성탄절 등 년 2회 정도에 성찬식을 하는 것에 만족하고 있는 것이 아닌 가 돌아볼 필요가 있다. 성찬식에서의 빵과 포도주에 대하여도 가톨릭교는 분명하게 화체설을 주장하여, 물리화학적으로 성찬식에서의 빵은 예수님의 살로, 포도주는 예수님의 피로 실제 변한다고 믿고 있다. 하지만 개신교에서는 약간의 차이는 있지만, 상징적이라는 점에 동의하고 있는 편이다.

이런 눈에 보이는 예전은 예배에 참석한 신자들의 지정의에 강렬하게 인식되어 결국 예수 그리스도의 죽음이 대속적인 죽음이고, 그것을 믿음으로 죄사함을 받고 구원을 얻었다는 확신을 갖게 만든다. 설교자의 설교만으로 예수님께서 마지막 만찬자리에서 명하신 성찬예식을 다 표현하고 동일한 은혜를 얻게 할 수가 없다. 로버트 E. 웨버는 『교회력에 따른 예배와 설교』 책에서 영성 조망을 위한 절기를 대림절, 성탄절, 주현절, 사순절, 성삼일, 부활절, 성령강림절로 나누고 있다.[29] 이런 교회력을 충실하게 따르는 예전적 설교를 루터는 감행하였다. 그러므로 설교는 예전과 함께 가면서 예전의 중요성도 충분하게 인식하여 설교를 통한 은혜와 더불어 더 큰 은혜의 자리로 나아갈 수 있어야 한다.

---

28) 조성현, 『설교로 보는 종교개혁』, (CLC, 2017), 91.

29) 로버트 E. 웨버, 이승진 역, 『교회력에 따른 예배와 설교』, (기독교문서선교회, 2006), 12-13.

3 / 선포와 공감의 양면성

설교는 하나님의 말씀에 기초하고 사람을 구원하려는 계획과 목적에서
사람을 감동하도록 권면하는 법이 있는 종교적 강화(講話)이다.
- 곽안련(Allen Clark)

말씀을 듣지 못하는 영적 기갈

청주에서는 폭우로 인해 제방이 붕괴되어, 오송 지하차도에 물이 순식간에 차올라 그곳을 지나던 급행버스와 차량 속에 갇힌 14명의 승객들이 희생되었다는 소식이 우리를 슬프게 한다. 유가족들의 사연(事緣)이 더욱 애달프다. 삶과 죽음의 갈림길에 우리가 위태롭게 살아가고 있다는 생각이 더욱 강하게 스며든다. 또다시 가슴 아픈 세월호 사건이 떠오른다. 그리고 덧없이 스러져간 이태원 참사도 회상된다. 침수된 지하차도 속에서의 속절없는 희생! 이 세상은 어느 곳에도 안전한 곳이 없다는 것을 새삼 인식하게 만든다. 주변에서 일어나는 재앙의 엄습은 우리에게 안전시스템이 없어서가 아니라 각자가 규범을 정확히 지켜 시행하지 않아서 생겨나는 불상사들이다. 그렇다! 영적인 세계에서도 마찬가지이다.

영생과 구원에 대한 하나님의 말씀이 이미 주어졌고, 복된 길이 있음에도 우리는 그 길로 나아가지 않고, 인간 내면속의 본능이 뿜어내는 달콤한 유혹에 스스로 빠져 들어간다. 그러므로 구약성경 아모스 8장 11절에 "주 여호와의 말씀이니라 보라 날이 이를지라 내가 기근을 땅에 보내리니 양식이 없어 주림이 아니며 물이 없어 갈함이 아니요 여호와의 말씀을 듣지 못한 기갈이라"라고 기록되어있다. 결국 영적인 기근을 당하여 목말라 애타는 것은 바로 초개와 같은 헛된 인생뿐이

다. 이런 결과는 하나님의 말씀을 듣지 못하여 생겨난 것이다. 어쩌면 고집을 부리며 듣지 않아서 그런지도 모른다. 이미 하나님의 말씀이 주어졌음에도 그 말씀을 전하지 않았고, 또 전한다 하더라도 그 말씀에 청중들은 가슴을 열지 않기에 은혜의 자리로 가지 못하고 있는 안타까운 현실이다.

이러한 상황을 설교에 접목시킨다면, 설교의 커뮤니케이션이 이루어지고 있는지의 여부와 관련이 된다. 오랜 세월동안 선지자들은 하나님의 말씀을 선포(宣布)에만 집중하였다. 마치 요나가 니느웨성이 무너진다는 말을 하룻길동안 성안의 백성들에게 외친 것과 유사하다. 요나 3장 4절이다. "요나가 그 성에 들어가서 하루 동안 다니며 외쳐 이르되 사십일이 지나면 니느웨가 무너지리라 하였더니", 여기서 "외치다"는 영어로 "proclaim"인데 요나는 그저 선언한 것이다. 그렇게 될 것이라고 정해진 사실을 그냥 선포한 것이다. 고래뱃속에서 사흘 동안 회개한 후에 살아난 요나의 속마음은 니느웨가 망하기를 바랐지만 하나님의 명령이니 마지못해 외친 것이다. 듣든지 안 듣든지 그 책임은 듣는 사람에게 있다는 마음이다. 이에 걸 맞는 말씀은 바로 에스겔 2장 7절이다. "그들은 심히 패역한 자라 그들이 듣든지 아니 듣든지 너는 내 말로 고할지어다" 심히 패역한 자라는 단서가 있기에 들음의 책임이 없으니 무조건 말하라(speak)는 뜻이다.

듣든지 아니 듣든지

그러므로 혹시 많은 설교자들이 설교를 하면서 정말 듣든지 아니 듣는지 라는 생각으로 그냥 말씀을 전했을 수도 있지 않았을까? 그렇다면 그 말씀을 듣는 사람들의 전제조건이 "심히 패역한 자"이어야 한다. 마치 요나가 악독이 하늘에 닿은 니느웨성에 가서 멸망의 소식을 전하는 것처럼 말이다. 이처럼 하나님께서 에스겔에게 말씀하심은 이스라엘 백성들이 이미 ① 패역한 백성 ② 하나님을 배반한 자 ③ 뻔뻔하고 마음이 굳은 자 ④ 범죄한 자이기에 그냥 재앙을 선포하라고 하신 것이다.[30] 하지만 현대의 설교자는 설교하면서 듣든지 아니 듣든지 나는 내 할 말만 한다고 하면 문제가 될 것이다. 만약 그런 마음이 은근히 들어가 있었다면 이는 삯꾼일 뿐이다. 그러므로 현대의 설교자는 사도 바울과 같은 놀라운 민족 사랑의 마음을 갖고 복음을 선포해야 한다. 로마서 9장 3절에 "나의 형제 곧 골육의 친척을 위하여 내 자신이 저주를 받아 그리스도에게서 끊어질지라도 원하는 바로라"라고 사도 바울은 동족의 구원을 간절하게 원하고 있음을 알 수 있다.

종교개혁이전에 행하였던 가톨릭교회의 행태는 바로 '듣든지 아니 듣든지'의 강론이었다. 청중 대부분이 결코 알아듣지 못하는 라틴어로 성경을 읽고, 예전을 거행한 것이 바로 그 증거이다. 각종 비밀스럽고 난해하게 보이는 형상들, 특히 성찬식 때 사제의 축성기도 후에 상위에 놓인 빵과 포도주가 물리적으로, 화학적으로 예수님의 살과 피로 100% 변한다고 믿게 하는 화체설 교리[31]는 교회의 성스러움을 넘어 일종의 신비로움을 창작케 만드는 미신형태가 될 수도 있다고 생각한다. 수많은 순교자의 피로 일구어진 종교개혁은 하나님의 말씀을 대중들이 자신의 언어로 듣고 읽을 수 있도록 한 성경번역의 정신이었음을 우리는 분명히 인식하여야 한다. 그럼에도 불구하고 일방적으로 듣든지 아

---

30) 에스겔 2:1-7

31) 화체설(化體說, transubstantiation): 성찬식 때 먹는 빵과 포도주가 순간적으로 그리스도의 몸과 피로 변한다고 하는 학설. 1551년에 트리엔트 공의회에서 교의로 선포된 이후 로마 가톨릭교회가 인정하는 학설이다. -다음백과

니 듣든지 식의 설교를 하고 있지는 않은지 자신을 돌아보아야 할 것이다.

그렇다면 우리의 말씀선포는 신명기 6장 4절의 "쉐마"를 기억하여야 한다. '쉐마(עמַשְׁ)'는 '듣다'라는 뜻의 히브리어 동사 '샤마아'의 명령형이다. 개역개정성경은 이를 '들으라'라고 번역하였다. 이스라엘에서는 이 '쉐마 교육'이 가정에서부터 이루어지고 있다. 문제는 말씀을 들으라고 행하는 설교에서는 그 말씀이 청중의 귀에 그리고 가슴에 들리게 되어 있어야 한다. 이것이 오늘날 설교가 바로 설교자와 청중의 의사소통인 커뮤니케이션이 되어야 한다는 점이다. 그렇다면 어떻게 해야 청중에게 들리는 설교를 할 수 있는가? 이런 고민이 바로 설교자들로 하여금 당혹스러운 상황으로 빠지지 않게 한다.

마음에서 공감되는 설교

그러므로 설교자는 청중이 공감(共感, empathy)할 수 있는 설교를 준비해야 한다. 이 말은 청중이 원하는 설교를 하라는 뜻이 절대 아니다. 청중으로 하여금 설교가 말하고자 하는 그 뜻과 내용을 충분히 이해하고 함께 느껴서 그 뜻대로 살아가겠다고 다짐하게 만들어야 할 것이다. 그저 선포하였으니 나의 책임은 다했고, 청중의 몫은 자기들이 스스로 받아들이면 된다고 안위해서는 안 된다. 그렇다면 어떻게 공감되는 설교를 할 수 있을까? 다른 말로 한다면 어떻게 하면 청중들이 은혜를 받도록 할 수 있을까? 이다.

내가 본고의 제목을 『가슴에 들리는 설교이야기』로 정한 이유가 바로 여기에 있다. 여기서 가슴을 마음으로도 표현하는데, 가슴은 육적으로 폐, 심장 등을 보호하는 총 24개의 갈비뼈로 둘러싸인 어깨에서 명치까지의 부분이지만, 영적으로는 깨달음을 가져다주는 마음의 가슴이고, 머리에서는 특히 우뇌(右腦)가 연결된다. 눈물을 나오게 하는 감정으로 느끼고 깨닫게 하는 부분이다. 또한 영혼이라고도 말할 수 있다. 청중들은 설교자가 전하는 말씀이 가슴까지 도달하여, 끄덕이며 공감되는 말씀으로 들림으로, 엄청나게 밀려드는 기쁨과 평안함으로 날아갈듯 느껴진다. 그리고 눈에서는 감격의 눈물이 쏟아지고, 가슴속에서 큰 다짐과 변화가 일어나게 되는 것을 바로 "가슴에 들린다"라고 말할 수 있다.

머리에서 심장까지 비록 30cm 안팎이지만 이 길이 생명의 고속도로인 셈이다. 가슴에 들리는 설교는 설교자와 청중의 마음이 서로 연결되는 쌍방향 커뮤니케이션이 이루어지는 공감이 되었다고 할 수 있다. 선포만 하는 시대도 필요하였겠지만 이제는 시대가 바뀌어졌다. 선포와 공감의 양면은 핸드폰의 마이크와 스피커처럼 가고 오는 말이 명료하게 전해지고 그 뜻이 밝게 이해되고 다짐이 되는 의사소통의 시대에 걸맞도록 해야 할 것이다.

4 / 목회 강단의 실무 설교

> 사람들에게 감동을 주는 설교자의 진실한 인격은
> 그가 전한 메시지와 삶이 일치하는데서 온다는 말이다.
> - 주승중

청중과 시선을 맞추라

포스트코로나시대에 유튜브가 더욱 활발하다. 유튜브 영상을 올린 것에 조회수가 어느 정도 되면 광고 수익이 생긴다고 한다. 그래서 막내 아들이 평소의 요리솜씨를 발휘하여 외국인을 대상으로 김밥, 된장찌개, 부대찌개 등 한식을 쉽게 만들 수 있는 레시피(조리법)를 영어 동영상을 제작하여 유튜브에 올렸다. 부모가 보기에는 멋지고 대견스런 동영상이었지만 기대만큼 조회수가 올라가고 있는 것은 아니다. 이와 같이 유튜브에 많은 교회의 설교영상이 올라와 있지만, 실제로 우리나라에서 조회수가 높은 영상은 일단 잘 알려진 대형교회의 목회자의 영상이다. 그중에서도 가장 인기가 있는 설교영상은 분당우리교회 이찬수 목사, 선한목자교회 유기성 목사, 꿈의교회 김학중 목사, 새에덴교회 소강석 목사 등이다. 이 분들의 설교영상은 조회수가 보통 10만회를 훌쩍 넘는다. 우리가 잘 알고 있다시피 유튜브 영상에서는 내용도 중요하지만 조회를 유도하는 것은 실제로 영상의 제목이다. 어떤 제목의 영상이냐에 따라서 조회가 천차만별이다. 이것은 설교영상에도 그대로 전이(轉移)된다. 누가(who) 설교하시는가? 설교제목이 무엇(what)이냐? 에 클릭여부가 결정되기도 한다.

사람들은 설교를 잘하는 목사의 설교를 분명히 선호한다. 왜 그럴까? 인기가 많은 목사들은 청중들이 무엇을 원하는지 정확히 파악하고 있다. 설교형태와 스타일이 다르더라도 공통점은 청중과의 아이콘택트이다. 그리고 여러 격식이 파괴된 모습을 보인다. 이찬수 목사는 교회 건물 없이, 학교 건물을 주일에 예배처소로 사용하고 있다. 그리고 그의 설교형태는 분명한 메시지 한 개를 전달하는 방식이다. 예화는 최근에 자신이 직접 경험한 내용이 대부분이다. 가족이야기도 많이 등장한다. 수 십 년 전에 미국교회에서의 간증예화는 거의 사용하지 않는다. 최근에 교회 주변에서 체득한 내용을 그의 솔직하고 겸허한 말로 잘 소화하여, 그를 신뢰 받을 만한 사람, 목사직을 직업이 아닌 사명 때문에 하고 있다는 것을 청중 스스로 알게 한다. 선한목자교회에서 조기 은퇴한 유기성 목사는 잔잔한 말씨와 진실한 자기반성과 함께 설교원고의 작성을 토씨하나라도 정확하게 기록하여 충분한 숙지를 거쳐 설교를 한다. 하나님의 음성을 성경 속에서 들으며, 영성을 유지하는 유 목사는 설교원고를 90% 이상 안보고 설교한다. 모든 원고의 내용을 거의 암기했기 때문이다.

이와 함께 꿈의교회 김학중 목사도 매우 치밀하고 지혜롭게 설교한다. 예화를 하더라도 아주 실감나게 함으로써 청중은 그의 예술과 같은 설교에 흠뻑 젖어든다. 새에덴교회의 소강석 목사는 비교적 젊은 나이에 장로교 합동총회장 그리고 한국교회총연합(UCCK)의 대표회장을 역임한 분이다. 그의 설교는 일단 졸 틈이 없을 정도로 다이나믹하게 이루어진다. 설교 중간 중간에 키보드연주자와의 사전협의에 따라 10곡이상의 온갖 노래를 온 힘을 다해 부른다. 특히 감성적인 복음송을 부르면, 그 노래를 여성 신자들은 가슴에 손을 모으고 듣다가 거의 눈물을 흘리곤 한다. 가끔씩 그의 특기인 흘러간 옛 가요를 하모니카로 멋들어지게 연주하여 분위기를 고조시킨다. 일종의 쇼맨십과 같은 모습이 연출되곤 한다. 그냥 편안하고 즐거운 마음으로 설교를 듣게 된다. 소 목사의 설교를 들을 때 그 앞에서 거의 졸수가 없으며, 졸고 있는 신자들을 그냥 놔두지 않고 어떻게 하든 깨우고 만다.

영상 설교를 병행하라

이 분들의 설교형태는 대지 설교가 아닌 원포인트 설교인 경우가 많다. 한 가지 주제를 일관되게 처음부터 끝까지 유지하는 것이다. 그냥 강단 위에 놓인 설교문을 몇 번씩 보면서 설교하는 것이 아니라, 설교 시간 내내 청중들의 눈과 마주치며, 그들과 교통하는 식의 설교로 이루어진다. 하지만 여전히 한국 교회는 전통적으로 설교하는 목회자가 대부분이다. 주안장로교회의 주승중 목사, 소망교회의 김경진 목사, 영락교회 김운성 목사 등 대부분의 전통적인 교회의 목사들은 통상적으로 알려진 설교방식을 고수하고 있다. 잘못된 것은 아니다. 다만 앞으로 한국 교회의 미래를 볼 때 설교자는 어떤 설교형태를 취하는 것이 가장 좋을까?

예배에서의 설교에 교인들의 집중도가 가장 높은 교회들은 상기 유튜브 등 영상 설교에 관심을 갖는 교회들이라고 할 수 있다. 포스트모던시대에서 분명히 교인들의 심령에 변화가 나타나고 있다. 이것이 좋은 것인지 나쁜 것인지 아직은 구분하기 어렵지만, 가슴에 다가오는 파토스가 있는 감성적인 설교를 좋아하는 듯하다. 이를 위하여 설교자는 솔직하고 정직하여야 한다. 설교자 자신이 깨끗한 삶을 살아가야 교인들의 신뢰도가 높아진다. 이것은 관계형성(rapport)이라고 한다. 약간 퇴색된 면은 있지만 그래도 목회에서 가장 중요한 것이 무엇이냐는 질문에 청주 금천교회의 김진홍 목사는 설교라고 답하지 않으셨다. 설교라고 해야 될 법한데 그 분은 그렇게 하지 않으셨다.

대신 김 목사는 "인간관계(human relation)"를 최우선순위로 꼽았다.[32] 목사와 교인간의 관계성이 잘 되어야 신뢰가 생기며, 그 신뢰를 바탕으로 교인은 목사님의 설교를 가슴에서 받아들이게 된다. 어찌 보면 인간관계는 하나의 기초석과 같은 역할을 한다. 기초가 안 되었는데 아무리 좋은 자재를 이용하여 고급 집을 지어도 그 집은 곧 무너지게 될 것이다. 모래위에 지은 집이기 때문이다.(마 7:26-27) 이런 기초단계가 이룩된 다음에 행하는 설교는 그들의 삶을 변화시키고, 인생에 가치를 부여하게 될 것이다. 작년 12월 말에 70세가 되신 청주의 금천교회 김진홍 목사는 교인들의 요청으로 원로목사로 추대되었다. 그리고 그 후임으로 서울 명성교회의 수석부목사인 신경민 목사를 공동의회에서 만장일치로 금년 4월에 청빙하였다.

다양한 설교 형태에 숙달되어야…

김진홍 원로목사는 다양한 설교형태로 설교하시는 분이며, 금천설교 아카데미의 원장으로서 이 모임을 사명감으로 주관하고 계신다. 설교시에는 항상 설교원고보다 1.5배는 더 향상된 모습을 보이시는 설교의 전달력(delivery)이 매우 뛰어나신 분이다. 많은 경우, 첫째, 둘째 하는 대지를 정하여 설교하신다. 하지만 설교가 논리적(logical)이며, 무엇을 설교하시는지 쉽게 이해되고, 여운이 남는다. 설교를 준비하는 원칙을 김진홍 목사는 ① 쉽게 준비해야 한다 ② 좁게 준비해야 한다. ③ 깊게 준비해야 한다. ④ 논리적이어야 한다. ⑤ 에토스(인격), 파토스(정서),

---

32) 김진홍,『깊은 설교 얕은 설교』, (쿰란출판사, 2020), 13.

로고스(말씀)로 해야 한다고 강조하신다.[33]

그리고 이제 제2대 담임목사로 취임하신 신경민 목사는 뛰어난 언변과 제스처 그리고 쉬운 문장으로 설교하며, 훌륭한 가창력으로 설교 중 찬양을 거의 한 곡 이상을 부르는데 매우 은혜가 된다. 설교 중의 예화는 자신의 따뜻한 가족이야기와 일상의 생활 속에서의 소재를 가지고 시행한다. 영상과 이미지를 자주 활용하는 부분도 아주 훌륭하다. 설교 스타일이 다르지만 분명한 것은 신 목사의 방식은 다음 세대를 위한 방법이며, 그들의 감성에 맞는 파토스적 설교라는 점에서 플러스 효과가 분명히 있다고 본다.

원고가 중요하나 숙지가 관건

설교는 책상위에서 만들어지는 원고가 1차이다. 이는 모든 강연이나 스피치에서도 마찬가지이다. 그러나 그 이후 강단에 서면 완전히 다른 환경이 조성된다. 여러 변수가 돌발적으로 생겨나기도 한다. 그러므로 설교자는 반드시 설교 원고를 아주 충분하게 숙지하고, 입술과 혀에 적응시키며 혹시 원고가 없어지더라도 거의 그대로 설교할 수 있는 상태로 강단에 올라가야 한다. 이것은 분명히 말은 하기 쉬우나 실제 현장에서는 아주 어려운 부분이다. 어렵다기 보다 실행하기가 만만한 부분은 아님에 틀림없다.

설교학자인 권호 교수는 『본문이 살아있는 설교』라는 멋진 제목의 책에서 다음과 같이 말하고 있다. "설교단에 오르기 전에 ① 물 마시기 ② 스트레칭 ③ 얼굴 마사지 ④ 입 운동 및 발음 연습 ⑤ 원고 소리내

---

33) 위의 책, 34.

어 읽기"를 권하면서 "깊은 숨으로 몸의 긴장을 풀라"고 말하고 있다.[34] 대형교회의 인기가 많은 목회자들의 설교모습은 원고의 내용은 물론이거니와 그분들의 모습에서 신뢰성을 얻을 만한 부분이 정녕 보이고 있다. 아이콘택트와 제스처 그리고 청중석의 교인들과의 의사교환도 스스럼없이 하는 것을 볼 수 있다. 부단한 노력과 훈련으로서만 높은 경지의 설교자로 우뚝 설 수가 있을 것이다.

이제 본 소제목을 마치면서 스티븐 로손 목사가 그의 책『마틴 로이드존스의 설교를 만나다』의 글을 소개하고자 한다. "로이드존스는 설교에서 성령의 기름부음은 성경적 그리고 역사적 사실이라고 주장하였다. 진정한 설교는 성령의 강력한 역사에서 그 능력을 얻는다고 그는 믿었다. 이것이 오늘날 강단에 가장 필요한 것이다."[35]

---

34) 권호, 『본문이 살아있는 설교』, (아가페북스, 2018), 218.

35) 스티븐 로손, 황을호 역, 『마틴 로이드존스의 설교를 만나다』, (생명의 말씀사, 2017), 196.

5 / 현장 설교와 영상 설교

> 설교는 회중의 구체적인 상황에서 성경의 의미가 표현되기 위해
> 성경이 설교 안에서 해석되어지는 사건이다.
> - David James Randolph

코로나 19 방역의 통제정책

2019년 말부터 3년 6개월 동안 코로나 19에 의한 피해는 우리나라를 포함하여 전 세계적으로 2023년 5월 21일 현재 총 사망자수가 693만 명이다.[36] 흑사병, 스페인 독감 등의 팬데믹(pandemic)에 이어서 신종 폐렴바이러스 전염병이 우리 시대에 바로 눈앞에 나타날 줄이야! 세계보건기구(WHO)에서 2023년 5월 11일에 코로나 19 엔데믹(endemic)을 선언하였으나, 아직도 우리나라에서는 위험도는 낮지만 매일 30,000명 정도의 확진자가 다시 나타나고 있다.[37] 마스크를 다시 착용해야 하는지…. 코로나가 기승을 부리던 때, 대한민국의 문재인 정부는 소위 K-방역으로 대단히 선방하였다고 자평하고 있다. 확진자 대비 치사율은 1%로서 세계 평균치와 유사하다.[38] 다만, 초기에 중국 방문자들을 잘 통제하지 못한 것이 문제점이었다고 지적하는 대한의사협회 측과 당시 중국을 다녀온 한국인들 때문이라는 보건복지부 측의 의견이 대립되었다. 일반국민들은 무엇이 옳은지 혼란스러웠다.

코로나 19가 번져가는 시점에 문재인 정부에서 통제의 목표로 삼은 조직이 바로 기독교 즉 개신교회였다 라는 의구심이 생기기도 하였다.

---

36)   메디컬월드뉴스(2023. 6. 3)
37)   조선일보 사회면(2023. 7. 11)
38)   코로나보드닷컴(https://coronaboard.com/global/)에서 발췌

많은 사람들이 매주일에 한 자리에 모여서 예배를 드리고, 또한 함께 식사도 하는 교회의 특성상 코로나 19의 전염이 대단히 우려되었기 때문이었다. 어느 누구라도 국가권력에는 복종하는 것이 민주사회이다. 그렇게 함으로써 질서와 자유를 더욱 잘 유지할 수가 있다. 그런 점에서 문재인 정부의 대응으로써 접촉으로 전염되는 코로나 19를 강력하게 통제하기 위한 여러 조치들은 정치적인 해석을 떠나 애쓰고 노력하였음이 크게 인정된다. 하지만 문재인 정부의 종북 또는 친북정책은 문제가 있다고 보고 비판하기에 목의 가시처럼 여겨지는 개신교회를 향한 압박은 너무 가혹했던 것이 아닌가하는 점이다. 논리적으로나 실질적으로나 형평성의 문제가 크게 대두되었다. 아무래도 무신론과 공산주의이념으로 인한 친북 및 친중정책과 정면으로 맞서는 교회가 고울 수는 없었을 것이다. 이는 소위 태극기부대라는 전광훈 목사가 이끄는 조직을 제외하더라도, 일반적으로 친미(親美)의 색채를 띤 보수적인 기독교계이기에 좌 편향된 일부 권력자들이 강하게 교회의 예배를 통제한 것이 아닌가?

미 자립 교회들의 속절없는 무너짐

한국에는 50,000여 개신교회가 있는데, 이중 절대다수의 교회가 중소규모로서 일부 대형교회를 제외하고는 목회자에게 드리는 사례비가 2017년 기준 평균 176만원으로 중소기업 근로자의 60% 수준으로 나타난다고 실천신대의 정재영 교수는 말한다.[39] 그러므로 교인들이 교회당에 나와서 예배를 드리지 못하게 됨에 따라 소형교회들은 자연적으로 재정적인 압박을 강하게 받지 않을 수가 없게 된 것이다. 상가 건물을 임대하여 월세를 내는 교회 또는 제법 규모가 있는 교회라고 하더라

---

39) 가스펠투데이 뉴스(2021. 11. 16)

도 은행 빚으로 교회 건물을 건축하였다면, 대출금 상환 및 이자 납입에 차질이 생겨났다. 대부분의 교회가 교인들이 교회당에 와서 예배를 드리면서 바치는 예물인 헌금으로 100% 운영되는데 예배를 못 드리게 되니 헌금이 급격히 줄어들게 되었다

그러므로 이런 압박을 견디지 못하여 교회 문을 닫을 수밖에 없었으며, 일부 교회는 자구책으로 인근교회와의 합병을 통하여 재정적인 어려움을 최소화하였다. 코로나 기간 중에 재정압박으로 인하여 우리나라 10,000여 곳의 소형교회가 문을 닫았다.[40] 그러나 교회는 역시 교회로서의 나아갈 길을 모색하였다. 그것이 바로 유튜브에 의한 온라인 영상예배였으며, 온라인 교회계좌로 헌금하는 방식이 다져졌다. 한창 코로나가 기승을 부릴 때 주일이 되면 교역자 및 장로 그리고 영상을 송출하며 녹화하는 기술진 등 10명 이내의 인원만이 모여서 예배를 드렸다. 여성 신자들은 눈물을 흘리면서 교회당에 입장하지 못하고 밖에서 또는 차량 안에서 실시간 영상 예배를 드리는 모습도 나타났다.

교인들의 신앙개념이 흔들리다

드디어 문재인 정부의 K-방역이 결실을 맺었는지 길고 긴 3년간의 코로나 19 팬데믹 상황이 종료되었다. 그리고 가능할 것 같지 않았던 정권교체가 이루어져서 보수를 표방하는 정당인 국민의힘의 윤석열 대통령이 정권을 잡게 되었다. 다시 국정전반에서 모든 것을 원위치로 되돌리는 정책이 가동되고 있다. 하지만 교회로서는 이 3년간의 예배 통제가 교인들의 신앙생활에 심각한 영향을 끼치게 된 것이다. 약 15%정

---

40) 예배회복을 위한 자유시민연대 공동선언문 (2021. 10. 15)

도의 교인들이 현장 예배로 돌아오지 않은 것이다.[41] 실제로는 30%라고 한다. 바로 "주일성수(主日聖守)"의 개념과 교회에 나와 예배를 드려야 하는 "현장 예배 또는 성전 예배"의 전통적 관념에 금이 가버린 것이다.

특별히 교회의 다음 세대인 MZ세대들에게 부정적으로 변환된 이 개념들이 당연시 되어 버렸다는 사실이다. 이 MZ세대는 쫓아가면 도망가는 세대라고 한다.[42] 그만큼 개인주의적 성향이 강하다. 더구나 챗GPT와 같은 대화형 인공지능과 이 세대 간의 밀착이 이루어질 것이다. 거기에 노년에 결신하게 된 초신자들에게도 부정적인 개념이 스며들어가 신앙의 성장이 이뤄지지 않는 현실이 되었다. "주일에는 꼭 교회당에 나가서 예배를 드려야 하나님께서 받으시나?" "집에서 또는 야외에 가족끼리 놀러가서 영상으로 예배를 드리면 어떤가?"라는 코로나 19이전에는 입에 꺼내기가 어려운 사안들이 대범하게 표면적으로 드러나기 시작하였다. 한국 교회는 망연자실할 수밖에 없는 이 상황에 대처하지 않으면 안 되는 입장에 놓여있다.[43]

미디어와 영상을 적극 활용하라

하지만 여기에도 나아갈 길은 반드시 있다. 이제는 보다 적극적으로 영상미디어를 선제적으로 활용하는 것이다. 인터넷이 보급되어진 90년대부터 중대형교회 이상에서는 교회별로 홈페이지를 만들어 콘텍스트로서 교회소개, 역사, 섬기는 분들, 예배, 각종 교회학교, 연간 활동 그

---

41) http://www.koreatimes.com/article/1470283 (한국일보, 2023. 6. 22)

42) 지용근 등, 『한국교회트렌드 2023』, (규장, 2022), 171.

43) 위의 책, 175.

리고 소식난과 자유게시판 등을 운영하여 왔다. 그리고 그 홈페이지 안에 설교영상을 저장하여 원하는 사람들은 언제라도 클릭하여 설교를 들을 수 있게 만들었다. 다만 중소형 교회에서는 홈페이지 제작을 재정 면에서나 인력 면에서 따라갈 수가 없었다. 홈페이지는 업데이트가 필수적이기에 더욱 그렇다. 그러므로 영상 설교가 낯 설은 부분은 아니다. 교회 홈페이지 안에만 간직해 둔 동영상이 이제 '유튜브(YouTube)'라는 개인 방송의 흐름에 과감히 올라탄 것이다.

우리가 알다시피 곧 교회를 이끌어 가야하는 다음세대와 미래세대는 기성세대와는 완전히 다른 사고를 지니면서 디지털이란 개념이 그 정신과 생활 속에 흠뻑 젖어 들어가 있다. 이 세대를 위해서라도 현재의 교회들은 영상과 이미지에 더욱 적극적으로 진출하지 않으면 안 된다. 전철을 타면 당연히 너나할 것 없이 스마트폰 영상에 집중하고 있다. 책이나 신문을 읽는 사람은 구석기시대 사람 취급을 받는 시대이다. 걸어가면서도 스마트폰의 영상에 탐닉되어 있다. 걸어가다가 갑자기 맨홀에 빠지는 사람은 십중팔구가 스마트폰을 보면서 걸어가던 중이라고 보면 틀림이 없다.

이제 4차 산업혁명이 시작되면서 ① 인공지능(AI) ② 로봇 ③ 사물인터넷 ④ 3D프린팅 ⑤ 자율자동차 ⑥ 양자컴퓨팅 ⑦ 나노테크 등과 같은 영역에서의 획기적인 발명품들이 구체화 되어 가고 있다.[44] 교회도 이런 흐름을 간과해서는 안 될 것이다. 물론 지난 2,000년 전 예루살렘에서 교회가 탄생하여 현재 세계인구의 약 30%인 25억 명이 그리스도인이지만, 복음의 본질은 더욱 뚜렷하게 유지해 나가야 한다. 어디

---

44)   나무위키(2023. 7. 18)

에나 구원이 있다는 개념으로 치닫는 "다원주의(多元主義)"는 본래의 의미와 가치에 국한하여야 할 뿐, 인간의 죄와 구원의 문제를 상대화시키지 말아야 한다.

사람의 감성을 공략

이러한 기독교의 본질에 손상을 가져오는 인간주의적인 사회과학에 빠지지 않으면서, 기독교의 정체성을 유지해가려면 현재로서는 영상 설교를 간과하지 말고 현장 설교와 병행해 나가야만 가능할 것이다. 현대는 탈근대주의 즉, 포스트모더니즘(post-modernism)시대이기에 점차적으로 인간의 감성에 접근해 나가는 쪽이 궁극적으로 우위를 선점할수가 있다.

구체적으로 본다면 중소형 교회에서는 설교자의 영상을 실시간으로 접할 수 있도록 유튜브와 연계를 시키며, 교회의 별도 공간에 일자별로 저장하고 언제라도 교인들이 들어가 시청할 수 있도록 해야 한다. 현장 예배에서도 영상, 이미지, 상징 등을 활용하여 입체적인 설교가 되도록 해야 한다. 유튜브 영상을 송출하고 저장하는 것에 익숙하지 않은 교회에서는 스마트폰의 카톡에 있는 기능인 "라이브톡"을 활용할 수도 있다. 다만 저장이 안 된다는 단점이 있으나 피치 못하게 교회출석이 어려운 상황에 있는, 병원에 입원한 교인이나 출장 교인들이 실시간 예배에 동참하여 목사님의 설교를 보고 들으므로 동감의 폭을 넓힐 수가 있다.

6 / 종말론적 미래를 선포

> 설교는 사람을 낮은 세계로부터 좀 더 높은 차원의 삶으로 움직이게 하는 기술이다.
> - Henry Ward Beecher

기후변화가 초래하는 지구의 종말

종말을 선포하는 설교자의 마음은 결코 가볍지 않다. 하지만 현재 온 세상을 바라보면 종말이 바로 눈앞에 보이는 듯하다. 그러면서도 사람들은 장가가고, 시집가며, 집과 땅을 사고팔며, 승진하려고 하고, 행복한 삶을 위한 중단기적인 계획을 세운다. 돌아보면 코로나 19 전염병이 무려 3년 6개월간 전 세계를 강타하였다. 마치 선지자 엘리야 시대에 북이스라엘 왕 아합의 죄악으로 3년 6개월간 비가 내리지 않았던 것처럼 재앙이 임한 것이다.(약 5:17-18) 공식적으로 확정된 것은 아니지만 중국 우한의 '국영 우한 바이러스 연구소'에서 야생박쥐 안의 바이러스가 유출되었다는 설 또는 우한의 야생동물 거래 시장에서 나왔다는 의견은 중국 시진핑 정부의 비협조와 강력한 부정 및 발뺌으로 명확한 결론도출이 어렵다. 그럼에도 동물의 체내에 수천 년간 잠복해서 생명을 유지해 온 미지의 코로나 바이러스가 이제는 인간의 몸으로 들어올 수밖에 없는 생태 환경이 되었다는 이화여대 최재천 석좌교수의 주장이 설득력을 가진다.

이런 전염병의 기저에는 우리가 많이 간과하고 있는 "기후변화"에 있음은 주지의 사실이다. "기후변화"는 곧 "기후위기"로 연결되어 CO_2 (이산화탄소)의 배출로 인한 지구의 평균 온도가 1차 산업혁명이었던 19세기부터 $1.5°C$ 상승되면 걷잡을 수 없는 각종 재앙(폭염, 폭우, 기근, 전염병, 전쟁 등)이 지구를 덮칠 것이라고 환경생태학자들은 경고하여 오고 있다. 조현재 기자 등이 발간한 『CO$_2$ 전쟁』에서 "우리나라에서도 이제 미룰 수 없는 현안으로 떠오르고 있다. 지난 100년 동안 평균기온 상승폭은 1.5℃에 달해 전 세계 평균기온 상승폭보다 크기 때문이다"라고 말하고 있다.[45] 그런데 워낙 철저한 무신론자이기에 거론하기는 그리 내키지 않지만, 그래도 루게릭병을 앓은 장애인이면서도, 한 시대를 풍미한 천재물리학자인 故 스티븐 호킹(Stephen Hawking, 1942-2018) 박사는 2017년에 국제회의에서 "30년 안에 지구를 '꼭' 떠나라. 대안은 달과 화성이다"라고 다급하게 경고하였다. 그는 소행성의 지구충돌과 인구 증가, 기후변화 등으로 인해 사람이 살기 어려울 정도로 지구가 파괴되는 건 시간문제라고 말하였다.[46] 호킹의 말대로라면 앞으로 24년의 기한만이 남아있는 셈이다.

재앙(災殃)의 삼형제

이와 같이 지구의 멸망이 기후변화에 의하여 시시각각 다가오고 있다. 지난 3년 6개월간의 세월동안 코로나 19라는 급성 바이러스성 폐렴으로 인해 세계인들은 얼마나 혹독한 대가를 치렀는지 모른다. 성경에서는 창조주 여호와 하나님께서 선민인 이스라엘 백성들이 큰 죄악을 저지르면 세 가지 채찍으로 징계하셨음을 알 수 있다. 그 세 가지 재앙은 ① 기근 ② 전염병 ③ 전쟁이다.(레 26:15-17) 인류 역사적으로 본다면 이 세 가지 재앙이 반복하여 나타나고 있다. 기근은 아프리카 전역, 중국의 중부지방, 특히 북한의 산하에도 기근으로 인해 농작물이 마르고, 많은 주민들이 기아로 죽어가고 있다. 두 번째의 전염병은 우리가 혹독하게 겪은 코로나 19이지만 언제라도 또 다른 전염병이 인

---

45) 조현재 등, 『CO$_2$ 전쟁』, (매일경제신문사, 2006), 59.

46) 문화뉴스(https://www.mhns.co.kr) (2017. 6. 22)

류사회에 덮칠 것이 예상된다. 세 번째로 전쟁은 단번에 우크라이나를 점령할 수 있을 것으로 오판한 러시아가 일으킨 전쟁은 장기전으로 돌입되어, 수많은 군인들과 선량한 민간인들이 아주 처참하게 계속 살상을 당하고 있으며, 전쟁을 일으킨 장본인인 러시아의 독재자 푸틴 대통령은 핵무기로 우크라이나와 서방세계를 위협하고 있는 실정이다.

이와 함께 중동의 화약고라는 가나안땅을 두고 이스라엘과 팔레스타인 간에 원한에 맺힌 싸움이 있다. 2023년 10월 7일 토요일인 유대교 안식일에 가자지구(Gaza Strip)를 장악하고 있는 '하마스 무장세력'이 이스라엘 땅으로 로켓포 5천 여발을 동시에 쏟아 부었다. 엄청난 파괴와 살상이 이루어졌다. 그리고 하마스는 이스라엘로 침투하여 많은 이스라엘인들을 살해하고, 납치해 갔다. 이에 대한 보복으로 이스라엘 군대는 가자지구를 공습하였고, 양쪽은 각각 2천여 명이 사망하였다. 이스라엘은 하마스를 섬멸(殲滅)시키기 위하여 가자지구로 이스라엘의 지상군을 투입하겠다고 선전포고하였다. 이후 이스라엘은 가자지구 북부에 지상군을 투입하였으나 단기전이 아닌 장기전으로 땅굴 속의 하마스 세력을 고사시키려는 작전을 수행하고 있는 중이다. 이를 저지하기 위해, 이란 등 하마스를 지지하는 나라들은 이 전쟁에 개입하겠다고 하여, 중동전이 가열될 조짐을 보이고 있다.

이렇게 인류에게는 재앙으로 말미암아 많은 비참함과 고통감이 있었지만, 그때그때마다 세상의 평화와 안위를 위하여 부르짖는 신실한 신자들의 기도가 향(香)이 되어, 금 대접에 담겨서 주님 앞에 올라가고 있다.(계 5:8) 그렇다면 종말은 언제인가? 다시 말해 이 세상의 끝 날은 언제인가? 시와 때는 우리 예수님도 모르신다고 하셨다. 이는 성부 하나님께서 결정하시기 때문이다.(마 24:36) 오직 우리가 알 수 있는 것은 징조를 보고 깨닫는 것이다. 여기에서 많은 사람들이 시대를 오판하여 특정한 연도와 일시를 정하여 사람들을 미혹시킨 사건들이 근래에 많이 있었다. 1992년 10월 28일의 다미선교회 사건이 그 대표적인 예이다. 목사, 장로, 수많은 교인들이 그들에게 거의 농락을 당한 것이다. 내가 존경하는 장로님 한 분도 거기에 심취되어 관련자를 초청하여 교회에서 설교를 들을 정도였다.

종말의 시기를 계산하지 마라

종말에 대하여 가장 신빙성이 있는 내용이 마태복음 24장 14절의 "이 천국 복음이 모든 민족에게 증언되기 위하여 온 세상에 전파되리니 그제야 끝이 오리라"이다. 이 구절은 예수님께서 직접 하신 이 말씀으로서 이제 거의 다 이루어졌다. 그리고 32-33절에 있는 "무화과나무의 비유를 배우라 그 가지가 연하여지고 잎사귀를 내면 여름이 가까운 줄을 아나니 이와 같이 너희도 이 모든 일을 보거든 인자가 가까이 곧 문 앞에 이른 줄 알라"고 하셨다. 여기서 무화과나무는 여러 신학자들이 이천년 동안 세계를 떠돌아다닌 디아스포라 유대인들이 본래 아브라함 등 조상들이 살던 약속의 땅 팔레스타인에서 1948년 5월 14일에 나라를 건국한 "이스라엘(Israel)"을 지칭하고 있다고 해석하고 있다. 이런 해석을 보수적인 교회일수록 수긍하고 있는 실정이다.

그러면서 무화과나무인 이스라엘에 복음이 전해져 유대인들 모두 예수 그리스도가 그들이 기다리던 그 메시아임을 믿게 되는 그 때가 바로 세상의 종말이 다가 올 것을 성경은 증언하고 있다. 그러나 이런 해석을 알레고리적 해석이라고 경계하는 신학자도 있다.[47] 또한 옥스퍼드 주석은 "예수께서 재림의 시기를 적중시킬 수 있는 어떤 징조를 보여준 것은 아니다. 예수께서는 재림에 대하여 경각심을 가지고 기다릴 수 있는 어떤 징조들만을 제시하셨을 뿐이다."[48]라고 말하고 있다. 이로 보건대 종말의 기한을 알려고 하지 말고, 언제 주님이 재림하시더라도 슬기로운 다섯 처녀와 같이 기도하며 현재에 충실한 신자들이 되어야 할 것이다.

요한계시록의 비밀

2021년도에 필자는 『들려지는 요한계시록』이라는 설교집을 발간한 바 있다. 다양한 설교형태를 가지고서 작성된 이 설교집을 작성하면서, 요한계시록에 기록된 비밀들을 하나씩 알아가는 희열을 만끽할 수가 있었다. 얼마나 우리의 주되시는 예수 그리스도가 어린 양으로서 하나님의 뜻에 순종하심으로 죽임을 당하였기에, 하나님 아버지께서 가지고 계신 두루마리를 취하심으로 마지막 날의 심판 주로서의 권세를 분명히 얻게 되셨다.(계 5:7) 어찌 보면 이 구절이 요한계시록의 백미가 아닌가 한다. 이 부분에 대하여 연세대학교 신약학자인 김학철 교수는 2021년에 CBS 특강인 "잘잘법"의 요한계시록 강의에서 알브레히트 뒤러(Albrecht Dürer, 1471-1528)의 천상에서 묘사한 죽임당한 어린 양이 네 생물과 장로들에게 둘러싸인 그림을 가지고 놀라운 환희로 설명하고 있다.[49]

호킹 박사는 그 천재적인 머리를 갖고서도 인간은 죽으면 고장 난 컴

---

47)   옥스퍼드원어성경대전, 348.
48)   김영봉, 총회창립 100주년 기념 주석, 334.
49)   [잘잘배움] 계시록, 어떤 문서인가? 한국신학회와 잘잘법이 함께 만드는 요한계시록 특강 (1강)

퓨터처럼, 뇌의 신호가 깜빡하고 꺼져버리는 것이라고 하며 아무 것도 아니며 천국도 영생도 없다고 말하였다. 그러나 그는 지금 아마도 상당한 고통과 혼란 속에서 자신의 영혼이 멸함을 받지 않고 있음을 깊은 후회 속에 괴로워하고 있을 것이다.(눅 16:24) 그러므로 인간은 자신의 머리로는 하나님을 알 수도 없고 구원을 얻을 수 없으며, 오로지 예수 그리스도를 믿음으로 구원을 받게 된다. 이는 바로 거룩한 성령님의 역사이며 믿음은 주님께로부터 오는 것이다. 설교자는 시시각각으로 다가오는 종말의 삶에서 무엇을 해야 하는가? 주기적으로 설교를 통하여 종말에 대한 경고를 함으로 깨어 기도할 수 있도록 교인들을 독려하여야 한다. 종말은 결코 믿는 자에게 두려워 할 사항이 아니다. 이는 임종 시에 바른 믿음을 지닌 분들의 모습과 말에서 나타나고 있다.

7 / 기억하게 하소서

설교의 주요 관심은 그리스도 안에서 하나님의 구속역사를 예시하며,
그것이 설교의 행위 안에서 살아있는 실제가 된다.
- Donald G. Mille

사용토록 허락하셨을 뿐

이 소제목은 필자를 강렬한 은혜의 자리로 이끌어 주었던 노
래의 제목에서 따온 것이다. 위대한 가스펠송 작곡가인 도티 람보
(Dotti Rambo, 1934-2008)여사의 곡인 "주여, 나로 기억하게 하소
서(Remind Me, Dear Lord)"를 역시 유명한 가수인 테리 블랙우드
(Terry Blackwood)가 너무나 은혜로운 음성으로 불렀다. 가사의 내
용 중에 "내가 사랑하는 것들, 내가 마음을 다해 붙잡는 것들, 모두가
빌려온 것이고 내 것이라고는 전혀 없어요. 예수께서 단지 내가 그것을
사용토록 허락하셨을 뿐입니다. 주여 나로 기억하게 하소서, 기억하게
하소서…"는 심금(心琴)을 울린다. 이 노래를 여러 번 듣고 또 들었다.
주님께서 그 모든 것을 사용하도록 허락하셨기에 가능하였다는 것을
알지만, 또 그것을 믿지만 끝없이 욕심 부리는 나를 발견하게 된다.

어떤 것을 내 것으로 취하기 위하여 현실 속에서 너무나 아등바등
하며 조금이라도 이득을 얻으려고 혈안이 되는 우리 앞에 내 것이라곤
전혀 없다는 본질 앞에서 숙연해 진다. 자연스럽게 지혜의 왕 솔로몬이
기록한 전도서 2장 11절의 내용으로 가게 된다. "그 후에 내가 생각해
본즉 내 손으로 한 모든 일과 내가 수고한 모든 것이 다 헛되어 바람을
잡는 것이며 해 아래에서 무익한 것이로다." 물론 'remind'라는 영어는
우리말로 '상기(想起)하다'인데 이는 '지나간 일이나 기억 따위를 다시

생각해 내다'로 사전에 나타나고 있다. 그런데 역자는 'remind me'를 '나로 기억하게 하소서'라고 번역한 것이다. 역자는 원문의 뜻을 다치지 않고 훌륭하게 번역하였다. 온통 헛되고 무익한 것들 가운데 오로지 주님의 그 은혜와 사랑을 우리는 항상 기억하며 살아가야 할 것이다.

주님이 기억하게 하신다.

필자는 위 복음송의 내용을 설교의 서론에서 사용하였다. 2021년에 발간한 설교집 『들려지는 요한계시록』안의 7번째 설교인 "사데 교회의 기사회생"이란 제목의 설교에서 인용한 것이다.[50] 요한계시록에서 예수님은 사데 교회에게 네가 살아있다는 이름을 가졌으나 실상은 죽은 자라는 말씀하셨다.(계 3:1) 사데 교회에게 주님은 "그러므로 네가 어떻게 받았으며 어떻게 들었는지 생각하고 지켜 회개하라"(계 3:3)라고 경고하신다. 바로 이 말씀으로 인하여 필자는 "기억하게 하소서"라는 문장과 치환하여 생각하였다. 어떻게 받았으며 어떻게 들었는지 생각하라는 주의 말씀이 바로 기억과 관련된 것이기 때문이다. 지금까지 주님으로부터 큰 은혜와 사랑을 받아 살아왔다는 것을 깨달아야 하고, 믿음으로 살아가야 하는데 그런 은혜와 사랑을 너무나 자주 잊어버리고, 기억하지 못하는 어리석음으로 가득차곤 한다. 그래서 주님께서 우리에게 그런 사실을 기억할 수 있도록 도와주시기를 기도해야 한다.

어느 날 졸지에 거부가 되고, 모든 일이 잘 풀려지게 되면, 거만해지고 안하무인격으로 살아가는 사람에게 "개구리가 올챙이 시절을 잊어버렸다"며 사람들은 뒤에서 수군수군 거린다. 이제 고희(古稀)인 필

---

50) 이경만, 『들려지는 요한계시록』, (도서출판 밥북, 2021), 105.

자의 마음도 가끔씩 자신을 돌아보면 그 지나왔던 길이 그리 아름답게 느껴지지 않는다. 지금과 같은 마음이었다면 그 당시에 훨씬 더 잘할 수 있었을 텐데 하는 아쉬움이 너무나 크다. 빌립보서 3장 13-14절에는 "형제들아 나는 아직 내가 잡은 줄로 여기지 아니하고 오직 한 일즉 뒤에 있는 것은 잊어버리고 앞에 있는 것을 잡으려고 푯대를 향하여 그리스도 예수 안에서 하나님이 위에서 부르신 부름의 상을 위하여 달려가노라"라고 한 사도 바울의 말씀이 있다. 이 말씀과 대치되는 것처럼 보이지만 상황이 다른 것이다.

역시 사도 바울은 "손에 쟁기를 잡고 뒤를 돌아보는 자는 하나님의 나라에 합당하지 아니하니라"(눅 9:62)는 예수 그리스도의 말씀과 같이 자신이 목표로 삼은 주님 앞에 가서 상 받을 것을 기대하며 최선을 다하는 모습을 말한 것이다. 사람이 자꾸 추억에 빠져 현재를 충실하게 살지 않으며, 미래를 개척하지 않으면 문제가 있는 법이다. 우리가 기억하여야 하는 것은 바로 주님의 은혜와 사랑이다. 그런데 이런 영적인 부분을 기억하는 것은 나의 힘으로 할 수가 없다. 그러므로 도티 람보 여사는 우리가 기억할 수 있도록 해 달라는 것이다. "기억하게 하소서" 우리가 기억하는 것은 대부분 불행하였던 과거, 잘할 수 있었지만 그렇게 못하고 바보 같은 결정을 내린 것, 죄악의 자리에서 그 금쪽같은 시간들을 어쩌자고 허술하게 보냈는지 아쉬움과 후회하는 것밖에 무엇이 있겠는가? 그러므로 우리 힘으로 잘 하지 못하는 이전에 하나님으로부터 받은 그 놀라운 구원의 은총을 기억하게 해 달라는 간청이 필요한 것이다.

황창연 신부의 행복 특강

얼마 전에 들은 가톨릭교회 황창연 신부(神父)의 강연은 다시 한번 지금 우리가 어떻게 살아야 하는지를 곰곰이 생각하게 만든다. 그는 50대의 신부로 아주 유쾌하게 우리의 삶을 잘 요약하고 명료한 해결책을 제시해 주기에 그의 강연은 신자는 물론 불신자들에게도 인기가 높다. 자기를 가장 잘 아는 분은 하나님과 자기 자신뿐이라는 주제를 가지고 강연을 시작하였는데 노후를 위하여 너무 돈만 모으지 말고 지금 자기 자신을 위하여 격려의 차원으로 아낌없이 사용하라고 많은 예를 들어 설명해 준다. 사후에 500만 원 이상을 남기지 말라는 것이 그의 권면이다. 보험회사나 은퇴자금설계사가 들으면 그리 탐탁하게 생각하지 않을지 몰라도, 단 돈 얼마에 벌벌 떠는 우리 자신을 잘 겨냥한 지혜로운 말씀이다.

그리고 그는 가톨릭교회의 신자들 사이에서 생긴 실화를 말한다. 이자를 후하게 해 주겠다는 같은 성당의 한 신자의 말을 믿고 많은 신자들이 5,000만원 또는 1억 원이나 되는 큰돈을 맡겼다고 한다. 처음에 2회까지는 고금리이자를 받았는데 3번 째 부터 전격 중단되었고, 결국 그 돈을 다 날려버렸다는 이야기였는데 이런 경우가 많다고 한다. 이것도 일종의 인간욕심에서 나온 것이라는 것이 황 신부의 이야기이다. 개신교회에서도 유사한 사기행각이 종종 나타나는데 인간의 허영심과 욕심을 이용한 것이다. 교회 안에서 신자 간에 돈놀이는 반드시 금지해야 할 사안이다.

이스라엘, 그 신비로운 건국(建國)

사실 따져보면 하나님께서 갈대아 우르에 살던 아브라함을 불러 하늘의 별과 바다의 모래같이 큰 민족으로 만들 것이니 하나님께서 지시하시는 땅, 젖과 꿀이 흐르는 가나안으로 가라고 명령하셨다.[51] 이에 순종하여 가나안 땅에 입성 한 후 그의 손자인 야곱 때 기근으로 인해 70명의 식솔을 데리고 애굽의 고센 땅에 거주 한지 430년 만에 60만 명으로 늘었으니 7000배 이상 번성한 것이다. 모세와 같은 위대한 지도자의 인도 하에 율법을 받았으며 성막을 지었으나 40년 동안 광야를 헤맨 끝에 후계자 여호수아의 지도로 꿈에 그리던 하나님 주신 땅으로 들어가 위대한 민족으로 살게 하셨다. 이것은 우리의 현재 신앙에 적용이 된다. 죄악의 사슬을 벗어나 그리스도의 보혈을 믿음으로 구원을 얻은 여정과 같다는 점이다.

그런데 이스라엘 민족이 하나님의 은혜를 잊고 살아가면서 결국 멸망하고 로마의 속국으로 있다가 온 세계로 뿔뿔이 흩어졌다. 그러나 신실하신 하나님의 의로우신 약속으로 1900여년 만인 1948년 5월 14일에 그 가나안땅, 예루살렘에 "이스라엘"이라는 나라가 다윗의 별이 그려진 국기를 가지고 건국되는 신비로운 일이 일어났다. 우리도 하나님의 은혜를 잊고, 내가 잘나서 무엇인가 된 것처럼 살아간다면 이는 몰염치한 행위이다. 그 구원의 은혜와 사랑을 기억하면서 감사하며 살아가야만 할 것이다. 설교에서도 구원의 감격이 기억되도록 명확하게 교인들에게 전달하여야 하고, 에베소교회를 향하여 처음사랑을 버렸다고 책망하심을 알아야 한다.(계2:4) 회복할 수 있는 방법은 오직 '회개'를 통해서이다.

---

51) 창 12:1-2, 15:5

3장 · 설교의 형태와 구성

> 1 형제들아 내가 너희에게 나아가 하나님의 증거를 전할 때에 말과 지혜의 아름다운 것으로 아니하였나니 2 내가 너희 중에서 예수 그리스도와 그의 십자가에 못 박히신 것 외에는 아무 것도 알지 아니하기로 작정하였음이라 † 고전 2:1-2

1/ 연역법과 귀납법의 수사학적 논리

> 설교의 형태는 설교의 의미와 효과에 있어서 실질적으로 절대적인 요소이다.
> - Thomas Long

전천년설인가? 무천년설인가?

최근에 또 다시 코로나 19와 독감이 확산되어 가고 있다는 뉴스를 들으며, 서랍 속에 넣어두었던 K-94 마스크를 꺼내어 사용하여야겠다는 생각이 들었다. 우리는 세상이 점점 살기 좋아진다는 기쁘고 즐거운 소식만이 전해지기를 내심으로 바란다. 많은 사람들은 "긍정적으로 살아야 한다. 세상은 살만한 곳이다. 점점 더 좋아질 것이다"라며 희망적으로 살아야 한다고 말한다. 이는 예수님의 재림 전에 세상에는 평화가 임한다는 후천년설 또는 무천년설의 교리와 그리 무관하지는 않다. 하지만 세상은 우리의 바람과는 다르게 움직여 가고 있다. 전천년[52]의 교리가 말하는 대로 가고 있는 것이 아닌가? 그러나 후천년설[53]이나

---

52) 전천년설(premillennialism): 세상은 점점 나빠지게 되며 환난의 세상이 되고, 이후에 주님의 재림이루어진 후, 천년동안 주님과 함께 왕 노릇한다고 믿음. 고난과 환난을 이겨나간다는 믿음이 생김.

53) 후천년설(postmillennialism): 주님 재림 전에 천년왕국의 시대가 펼쳐짐으로, 세상은 평안해 지고 점점 좋아짐. 복음전파와 사회개혁을 통해 천년왕국을 대비함. 1, 2차 세계대전이후 약화된 설.

무천년설[54]을 따르는 신자들에게는 세상이 멸망할 정도로 나빠진다는 것이 그리 마음에 닿지는 않을 것이다. 왜냐하면 재림 전에 세상은 결국 좋아질 것이라고 믿기 때문이다.

여기서 갑자기 한 가지 의문이 생겼다. 19세기말, 국운이 쇠하여 가고 있던 동방의 '조선(朝鮮)'이라는 풍전등화처럼 위태롭고 가난한 나라로 복음을 들고 왔던 수많은 젊은 선교사들은 어떤 믿음을 가졌을까? 그렇다! 그들 대부분은 바로 전천년설을 신봉하고 있었다. 그러기에 더욱 생명을 걸고, 절박하게 복음을 전할 힘을 얻을 수가 있었을 것이다. 이런 믿음으로 인해 한국기독교에 심정적으로 퍼져있는 교리는 전천년설이다. 그러나 중세시대의 교부 어거스틴이나 종교개혁자 칼뱅 등 위대한 신학자들은 무천년설 즉 주님의 오심부터 재림 시까지인 현세를 천년왕국의 시대로 보고 있어서, 칼뱅을 따르는 통합측 장로교에서는 공식적으로 무천년설 교리를 주장하고 있다. 그런데 나는 머릿속에서는 무천년설을, 심정으로는 전천년설을 따르고 있다. 그만큼 세상이 점점 악해져 가고, 믿음이 고갈되어 가는 것으로 보이기 때문이다.

설득은 승리의 무혈(無血) 쿠데타

이런 때에 우리는 어떻게 설교를 할 것인가? 이제 어찌 보면 이 책에서 가장 핵심적인 부분인 3장으로 접어들었다. 많은 분들이 거론하며 가르쳐왔던 설교의 형태를 다소나마 깨달은 내가 좀 더 알기 쉽게 전달하고자 하는 마음으로 기술하려고 펜을 들었던 것이다. 오래전부터 사람들은 다른 사람들과의 토론이나 논증에서 '설득(說得,

---

54) 무천년설(amillennialism): 예수님이 세상에 오셔서 사탄을 치명적으로 상해를 입게 하셨기에, 재림 전까지의 천년왕국은 현재라고 함. 성 어거스틴, 루터, 칼뱅 등이 이 설을 받아들임.

persuasion)'이라는 부분을 중요하게 생각하기 시작했다. 억지와 압력이 아니라 대화나 글로 상대방이 자기의 주장을 버리고 나의 주장에 승복할 수 있게 만드는 설득의 기술은 가장 민주적이며, 객관적인 방법으로 인식하기 시작하였다. 선거에서의 연설도 나의 주장을 논리적으로 잘 펼쳐서 유권자들이 나에게 표를 찍도록 설득하는데 있다.

그러므로 아리스토텔레스(Aristoteles, BC 384–322)는 남을 설득하는 기술을 수사학(修辭學)이라고 하였다. 영어로는 수사학을 'rhetoric(레토릭)'이라고 부른다. rhetoric의 어원이 되는 고대 그리스어인 ῥητορῐκός(레토리코스)는 "대중연설과 관련된"이라는 뜻이며, "대중연설가"를 의미하는 고대 그리스어 명사 ῥήτωρ(레토르)의 형용사 형태라 할 수 있다. 그리고 수사학은 BC 5세기에서 4세기 초까지 아테네에 살았던 소피스트(sophist)들이 설득의 기술을 가르치는 데 전념하는 등 실용성을 추구하면서 정립한 학문이기도 하다.

경험과 이성이 낳은 연역법과 귀납법

그러므로 자연스럽게 연설이 수사학의 힘을 빌어야 했으며, 당연하게 설교에도 수사학의 논리가 적용되기 시작했다. 4세기 초 어거스틴 등 교부들의 설교도 예배드리러 모인 교인들에게 하나님의 말씀을 통하여 이렇게 살아야한다고 설득하는 수사학적 개념으로 지내왔다. 역사적으로 수사학이 설교에 활용되는 것이 중지된 적도 있는데 수사학이 설교학을 위축시킬 것이 염려되었기 때문이다. 19세기 초부터 수사학에서 사용되는 연역법과 귀납법의 두 가지 설득의 방법이 문어적으로 나타났다. 근대 자연과학에서 사용된 방법론 중 확실한 두 가지 방법이 있다. ① 이미 확인된 자명한 원리로부터 수학적·논리적 추론을 통해 개개 사물의 이치를 알아내는 연역적(演繹的)방법이며, ② 객관적 관찰과 실험을 통해 여러 가지 사례들의 공통점을 추출함으로써 일반적인 원리를 발견해 내는 귀납적(歸納的)방법이다. 이러한 연역법과 귀납법을 학문탐구의 토대로 삼았던 근대철학의 두 줄기가 바로 경험주의와 이성주의이다. 이렇게 연역법과 귀납법은 철학에서 그리고 신학에서 사용되었다. 이는 설교에서 연역법적인 설교와 귀납법적인 설교를할 수 있다는 점이다.

우리가 지난 300여 년간을 사용하여 온 설교형태인 대지설교, 강해설교, 제목설교, 주제설교는 모두 연역법적 방법을 토대로 행해지는 전통적 설교형태이다. 일본의 '야마모토 다카미쓰(山本貴光, 1971-)'는 그의 책『그 많은 개념어는 누가 만들었을까』에서 연역법과 귀납법을 알기 쉽게 설명하고 있다. 일반적인 명제나 진리에서 개별적인 명제를 추론하는 연역법을 "고양이가 쥐를 먹을 때처럼 가장 중요한 머리에서 몸통, 네 발, 꼬리로 이어지는 것"이라고 비유했다. 맹자가 성군인 요임금과 순임금을 예로 들며 성선설을 설파한 것과 같다는 설명을 덧붙였다. 반대로 개별 사실에서 일반 원리를 추론하는 귀납법은 "사람이 반찬을 먹듯이 우선 가장 맛있는 부분을 조금씩 먹고, 마지막에는 먹을 수 있는 부분을 전부 먹는 것"으로 비유했다.[55] 고양이가 쥐를 잡아먹는 것을 연역법으로, 사람이 반찬 먹는 것을 귀납법이라고 쉽게 해석하는 그 탁월함이 감탄스럽기도 하지만 약간 혐오스러움이 있기도 하다.

---

55) 야마모토 다카미쓰, 지비원 역,『그 많은 개념어는 누가 만들었을까』, (메멘토, 2023), 36.

설교에서 활용되는 연역법과 귀납법

설교에서도 이 두 방법을 잘 활용하여야 청중을 잘 설득할 수가 있다. 두 방법은 앞뒤가 서로 바뀌어진 것인데 어느 방법이 더 옳은가 라고 묻는 것은 어리석은 질문일 수가 있다. 그러나 이성(理性)에 호소하고 싶다면 연역법을, 감성(感性)에 호소하고 싶다면 귀납법의 설교를 하면 될 것이라고 감히 말하고 싶다. 또는 두 개의 방법을 병행할 수도 있다. 시작할 때에는 귀납법으로 하다가, 중간 이후에 연역법으로 바꾸어 가는 혼합방법의 설교도 가능하다. 예배·설교학자인 김운용 교수는 "설교의 형태는 마치 진흙을 어떤 틀에 넣어 모양을 만들어 내는 것과 같이 설교를 형성하는 모형과 같은 역할"을 한다고 기술한다. 그는 현대설교학이 1970년대 이후에 형성되었다고 하면서, 연역법과 귀납법은 헬라의 수사학에서 널리 사용되던 대표적인 방법론이라고 한다.[56]

설교학자인 최진봉 교수는 그의 '설교학 개론' 강의에서 연역법을 "주장하는 명제를 증명하는 근거를 제시하여, 그 주장의 타당성을 제시하는 설득"하는 것이라고 설명하고 이를 ① 명제 ② 증명 ③ 확인의 삼단논법을 가지고 설명하였다. 그리고 귀납법의 설교원리를 ① 움직임(movement) ② 본문(text)과 삶(context)간의 대화로 보면서 성도가 성경의 세계를 오늘 자신의 삶 안에서 보게 하고, 자신의 삶을 성경 본문에서 발견케 함으로, 두 세계(t와 ct)간의 거리감이 해소된다고 설명하였다.[57]

---

56) 김운용, 청중이 듣도록 돕는 설교형태: 귀납적 설교 강의안, (2022. 10. 9)
57) 최진봉 교수의 "설교학 개론"수업 강의록, (2017. 10. 25)

다양한 설교 형태로의 발전

결론적으로 설교의 수사학적 방법은 연역법적 설교와 귀납법적 설교로 나누어질 수 있다. 그리고 연역법적 설교는 몇 가지 설교형태로 나눌 수가 있는데 ① 대지 설교 ② 분석 설교 ③ 본문 접맥식 설교로 나눌 수가 있다. 우리들이 알고 있는 강해 설교, 주제 설교, 제목 설교는 모두 대지 설교 안에 포함될 수 있다. 그리고 귀납법적 설교는 ① 이야기 설교 또는 내러티브 설교 ② 네 페이지 설교 ③ 현상학적 전개식 설교로 나누어지는데 한 가지 주제를 가지고 결론까지 간다고 하여 일명 "원 포인트 설교"를 포함시키기도 한다. 처음에는 전통적으로 대지설교 → 분석 설교 → 본문 접맥식 설교 → 내러티브 설교 → 네 페이지 설교 → 현상학적 전개식 설교 등으로 전개해 나가기도 한다. 사실 모두가 귀중한 설교 형태여서 쉽게 판단하기 어려울 정도이다. 하지만 설교자는 일단 연역법적 설교인 '대지 설교'가 제대로 숙달된 후에, 귀납법적 설교로 나아가는 것이 좋겠다는 필자의 생각이다. 설교학자인 토마스 롱(Thomas Grier Long, 1946-)은 설교 형태에 대하여 이렇게 말하고 있다. "설교의 형태는 강줄기의 흐름에 있어서 강둑만큼이나 설교의 흐름과 방향을 결정해 주는 데에 중요한 요소이다"[58]

---

58) 토마스 롱, 정정복/김운용 역, 『증언으로서의 설교』, (쿰란출판사, 1998), 190.

2 / 대지 설교의 치명적인 매력

> 하나님의 말씀을 설교하는 것은 바로 하나님의 말씀이다.
> - 제2 스위스 신앙고백

전통적인 대지 설교

한국 교회는 물론 전 세계적으로 많은 설교자들이 지난 300여 년 동안 사용하고 있는 전통적인 설교 형태가 바로 그 유명한 '대지 설교(大旨說敎, major points sermon)'이다. 한자로 '大旨'는 '대강의 내용이나 뜻'을 말하며, 영어로는 '요점(要點)'이라고 할 수 있다.[59] '핵심(核心)'이라고도 할 수 있다. 지금까지 신앙생활을 하면서 예배가운데 들은 설교의 전형적인 패턴은 주로 "첫째… 둘째… 셋째…"하는 삼대지의 내용이었다. 이런 설교는 한국 교회 성도들의 성경에 대한 관심과 이해 증진에 큰 도움이 되었다. 왜냐하면 이 설교 형태는 연역법적 설교로서 보편적인 진리를 먼저 제시하고, 그 진리를 입증해 가면서 결론을 도출해 가기 때문에 명확하게 하나님의 말씀을 이해하고 깨닫게 하는데 큰 도움이 된 것이다.

설교학을 가르치는 신학교에서도 '삼대지 설교'만 잘해도 목회하는데 아무런 지장이 없다고 가르친다. 또한 목사고시를 치를 때 설교문을 정한 시간 내에 작성하여 제출하는 시험에도 본문을 제시하고는 삼대지 설교 형태로 작성하라고 한다. 필자는 목사고시를 준비하면서 요령을 숙달하느라 10개의 본문을 가지고 각각 7번 이상 실전 그대로 A3용지에 대지 설교 형태로 작성하는 연습을 손이 아프도록 하였다. 금천설교

---

59) 정장복, 『한국교회의 설교학 개론』, (예배와 설교 아카데미, 2001), 167.

아카데미에서도 7-8가지의 설교 형태를 가르치지만, 처음에는 대지 설교로 작성하는 법에 적응하는 것으로 시작한다. 대지 설교는 어찌 보면 설교의 꽃이다. 이 설교를 잘하지 못하면 목회를 아마 잘할 수가 없을 지도 모를 정도이다.

그런데 '대지 설교'는 인문학적인 소양이 있고, 글쓰기의 근간인 기승전결(起承轉結)의 틀을 가지고 원고 작성을 할 수 있어야 가능하다. 왜냐하면 이 설교는 아주 논리적이고, 청중들이 이성(理性)으로 이해할 수 있도록 만들어져야 하기 때문이다. 설교를 마친 후에 교인들이 목사님이 강단에서 무슨 말씀을 하셨는지 도저히 기억이 나지 않을 정도라면 그 설교는 하나마나인 꽝 설교가 된 것이다. 그러므로 대지 설교는 교인들의 뇌리에 기억나도록 거의 대부분 첫째, 둘째⋯ 하고 설교 속에서 요약된 소 대지들이 나타나기 마련이다. 지난 300여 년 동안 전 세계의 개신교회에서 대지 설교가 주류를 이루었다. 그 만큼 교인들에게 심대한 영향을 끼쳤기 때문이다.

대지 설교의 필수적 암기사항

그렇다면 대지 설교를 잘하기 위하여 우리는 무엇을 해야 하는가? 당연히 성경 본문(text)을 잘 선정하여야 한다. 선정한 본문을 여러 번 읽으면서 깊이 묵상하고, 주제를 도출한다. 그리고 2-4개의 대지를 본문에서 찾아야 한다.[60] 여기서 우리는 반드시 대지 설교의 틀을 암기하고 그 틀에 따라서 원고를 만들어갈 수 있어야 한다. ① 문제 제기 ② 본문 설명 ③ 해결 방법의 틀로 만들어 가는데 ③번의 '해결 방법'이 대지 설교에서 가장 중요한 포인트이다. 이 안에 있는 5개의 틀에 따라서

---

60)   김진홍, 『깊은 설교 얕은 설교』, (쿰란출판사, 2020), 97.

대지 설교의 완성여부가 달려있다. 해결 방법 안에는 5가지의 중요한 전개가 일어난다. 다음의 5개 항목(문·본·적·긍·하)은 필수적이라 생각하고 반드시 암기하라. ① 문제 제기 본문 설명 ③ 적용 ④ 긍정 예화 ⑤ 하나님 주어 및 권면. 이 다섯 가지의 제목은 '해결 방법'에서의 핵심 제목이다.

여기서 '문제 제기'라고 하는 것은 서론으로 보면 된다. 우리가 글을 쓸 때, 그냥 무조건 써가는 방법도 있겠지만, 등산할 때 작은 등산로 안내판이 있듯이, 설교 원고의 안내판 역할을 할 수 있는 것이 바로 이 소제목이다. 그러므로 소제목을 미리 써 놓고, 그 안에 글을 써내려가는 방법이 가장 안정감이 있다. 글이 나아가는 길을 잃지 않도록 해준다. 더구나 이 5가지 틀은 대지 설교에서만 아니라 분석 설교, 본문 접맥식 설교 등 연역법 설교에서는 다 써 먹을 수 있는 아주 유용한 방법이라는 점이다.

대지 설교의 '문제 제기' 내용

강단에 올라가서 설교를 대개 어떻게 시작하는가? 설교자마다 다를 수가 있으며, 청중의 분위기 등 여러 가지 요인들이 있을 수 있으나, 대개 모두가 공감하는 말로부터 시작하게 된다. 설교에 집중할 수 있도록 하기 위한 아주 중요한 순간이 1-2분 사이로서 여기서 잘못되면 후반부의 메인 설교에서 맥을 못 추게 될 것이다. 어떤 설교자는 군소리 없이 바로 성경 본문으로 들어가는데 경건하고 깔끔하다는 느낌은 있지만, 그리 추천할 만하지는 않다. 그러므로 설교 시작에서는 최근에 읽은 신간에서 얻은 오늘 주제와 연결되는 내용에 대한 간단한 소개를 하는 방법 또는 설교하는 당시의 국내외 토픽이 되는 내용이 좋을 것이다.

그런데 왜 문제 제기(what's problem)인가? 문제를 말하는 것은 바로 부정적인 내용으로 시작하여 청중들로 하여금 안타까움을 느끼게 만들어 주목이 되게 하는 것이다. 2분을 넘지 말아야 한다. "태어나 보니 팔도 다리도 없이 그냥 몸통만 남은 채 태어난 아기가 있었습니다. 자아를 깨닫기 시작한 나이가 되었을 때, 이런 자신을 비관하고는 죽기로 결심하고 방법을 찾았습니다"라고 시작할 수도 있다. 그리고 ②번의 본문 설명(what)으로 나아간다. 여기서는 너무 자세하게 본문을 풀이하는 것이 아니다. 전체적인 의미를 설명해 주면 된다. "오늘 본문은 예수님께서 나귀새끼를 타고 예루살렘성에 입성하는 내용입니다. 사람들은 호산나라고 외치며 예수님을 환영하였습니다. 그러나 주님의 마음은 어떠했을까요?"와 같이 하면 된다. 그리고 ③번으로 넘어가기 전에 본문에서의 사건 가운데 해결되어야 하는 내용을 던지는 것이다. 청중에게 화두를 던지는 것이다.

제식훈련과 같은 5가지 소제목

"그러면 어떻게 우리는 살아가야 하겠습니까?" 라고 하며 자연스럽게 ③번의 해결 방법(how)으로 넘어가야 한다. 여기 ③번에서 3개의 대지가 그 해결 방법으로 나오는데 각각의 대지는 다시 5개의 틀로 이루어진다는 것을 결코 간과해서는 안 된다. 많은 설교자들이 처음에 이 5가지를 시작하면서 매우— 매우— 귀찮아하면서 대충 넘어가려고 한다. 사실 적용과 예화를 쓸 때 머리에 쥐가 나는 것 같다. 그러나 숙달되기 전까지는 죽어라고 이 5개의 틀에 따라서 원고를 만들어 가야 한다. 마치 훈련병이 제식훈련(制式訓練)을 무한 반복하여 군인정신과 기본자세가 무의식적으로 몸에 배는 것과 같다고 보면 될 것이다. ①문제 제기 ② 본문 설명 ③ 적용 ④ 긍정 예화 ⑤ 하나님 주어 및 권면. 이 내용들은 숙달된 설교자가 여러 번의 시행착오 끝에 결론으로 터득한 내용이기에 더욱 의미가 있고 그 빛이 반드시 비춰지게 된다.

항상 우리의 설교는 하나님의 말씀을 대언하는 '성언운반일념(聖言運搬一念)'인데, 이 말씀이 청중들의 마음에 움직임을 주도록 청중과 공감이 되는 적용이 이루어져야 한다는 것이 아주 중요하다. 그러므로 본문에서 추출된 3개의 대지를 가지고 이 5가지 틀에 그대로 맞춰가야만 한다. 그래서 적용(application)이 분명해야 한다. 말씀이 내 삶에 어떻게 적용해야 하는 지를 설교자는 분명하고 구체적으로 알려주어야 한다.[61] 그리고 '예화'의 선정은 반드시 긍정적인 내용의 예화를 사용하도록 애써야 한다. 전해지는 이야기로 "삼대지 설교는 예화 3개만 있으면 다 끝난다"라는 말이 있을 정도로 예화가 중요하다.[62] 예화는 설교의 주제를 아주 깔끔하게 드러내어 준다. 본문에 대하여 청중들의 이해를 쉽게 해 준다. 청중들이 각자의 삶에 적용시킴에 이질감을 안 갖게 만든다. 그러므로 예화의 수집을 항상 설교자는 생각하여 주변에서 일어나는 사건, 사고 또는 조그마한 일들을 예화로 승격시키는 능력을 갖추어야 할 것이다.

하나님이 결론의 주인공, 설교자는 사라지라.

그리고 '하나님 주어 및 권면'은 설교가 설교자의 것이 아니라 하나님의 것임을 인식시켜 준다. 즉 설교에서 설교자가 부각되고 높임을 받는 것이 아니라 하나님만이 나타나고 경배를 받아야 한다는 점 때문에 소결론에서도 반드시 "하나님께서는…"이라고 하나님께서 주어가 되도록

---

61) 김진홍, 『깊은 설교 얕은 설교』, (쿰란출판사, 2020), 93.

62) 김진홍, 『여러 유형으로 설교하기』, (금천설교아카데미, 2019), 26.

해야 한다. 그래서 원로설교학자이신 정장복 교수는 설교자자신이 주어가 되어 "…축원합니다." 또는 "…믿습니다"라고 설교의 마무리 짓는 것을 끔찍이 싫어한다는 것을 알 수가 있다.[63] 그러므로 설교자는 "하나님께서는 여러분들이 어떠한 고난 속에서라도 소망을 갖고 살기를 원하십니다"라고 해야 할 것이다. 그래도 "…축원합니다"라고 하면 자동적으로 "아멘!"의 응답이 나오는 축도와 같은 설교가 아마 한국 교회강단에서 없어지기란 쉽지 않을 것이다.

그럼에도 불구하고 '대지 설교'는 무시할 수 없는 대단히 귀중한 장점과 매력이 있다. 그것은 연역법적으로 성경의 진리를 논리적이고 이성적으로 명확하게 이해하게 만들 수가 있다는 점이다. 대지 설교는 소위 버섯형 설교라는 모습으로 우리에게 나타난다. 한 뿌리에서 3개의 줄기가 위로 퍼져 나가는 상태여서 우산형이라고 표현 할 수도 있다. 그러므로 다양한 설교 형태를 접하고 본문과 주제에 맞게 철을 따라 걸 맞는 의복을 입는 것처럼 맞는 설교 형태로 원고를 작성해 가는 능력을 함양시켜 나가야 할 것이다. 그러나 앞서서 훈련병의 제식훈련과 같이 '대지 설교'에 숙달하도록 해야 할 것이다. 그리하면 대지 설교가 주는 치명적인 매력과 행복을 경험하게 될 것이다.

---

63)   정장복, 『한국교회의 설교학 개론』, (예배와 설교 아카데미, 2001), 46.

3 / 분석 설교에 의한 명쾌한 이해

설교는 하나님의 위대한 영위를 선포하기 위해 존재한다.

- James S. Stewart

아침마다 살포시 도착하는 하늘의 향기로운 편지들

매일 아침마다 온 밤을 꼬박 새며 자신의 임무를 충실하게 감당한 파수꾼처럼 깨달은 주님의 말씀을 가지고 사랑하는 사람들과 공유하고자 하는 마음으로 글을 보내주시는 목사님들이 여럿 계신다. 지구 반대편 온두라스에서도 신실한 기도문이 원어 해설과 함께 감람나무 새 잎사귀를 입에 문 비둘기처럼 날아온다.(창 8:11) 많은 경우, 진실하고 성결한 마음으로 작성된 기도문과 같은 글은 단비와 같이 나의 속되고 갈한 마음을 적셔준다. 새벽기도회에서 설교한 내용을 정갈하게 정리하여, 친정어머니가 정성들여 담근 김장김치처럼, 다소곳이 포장하여 보내주시는 목사님도 계신다. 어떻게 이와 같은 꾸준함과 성실함이 이 분들의 가슴 속에서 늘 샘솟듯이 퐁퐁거리며 솟아오르는 것인가? 문장 속에서 느껴지는 그 은혜가 부러울 때도 있고, 그 반면에 나의 초라함이 비춰질 때도 있다. 하지만 이런 분들이 부족하고 박약한 나의 주위에 계시기에 그래도 소외되지 않고 위로와 격려로 하늘의 새 힘을 공급받을 수 있어서 나는 줄곧 행복하다.

대지 설교에 이어서 같은 선상에 놓인 분석 설교는 명쾌하게 이성적으로 성경을 이해시키고, 논리적으로 성경 속에 나타난 문제 해결방안을 제시하며, 말씀에 의한 결과까지 연속적으로 진행 시킬 수가 있다. 이런 귀중한 장점 때문인지, 모든 설교를 항상 분석 설교형태로만 일관하는 분이 있다. 분석 설교의 매니아인 예닮교회의 김창규 목사이다. 이 분은 금천설교아카데미의 오랜 회원목사님으로서 나와 연배가 비슷하신데 늘 겸손하시고, 어찌나 성실하신지 모른다. 매일 오전 7시 이전에 다음 날의 아침예배용 묵상내용을 카톡으로 보내주신다. 그리고 주말에는 주일 설교원고를 보내주시는데, 거의 예외 없이 분석 설교형태로 된 원고이다. 참으로 분석 설교를 사랑하고 계신다. 그분 앞에서는 분석 설교를 논하지 말라. 이렇게 분석 설교는 사랑을 받을 수밖에 없기에 언젠가 김 목사는 "분석 설교 외에는 설교가 아니다"라는 극단적인 말을 하실 지도 모르는 일이다. 마치 도널드 밀러(Donald G. Miller, 1907-1997)가 1957년에 "모든 참된 설교는 강해 설교이다. 그리고 강해가 아닌 설교는 설교가 아니다"[64]라고 했듯이….

인간의 지성보다 성경중심적인 틀

철저한 주제 설교인 '분석 설교(Analytical Sermon)'는 미국의 성경학자인 윌리엄 에반스(William Evans, 1870-1950) 박사가 1939년도에 그의 저서 『How to prepare sermons(설교를 준비하는 방법)』에서 처음으로 주창하여 보급되었다.[65] 분석 설교는 연역법적 설교 형태로서 그 맥은 대지 설교와 동일하다. 이 설교 형태가 주제 설교를 인간의 이성에 맞추어서 합리적으로 풀어놓은 전개 형태라고 정장복 교수는 평가하였다. 그러므로 에반스 박사의 분석 설교가 인간의 지성(知性)에 더욱 접근할 수 있는 위험이 있다고 본 정장복 교수는 2001년에

---

64) 정장복, 『한국교회의 설교학 개론』, (예배와 설교 아카데미, 2001), 163.
65) 조성현, 『설교 건축가』, (카리타스, 2016), 68. (주: 연도에 차이를 보이는데 W. Evans 박사는 1950년에 별세하였기에 1964년에 이 이론을 주창하였다고 하는 것보다는 처음 책이 나온 연도인 1939년으로 하는 것이 타당하다고 판단됨)

이를 조금 변형된 형태로 제시한 바 있다.[66] 정장복 교수의 분석 설교는 에반스 박사의 원안에서 주제의 정의를 더하고, 필요성(동기 유발)을 구체적으로 주제의 필요성으로 바꾸었다. 대지 설교에 비한다면 3가지의 항목이 추가된 것이다. 열거하자면 주제의 정의(what), 주제의 필요성(why) 그리고 결과(what then)이다.

주제의 정의에서 주제를 3회 정도 부정적으로 정의하는데, 이는 주제에 대한 확실한 각인을 주기 위함이다. 예를 들어, "사랑은 단순한 눈물의 씨앗이 아닙니다."와 같은 부정적 표현을 3회 정도하면서 먼저 회중의 관심을 끌도록 한다. 그런 후에 문학이나 철학 또는 사전에서의 정의를 나열하고 성경으로 최종적인 정의를 맺는다.[67] 그리고 주제의 필요성도 부정적인 사례를 들어서 그 필요성을 느끼도록 만들어야 한다는 것이 정장복 교수의 진보된 분석 설교의 내용이다. 그러므로 대지 설교에 어느 정도 숙달된 설교자는 주석을 통하여 좀 더 깊이 용어에 대한 심도 있는 공부를 하지 않으면 안 된다. 그리고 해결 방안으로서 제시되는 소대지를 2-4개 본문에서 찾아 해결책으로 제시하는데, 각 대지마다 5가지 조건인 ① 문제제기 ② 본문설명 ③ 적용 ④ 긍정예화 ⑤ 하나님 주어 및 권면 이라는 내용은 대지 설교와 동일하다.

분석 설교는 계속 발전 중

그런데 해결 방안으로 2-4개의 소대지가 만들어 진 후에 새롭게 포함되는 항목인 'what then(결과)'이 분석 설교에서는 하나 더 추가된다. 즉 해결 방안을 말하고 나면 그다음에 어떻게 되는가에 대하여 청중에

---

66) 정장복, 『한국교회의 설교학 개론』, (예배와 설교 아카데미), 174.
67) 아이굿뉴스, 정장복 교수의 설교학교 20, (2016. 7. 20)

게 이 설교의 결과에 대한 기대를 불러일으키게 만드는 것이다. 그러므로 반드시 성공한 좋은 소식의 사례를 말하여야 한다. 그리고는 전체적인 결론을 기술하면 분석 설교가 드디어 완성된다. 이제 분석 설교의 흐름을 다시 한번 거론하면 ① 문제제기(서론) ② 본문 접근 ③ 주제의 정의 ④ 주제의 필요성 ⑤ 해결 방안(5개의 소대지: 문본적궁하) ⑥ 결과 ⑦ 결론 이라는 형식이라고 말할 수 있다. 이 부분에 충분한 이해가 되시는지….

그리고 설교학자인 조성현 교수의 책『설교 건축가(The Sermon Architect)』에 따르면, 윌리엄 에반스 박사의 분석 설교 이론체계가 학자들의 주장에 따라 조금씩 변형되어있음을 거론하고 있다. 특히 설교학자인 김금용 교수가 분석 설교를 복잡하지 않게 단순화 시켜서, 설교자들이 실제적으로 쉽게 설교를 작성할 수 있도록 제시하고 있기에, 김금용 교수의 '제3의 분석 설교'가 한국 설교자들에게 좋은 대안이 될 것이라고 조성현 교수는 호평하고 있다. 『설교 건축가』의 각주 난에서 조성현 교수는 "김금용은『제3의 분석설교의 이론과 실제』에서 처음에 윌리엄 에반스를 통하여 이 설교 형태가 나타났는데 합리성과 논리성에 초점을 맞춘 나머지 비성경적인 경향을 보이고 적용에 대하여 소홀히 했다고 비판했다."고 적시하고 있다.[68]

제3의 분석 설교 이론으로의 접근이 필요

그리고 정장복의 분석설교는 에반스에 비해 성경중심의 정형화된 틀을 제시하였지만, 서론적인 부분(본문접근, 본문의 재경청, 주제부상)이 너무 길고 복잡하다고 비판했다. 장신대의 설교학자 최진봉 교수는

---

68) 조성현, 『설교 건축가』, (카리타스, 2016), 68.

그의 수업인 「설교학 개론」에서 정장복 교수의 분석 설교이론을 세세하게 가르쳤다. 정장복 교수의 분석 설교이론의 특징으로 1) 한국 교회의 실정에 맞게 적용 2) 성경의 진리를 순수하게 운반 3) 성경 본문에 충실함이라고 한다.[69] 하지만 김금용은 서론을 간단하게 처리하며, 실천방안에서 세 가지보다는 한 두 개의 실천방안만 제시함이 좋다고 제안한다고 말함으로 분석 설교의 나아갈 방향이 점점 간단하고 명확해 짐을 보여주고 있다. 모든 설교 형태는 설교의 본문인 성경을 바탕으로 우리의 삶에서 적용할 수 있도록 계속 진보적인 변화를 가져 오는 것이 타당하다.

---

69) 최진봉, 설교학 개론 강의안, (2016. 11. 1)

4 / 강해 설교가 주는 깊은 진리의 세계

> 교회의 존재 목적은 복음의 선포를 원초적인 기능으로 한다.
> 선포가 없는 곳은 더 이상 교회라 할 수 없다.
> - Heinrich Ott

가마솥에서 지어진 맛있는 밥

강해 설교(expository sermon)에 대하여 느껴지는 야릇한 감정(感情)은 옛날의 아련한 추억을 상기(想起)하는 것과 같은 향기로움, 그 자체이다. 많은 설교자들이 강해 설교를 설교의 본(本)으로 삼고, 오랫동안 '강해 설교'를 시행하였다. 1980년 중반부터 한국 교회에 '강해 설교'의 바람이 불기 시작하였다. 한국 교회에 많은 영향을 끼쳤던 탁월한 강해 설교자인 해돈 W. 로빈슨(Haddon W. Robinson, 1931-2017) 교수는 "강해 설교만이 설교이다"라고 까지 말할 정도였다. 김운용 교수도 자신의 책인 『새롭게 설교하기』에서 현대적 설교 형태인 "이야기 설교"나 "네 페이지 설교"를 설명하면서도, 전통적 설교인 "강해 설교"에 더 큰 애착을 갖고 있음을 알 수 있다. 예를 들면, 가마솥에서 지어진 맛있는 밥과 같은 구수한 맛으로 채워 주는 설교 형태라는 애정(愛情)이 듬뿍 담긴 말을 하고 있다.[70]

그리고 마틴 로이드존스(Martyn Lloyd-Jones, 1899-1981) 목사나 해돈 W. 로빈슨 교수와 같은 분들을 우리는 강해 설교의 거장(巨匠)이라고 부르고 있다. 이는 강해 설교가 성경 본문에 충실하게 그 속의 진리의 생수를 잘 길어서 청중에게 공급하는 형태라는 것임을 가름할 수가 있다. 그렇다면 구체적으로 「강해 설교(講解說敎)」란 무엇인지

---

70)   김운용, 『현대설교 코칭』, (장로회신학대학교출판부, 2012), 265.

알아보도록 하자. 금천설교아카데미 원장이신 김진홍 목사에 의하면 '강해 설교'는 "성경의 역사와 문법과 문학적인 이해의 바탕위에서 본문의 문맥과 행간과 이면에 있는 진리를 묵상하고 연구하여 전달하며 회중들에게 적용시키는 설교 방법"이라고 그의 책 『여러 유형으로 설교하기』에서 말하고 있다.[71] 학문적인 정의(定義)라고 할 수 있다.

숨겨진 진리를 발견하라

이 말을 보다 쉽게 설명한다면 다음과 같다. 강해 설교를 하려면 ① 성경의 역사(歷史) ② 문법(文法) ③ 인문학(人文學)에 대한 지식을 갖추어야 함을 알 수 있다. 그리고 성경 본문에 대한 깊은 묵상을 통하여 단어와 문장 속에 숨겨져 있는 진리를 보물찾기처럼 발견할 수 있어야 한다. 이후 청중에게 설교를 통하여, 그 진리를 정확하게 전달하고, 그들이 자신들의 삶에 적용(適用)시킬 수 있게 하는 설교라는 뜻이다. 사실 이 정도라면 굳이 설교의 유형이 여러 개 있을 필요가 있을까 하는 마음이 생겨난다. 그래서 신앙의 선진(先進)들은 그 당시에 이 '강해 설교'를 가장 좋은 설교 형태로 꼽았을 것이다.

여기서 강해(講解, exposition)라는 뜻은 '문장이나 학설 따위를 강론하고 해석하는 것'이다. 쉽게 말한다면 "문장을 설명하고 풀이하는 것"이라고 할 수 있다. 그런데 영어인 'exposition'은 '밖으로 내어놓다'라는 의미인 라틴어 'expositio' 에서 온 말로 이는 "거기에 있는 것을 가지고 나오다"라는 의미심장한 뜻이다.[72] 다시 말해 강해는 성경의 깊은 진리를 연구하여 밖으로 드러내는 것이다. 이로 볼 때 '강해 설교'의

---

71) 김진홍, 『여러 유형으로 설교하기』, (금천설교아카데미, 2019), 161.

72) 김운용, 『현대설교 코칭』, (장로회신학대학교출판부, 2012), 255.

의미를 우리는 잘 이해할 수 있다. 김운용 교수는 그의 책『현대설교 코칭』에서 설교자가 반드시 잡아야 하는 두 마리의 토끼가 있는데, 본문에 대한 충실성(忠實性)과 오늘의 도심(都心)을 바라보게 하는 현장성(現場性)이다. 이는 다시 성경적 설교와 감동이 있는 설교라고 할 수 있다고 말하고 있다.[73] 성경과 신문이라고도 표현할 수 있다. 청중을 생각하는 설교를 말하는 것이다.

청중의 삶에의 적용

김운용 교수는 강해설교자에게 가장 중요한 요소를 '성경 연구'라고 말하고 있다. 그 단계를 ① 관찰(觀察)의 단계 ② 해석(解析)의 단계 ③ 적용(適用)의 단계라고 한다. 성경 본문을 반복해서 읽으면서 집중하고, 묵상하며, 그림을 그리고, 읽어야 한다. 이 때 해석을 객관적으로 하려고 노력해야 한다, 그리고 본문의 문맥을 잘 살펴야 한다. 다음에는 본문의 구조를 분석하면서 그 안의 단어들의 의미, 단어 간의 관계, 상징적 의미를 파악하고, 성경 원어 사전을 통해 원어의 뜻을 알아야 한다. 그리고 성경적인 교리 안에서 해석해야 한다. 끝으로 주석을 활용하여야 한다. 그러나 주석은 항시 맨 마지막 단계에서 보아야 함을 잊어서는 안 된다. 이런 과정이 바로 석의(釋義)이자 관찰의 과정이다. 그 다음이 본문이 의미하는 것을 찾는 해석과정이다. 여기서 중요한 것이 해석에서 밝혀진 본문의 의미는 청중의 삶에 적용을 고려하면서 갖는 단계이다.[74]

---

73) 위의 책, 252.

74) 김운용,『현대설교 코칭』, (장로회신학대학교출판부, 2012), 256-257.

김진홍 목사는 강해 설교의 구성방법을 김운용 교수의 책을 인용하여 다음과 같이 소개하고 있다. 즉 ① 도입 ② 강해 ③ 요약 ④ 말씀에의 초청(적용)인데, 도입은 청중의 관심을 불러일으키고 본문을 소개하며 명제적 진술을 제시하고 본문과 청중간의 상관성을 수립하고 변화될 청중에 대한 기대를 표해야 한다고 말한다. '강해'부분에서는 성경의 본문을 분석하여 깊은 진리를 찾아내어 논리적으로 해석해 주는 부분이다. '요약'은 연구를 통해 드러낸 진리를 다시 한번 확증하고 되새겨주는 부분이다. '말씀에의 초청'은 현 시대와 회중들의 상황에 맞는 적용을 통해서 결단하게 하는 부분이다.[75)

부산장신대 설교학교수인 조성현 목사는 그의 책 『설교 건축가(The Sermon Architect)』에서 '강해 설교'를 본문중심의 설교를 가장 잘 대변하는 설교 형태 중 하나라고 소개하고 있다. 그는 강해 설교를 긴 성경 본문을 가지고, 본문 중심으로 선포와 해석 그리고 적용으로 설교를 통일성 있게 전개하는 성경적 설교라고 정의를 내리고 있다.[76) 그리고 강해 설교가 아닌 것을 말하고 있는데 기본적으로 성경 본문을 한절 한절씩 주석만 하는 설교(running commentary preaching)는 설교가 아니라고 단언한다.

왜냐하면 설교 속에 흐름과 통일성이 안 나타나기 때문이다. 둘째는 특정 구절에 대한 설명식 설교도 강해 설교가 아니라고 한다. 이는 심방 시에 간략하게 하는 설교이다. 셋째, 적용이 없는 설교는 강해 설교가 아니라고 한다. 즉, 현대인의 삶에 적용이 없는 설교는 진정한 의미

75) 김진홍, 『여러 유형으로 설교하기』, (금천설교아카데미, 2019), 163.
76) 조성현, 『설교 건축가』, (카리타스, 2016), 35.

의 강해 설교가 아니라는 것이다. 이 설명은 주승중 목사가 인용한 실천신학자인 파리스 휫셀(Faris D. Whitesell, 1895-1984) 교수의 책 『Power in Expository Preaching(강해 설교의 힘)』에서 열거한 강해 설교가 아닌 10가지 목록과도 잘 연계된다.[77]

성경 저자의 생각을 깊이 파악해야.

재미있는 표현은 강해 설교의 원조를 복음서에서 예수 그리스도의 설교, 사도 바울의 사도행전 17장의 아덴에서의 설교라고 하면서, 요한 크리소스톰, 마틴 루터, 존 칼빈, 마틴 로이드존스, 척 스미스, 존 스토트, 존 맥아더 등을 강해 설교의 맥을 이은 분들이라고 조성현 교수는 말한다.[78] 그런데 자칫 강해 설교만을 고집하는 것은 청중들에게 지루한 감을 줄 수가 있다. 설교자들이 300여년의 오랜 세월동안 시행하여 왔고, 지금도 여전히 사랑받는 '대지 설교'에도 강해 설교와 같은 서론, 본론 설명, 적용이 들어가 있다. 다만 강해 설교가 좀 더 본문에 대한 석의가 많고, 본문 속의 진리를 깊이 있게 파 헤쳐서 말씀에 갈증을 느끼거나 깊은 진리를 사모하는 성도들에게는 맞춤의 설교라고 할 수 있다.

하지만 본문 설교(textual sermon)와 강해 설교를 혼동하는 경우가 많다고 주승중 교수는 지적하고 있다. 성경 본문을 나열식으로 주석해 가는 설교가 본문 설교이다. 그러나 강해 설교는 본문이 설교를 지배하는 것이다. 성경 저자의 생각을 깊이 파악해야 한다. 성경적 의미를 오늘의 삶에 적용시키는 설교가 강해 설교이다. 그러므로 주승중 교수는 강해 설교를 다음과 같이 정의한다. "성경 본문의 기록자가 마음에

---

77) 주승중, 『성경적 설교의 원리와 실제』, (예배와 설교 아카데미, 2006), 29.
78) 조성현, 『설교 건축가』, (카리타스, 2016), 36-38.

갖고 있었고, 또한 성경 전체의 맥락에 비추어 볼 때, 그 본문 안에 있는 본질적인 실제 의미를 밝혀내서 그것을 오늘날 청중의 필요에 적용시키는 식으로 본문을 다루는 설교이다."[79]

그럼에도 불구하고, 모든 설교가 완벽하지 않은 것처럼 약점도 있는 법이므로, 설교자는 너무 한 가지 설교 형태만을 고집해서는 안 되며, 설교 준비 시에 언제나 다양한 형태로 본문에 맞게 설교하는 지혜가 필요하다고 할 수 있다.

---

79) 주승중, 『성경적 설교의 원리와 실제』, (예배와 설교 아카데미, 2006), 36.

5 / 본문 접맥식 설교 속 원인(why)의 배경

> 설교는 설득을 추구하는 하나님의 진리에 대한 커뮤니케이션이다.
> - T. Harwood Pattison

상상력이 담긴 설교 만들기

금천설교아카데미에서 부산장신대의 설교학자인 조성현 교수를 초청하여 금천교회 2층 그레이스홀에서 「상상력이 담긴 설교 만들기」라는 제목으로 7월 28일에 세미나를 개최하였다. 조 교수는 상상력(想像力, Imagination)이 담긴 설교를 여러 설교 형태에 공통적으로 사용될 수 있는 고품질의 양념이라고 재미있는 표현을 하였다. 모든 설교 형태에서 설교자는 상상력을 동원하여 이미지와 영상에 익숙한 MZ세대에게 접근할 수 있을 뿐 아니라, 이제는 '읽는 세대'에서 '보는 세대'로의 전환이 이루어졌기에, 설교도 시대에 맞게, 맛있고, 멋있는 설교로 나아가지 않으면 안 되는 때이다. 하지만 우리도 그동안 모든 설교에서 분명히 상상의 나래를 펴고 성경을 해석하였고, 성경 문장 또는 단어 사이의 행간에 숨어져 있는 의미와 언어를 끄집어 낼 수가 있었다. 지금도 그런 상상력을 동원하여 설교 원고가 작성되어가고 있다. 하지만 좀 더 구체적으로 방법론을 체계화시킬 필요가 있다고 본다.

장신대 김운용 교수는 『새롭게 설교하기』에서 전통적인 설교 방법은 지양하고 이제는 감성을 터치하는 그런 우뇌를 향한 설교를 해야 한다고 강조하는데 일견 동조되기도 한다. 다만 그동안 많은 교회에서 수많은 설교자들이 갈고 닦은 대지 설교와 같은 전통적인 설교도 계승 발전시켜나가야 하는데 라는 일종의 의무감도 작용하는 것이 당연하지 않을까? 그러므로 본고의 소제목인 「본문 접맥식 설교 속 원인(why)의 배경」이라는 제목 하에서 전통과 현대의 새로움이 섞이는 온고지신(溫故知新)과 같은 색다른 새로움이 나타나기를 바란다.

성경적이면서 하나의 주제가 명확함

대지 설교를 기본으로 하여 연역법적 설교군에 속할 수 있는 설교 형태는 분석 설교 그리고 본문 접맥식 설교로 대별할 수 있다. 물론 주제 설교, 제목 설교, 강해 설교는 대지 설교의 또 다른 이름이라고 하는 학자들도 있다. 그런데 "본문 접맥식 설교(text-based sermon)"라는 설교 형태를 서울신학대의 정인교 교수 또는 부산장신대의 조성현 교수가 거론하고는 있으나 명확하게 언제부터, 누가, 처음으로 이 설교 형태를 제시하였다는 근거를 찾을 수가 없었다. 설교학자인 조성현 교수는 그의 책 『설교 건축가』에서 본문 접맥식 설교를 "성경적이면서 하나의 주제에 집중한다. 주제를 전개해 나감에 있어서 철저히 성경본문을 의지한다. 연역적 방법과 귀납적 방법의 융합적 설교형태이다"라고 설명하고 있다.[80]

연역법과 귀납법은 수사학의 한 방법이기는 해도, 문장이나 연설을 하는데 있어서 논리성을 무기로 청중을 설득해 나가려면 연역법을 사용하는 것이 좋다. 하지만 지속적으로 청중이 기대를 가지고 어떤 결론을 위하여 함께 동참케 하려고 한다면 귀납법을 사용하면 될 것이다. 그런데 이 두 방법을 함께 한 설교 안에서 사용한다면, 이는 완전히 이분화된 내용이 되든지 아니면 연역법의 큰 울타리 안에서 귀납법의 범주에 맞게 움직여 갈 수가 있을 것이다. 그래서 이 설교를 융합적 설교

라고 정의를 내린 것으로 짐작이 간다.

금천설교아카데미의 원장이신 김진홍 목사(금천교회 원로목사)는 어렵게 설명된 모든 방법들 가운데 가장 단순한 방법으로 본문 접맥식 설교를 연역법적 설교라는 테두리로 분류하였다. 대지 설교라는 전통적 설교 방식 가운데 원인(why)라는 항목을 '본문 설명' 직후에 삽입하였다고 정하였다. 대지 설교와 모든 것이 동일하다는 점을 강조하면서 본문 가운데 반드시 해석이 있어야만 청중이 전체 성경 본문을 이해할 수가 있는 경우에 본문 접맥식 설교 형태로 나아간다고 정한 것이다. 이런 설명은 설교의 틀에 다소 생소한 목회자들에게는 명확하게 가이드를 할 수 있다는 점에서 바른 설명이라고 말할 수 있다. 융합적인 설교 형태라고 말한다면 이해가 그리 쉽지 않다. 이것은 어쩌면 가장 융통성이 있다는 것과 물 흐르는 듯한 유연함이 있기에 그리하였다는 결론을 갖게 한다.

원인(why)항목이 추가되다

즉, 김진홍 목사는 『여러 유형으로 설교하기』라는 책의 '설교 작성 원리'에서 본문 접맥식 설교가 필요한 성경본문이 있다고 말하고 있다. 꼭 주석이 필요한 본문이 있다면 청중이 이해할 수 있도록 본문을 주석하는 방식으로 "why(원인 또는 이유)"라는 항목을 하나 더 삽입하는 것이다. why에는 ① 신학적인 배경 ② 문화적인 배경 ③ 6하 원칙에 의한 이해 ④ 본문의 재해석 등이 있다. 이러한 내용이 들어감에 따라 설교의 why를 통하여 청중들은 본문을 알기 쉽게 이해할 수가 있게 된다는 점이다.[81] 그러므로 ① what's problem(서론 혹은 문제 제기) ② what(본

---

81) 김진홍, 『여러 유형으로 설교하기』, (금천설교아카데미, 2019), 71.

문 설명) ③ why(신학적, 문화적 배경) ④ how(문제 해결)의 형태로서 why가 하나 더 들어간다는 것을 김진홍 목사는 강조하고 있다.

성경 속에서 특정 본문은 반드시 그 내용의 신학적 배경 또한 문화적 배경을 알아야 이해가 가능하다는 점이다. 예를 들면 유대인들이 강조하는 '할례(割禮)'에 대하여는 신학적으로는 세례의 원형으로서 '하나님의 자녀'라는 표지로 가름할 수가 있으며, 문화적 배경으로는 역사 속에서 믿음의 조상으로 나타나는 아브라함과 하나님과의 언약의 표시로 이해할 수가 있다. 이런 배경에 대하여 설교자는 설교의 본론에 들어가기 전에 말씀 속에서 그 배경을 알려주지 않으면 안 된다. 여기에서 본문 접맥식이라는 설교 형태가 나타나게 된 것이다.

6하 원칙에서 오는 유연함

필자의 입장에서는 이 설교 형태에 대하여 왜 '본문 접맥식(本文接脈式)'이라고 명명하였는가?를 파악하고 싶었다. 또한 누가 그렇게 정하였는지 알아보고 싶었다. 아마도 '본문 접맥식'이라는 문구는 본문과 청중의 이해를 연결시키려는 설교자의 노력이 들어간 단어라고 보아도 무방할 것이다. 그러므로 영문으로 'text-based sermon'이라는 말을 직역한다면, '성경기반의 설교'로 하면 이해도가 더 높아지지 않을까 한다. 아마도 창시자는 본문을 그대로 석의만 하다가는 청중들에게 본문의 단어에 대한 이해가 잘 안될 수 있기에 신학적, 문화적 배경을 친절하게 설명해 주어야 총괄적인 이해가 가능할 것으로 보았기 때문이리라. 그리고 나머지 구성법은 대지 설교나 분석 설교와 같은 수준으로 나아가면 될 것이다.

하지만 6하 원칙(who, when, where, what, why, how)의 방법을 따라서 굉장히 융통성있게 설교자의 의도대로 움직여 갈 수 있다는 장점도 있다. 더구나 연역법과 귀납법의 방식을 혼합하여 사용할 수가 있다. 다만 성경 본문과 주제를 계속 유지만 시켜주면 된다. 그러므로 설교 작성이 물 흐르듯이 자연스럽고, 보다 쉽게 설교 원고를 작성할 수 있다는 장점이 있다.[82] 6하 원칙의 사례를 가장 명확하게 사용하는 것은 언론계이다. 신문이나 뉴스에서의 사건 사고에 대한 보도를 할 때 6하 원칙이 결여된 내용이라면 애독자 또는 시청자에게 답답함을 더하게 해 주는 결례를 범하게 된다. 그러므로 6하 원칙에 의하여 누가, 언제, 어디서, 무엇을, 왜, 어떻게 의 5W 1H를 반드시 보도하여야 한다. 이는 설교에서도 적용될 수 있는데 자유롭게 5W 1H를 유연하게 활용할 수 있는 설교를 우리가 '본문 접맥식 설교'라고 하여도 큰 무리는 없을 것이다.

---

82) 정인교, 한국성결신문, 설교 리모델링−설교형식 다양화 (2018. 11. 15)

6 / 원 포인트 설교의 다양한 변신

> 인격을 통한 진리가 우리의 진정한 설교에 대한 묘사이다.
> - Phillips Brooks

원 포인트 설교는 아름다운 팔색조(八色鳥)

"원 포인트 설교(one point sermon)"는 설교 형태로 분류하기보다 한 가지 주제를 가지고 서론부터 결론까지 일관성 있게 설교하는 형태를 통칭하는 설교 스타일이다. 학문적으로 사용되는 용어는 아니다. 그러나 원 포인트 설교는 우리에게 매우 익숙한 설교 형태인 "삼대지 설교(three points sermon)"를 떠오르게 한다. 그러므로 '원 포인트 설교'는 3개의 소주제(포인트)를 가지고 설교하는 전통적인 삼대지 설교를 염두에 두고 만든 일종의 별칭이라고 보면 될 것이다. 원포인트설교연구원의 대표인 송용식 목사는 "원 포인트 설교는 세계적인 설교학자들이 하나같이 권장하고 있는 설교법입니다. 특히 이들은 원 포인트 설교가 삼대지 설교에서 벗어나 훌륭한 대안이 될 것이라고 합니다"라고 강조한다.

또한 "강해 설교의 대가인 해돈 로빈슨(Haddon W. Robinson, 1931-2017) 박사, 존 스토트(John Stott, 1921-2011) 목사, 앤디 스탠리(Andy Stanley, 1958-) 목사 등도 기존의 삼대지 설교가 지닌 문제점과 한계를 꼬집으며, 원 포인트 설교의 실효성에 대해 다양한 측면에서 추천하고 있습니다"라고 한 세미나에서 말하였다.[83] 300여 년간을 전 세계적으로 애용되던 연역법적 설교인 '삼대지 설교' 형태를 벗어

---

83) 송용식, 원 포인트 설교 세미나, (2012. 4. 29)

나서, 하나의 주제만을 가지고 설교한다면 쉽고도 어려운 과정이 될 수도 있다. 그러므로 원 포인트 설교는 일반적으로는 귀납법적인 설교에 잘 맞지만, 연역법적인 설교에도 활용할 수는 있다. 침례교 목사로서 '좋은설교연구소'를 운영하는 박영재 목사는 그의 책『원 포인트로 설교하라』에서 "드라마나 영화가 재미를 주며 관중들을 끌어 모으는 것은 원 포인트 설교와 같은 스타일 즉 하나의 주제로 절정을 향해 점점 흥미롭게 다루기 때문입니다"라고 말한다.[84]

원 포인트 설교가 매력적인 이유

'금천설교아카데미' 원장이신 김진홍 목사는 그의 책『여러 유형으로 설교하기』에서 원 포인트 설교가 목회자들에게 실용적이고 매력적인 설교 형태로 주목받고 있는 이유를 다음과 같이 기술하고 있다. ① 포스트모더니즘 사회의 특징 때문이다. 이는 논리와 명제 중심의 모더니즘을 거부하고 감성과 상징 그리고 느낌을 중시하는 시대이기 때문이다. ② 복잡한 삶속에서 한 개의 주제로 단순화를 지향하기 때문이다. ③ 성경 속의 한 가지 주제로 심도 있고, 흥미롭게, 감동적으로 설교할 수 있기 때문이다.[85] 이와 같은 특별한 이유로 현대의 설교자들은 새롭게 설교하도록 부단한 노력을 기울여야 한다. 설교가 청중들의 가슴에 들리지 않는다면 그 설교는 열매를 맺지 못하는 무화과나무의 신세가 될 수밖에 없을 것이다. 특별히 이 시대에서 지속적으로 강조가 되고 있는 감성(感性)을 터치하는 설교로 나아가야 한다. 왜냐하면 지금의 시대는 이미지, 영상, 느낌이 주도하기 때문이다.

---

84) 박영재, 『원 포인트로 설교하라』, (요단, 2018), 18.
85) 김진홍, 『여러 유형으로 설교하기』, (금천설교아카데미, 2019), 212.

원 포인트 설교를 공식적인 설교 형태라고 하지는 않는다. 그러나 원 포인트 설교는 연역법이나 귀납법으로 다 가능하며, 모든 설교 형태에도 적용할 수 있다. 마치 마스터키(master key)처럼 어떤 자물쇠에 상관없이 열 수 있다고 말한다면 과하다고 할 수 있을까? 박영재 목사는 『원 포인트로 설교하라』 책에서 원 포인트 설교의 구성 방법을 다양하게 설명하고 있다. ① PRS 스타일 ② NPS 스타일 ③ PNS 스타일 ④ step by step 스타일 ⑤ 체인 스타일 ⑥ 내러티브 스타일 등 6가지로 구분하고 있다. 즉 명제와 반전, 반전 이유를 PRS로 하며, 부정과 긍정, 해결책을 NPS, 긍정과 부정 그리고 해결책은 PNS로 하고 있다. 절정을 향하는 step by step 스타일, 결과와 이유를 찾는 체인 스타일, 발단, 갈등, 절정, 대단원으로 나아가는 내러티브 스타일을 소개하고 있다.[86] 이는 원 포인트 설교는 다양한 설교 형태에 적용할 수 있다는 것을 알게 한다.

한 주제(主題)로 대나무같이 마디연계

그러나 원 포인트 설교에서 가장 중요한 점은 중심 주제를 일관성 있게 끝까지 유지하며, 발전해 나간다는 것이다. 박영재 목사는 이를 송이버섯 형과 대나무 형으로 설명하고 있다. 중심 주제를 3개의 개요(소주제)로 펼치는 삼대지 설교 형태는 송이버섯 형이고, 중심 주제를 심화시켜 나가며, 개요가 정점을 향해 마디마디 연결되어 나가는 원 포인트 설교 형태를 대나무 형이라고 알기 쉽게 이해시키고 있다.[87] 그래서 설교자들이 조금 쉽다고 느끼는 것 같다. 그런데 가정을 해보자. 만약에 삼대지 설교에서 한 대지만 선택하고, 그 대지를 집중하여 설교하

---

86) 박영재, 『원 포인트로 설교하라』, (요단, 2018), 13.
87) 위의 책, 23.

였다면 원 포인트 설교가 아닌가? 그러니 2-3개의 대지를 가지며 서론(문제 제기), 본문 설명, 해결 방안(여기서 주제별로 다시 문제 제기, 본문 설명, 적용, 긍정 예화, 하나님 주어 및 권면으로 나아간다.)이 되는데 해결 방안이 1개로 줄어드는 것인가?

자칫 "원 포인트 설교가 별 것 아니네!" 라는 안일함이 발생할 수도 있다. 그러나 단순하게 삼대지 설교에서 일대지 설교로 바뀌었다고 오해를 해서는 안 된다. 설교 안의 중심주제는 하나이다. 그 주제를 어떻게 처리했느냐에 따라 설교 형태가 달라진다. 분명한 것은 삼대지 설교는 중심 주제에서 각각 독립적인 세 개의 소주제(小主題)가 우산처럼 펼쳐나가는 것이다. 즉 하나의 주제를 세 개의 소주제로 설명하며, 중심 주제로 돌아오는 스타일인 것이다. 그러나 원 포인트 설교는 하나의 중심 주제의 결론을 향하여 꼬리에 꼬리를 물고 상승과 발전을 해 가는 형식이다. 소주제들이 독립이 아닌 한 가정안의 부모형제와 같이 서로 간에 긴밀한 연결, 더 나아가 전진의 통로와 디딤돌이 되는 것이다. 그러므로 원 포인트 설교를 잘하기 위해서는 발전을 위한 "반전(反轉, reversal)"의 묘미가 잘 살아있어야 한다.

이와 같이 박영재 목사가 주창하는 PRS 스타일도 명제-반전-해결책으로 나아가는 것이다. 그리고 NPS 또는 PNS도 부정-긍정-해결책 또는 긍정-부정-해결책으로 청중들에게 반전을 통하여 설교에 몰입하게 만들게 한다. 결국 원 포인트 설교는 연역법적인 설교보다는 귀납법적인 설교가 더 잘 맞는다. 왜냐하면 '절정(climax)'를 향하여 점점 더 나아가야하기 때문이다. 그리고는 설교의 정점에서 청중들이 이제야 알았다고 하듯이 "아하!"라는 감동의 탄성을 낼 수가 있는 그런 유형이다.

원 포인트 설교의 시금석

앞서서 원 포인트 설교가 마치 마스터키와 같은 역할을 할 수 있다고 거론하였다. 하지만 모든 일에 만능의 역할을 할 수 있다는 것은 나름의 치명적인 약점이 도사리고 있다는 점이다. 포스트모더니즘의 시대에 현대인들의 심정이 삭막하기에 감정에 접근하는 설교가 가장 잘 들리게 된다. 그러나 한 가지 주제만을 가지고 설교하여야 하므로 30분 정도의 설교 원고를 일관되게 작성해야 하는데 이에 대한 어려움을 호소하는 목회자들도 있을 수 있다. 삼대지 설교의 경우 세 개의 주제에 대하여 기술하기에 원고의 분량을 일정부분 채울 수가 있지만, 한 가지 주제로서 A4 5-6페이지를 채우는 것이 분명 그리 쉬운 일은 아니다.

명제(命題, proposition)가 뚜렷하지 않으면, 주제(主題, major point)가 길을 잃고 숲속을 헤맬 수가 있다. 그리고 절정을 향하여 고조되어 가야 하는데 모두가 밋밋하게 될 수가 있다. 이를 극복하기 위하여 설교자는 강단에서 의도적으로 강한 음성을 내는 경우도 있다. 그리고 중요한 원 포인트 설교의 시금석(試金石)이 있다. 바로 "논리적 발전"이 이루어져야 한다는 점이다. 한 가지 주제에 대한 육하원칙인 what, why, how 등을 말해 주어야 한다. 그냥 간증 이야기 또는 예화만을 하고 설교를 마친다면 이는 실질적으로 한 가지 주제를 다루었다고 하여도 "원 포인트 설교"는 아닌 것이다. 하나의 개념을 논리를 통해 발전시켜 나가야 한다.[88] 이제 설교 형태에서 귀납법적 설교인 이야기 설교 또는 내러티브 설교가 대표적이며, 네 페이지(장면) 설교 및 현상학적 전개식 설교를 원 포인트로 하여 설교를 만든다면, 원 포인트 설교 작성의 어려움도 한결 작아지지 않을까?

---

88) 위의 책, 35.

7 / 네 페이지 설교의 단순하고도 깊은 맛

> 귀납법적으로 전개되는 설교는 무엇보다도 청중의 관심을 불러일으키며,
> 설교하는 동안 그 관심을 지속시켜준다. 또 청중의 기대감을 유발시켜준다.
> - Fred Craddock

숫자 "4(四)"에 연결되는 인생

대중가수 중에 송대관(宋大琯, 1946-)이라는 인기 트로트 가수가 있다. 그는 전북 정읍출신으로 인생을 파란만장하게 살아왔다. 기독교인으로서 여러 교회에서 간증도 한 바 있다. 그의 히트곡 "네 박자"는 인생의 삶을 네 박자로 표현하였다. "쿵짝 쿵짝 쿵짜짜 쿵짝 네 박자 속에 사랑도 있고 이별도 있고 눈물도 있네"라고 부르는 이 노래는 매우 흥겹게 들린다. 뿐만 아니라 우리가 애창하는 찬송가에도 네 박자 찬송가가 많이 있다. 536장 '죄 짐에 눌린 사람은' 또는 405장 '주의 친절한 팔에 안기세' 등은 모두 4분의 4박자이다. 힘이 생기고, 박수치며 부르기도 편하다. 많은 웃음을 선사하는 대전 중문교회의 장경동 목사도 집회 시에 구원의 개념을 네 가지로 풀이하기도 한다.

경영학에서는 SWOT분석을 통하여 경영전략을 짜기도 한다. 네 개의 뜻이 있는 SWOT는 강점(strength), 약점(weakness), 기회(opportunity), 위협(threat)의 머리글자이다. SWOT분석은 새로운 사업을 시작하기 전에 추진여부를 전략적으로 판단하는 사업 분석에 아주 유용하게 적용할 수 있다.[89] 교회개척을 할 때 SWOT분석을 해 보면 어느 정도 참고는 가능할 것이다. 하지만 교회개척은 성령님의 역사로 이루어지는 것이니만큼, 기도가 가장 중요한 변수임을 놓쳐서는

---

89) 이동현, 『경영전략에센스』, (휴넷, 2003), 27.

안 된다. 그리고 "4"라는 숫자가 땅의 수이기에, 네 가지로 연결되는 것들이 많이 있다. 동서남북(東西南北), 춘하추동(春夏秋冬), 인의예지(仁義禮智), 사대문명(四大文明) 등을 들 수 있다. 그만큼 인생에서 "4(四)"의 의미는 깊다고 할 수 있다.

움직임이 있는 페이지

그런데 설교 형태 가운데 이런 개념으로 만드는 설교로서 귀납법적 설교에 포함된 설교 형태가 있다. "네 페이지 설교(four pages sermon)"가 바로 그것이다. 이 설교 형태는 폴 스캇 윌슨(Paul Scott Wilson, 1949-)교수가 1999년에 처음으로 주창하였다. 윌슨 교수는 캐나다 토론토신학대학교(the University of Toronto School of Theology)의 임마누엘대학에서 설교학을 가르치고 있다.[90] 그가 주창한 "네 페이지 설교"에서 페이지(page)라는 말은 책의 "쪽"을 말하는 것이 아니다. 이 페이지의 뜻은 "장면(scene)"을 이야기 한다. 즉 '움직임'이 있는 장면을 말한다. 마치 영화의 장면과 같다고 생각하라. 그러므로 "네 장면으로 이어지는 설교"로 이해하면 된다. 김운용 교수는 아예 "네 장면 설교"라고 그 의미를 확실하게 정하였다.[91]

주승중 교수는 그의 책 『성경적 설교의 원리와 실제』에서 1999년도에 발간된 폴 스캇 윌슨 교수의 책 『The Four Pages of the Sermon』의 내용을 많이 인용하고 있다. 주 교수는 네 페이지 설교의 배경에서 "오늘의 설교는 오히려 회중에게 책임과 의무의 짐만을 지우고 있다. 많은 설교자가 해야 함(should, must, have to)을 강조하지만, 하나님

주승중, 장신대 예배와 설교법-네 페이지 설교 작성법 (2023. 8. 2)
김운용, 『현대설교 코칭』, (장로회신학대학교출판부, 2012), 299.

의 은혜를 설교하지 않고 있다"[92] 이는 아주 예리한 지적이다. 바로 이런 이유로 윌슨 교수는 네 페이지 설교를 주창하게 되었다. 또한 네 페이지 설교의 핵심내용을 조성현 교수는 "오늘날의 회중들은 영화에 의해 매료되고 있다. 이를 설교에 적용하면, 설교가 에세이 작성의 흐름을 따르기 보다는, 영화를 만들듯이(movie making) 설교가 진행되면서 영상에 익숙한 현대인들에게 더욱 효과적인 설교가 된다."[93] 라고 말하고 있다.

네 페이지 설교의 구성

윌슨 교수는 설교의 내용을 간단하게 압축하여 성경 본문(text)과 세상 환경(context)을 상호 연계를 시켜서 하나님의 말씀이 우리의 세상 속에서 명확하게 적용되도록 했다는데 그 의의가 있다. 개념 자체가 간단해서 설교자들이 네 페이지 설교를 작성하는데 부담이 적다고 말하기도 한다. 그런데 정말 그럴까? 우선 네 페이지 설교의 구성은 ① 페이지 1은 성경 본문에 나타난 문제를 기술한다. ② 페이지 2는 이 세상에 있는 문제를 말한다. ③ 페이지 3은 본문에 나타난 하나님의 행동을 거론한다. 이곳이 설교자가 가장 중점을 두어야 하는 부분이다. ④ 페이지 4는 세상에 나타난 하나님의 행동을 말한다. 간혹 페이지 3과 페이지 4를 바꿔서 기술하기도 하지만, 가능하다면 원래의 순서를 따라서 작성하기를 권면한다. 윌슨 교수는 네 페이지 설교의 작성은 매일 규칙적으로 한 페이지씩 준비해 나가라고 권면하고 있다. 월요일부터 금요일까지 매일 2시간씩을 설교에 할애하라고 말한다.[94] 한국 교회

---

92) 주승중, 『성경적 설교의 원리와 실제』, (예배와 설교 아카데미, 2006), 187.

93) 조성현, 『설교 건축가』, (카리타스, 2016), 108.

94) 주승중, 『성경적 설교의 원리와 실제』, (예배와 설교 아카데미, 2006), 231.

목회자들의 환경과는 조금 다른 권면일 수가 있다.

특별히 페이지 3은 성경 본문에 나타난 하나님의 행동 또는 은혜를 말하기에 성경 본문을 심도 있게 분석하여야 한다. 본문에 이러이러한 문제가 있으므로 그 문제를 극복하시는 하나님의 움직임이 나타나야 한다. 본문을 많이 읽고, 묵상하면, 그 문단(文段)속에 담긴 하나님의 뜻이 새어 나오는 것을 볼 수가 있다. 그런데, 의도적이지만, 페이지 1과 2에서 성경과 세상에 나타난 문제점으로 말미암아 청중들의 마음에 불편함이 생긴다. 그 불편에서 빠져나오고 싶어서 문제 해결을 나름 생각하게 된다. 드디어 페이지 3에서 그 문제에 대한 하나님의 행동 또는 은혜가 명확하게 나타나면, 청중들의 마음에 있던 불편함이 사라져서 시원한 해방감을 얻을 수가 있게 된다. 그리고 페이지 4에서 세상의 문제에 대하여 해소시켜주시는 하나님의 행동을 말씀하면서 설교의 결론을 낼 수 있다.

삶에 적용이 관건

그런데 이 역시 아무 성경 본문에 다 적용되는 것이 아니다. 네 페이지에 가장 잘 맞는 본문들이 있다. 출애굽기 15장의 마라의 쓴물을 마신 이스라엘 백성들의 원망의 이야기에서처럼 반전이 일어나는 본문이면 적격이다.[95] 세상에 나타난 문제와 하나님의 행동은 모두 우리 삶에 적용하기 위한 것임을 알아서 청중들이 "아하!"라는 탄성이 나오도록 해야 할 것이다. "본문에 나타난 하나님의 행동"은 "본문에 나타난 하나님의 은혜"로 나타낼 수가 있다. 여기서 설교자는 본문의 숙의를 깊이 있게 하여야 하고, 소주제가 분산되지 않고, 대나무형태와 같이 앞의 꼬리를 물고 전진해 나가는 귀납법적 설교로 만들어야 할 것이다.

---

95) 조성현, 『설교 건축가』, (카리타스, 2016), 111.

그런데 다른 설교 형태로서 유진 라우리의 "이야기 설교(narrative sermon)"를 거론한 바 있다. 여기서 김수중 교수가 5개 장면으로 된 이야기 설교 형태를 4C형태로 수정하였는데, 4C란 갈등(conflict), 심화(complication), 역전 또는 갑작스런 전환(conversion), 해소 또는 결론(confirmation)을 말한다. 이 네 개의 장면이 바로 네 페이지 설교의 네 상황과 유사하게 중첩이 된다. 갈등을 성경 본문에 나타나는 문제로, 심화는 세상에 나타나는 문제와 연계된다. 그리고 역전은 페이지 3의 본문에 나타난 하나님의 행동으로서 문제가 해결되어지는 갑작스런 전환의 상황과 유사하다. 결국 해소는 세상에서의 하나님의 행동으로서, 성경 안에서가 아닌 세상 속에서 하나님의 행동이 나타남으로 모든 문제가 깔끔하게 해결된다는 논리가 비슷하게 이루어진다. 두 설교 형태는 '영화'라는 모티브를 연상시킨다는 점에서 현대인들에게 가장 잘 어필할 수 있는 설교라는 특색이 있다. 특별히 네 페이지 설교는 설교자로 하여금 영화감독과 같은 상상력이 요구된다.

원론적인 질문으로서, "우리는 왜 설교를 하는가?" 그 이유는 청중들이 하나님의 말씀을 듣고 감동을 받아, 마음이 바꿔져서, 삶에서 행동의 변화가 일어나게끔 하는데 있다고 본다. 청중들로 하여금 공감이 될 수 있는 '네 페이지 설교'는 새로운 설교 형태로 이 시대에 필요한 새 부대(負袋, wineskin)라고 감히 말하고 싶다.(마 9:17) 김진홍 목사는 '네 페이지 설교'에 대하여 이렇게 말한다. "율법과 복음을 조화시키며 십자가와 부활이 함께 강조되는 구조를 취하고 있다. 그러므로 은혜를 설교하고 청중들로 하여금 복음을 경험하게 하는 효과적인 방법이라 할 수 있다"[96]

---

96)   김진홍, 『여러 유형으로 설교하기』, (금천설교아카데미, 2019), 255.

8 / 이야기 설교에 필요한 극적인 플롯(plot)

초기 교회의 설교는… 역사적으로 실재하신 예수 그리스도와 관련된 사건을 단순히 이야기
하는 것(recital)이 중심을 이루었다. 또 제자들이 공동체에 일어난 것에 대한 고백이었다.
- Richard Niebuhr

영화처럼 몰입하게 만드는 설교

천만 명이상의 관객 수를 기록한 영화 가운데, '아바타', '명량', '기생
충', '겨울왕국' 등과 같은 국내외 영화들이 있다. 그 안에서 경이로운
상상과 감동적인 이야기, 배우들의 명연기 그리고 현실 사회를 잘 그려
냄으로 관객들의 공감과 사랑을 입게 되었다. 시나리오 작가, 감독, 배
우들의 치밀한 역할이 대작을 만들어 내는 것이다. 이들은 관객들의 니
즈(needs)를 면밀하게 파악하고, 어떻게 하여야 영화를 보러 오게 할
것인지를 늘 고민하고 지속적으로 연구한다. 이와 같이 복음을 전하는
설교를 우리는 그러한 절박감과 애타는 심정으로 구성하고, 청중들로
하여금 설교에 몰입하게 만들고 있는가? 설교자는 성경이라는 위대한
원석을 가지고 그 안에 담긴 생명과 복음을 추출하여 작품을 만들어
내는 작가이며, 연출가이고, 배우이다. 설교자는 예배에 참석한 교인들
로 하여금 설교에 흠뻑 빠지게 만들어야 할 숭고한 책임이 있다. 나는
하나님의 도구이니 선포할 의무만 있다고 생각해서는 안 된다. 선포와
함께 청중에게 감동을 선사하지 못한다면, 그 설교자는 도태될 런지도
모른다.

여러 가지 설교 형태 중에서 우뚝 선 두 산봉우리는 연역법적 설교
의 대표 격인 "대지 설교(major points sermon)"와 귀납법적 설교의
왕좌인 "이야기 설교(narrative sermon)"라고 할 수 있다. 대지 설교

는 논리와 이성에 접근하여 성경을 분석하고, 이해시킴으로, 청중을 설득시키는 방식의 설교 형태이다. 이 대지 설교의 범주에 강해 설교, 주제 설교, 제목 설교가 포함된다. 그러나 다른 하나인 이야기 설교는 포스트모더니즘의 시대에 걸 맞는 설교 형태로서, 이미지, 상상, 느낌을 중시하여, 감성과 정서에 맞추어, 청중의 참여를 이끌어 내는 새로운 설교 형태이다. 본래 이야기 설교를 영어로 스토리텔링 설교(story-telling preaching)라고 말하기도 한다. 하지만 원로설교학자인 정장복 교수는 이야기 설교를 '서사 설교(敍事 說敎)'라고 명명하기도 했다. 그리고는 "본문에 근거하여 설교자의 상상력을 적절하게 활용하는 것은 관심을 두어야 할 부분이다"라고 그의 저서인 『한국교회의 설교학 개론』에서 적시하고 있다.[97] 한편, 손동식 교수는 이야기 설교를 내러티브 설교(narrative sermon)라고 영어 그대로 말하기도 한다.

그러나 필자는 '이야기 설교'라고 부르는데 동의한다. 이렇게 해도 그 의미를 충분히 이해할 수 있다고 판단하기 때문이다. '이야기 설교'는 한편의 영화를 제작한다는 심정으로 그 구성(plot)을 아주 치밀하게 작성하지 않으면 안 된다. 영화를 종합예술이라고 하지 않는가? 관객들을 2시간 가까이 영화 속에 몰입하게 만드는 힘은 바로 그 영화의 스토리와 구성력에 있다. 영화의 화면 속에서 계속 기대감을 가지며 응시하게 만들고, 관객은 희로애락의 감정을 느끼게 된다. 그렇다면 30분도 안 되는 설교에 왜 청중들이 빠져 들지 못하고, 여러 다른 생각으로 채워지게 되는가?

---

97) 정장복, 『한국교회의 설교학 개론』, (예배와 설교 아카데미, 2001), 180.

청중의 마음을 불편하게 만들기

설교학을 가르친 유진 라우리(Eugene Lowry, 1933-)교수는 청중들이 관심을 갖고 설교에 몰입할 수 있게 하는 방식을 연구하였다. 그는 크게 5개의 플롯(plot)을 만들었다. ① 평형 깨뜨리기 ② 모순의 분석 ③ 해결의 실마리 ④ 복음의 경험 ⑤ 결과 기대인데, 가장 많은 시간의 할애는 평형이 깨지고 모순이 발생하는 갈등 ①과 심화 ②에 있다. 그런데 갈등을 말하고 그 갈등이 점점 심화되어 가는 위축된 방향의 설교에 청중은 마음을 졸이면서 그만 마음의 평형이 깨져 버린다. 그리고 갈등의 해소를 나름 소망하게 된다. 그런데 갑자기 생각하지 못한 해결의 상황이 도래한다. 모든 갈등과 문제가 해결될 수 있는 상황이 전개된다. 이때 조용하게 구원의 복음에 대한 메시지가 전달되어, 궁극적 해결책이 바로 예수 그리스도임을 느끼게 하는 것이다. 하나님 안에서 평강과 은혜를 맛보는 결과를 얻게 하는 이 방식을 라우리 교수는 "narrative sermon(이야기 설교)"이라고 하였다.

그런데 설교학자인 김수중 교수는 이 유진 라우리의 5개 플롯이 설교자에게 어렵고 복잡하다고 판단하여 4개의 플롯으로 단축하였다. 4C 형태로서 갈등(conflict)-심화(complication)-복음의 경험(conversion)-대단원(confirmation)으로 슬림화시킨 것이다.[98] 이야기 설교는 성경 본문이 이야기 식으로 되어있는 부분에 적용하는 것이 좋을 것이다. 예를 들어, 창세기의 파란만장한 요셉이야기, 요한복음의 야곱의 우물가로 물을 길러 나온 사마리아 여자와 예수님간의 대화로 시작된 구원의 이야기, 그리고 가나의 혼인잔치에서 포도주가 떨어진 상황에서 물로 포도주를 만든 이야기 등이다. 실상 스토리를 갖춘 본

---

98)　조성현, 『설교 건축가』, (카리타스, 2016), 98.

문은 성경 곳곳에 엄청나게 많다.

치밀하게 연출되는 설교의 플롯(plot)

플롯(plot)이란 연극이나 영화와 같은 창작예술에서 사용되는 구성(構成)을 말한다. 사전적인 의미로 플롯은 "사건을 인과 관계에 따라 필연성 있게 엮는 방식"이라고 말한다. 원인과 결과를 치밀하게 엮어 체계화 시켜가는 것이라고 하면 이해가 가능할까? 이 플롯을 설교에 도입하는 것이다. 귀납법 설교의 핵심가치는 특별한 상황 속에서 점점 보편적인 진리로 나아가게 하면서 절정(climax)에 달하게 하는 방식인데, 바로 '이야기 설교'가 그렇게 되어야 한다.

어떤 사람들은 이야기 설교가 한 겨울에 아이들이 화롯불 가에 옹기종기 모여, 할머니가 들려주시는 옛날이야기를 흥미롭게 듣는 설화(說話)와 같은 설교라고 말하기도 한다. 신화나 전설, 민담 같은 것으로서 틀렸다고 할 수는 없으나 부족한 면이 나타난다. 그러나 '이야기 설교'는 아주 치밀하게 연출되어 플롯이 점점 나아가게 하면서, 짧게 결론이 도출되게 하는 것이다. 이것은 말로는 쉽지만 결코 쉬운 설교 형태는 아니다. 하지만 이 설교 형태는 지금 상상력과 이미지 그리고 감성을 통하여 예수 그리스도를 만나고, 은혜를 받을 수 있는 아주 훌륭한 설교 형태임을 우리는 알아야 한다.

귀납법적 설교속의 이야기 설교

지금 유튜브 영상을 통하여 인기가 높은 설교 영상의 설교자는 어떤 설교를 하고 있는가? 아마도 꿈의교회 김학중 목사, 새에덴교회 소강석 목사, 선한목자교회 유기성 목사 등 일 것이다. 이 분들은 공통적으로 '이야기 설교'를 하거나 유사한 형태의 감성적인 설교를 하고 있음을 알 수가 있다. 「거인들의 설교연구소」를 운영하고 있는 손동식 박사는 '이야기 설교'를 "내러티브 설교"라고 명명하면서 연구소의 홈 페이지에서 유료 강의를 시행하고 있다. 아마도 손 동식 교수는 narrative(내러티브)와 story(스토리)가 주는 뉘앙스가 다르다는 생각에서 내러티브 설교라고 정한 것으로 보인다.

프래드 크레독(Fred B. Craddock, 1928-2015)교수가 1971년에 발간한 『권위 없는 자처럼(As one without Authority)』 이라는 자신의 유명한 책에서 귀납법적 설교를 말했는데, 그 사상이 바로 내러티브 설교에 스며들어갔다고 한다. 내러티브 설교의 어머니가 바로 귀납법적 설교이다. 그리고 손 교수는 가장 큰 원칙으로 ① 단 하나의 주제 ② 움직임 중시 ③ 미디어가 메시지라는 개념을 중요시하고 있다.[99] 「포스딕설교연구소」를 설립하여 설교를 가르치는 조성현 교수는 "상상력이 담긴 설교"를 최근에 설교세미나에서 강조하였다.

---

99) 손동식, 거인들의 설교연구소-내러티브 설교, (2023. 6. 28)

상상력을 창의력(creativity), 조 바꿈(transposition) 그리고 불꽃(spark)이라고 하면서 청중들의 감성을 터치해야 함을 말하였다.[100] 결국 상상력은 어떤 형태의 설교에도 사용할 수가 있지만 특별히 '이야기 설교'에서는 그 진가를 충분하게 발휘할 수 있다. 유명한 셰프가 비법 양념이 들어간 아주 고급스럽고 맛있는 음식을 고객 앞에 놓는 것과 같이, '이야기 설교'는 정교한 플롯으로 청중의 마음을 관통시킬 수 있을 것이다.

---

100)   조성현, 상상력이 담긴 설교 만들기 세미나, (2023. 7. 28)

9/ 현상학적 전개식 설교의 움직임과 전개

> 설교는 전하려는 메시지의 주제를 연속적으로 펼치는 특성을 갖게 되는데,
> 구조적으로 치밀한 구성을 따라 연속적으로 이어지는 장면을 포함하게 된다.
> - David Buttrick

완전한 설교 형태는 없다.

설교학자 김운용 교수는 다음과 같은 글로서 설교 형태에 대한 우리의 의구심을 해소시키고 있다. "한 세기 전 보스톤의 위대한 설교자였던 필립스 브룩스(Phillips Brooks, 1835–1893)는 '아직 세상은 들어야 할 최선의 설교를 듣지 못하고 있다'고 했다. 이것이 바로 설교자가 쉴 수 없는 근본적인 이유이며 새로운 설교의 형태를 지속적으로 연구해야 할 이유이다."[101] 토마스 롱(Thomas G. Long, 1946–)교수는 그의 책 『증언으로서의 설교(The Witness of Preaching)』에서 "설교의 형태는 설교의 의미와 효과에 있어서 실질적으로 절대적인 요소이다." 또한 "설교의 형태는 강줄기의 흐름에 있어서 강둑만큼이나 설교의 흐름과 방향을 결정해 주는 데에 중요한 요소이다."[102]라고 말하고 있다. 설교 형태의 중요성에 대하여 토마스 롱 교수처럼 이렇게 잘 표현한 말이 없을 정도이다.

그런데 이렇게 중요한 설교 형태에 얼마나 많은 명칭이 붙여지는지 모른다. ① 정장복 교수는 "대지, 분석, 서사, 설화체, 이야기체, 귀납법적, 대화, 독백 설교" ② 주승중 교수는 "대지, 분석, 귀납법적, 설화체, 4C 설화체, 이야기, 일인칭, 전개식 설교" ③ 김운용 교수는 "주제,

---

101) 김운용, 『현대설교 코칭』, (장로회신학대학교출판부, 1998), 308.

102) 토마스 롱, 정장복/김운용 역, 『증언으로서의 설교』, (쿰란출판사, 1998), 190.

분석, 강해, 귀납적, 이야기식, 네 장면, 현상학적 전개식 설교" ④ 조성현 교수는 "주제, 강해, 본문 접맥식, 양극구조, 분석, 상관관계, 원전, 이야기체, 네 페이지 설교" ⑤ 토마스 롱은 "귀납적, 설화체, 이야기식, 문제 해결식, 움직임, 이미지, 메타포 중심, 비지시적, 대화체, 명제, 주제, 대지 설교"로 모두 25개의 명칭을 붙이고 있다. 설교 형태가 통일화되지 않고 객관성이 결여되어 있는 듯하다. 그냥 제목만 갖다 붙이면 설교 형태가 되는 것은 분명히 아닐 터인데….

정리된 설교 형태

이에 대하여 김진홍 목사는 그의 책 『깊은 설교 얕은 설교』에서 삼대지 설교, 본문 접맥식 설교, 분석 설교, 네 페이지 설교, 원 포인트 설교, 내러티브 설교, 현상학적 전개식 설교 등 7개의 설교 형태로 깔끔하게 정리하고 있다.[103] 물론 그는 이전의 책인 『여러 유형으로 설교하기』에서는 삼대지 설교, 본문 접맥식 설교, 분석 설교, 강해 설교, 원 포인트 설교, 네 페이지 설교, 이야기 설교 등으로 소개하여 약간 달라진 설교 형태를 기술하고 있다.[104] 추가된 설교 형태는 현상학적 전개식 설교이고, 누락된 것은 강해 설교이다. 아마도 강해 설교를 크게 대지 설교나 분석 설교에 삽입하여도 크게 문제가 없다고 판단하셨는지 모르겠다. 하지만 강해 설교를 확연히 무시한 것이 아님을 최근의 강의에서 발견할 수가 있다.

---

103) 김진홍, 『깊은 설교 얕은 설교』, (쿰란출판사, 2020), 97.
104) _____ , 『여러 유형으로 설교하기』, (금천설교아카데미, 2019), 26.

그러므로 김진홍 목사는 상기 여러 신학자들의 다소 복잡한 설교 형태를 수사학의 연역법과 귀납법으로 크게 나누었다. 연역법적 설교(송이버섯 형)에 속는 설교 형태에 대지 설교, 본문 접맥식 설교, 분석 설교, 강해 설교로 나누고, 귀납법적 설교(대나무 형)에는 원 포인트 설교, 이야기 설교, 네 페이지 설교, 현상학적 전개식 설교로 교통 정리하였다. 이 가운데 귀납적 설교에 속하지만 이해하기가 약간 난해한 "현상학적 전개식 설교(phenomenological move method)"에 대하여 알아보기로 하자.

움직임과 구조를 중시

1987년에 설교학자인 데이빗 버트릭(David G. Buttrick, 1927-2017)교수는 『설교학: 움직임과 구조』라는 설교학 교재를 발간하였는데, 사람들은 이 책을 "활동사진 형태의 설교" 또는 "전개식 설교"라고 불렀다.[105] 그리고 김운용 교수는 설교에서 기승전결(起承轉結)로의 움직임(movement)이 이야기와 유사한 점을 중시하였지만, 데이빗 버트릭 교수가 주창한 '현상학적 전개식 설교' 형태가 한국 교회에는 다소 생소한 설교 형태라고 말하고 있다. 청중으로 하여금 설교를 듣도록 돕는다는 것이 버트릭 교수가 추구하는 내용이다.

설교의 구성과 언어가 인간의 의식 속에 말씀을 형성하는 방식에 깊은 관심을 기울인 '현상학적 전개식 설교'라고 했는데, 여기서 중요한 개념이 바로 '의식'과 '언어'이다. '현상학적'이라는 말은 무엇인가가 일어나는 것을 고려하여 작성하는 설교 방법이라는 의미이며, '전개식'은 움

---

105) 주승중, 『성경적 설교의 원리와 실제』, (예배와 설교 아카데미, 2006), 319.

직임을 통해 발전되어 가면서 '아하'포인트에 이르게 하는 특징 때문에 붙여진 이름이다.[106] 현상학적 전개식 설교는 '움직임'의 장면을 중시한다는 점에서 '대지 설교' 또는 '분석 설교'와는 다른 구조를 가진다. 움직임으로 인하여 전개해 나가는 것이다.

그런데 김운용 교수는 2005년에 발간한 『새롭게 설교하기』에서 '현상학적 전개식 설교'를 무려 20쪽에 걸쳐서 자세히 소개하였는데, 7년 후인 2012년에 발간한 『현대설교 코칭』에서는 "현상학적 전개식 설교" 대신 프레드 크래독(Fred B. Craddock, 1928-2015)교수의 "귀납적 설교'에 집중하고 있다. 여기서는 움직임, 상상력, 일관성을 귀납적 설교 작성의 필요조건으로 제시하고 있다. 귀납적 설교가 모체가 되어 현상학적 전개식 설교로 나아갔는데, 한국 교회 실정에 맞지 않아서 설명을 생략하였는지도 모른다. 2006년에는 주승중 교수가 『성경적 설교의 원리와 실체』를 발간하였다. 이 책에서 주 교수는 "전개식 설교"라는 제목으로 총 14쪽의 내용을 소개하고 있다.

언어가 가지는 힘과 전개 형태

그런데 이 '현상학적 전개식 설교' 형태는 4-6개의 움직임으로 구성할 수 있다. 장면이라고 할 수도 있다. 하나의 움직임은 청중이 무엇에 집중하는 시간을 고려하여 각 움직임들에 4-5분 정도의 시간을 할애할 것을 요청한다.[107] 이는 '이야기 설교'와도 그 개념에서 합치되는 부분이 있다. 청중들은 설교가 움직임으로 전개해 나가는 방식에 눈과 귀를 집중시킬 수 있다. 상당 부분 개방되어있고 설교자의 창조성을 깊

---

106)   김운용, 『새롭게 설교하기』, (예배와 설교 아카데미, 2007), 345-347.
107)   위의 책, 351.

이 고려한다. 김운용 교수는 버트릭 교수의 책『시대를 앞서가는 설교 (A Captive Voice. The Liberation of Preaching)』에서의 '현상학적 전개식 설교'를 누가복음 16:19-31의 부자와 거지 나사로의 비유로 전개한 내용을 인용하고 있다. 이 내용은 계속적인 움직임으로 전개되고 있다.

제2부

설교 준비와 실무

8 바울이 회당에 들어가 석 달 동안 담대히 하나님 나라에 관하여 강론하며 권면하되
9 어떤 사람들은 마음이 굳어 순종하지 않고 무리 앞에서 이 도를 비방하거늘 바울이
그들을 떠나 제자들을 따로 세우고 두란노 서원에서 날마다 강론하니라 (행 19:8-9)

8 Paul entered the synagogue and spoke boldly there for three months, arguing
persuasively about the kingdom of God.   9 But some of them became obstinate; they
refused to believe and publicly maligned the Way. So Paul left them. He took the disciples
with him and had discussions daily in the lecture hall of Tyrannus. (Ac. 19:8-9)

4장 · 설교의 심층 노하우

1/ 본문이 이끄는 설교

> 성경적 설교란 본문의 강해에 치중하는 설교로, 설교의 대지, 소지
> 그리고 전체 사상이 본문으로부터 나오는 설교이다.
> - John A. Broadus

설교의 정공법은 본문에 충실함

전쟁에 관한 고사 성어 가운데 성동격서(聲東擊西)라는 말이 있다. 이 뜻은 동쪽을 쳐들어가는 척하면서 적을 교란시켜놓고, 실제로는 서쪽을 공격하는 것을 이르는 말이다. 이런 병법이 승리하는 경우가 많은데, 삼국지에서 조조가 원소를 격파한 관도전투가 그렇고, 6.25한국전쟁 시, UN군 사령관 맥아더 장군의 인천상륙작전도 일종의 성동격서라고 할 수 있다. 성경의 여호수아 8장을 보면 명백해 진다. 아간의 죄악으로 한번 실패한 아이성 전투에서 주력부대가 아이성 뒤에 매복하고, 아이성 앞에서 일부 군사가 싸우는 척하다가 도망가는데, 그것을 의기양양하게 뒤쫓아 가다가 매복한 주력부대에 의하여 아이성이 점령당한 사건이 있다.(수 8:14-16)

그런데 설교에서는 그런 방법, 즉 트릭이나 계략이 용납되지 않는다. 설교에서는 오직 정공법(正攻法)을 사용하여야 한다. 그 정공법이란 본문 말씀에 충실 하라는 말이다. 눈을 돌리지 말고 본문을 깊이 묵상하여 그 안에서 하나님의 뜻을 발견하여야 한다. 그래서 중요한 것은 설교를 하려고 선택한 성경 본문을 아주 충실하게 따라가야 한다. 그런데 어떤 설교자들은 정해 놓은 본문을 그대로 놔두고, 다른 성경으로 설교를 진행한다. 부정적인 성동격서이다.

더 심한 것은 설교자가 자기 이야기, 자기 자랑, 다른 사람의 간증 등으로 설교를 채운다. 특히 20년 이상 목회한 목사님들 가운데 그런 분이 계신다. 본문과 관계없는 엉뚱한 성경구절을 가져와 자기 설교를 합리화 한다. 또한 남의 설교를 자기가 만든 것처럼 표절하거나 도용하는 경우도 있다. 이는 일종의 영적인 도둑질이다. 남의 설교나 예화를 인용하였다면 그 근거를 반드시 알려야 한다. "오늘 설교는 아무개 목사님의 설교를 인용하여 설교하는 것입니다"라고 설교 전에 공표한 후, 설교해야 정직성이 인정받게 된다. 리메이크를 하는 것도 50% 이상 바꾸지 않았다면 표절과 같이 문제가 될 수 있다.

2007년도에 한국 교회의 설교 실태에 대하여 합신대 정찬균 교수는 다음과 같이 '한국복음주의신학회' 논문발표에서 지적하였다. "근래의 한국 교회 설교가 보여주고 있는 압도적인 경향은 본문에 충실하지 않다는 것이다. 성경을 아예 사용하지 않기도 하고, 성경을 잘못 사용하기도 하고, 성경을 남용하기도 한다… 한국 교회의 설교는 본문 이탈 현상이 심각하다"라고 발표하였다. 이 내용은 로뎀교회의 담임목사이며 합신대 설교학 교수인 권호 박사가 그의 책 『본문이 살아있는 설교

(Text-Driven Preaching)』에서 인용하고 있다.[108] 16년의 세월이 지난 2023년 현재도 한국 교회 설교의 개탄스러운 실태가 개선되지 않고 있어서 정찬균 교수의 지적이 지금도 유효한 듯하다.

본문이 이끄는 설교의 세 요소

그리고 권호 교수는 본문이 이끄는 설교의 세 요소를 첫째, 본문의 의미 즉, 본문에서 무엇을 말하고 있는지를 확실하게 알아야 한다는 것이다. 둘째, 연관성이다. 이는 성경 본문과 오늘날의 상황과 연결하는 단계를 말한다. 이 연관성을 '다리로 연결하는 작업'이라고 존 스토트(John Stott)목사는 갈파하였다. 셋째, 적용이다. 현실의 삶에 성경본문의 의미를 어떻게 적용할 것인지가 중요하다. 이 적용이 제대로 안 된다면 청중들의 삶에 변화를 가져오기 어려울 것이다.[109] 적용(application)에 대하여는 설교모임인 「금천설교아카데미」에서 김진홍 원장 목사로부터 귀가 따갑게 들은 말이다. 적용이 없으면 설교는 성경해설이나 성경공부 시간이다. 그러므로 설교에서는 반드시 적용이 있지 않으면 안 된다.

설교를 그저 성경 해설 또는 성경 설명으로 마치는 경우가 목회자들에게 많기에 본문과 적용은 바늘과 실의 관계이며 부부관계와 같다고 할 수 있다. 설교의 세 가지 요소는 간단하면서도 설교자가 항상 염두에 두어야할 사항이다. 권호 교수는 본문이 이끄는 설교에 대한 정의를 다음과 같이 내리고 있다. "본문이 이끄는 설교란 본문에 담겨있는 의미를 경건한 묵상과 연구를 통해 발견하고, 그것을 다양한 방법을

---

108)　권호, 『본문이 살아있는 설교』, (아가페북스, 2018), 28.
109)　위의 책, 34-35.

통해 오늘날의 삶과 연관시켜 전달하며, 청중의 삶에 구체적인 실천이 일어나도록 적용해 깨달음과 변화가 일어나게 하는, 성령의 도우심으로 행하는 설교자의 영적 행동과 결과다"[110] 위 내용은 본문이 이끄는 설교만이 아닌 모든 설교가 그래야 할 것이다.

본문 묵상이 설교의 성패

그런데 '본문이 이끄는 설교'라는 의미는 모든 설교 형태에 다 적용이 된다. 특히 강해 설교, 대지 설교는 확연하게 본문이 이끄는 설교가 되어야 함은 물론이고, 이야기 설교나 네 페이지 설교와 같은 귀납법적 설교에도 적용이 된다는 점이다. 기본적으로 해야 하는 말로서 "본문에서 설교의 해결 방안이 나와야 한다. 그러므로 본문을 묵상하는 것이 우선이다"라는 말이다. 김진홍 목사는 그의 책 『깊은 설교 얕은 설교』의 제6장 「본문 묵상의 중요성을 알아야 한다.」에서 "묵상은 설교할 본문을 깊이 생각하는 것을 말한다. ① 신학적으로 건전해야 한다. ② 깊게 묵상해야 한다. 깊게는 여러 번 또는 많이 라는 말도 포함된다. ③ 여러 가지 관점으로 묵상해야 한다. ④ 본문의 내용에 따라 설교의 유형을 결정해야 한다."고 강조하고 있다.[111]

계속하여 김진홍 목사는 다음과 같은 예를 들어서 설교자에게 교훈하고 있다. "음식을 만들 때에 가장 중요한 것은 솜씨보다 좋은 재료이다. 좋은 재료가 준비되었다면 다음으로 필요한 것이 음식을 만드는 솜씨이다. 좋은 재료 없이 솜씨만으로 좋은 음식을 만들 수는 없다. 본문 묵상은 설교라는 음식에 필요한 좋은 재료를 준비하는 일이다. 어떤 설

---

110) 위의 책, 36.

111) 김진홍, 『깊은 설교 얕은 설교』, (쿰란출판사, 2020), 54.

교자도 이 과정을 간과한 채 영혼에게 먹일 좋은 음식으로서의 설교를 만들 수 없다. 오늘도 설교자는 야곱이 천사와 씨름을 하듯 본문을 붙잡고 씨름을 해야 한다. 이런 고된 영적 몸부림이 좋은 설교를 만드는 기초가 된다."[112] 필자가 볼 때, 오랜 목회생활에서 깊은 설교를 만들기 위한 고뇌의 과정을 거친 원로 설교자의 권면이다. "아직 세상은 들어야 할 최선의 설교를 듣지 못하고 있다"라고 말한, 한 세기전의 위대한 설교자인 성공회 '필립스 브룩스(Phillips Brooks, 1835-1893) 목사'의 외침은 오늘도 계속 되고 있다.

영적인 힘을 나오는 설교

권호 박사는 '본문이 이끄는 설교'를 위한 5단계를 제시하는데 "① 본문을 묵상하고 연구하라 ② 중심 메시지를 제시하라 ③ 연관성을 놓으라 ④ 적용점을 제시하라 ⑤ 설교 전달 형태와 방법을 결정하고 설교문을 작성하라."고 권면하고 있다.[113] 여기서 ③의 연관성은 본문이 우리 삶과 어떻게 연관되는 지를 생각하고, 연결 다리를 놓는 것이다. 그리고 ④의 적용점은 항상 주의 깊게 살펴야하겠지만 본문의 교훈을 우리의 삶에서 어떻게 실천할 수 있는가에 대한 것이다.

사실 본문 묵상이 안 되면 설교자의 생각으로 설교를 채우게 되는데, 권호 박사는 다음과 같이 묵상의 다양한 방식을 소개하고 있다. "설교할 본문이 결정되면 눈으로 보기, 소리 내어 읽기, 암송 등의 다양한 방법으로 묵상하라… 성경 본문이 설교자의 입에 익숙하도록 하는데 여러 번 본문을 읽으면서 본문 중 중요한 부분은 암송하는 것이 좋

---

112) 김진홍, 『깊은 설교 얕은 설교』, (쿰란출판사, 2020), 60.
113) 권호, 『본문이 살아있는 설교』, (아가페북스, 2018), 48.

다. 중요한 성경 구절을 외워서 청중에게 선포할 때 영적인 힘이 나오게 되는 것을 경험하게 될 것이다."[114]

---

114)   위의 책, 57.

2 / 기승전결의 논리성

> 하나님은 사람의 입술을 통하여 오늘도 사람들에게 계속해서 말씀하신다.
> - Jean Calvin

설교는 글쓰기다

2018년에 『설교는 글쓰기다』라는 책을 발간한 '김도인 목사'는 예전에 설교를 잘하기를 간절히 원하였지만 그렇지 못하여 고민이 많았다고 한다. 그는 작정을 하고는 10년 동안 인문학 책 5,000여 권을 읽은 후, 세상 말로 글에 대하여 도(道)가 터 버린 것이다. 김 목사는 현재 '아트 설교연구원'을 설립하여 목회자들에게 독서, 설교 구성, 설교 글쓰기를 가르치고 있다. 또한 경주의 건천제일교회 담임인 '강윤규 목사'는 설교를 재미있게 이야기 식으로 하여 청중들로 하여금 쉽게 이해하고, 평안함 가운데 예배를 드리게 하는 독특함이 있다. 그는 인문학에 상당한 경지에 도달하였기에, 그의 설교문은 서론, 본론, 결론이 잘 이루어지고 있다. 특히 기승전결(起承轉結)로 구성되어 하나의 스토리가 이루어지는 형태이다. 설교 형태 가운데 "이야기 설교(narrative sermon)"에 가장 잘 접근된 설교로 보인다.

우리가 신문에서 많이 읽게 되는 조선일보의 대기자인 김대중 전 주필의 칼럼이나 여러 언론인들의 논단의 글을 보면 누가(who), 언제(when), 어디서(where), 무엇을(what), 어떻게(how), 왜(why)의 6하 원칙에 의하여 기술되고 있는 것을 알 수가 있다. 가장 이 원칙에 적합한 설교 형태는 연역법적 설교에 속하는 "본문 접맥식 설교"라고 이미 기술한 바 있다. 그러므로 6하 원칙에 의한 글은 논리가 뚜렷하여 이성적으로 이해하기 쉽다는 장점이 있는 반면에 글이 딱딱하고 사무적인 느낌이 들므로 감성적인 글에는 다소 맞지 않는다는 단점이 있다고 해도 과언은 아니다. 우리의 설교도 마찬가지이다. 예전에는 청중의 이성에 호소하여 논리적으로 기독교의 복음을 전하였다. 간혹 부흥사들은 논리보다는 감성에 자극을 주어서 말씀을 감정적으로 받아들이도록 하였다. 그래서 부흥회에 가서는 구름 위를 다니는 것 같은 기분을 느낄 수가 있다고 말할 수 있다.

청중의 마음이 움직이도록

그러나 이제는 청중들의 마음이 움직이도록 하는 설교가 필요한 때이다. 그러므로 이야기 설교, 네 페이지 설교와 같이 인간의 우뇌에 접근할 수 있는 설교 형태를 갖추어야 한다. 그렇다고 해서 전통적인 설교인 삼대지 설교, 강해 설교, 분석 설교 등을 하지 말아야 하는 것은 결코 아니다. 전통적인 설교는 성경을 바르게 이해하고 내가 무엇을 해야 하는 지를 명확하게 가르치기에 반드시 유지하여야 한다. 기승전결의 논리성이 모든 설교에서 필요로 한다. 그러므로 서론에서 문제 제기 (what's problem?)를 하는 것이다. 특별히 귀납법적 설교가 그렇다. 청중들로 하여금 이목을 집중 시키는 방법 중에 하나가 부정적(否定的)으로 시작하는 것이다. 왜냐하면 이 부정적인 내용으로 인하여 청중들의 마음을 흔들어 놓기 때문이다.

이 방법을 통하여 마음의 평정이 깨지는 것을 노리게 된다. 청중들은 이런 부정적인 현실이 속히 평화롭고 긍정적인 상태로 환원되기를 바라게 된다. 이야기 설교(narrative sermon)가 그렇다. 초기에 청중의 마음에 평정을 깨뜨리고 성경 본문이 낯설게 만들게 만든다. 그리고 반전이 오고, 해결이 되도록 하는 설교 형태이다. 그렇다고 이 설교에서 논리성이 무너지면 안 된다. 일관성 있는 논리가 물처럼 흘러가도록 중심 주제를 잘 붙들어야 한다. 모든 설교가 기승전결이 존재하도록 설교자는 설교문을 작성할 때 매우 신경을 쓰지 않으면 안 된다.

달라진 설교로 은혜를 받다.

앞서 기술한 "아트설교연구원"을 운영하는 김도인 목사는 "목회자는 반드시 글쓰기를 잘해야 한다"라고 강조하고 있다. 그가 수필(隨筆)과 시(詩)에 대한 관심을 유도하고, 글쓰기를 독려하고 있음을 알게 된다. 우리는 많은 목회자들이 시에 대하여 관심을 갖고 설교의 서론이나 결론에서 시를 낭독하는 경우를 볼 수 있다. 현재 장로회신학대학교의 총장이신 김운용 교수는 설교에서 감동스런 시를 자주 활용한다. 그리고 우리들이 잘 알고 있는 안산제일교회의 원로 고훈 목사나 분당 새에덴교회의 소강석 목사는 출중한 시인(詩人)이기도 하다. 시나 수필을 많이 읽고 또한 직접 써보는 것이 바람직하다. 여기에 인문학적인 요소가 강하게 내재되어 있지만, 계속적인 훈련을 통하여 글쓰기 실력이 향상된다.

김도인 목사는 그의 또 다른 책인 『설교는 인문학이다』의 제5장 '설교는 전달이다'에서 "글의 논리가 관건이다"라고 하면서 '원 포인트 설교'를 강조하고 있다. 그는 故 옥한흠 목사 설교의 강점을 '논리성'이라고 단언한다. 옥한흠 목사의 설교처럼 하나의 주제로 세 가지 적용을 하는 원 포인트 설교로 설교자는 A4 5장의 분량을 논리적으로 작성할 수 있어야 한다고 김 목사는 말한다. 그리고 계속하여 김 목사는 "설교자는 나의 설교가 세상 강의보다 강력한가를 체크해야 한다. 그리고 더 뛰어난 설교를 만들기 위해 몸부림쳐야 한다. 그러기 위해 설교자는 두 가지를 갖춰야한다. 첫째, 뛰어난 지성이다. 둘째, 탁월한 영성이다."[115] 라고 갈파하고 있다.

필자가 지난 2019년 2월부터 지속적으로 참여하고 있는 「금천설교 아카데미」에서는 여러 목회자들이 참여하여, 자신의 설교문을 설교할 때의 톤으로 낭독한다. 그리하면 그 설교문을 듣고 은혜가 되는 부분에 대한 소감과 아울러 부족한 부분에 대한 조언을 다른 목회자들로부터 듣게 된다. 그리고 최종적으로 원장이신 김진홍 목사의 세밀한 강평이 이어진다. 김 목사는 금천교회를 개척하여 38년간 목회한 후, 2022년 말에 은퇴하셨고, 금천교회의 원로 목사로 추대되신 분이다. 이 분은 목회 초기에 설교를 잘하려는 열망 속에서 많은 시행착오와 고생을 하셨기에, 후배 목회자들이 설교를 잘 할 수 있도록 격려하고 응원하기 위하여 온 몸을 던지고 계신다.

그는 그동안 체득한 설교의 노하우를 가지고 설교문에 대한 최종 평가를 내리는데, 정확하고 중요한 포인트를 잘 다뤄주신다. 마치 원로 설교학자인 정장복 교수가 현역 교수로서 설교학을 가르치던 때, 신학생들에게 설교실습을 시키면서 뜨거운 격려와 강한 질책을 하는 듯하다. 하지만 김진홍 원장 목사의 지적을 받으면서, 가랑비에 옷이 젖어들어가듯 시나브로 설교에 감이 잡히고 실력이 상승되어 가는 것을 시간이 지난 후에 깨닫게 된다. 그러므로 교회의 성도들이 달라진 담임 목사의 설교에 은혜를 많이 받는다는 후일담을 듣기도 한다. 이와 같이 글쓰기가 기본이 되어, A4 5장 분량인 30분내외의 설교문은 아름답고 귀하게 완성되어 간다.

---

115)　김도인, 『설교는 인문학이다』 (두란노, 2018), 137-141.

들리는 설교가 관건

김도인 목사는 그의 책 『설교는 글쓰기다』책에서 "들려지는 글로 써라"라고 하고 있다. 그리고 소제목으로 8개의 의견을 제시하고 있다. ① 논리가 있어야 들려진다. ② 공감이 들려지게 한다. ③ 단문이어야 들려진다. ④ 이미지가 들려진다. ⑤ 청중의 관점이 들려지게 한다. ⑥ 예수님의 비유법이 들려짐의 최고봉이다. ⑦ 성경공부가 "이해"라면, 설교는 "들려짐"이다. ⑧ '사건'이 아니라 '사람'에게 집중할 때 들려진다.[116] 논리와 공감 그리고 단문과 이미지에 대한 표현은 글에 대한 간결한 표현이다.

다만 국문학적으로 "들려지다"라는 동사는 "듣다"의 수동태적 타동사인데, 여기에 다시 수동으로 표현하여 이중적 타동사가 되었다는 점에 주목한다. 그러므로 "듣다"의 타동사인 "들리다"라는 동사가 "들려지다"라는 이중적 타동사보다 정확한 표현이라고 한다. 즉, 주동사인 "듣다"에서 변화되는 타동사는 "들리다"로 하는 것이 국어문법에 맞는 것이다. 그래서인지 김도인 목사는 1년 뒤 개정증보판을 발간하면서 "들려지다"라는 동사는 사용하지 않고, 모두 "들리다"로 표현하고 있다.

또한 김진홍 목사는 『깊은 설교 얕은 설교』에서 설교가 들리려면, 에토스(설고자의 인격), 파토스(청중의 입장), 로고스(하나님의 말씀)를 먼저 생각할 때 설교가 들린다고 기술하고 있다.[117] 이는 설교자가 설교문을 작성할 때 지켜야 하는 원칙이다. 김진홍 목사는 설교가 논리적이어야 한다고 말하며 이는 "생각이나 추론이 이치에 맞는 것을 말한다"라고

---

116) _____, 『설교는 글쓰기다.』 (CLC, 2018), 7.

117) 김진홍, 『깊은 설교 얕은 설교』, (쿰란출판사, 2020), 40-45.

156   가슴에 들리는 설교 이야기

논리적이란 용어를 설명하고 있다. 그러므로 "주제와 목적이 분명해야 한다… 더 나아가 명제가 분명해야 한다. 명제는 한마디로 '이 설교는 무엇이다'라고 말할 수 있는 말이다." 그리고 계속하여 "서론과 본론과 결론이 분명해야 한다… 서론과 본론과 결론이 분명하게 맞아떨어지는 은혜로운 설교를 준비할 수 있어야 한다… (설교가) 전혀 논리적이지 않으면 청중들이 이해하는 데 많은 어려움이 있다"라고 기술하고 있다.[118]

---

118) 위의 책, 39.

3 / 머리에서 가슴으로의 공감

> 한 알의 모래 속에서 세계를 보며, 한 송이 들꽃 속에서 우주를 보다.
> 그대 손바닥에 무한을 쥐고 한 순간 속에 영원을 담아라.
>
> - William Blake

공감은 감동으로, 은혜로

　머리에서 심장까지의 거리는 약 30cm라고 한다. 그러나 그 짧은 거리를 가지 못하고 머리에만 머물다 공허하게 사라지는 생각이나 말이나 글이 너무나 많다. 그래서 필자가 고민하면서 결정한 본서의 제목은 『가슴에 들리는 설교 이야기』이다. 설교자가 강단에서 아무리 목청을 높여서 외쳐댄다 하더라도, 청중들이 설교에 공감이 안 되어 아무런 감동이 없다면, 그 설교는 울리는 꽹과리가 되어 버리는 것이다. 청중의 그 가슴까지 하나님의 말씀이 전달되어 변화된 삶을 살아가도록 해야 한다. 설교자와 청중 간에 반드시 커뮤니케이션이 되어야 한다.

　김운용 교수는 그의 책 『새롭게 설교하기』에서 설교를 이렇게 표현하고 있다. "설교도 연주와 같다. 연주하는 음악가와 같이 악보를 읽고, 청중을 읽을 수 있어야 한다. 작곡가의 마음과 소리를 읽어내려고 하듯이, 그 소리를 명확하게 표현하려고 하는 연주자와 같이 설교자는 설교의 주인이신 하나님의 마음을 읽을 수 있어야 한다. 또 청중을 읽을 수 있어야 한다. 설교는 이렇게 하나님의 마음을 읽고, 청중과 그들의 삶의 자리를 읽어 내려가는 작업이다. 그 마음을 읽지 못하고, 그것에 대한 열정이 식어 버린다면 그는 아무것도 할 수 없다."[119] 그렇다! 설교

---

119)　김운용, 『새롭게 설교하기』, (예배와 설교 아카데미, 2007), 104.

자가 청중의 마음을 읽지 못하면, 당연히 공감이 안 되는 자리로 들어가게 된다.

설교에 공감이 안 되어 은혜가 없는 예배를 마치고 교회를 나설 때의 그 공허함은 말로 다 표현하기 힘들 정도이다. 그러나 설교에 공감이 되면, 교인들은 뭐라고 하는가? '은혜'를 받았다고 한다. 설교에의 공감은 감동으로 전이 되어 저절로 눈물이 나게 된다. 그리고 마음에 성령님께서 주시는 평안과 기쁨이 강물처럼 흐른다. 이것을 '은혜'라고 말한다. 교인들이 예배를 마치고 나가면서 설교자의 손을 잡고 "은혜 많이 받았습니다"라는 호응이 있을 때 설교자로서 가장 큰 보람을 느낀다. 그 뜻은 "목사님이 설교한 내용을 잘 이해하였습니다." 또는 "오늘 설교하신 내용에 공감합니다"라는 말과 동일하다.

분당 새에덴 교회의 소강석 목사는 매우 박력이 있는 설교를 한다. 게다가 시인(詩人)으로서의 감수성 있는 문장과 가끔 감동되는 시(詩)를 낭독한다. 이따금 능숙한 솜씨로 하모니카를 가지고 흘러간 옛날 가요를 연주하기도 한다. 음성이 탁하지만 진심을 다하여 부르는 설교 중의 찬양에 상당수의 여성 교인들은 자신의 가슴에 손을 얹고는 감동의 눈물을 흘린다. 아무나 쉽게 그런 상황을 만들어 갈 수는 없을 것이다. 의도적으로 카메라 감독의 앵글은 눈물을 흘리는 여성 교인의 얼굴을 클로즈업 시킨다. 이런 광경을 부정적인 시각으로 보는 사람들도 있다.

김삼환 목사의 파토스(pathos)

그러나 이제 설교자는 청중에게 감동을 주는 설교하기를 노력하여야 한다. 그러자면 먼저 청중과 설교자간에 공감이 이루어져야 하는데 이것을 라포(rapport)라고 부른다. 하나님의 말씀을 선포하는 성언 운반일념도 가상스럽지만, 그와 함께 '공감(共感)'이라는 시대의 조류를 무시해서는 안 될 것이다. 그런 점에서 명성교회 김삼환 목사의 설교에 대하여 감신대 심광섭 교수는 다음과 같은 평가의견을 제시하였다. "김삼환 목사는 설교를 노래로도 전한다. 그는 설교하면서 성도들이 즐겨 부르는 두세 편의 찬송가 혹은 복음성가를 부른다. 잘 부르는 가수보다 더 가슴에 와 닿게 부름으로써 설교의 로고스에 파토스를 결합시켜 회중의 머리만이 아니라 가슴도 술렁이게 한다."[120] 설교자가 가수보다 노래를 더 잘 부르지는 못하겠지만, 설교자의 입을 통하여 영적인 능력이 나타나기에 청중들의 가슴에 그 진정성이 터치되는 상황이 만들어진다. 그러므로 설교에 로고스(logos), 그리고 찬양에 파토스(pathos)가 연결되어 시너지 효과가 나타난다.

계속하여 심광섭 교수는 "전체적으로 그의 설교는 기쁨과 용기와 희망과 자신감을 북돋운다. 한마디로 은혜가 넘치며, 따라서 그의 설교를 들은 이들은 얼굴이 화평과 화목으로 가득하고 소망을 갖게 된다. 그리스도의 삶이란 하나님의 은혜를 체험하여 복을 받고 감사하며 찬양하며 세상의 화해를 위해 사는 삶이다."[121] 라고 평하고 있다. 그래서인지 김삼환 목사의 지도하에서 부목사로서 오랜 수련을 쌓은 청주 금천교회의 2대 위임목사인 신경민 목사는 설교 중에 대부분 1-2곡의

---

120) 심광섭, 『한국교회 16인의 설교를 말한다』, 김삼환 목사의 설교세계, (대한기독교서회, 2004), 185.
121) 위의 책, 193.

찬송가 또는 복음송가를 부르는데 청중들에게 따뜻한 감동으로 전해
진다는 의미에서 매우 긍정적으로 보인다.

곽선희 목사의 조용한 감동

'설교의 달인(達人)'이라고 교계의 평가를 받고 있다는 소망교회의
'곽선희 목사'의 설교세계에 대한 비평에서 한일장신대 차정식 교수가
그에 대하여 "복음과 교양이 만나는 방식"이란 멋진 소제목으로 기술
한 다음의 글에 공감이 간다. "나는 앞서 언급한 자유기고가가 '조용한
감동'이라고 부른 대로 곽 목사가 개척한 설교의 소중한 영역이 있다고
믿는다. 한국 개신교회의 예전과 설교에 절대적으로 부족한 침묵과 여
백의 미학을 살리고자 애쓴 점, 설교가 마구잡이로 외치는 소리가 아
니라, 매우 정교하게 대중의 심금을 울리는 설득의 기술과 무관치 않
음을 체험한 점, 그리고 무엇보다 분요(紛擾)한 생활에 지친 도시민들
의 거친 심성에 복음을 전하되 그 말씀 속에 부드러운 교양의 맛을 살
려냈다는 점 등은 그의 공로로 꼽아도 좋으리라 사료된다."[122] 요약한다
면 침묵과 여백의 미학, 설득의 기술, 그리고 부드러운 교양의 맛은 어
쩌면 곽선희 목사만의 트레이드마크가 아닐까?

그런데, 그는 설교 중에 청중석에서 '아멘!'이라는 화답성 호응이 있
을 때 매우 부정적으로 반응한다. "설교만 들으시오!"라고 일갈을 한다.
많은 설교자들은 청중들의 "아멘!"이라는 호응을 억지로라도 이끌어내
려고 하는데 곽 목사는 자신의 설교에는 도리어 방해가 된다고 느끼는
것 같다. 그래도 그렇게 꼭 지목하여 야단치듯이 하지 못하게 하는 그

---

122)　차정식, 『한국교회 16인의 설교를 말한다』 곽선희 목사의 설교세계, (대한기독교서회,
　　　2004), 35.

근자감은 어디에서 온 것인가? 그럼에도 불구하고 그가 하는 설교에는 설교에 부응하는 새롭고 참신한 예화가 상당수 나타난다. 곽 목사의 설교를 듣고 나면 그렇게 해야겠다는 결심이 나도 모르게 생기게 된다. 이렇게 설교를 통하여 청중이 설득되는 것은 그의 설교가 바로 청중의 가슴을 움직이기 때문이다.

또한 곽 목사는 '설교학' 강의를 하는 가운데 설교의 지정의를 이렇게 간단하게 풀이하였다. 설교에서 청중들로 하여금 알게 하는 것이 "지(知)"이다. 감동이 있어야 한다는 것을 정(情)이라고 하며, 결단을 내리게 하는 것이 "의(意)"라고 풀이하였다. 설교를 들으면서 2번 웃고, 2번 울고 또 당장에 결심이 서도록 해야 한다.라고 말하였다.[123] 한번 웃기기도 어려운데 2번씩이나 청중들이 웃도록 해야 하며, 울리는 것은 더더욱 어려운데 그것도 2번 그리고 복음에 대한 결단을 내리도록 하는 설교를 이제는 "곽선희 표 설교"라고 해야 할까?

김진홍 목사의 설교 원칙

한편 김진홍 목사는 그의 책 『깊은 설교 얇은 설교』의 '설교는 준비하는 원칙이 있어야 한다.'에서 에토스, 파토스, 로고스에 대하여 말하고 있다. 이 용어들은 모두 그리스의 수사학에서 나오며 아리스토텔레스가 수사학의 기초를 닦았다고 할 수 있다. 그 가운데 에토스(ethos)는 설교자의 인격을 말하는데 에토스에서 금이 가있다면 청중은 제아무리 좋은 설교를 하더라도 듣지 않으려고 한다. 아니 전혀 들리지 않게 된다. 그저 머리의 귀 앞에서만 뱅뱅 돌뿐이다. 설교자의 인격은 어디에서 나타나는가? 그의 평상시의 행동과 말씨에서 그 인격이 표출된

---

123) 곽선희, 설교학 강의 (2022. 12. 3)

다. 회의하면서 나타날 수 있다. 사례비나 자신의 복지에 대하여 예리한 반응으로 인간적인 욕심을 나타내 보인다. 그러므로 에토스는 인격과 품성의 문제이다. 그런데 파토스와 로고스는 준비하고 노력한 결과에 의하여 판정이 된다. 파토스(pathos)는 '감정'으로서 설교를 듣는 청중을 고려해야 한다는 점이다. 이는 청중의 가슴에, 마음을 움직이게 만드는 열정이 있어야 한다는 뜻이다. 그리고 로고스(logos)는 하나님의 말씀이다.[124]

124) 김진홍, 『깊은 설교 얕은 설교』, (쿰란출판사, 2020), 40-45.

4/ 반전(反轉)의 미학

> 참된 설교란 성경의 세계와 현실의 세계 사이에 다리 놓기이다.
>
> - John Stott

'범죄도시' 영화의 주연 마동석 배우

요즘 한국영화계에서 히트를 치는 사람은 마동석(馬東錫, 1971-)이라는 배우이다. 그의 어깨와 팔뚝은 그 어떤 상대라도 한 주먹에 쓰러뜨릴 것 같은 거대한 모습이다. 그가 주연인 "범죄도시 3"이라는 최근의 영화가 "범죄도시 2"에 이어 천만관객 동원에 성공했다. 그간 한국 영화에서 천만관객 동원은 명량, 극한 직업, 신과 함께, 국제시장 등 21편이다. 아마도 2019년 '기생충'이라는 아카데미상도 받은 사회 고발적 영화이후 3년 만인 2022년에 "범죄도시 2"가 천만관객 동원에 성공하였고, 연이어 2023년에 "범죄도시 3"이 천만을 기록하여 마동석 배우가 큰 주목을 받고 있다. 그는 실제로 운동을 많이 했고, 특히 권투는 그의 취미라고 한다.

"범죄도시"영화에서 서민을 괴롭히는 깡패 또는 마약에 목숨 건 악인들의 행태가 관객들을 안타깝게 만든다. 그리고 나타난 마석도 형사는 단 한 주먹으로 그런 무리들을 추풍낙엽처럼 쓰러지게 만든다. 마치 슈퍼맨이나 원더우먼 같은 강력한 힘을 가진 초인이 악의 무리들을 소탕하는 것과 같은 스토리가 펼쳐진다. 악한 자들에게 당하고 있는 상황에서 마 형사의 거침없는 원 펀치 액션은 영화를 보는 관객들로 하여금 마음에 시원함을 느끼게 한다. 이러한 영화나 소설에는 사람을 끌어당기는 노스탤지어적인 매력이 상존한다. 무엇이 그런 역할을 하는 것일까? 바로 스토리에 반전(反轉)이 있다는 점이다. 기대하지 못했는데 새롭게 상황이 달라진다. 이런 것에 사람들은 몰입하게 된다.

성경속의 극적인 반전상황

이와 같이 설교에서도 반전을 잘 사용하면 청중들을 설교에 집중하게 만들 수가 있다. 특히 설교 형태 가운데 "이야기 설교(narrative sermon)"가 반전을 잘 이용하고 있다. 당연히 이야기 설교는 영화나 극처럼 플롯을 잘 만들어야하기 때문이다. 유진 라우리(Eugene L. Lowry)는 플롯을 정의하기를 "불평형 상태에서부터 해결 상황으로 움직여 가는 이야기의 지속적인 긴장감"이라고 했다.[125] 그리고 김운용 교수는 플롯을 "사건의 순서적이고 조직적인 배열을 결정짓는데 상호 연관된 사건들의 의미 있는 연결고리이다"라고 말한다.[126] 성경 속의 스토리도 잘 살펴보면 반전이 이루어지고 있는 장면들이 상당히 많이 있음을 알게 된다. 예를 들면 누가복음 15장에 나타나는 '탕자의 비유'를 읽어보면 무슨 연유인지 둘째 아들인 탕자는 아버지의 유산을 미리 받아 타국으로 간다. 그곳에서 흥청망청 살면서 모든 재산을 탕진해 버린다. 무일푼으로 돼지를 치는 가장 하층의 일을 하게 되고, 돼지가 먹는 쥐엄 열매로서 배를 채우고자 하나 그것도 쉽지 않았다.

생각해 보니 자기가 떠난 아버지 집에는 먹을 것도 많고 잘 살 수 있는데 나는 이렇게 주려 죽는다고 생각하니 얼마나 허망한 자신이며 아버지의 얼굴을 다시는 못 볼 것 같은 마음이 들었다. 그런 그가 마음을 고쳐먹고는 하인이라도 되겠다는 마음으로 아버지 집으로 향하였다. 그런 그를 이제나 저제나 기다리던 아버지가 상거지 꼴로 돌아온 둘째

---

125) Eugene Lowry, 『Doing Time in the Pulpit』, 52, 새롭게 설교하기에서 재인용, 329.

126) 김운용, 『새롭게 설교하기』, (예배와 설교 아카데미, 2007), 329.

아들을 반갑게 맞이하는 내용이 나온다. 여기서 하루아침에 알거지가 되어 돼지우리 안에서 지내게 된 둘째 아들도 일종의 반전이고, 그런 아들이 돌아 왔을 때 반갑게 맞이하고 연회를 베풀고 다시 아들로 맞이하는 상황도 반전이다. 또 마지막 반전은 첫째 형의 반발이다. 그런 동생을 맞이한 아버지가 야속하다고 말하며 화를 낸 첫째 형의 모습을 나와 비교해 보는 것도 포인트라고 할 수 있다. 예수 그리스도께서 이 예화에서 얼마나 플롯을 멋지게 하셨는지 알 수가 있다.

인생의 반전은 소망

대부분의 상황극에서는 반전에 반전을 기하여 청중들로 하여금 스토리를 따라가며 감동을 받게 하는 것이 중요하다. 이야기 설교의 스토리를 보면 평형을 깨뜨리는 것이 시작이다. 지금까지 큰 문제없이 대수롭지 않게 넘기었던 내용이 사실은 그것이 아니라서 마음이 불편해 지는 상황이다. 다른 말로는 갈등의 상황을 만드는 것이다. 그 갈등이 심화되어 있을 때, 반전이 일어난다. 그리고 문제 해결이 이루어지는 해소와 결론이 이루어진다. 반전에서 이제 복음을 만나는 시간이 되는 것이다. 김운용 교수는 "중요한 것은 반전을 통해 복음을 경험하게 하는 것이다. 여기에서 모순점을 제기하고 심화시키면서 불평형을 만들면서 설교를 시작하는 이유도, 복음을 더 구체적으로 경험할 수 있도록 하기 위함이다. 딜레마에 깊이 빠져있던 사람이 그것이 반전될 때 '아하!'를 더 크게 외치게 된다"라고 설명하고 있다.[127]

우리 인생에서 반전의 소망이 없다면 어떻게 살아갈 것인가? 지금 고통과 환난의 터널을 통과하고 있더라도 이 상황은 반전되어 기쁨과 행복

---

127)   위의 책, 335.

의 자리로 나아간다는 그런 소망으로 현재의 환난을 이겨낼 수가 있다. 귀납법 설교의 대표적인 설교 형태인 '이야기 설교(narrative sermon)'에서는 바로 그런 반전을 아주 귀중한 모멘텀으로 활용하고 있다. 그러므로 김운용 교수는 그의 책『새롭게 설교하기』에서 반전에 대하여 이렇게 설명하고 있다. "플롯의 움직임 가운데 중요한 것은 언제나 극적인 반전(reversal)을 필요로 한다. 예수님의 비유를 연구하는 존 도미닉 크로산(John Dominic Crossan)은 이것을 '반전의 과격성(radicality of reversal)'이라고 했다. 단순한 전환이 아니라 '완전히 뒤집어 놓는 반전(polar reversal)'이라고 했다. 즉, 북극이 남극이 되고, 남극이 북극이 되는 것과 같을 때를 그는 극적인 반전이 일어난 것으로 표현한다."[128]

예수 그리스도의 재림은 가장 큰 반전

성경에서 가장 큰 반전은 약속대로 우리 주 예수 그리스도께서 하늘로부터 심판주로 재림하시는 것이다. 보수적인 신앙을 가진 한국 교회 성도들은 성경의 천년왕국이 예수 그리스도께서 재림하신 후에 이루어진다는 전천년설을 믿고 살아간다. 이 전천년설은 그리스도께서 재림하시기 전까지 세상은 점점 정치, 경제, 환경 등에 어려움이 가중된다고 믿는 하나의 설(說)이다. 물론 어거스틴이나 칼뱅은 천년왕국이 예수님의 탄생부터 재림까지를 말하고 있기에 현재가 바로 천년왕국이라고 믿는 무천년설을 주장하고 있으며, 장로교 통합측의 공식 노선도 무천년설을 지지하고 있다. 그러나 나는 개인적으로는 전천년설이 더 옳은 설이 아닌가 싶다.

그러나 전천년설을 신봉하든, 무천년설을 의지하던 이는 구원과는

---

128) John Dominic Crossan, In Parable: The Challenge of the Historical Jesus, 새롭게 설교하기에서 재인용, 330.

관계가 없다. 하나의 설로 보면 되고, 확실한 교리는 바로 예수 그리스도께서 다시 오신다는 재림신앙이다. 이것이 없으면 이단이 되는 것이다. 주님께서 재림주로 천군 천사와 함께 공중 재림하시는 것이 바로 역사의 반전이다. 완전히 지금까지의 세상과는 다른 세상이 되는 것이다. 그리스도의 보혈을 믿고 신앙이 있는 자들은 천국으로, 자기만을 믿고 하나님을 믿지 않은 불신자들은 모두 지옥으로 가게 되는 이 심판의 날은 엄청나게 큰 반전의 시간으로 나타날 것이다. 이것이 인간 최대의 반전의 미학(美學)이다.

5 / 상상의 나래를 펴라

> 상상력이란… 예로부터 내려오는 오래된 진리의 말씀을 새롭게 표현할 수 있도록 해주며,
> 그것들을 삶에 새롭게 적용할 수 있게 해 주는 인간에게 부여된 고유의 능력이다.
> - Leland Ryken

상상력이 담긴 설교 만들기

얼마 전에 금천설교아카데미에서 부산장신대 예배설교학 교수이자 포스딕설교연구소의 소장이신 조성현 목사를 초청하여, 청주 금천교회 2층 그레이스홀에서 세미나를 개최하였다.[129] 조 교수는 "상상력이 담긴 설교"라는 주제를 가지고 강의하면서, 상상력(imagination)이 있는 설교는 이 시대에 가장 중요한 설교임을 강조하였다. 왜냐하면 지금의 세대는 '읽는 세대'에서 '보는 세대'로 바뀌었기 때문이다. 즉 그는 본문이 이끄는 설교와 함께 상상력이 있는 설교야말로 청중들의 가슴에 스며들 수 있다고 말하였다. 그러면서 상상력이 있는 설교를 하신 분 중, 가장 탁월하신 분은 바로 예수 그리스도였음을 말하고, 예수님은 이야기를 통해 상상력을 발휘한 "선한 사마리아인의 비유"를 너무나 드라마틱하게 설교하셨고, "공중 나는 새와 들에 핀 백합화"와 같이 자연 속에서 상상력을 나타내셨음을 말해 주었다.

그러므로 우리는 설교 속에서 what(성경 본문)과 함께 how(상상력)로서 설교해야 함을 알 수 있었다. 결론적으로 상상력을 키우기 위한 조 교수의 코멘트는 다음과 같다. ① 상상력을 키울 수 있는 곳을 경험하기(대형서점에서 독서, 노르웨이 여행 등) ② 마음을 평안하고 여유있게 하기(심호흡, 산책 등) ③ 설교 본문을 쉬운 성경으로 소리 내어

---

129) 조성현, 상상력이 담긴 설교 세미나 (2023. 7. 28)

10회 이상 읽기 ④ 본문의 행간에 상상력을 동원해 질문하기 ⑤ 구석진 곳의 본문보다 이미 잘 아는 이야기 본문에서 상상력을 품는 설교하기 ⑥ 건전한 신학서적, 주석, 전문가를 통한 점검받기 ⑦ 성령님께 상상력을 의탁하기 등이다.

다만 필자가 이해하기로는, 상상력이 담긴 설교가 어제 오늘의 새로운 설교 형태는 아니나, 여러 설교 형태에서, 고급 양념이 최고의 맛을 내는 요리를 만드는 것처럼, 상상력이 고급양념의 역할을 한다는 점이다. 그 최상품의 양념을 우리는 그리 중요시하지 못하였지만 전혀 도외시 한 것은 아니었다. 왜냐하면 지금까지 설교자들이 설교를 준비하면서 작든 크든 상상력이 없이는 설교문을 작성할 수가 없었기 때문이라는 것이 필자의 지론이다.

상상력과 공상(空想)의 차이점
하지만 상상력의 중요성을 알기에 많은 설교학자들은 설교에서의 상상력을 거론하였다. 특히 김운용 교수는 자신의 2012년 저서인 『현대설교 코칭(Coaching for Contemporary Preaching)』에서 우리의 삶은 이야기로 둘러싸여 있다고 하면서, 상상력에 대하여 이렇게 말하고 있다. "상상력은 이야기의 자원이 된다. 상상력을 전혀 존재하지 않는 세계나 내용을 그려내는 것, 즉 공상이나 가상, 판타지 정도로 생각하기 때문에 그동안 설교자들이 무시해 왔던 차원이었다. 그러나 상상력(想像力)과 공상(空想)은 전혀 다른 것이다. 공상은 '내 현실에서 벗어나도록 도와주는 것'이라면, 상상력은 '나로 하여금 현실을 꿰뚫고 그것을 보다 잘 이해하도록 도와주는 것'이다."[130] 상상력과 공상에 대하

---

130)   김운용, 『현대설교 코칭』, (장로회신학대학교출판부, 2012), 205.

여 아주 명확한 구분을 해 주신 설명이다.

또 한 분인 설교학자이자 현재 주안장로교회의 위임목사인 주승중 교수는 그의 책『성경적 설교의 원리와 실제』의 제5부 '새로운 설교학 운동'에서 귀납법적 설교, 이야기 설교를 강조하고 있으며, 문자이후의 시대인 시각적인 시대에서는 상상력을 동원한 설교가 필요하다고 기술하고 있다. 특히, '네 페이지 설교'를 주창한 폴 스캇 윌슨(Paul Scott Wilson)은『마음의 상상력: 설교의 새로운 이해』라는 제목의 책을 통하여, 설교에서 '이미지와 상상력'이 새롭게 부각되고 있음을 나타내고 있다고 기술하고 있다.[131]

그리고 마틴 로이드존스(Martyn Lloyd-Johns, 1899-1981) 박사는 1969년 봄에 웨스트민스터 신학교에서 상상력의 활용과 남용에 대하여 강의하였다. 그는 상상력에 거의 자리를 주지 않고 있는 현실을 안타까워하고 있다. 그래서 그는 말한다. "상상력은 설교에서 아주 중요하고 유익한 요소입니다. 물론 위험할 수도 있습니다. 그러나 상상력이 하나님의 선물이라는 사실만큼은 잊지 말아야 합니다. 이 선물이 없었다면 그 많은 시(詩)들 또한 탄생하지 못했을 것입니다."[132]

---

131) 주승중,『성경적 설교의 원리와 실제』, (예배와 설교 아카데미, 2005), 475.
132) 마틴 로이드존스, 정근두 역,『설교와 설교자』, (복 있는 사람, 2005), 381.

우뇌에 감성으로 접근하라

한편 주승중 교수는 "상상이란 우리 마음속에 이미지를 만드는 능력이다. 워렌 위어스비(Warren W. Wiersbe, 1929-2019) 목사는 '상상은 정신이라는 인간 내면의 화랑(inner picture gallery)에 어떤 상을 만들어 내는 정신 작용'이라고 말한다. 우리는 이 정신의 화랑에서 상상을 통해 그림도 그리고, 상도 조각하고, 고안하며, 어떤 것은 지워 버리기도 한다"라고 말하며, 계속하여 "설교자는 성경 저자가 제시하는 이미지와 은유, 이야기의 상상의 세계 속으로 들어가 그 의미를 깨닫고, 그것을 회중에게 보여줄 수 있어야 한다"라고 강조한다.[133]

그리고 주 교수는 그 예로서 사무엘하 17장에 있는 압살롬의 이야기를 꺼내어 설명한다. 반란을 일으켜 아버지 다윗을 몰아내고 왕좌에 오른 압살롬에게 후속조치를 간언하는 모사(謀士) 아히도벨과 다윗이 심어놓은 후새의 의견을 가지고 누가 더 압살롬에게 마음에 드는 조언을 하였는지 설명하고 있다. 아히도벨은 압살롬의 지성에 호소하는 좌뇌(左腦)로의 접근이었지만, 후새는 그림을 그리는 듯한 언어를 사용하여 압살롬의 감성을 주관하는 우뇌(右腦)로의 접근으로 압살롬이 후새의 말을 들을 수밖에 없었던 것을 명확하게 잘 설명하고 있다.[134]

상상력은 하나님의 선물

그런데 잘 알면서도 자칫 간과하기 쉬운 부분이 있다. 우리가 아무리 상상력, 이미지, 영상 등을 거론하더라도 이러한 모든 내용이 설교자인 나 자신으로부터 나와서는 열매가 없이 잎사귀만 풍성한 무화과

---

133) 주승중, 『성경적 설교의 원리와 실제』, (예배와 설교 아카데미, 2005), 477.

134) 위의 책, 478.

나무가 되어 버릴 수 있다.(마 21:19) 그러므로 설교자의 상상력이 인간의 상상으로 진행될 수도 있으며 혹시 청중들이 그 설교를 통하여 마음에 감동을 받아 생활에 변화가 될 수도 있다. 그러면 이 모든 일에 하나님께서 영광을 받으신다고 단언할 수 없다는 점이다. 결국 설교자들은 늘 성령님께 사로잡혀 있어야 한다. 이것을 우리는 성령충만이라고 말한다.

개혁주의 신학자인 에밀 브루너(Emil Brunner, 1899-1966) 교수는 마틴 로이드존스 박사에 대하여 "그는 최고의 개혁주의 설교를 한다."고 평가하였다. 로이드존스 박사는 1971년도에 발간한 『설교와 설교자(Preaching and Preachers)』의 마지막 페이지에서 이렇게 말하고 있다. "이미 여러 번 내가 말했듯이 설교에서 성령의 능력을 되찾는 것보다 더 유익한 일은 없습니다. 진정한 설교를 가능케 하는 것, 오늘날 우리에게 가장 필요한 것이 바로 이것입니다. 이 능력을 능가할 것은 아무것도 없습니다… 성령의 능력이 임하면 사람들이 깊은 관심을 가지고 배우려 할 것이며 '그리스도 예수 안에 있는 진리'로 더 깊이 들어가게 될 것입니다."[135]

이와 같이, 가장 끝까지 잊지 말아야 할 것은 성령님께 의존하는 설교자의 자세이다. 하지만 우리가 설교자로서 할 일을 다 한 후에, 성령님께 맡기는 것이지 시작도 하기 전에 성령님께서 다 알아서 해 달라고 하는 태도는 바른 설교자의 태도는 분명히 아니라고 말씀드리고 싶다. 오늘 나는 상상의 나래를 펴고, 주님이 주시는 상상력을 동원하여 본문을 깊이 묵상한다. 물론 기도와 함께….

---

135) 마틴 로이드존스, 정근두 역, 『설교와 설교자』, (복 있는 사람, 2005), 524.

6 / 성경연구, 기도 그리고 독서

충분한 시간을 바치지 못한 설교는 피상적인 설교로서
오히려 하나님의 말씀을 차단하는 행위로 끝나게 된다.
- 정장복

태풍 속의 말씀연구

제16호 태풍 카눈(태국 과일의 이름)이 이례적으로 한반도를 남북으로 관통하고 있는 상황이다. 거제도에 상륙한 중형태풍은 폭우와 강풍으로 무장한 채, 한반도 전체를 태풍의 사정권 안에 두고는 안동, 충주, 서울 동부 및 북부지역을 거쳐서 북한의 평양으로 그리고 신의주로 가서 소멸될 것이라고 기상청에서는 예보하고 있다. 이번 태풍으로 인명과 가옥 등에 피해가 없고, 또 수확을 앞둔 과일 및 벼농사에 타격이 없기를 바라고 기도한다. 본고를 작성하면서 비와 바람소리만 들리는 가운데 하나님만을 묵상할 수는 있어서 감사하다고 한다면 너무 사치스러운 것은 아닌가?

우리가 성경을 읽고, 연구하면 할수록 하나님의 크신 은혜와 사랑이 얼마나 크고 놀라운지를 알게 된다. 2022년에 매일 신약 10장, 구약 10장을 읽겠다고 결심하고 거의 그대로 실행하였더니, 신약은 7번, 구약은 2번 읽게 된 것이 감사하고 기쁘다. 올해에도 그렇게 하려고 했는데 본고를 발간하려고 글을 쓰다 보니 잘 실행되지 못하고 있다. 그래도 성경을 읽으면서 얻는 그 기쁨이 크다는 것을 알았지만, 어리석은 나는 자꾸 게으름을 피우고 있다.

설교자에게 있어서 성경에 대한 지식은 물론 성경구절 속의 행간에서 얻는 세밀한 하나님의 뜻을 발견하면 그 기쁨이 크다. 특별히 상상력을 동원하여 성경이 써진 당시의 상황과 함께 how와 why를 적절하게 사용하여 what을 깊이 묵상하여야 한다. 40여 년 전 "베델성서연구"라는 과정이 유행처럼 각 교회에 퍼진 일이 있었다. 그때 구호가 how라 하지 말고 항상 why로 생각하라고 한 것이 생각난다. 하나님께서 하신 일에 대하여 어떻게 홍해를 건넜나? 과학적으로 어떻게 바닷물이 갑자기 갈라지는가? 라는 질문 보다는 왜 홍해를 건너게 되었는가? 왜 애굽의 많은 병사들이 바닷물에 수장이 되었는가? 라는 질문을 선호하였다. 그러나 지금의 how는 하나님의 방법을 과학적으로 알려고 하는 것이 아니라, 나는 어떻게 살아야 하나님께 영광을 돌릴 수 있는지를 알기 위함이다.

설교자는 기도하는 사람

그리고 성경연구와 함께 기도는 설교자에게 있어서 영성을 높여주는 강력한 무기이다. 설교 형태를 공부하여 완벽하게 틀에 맞춰 만들어진 설교 원고라고 하더라도 그곳에 성령의 기름 부으심의 역사가 없다면 아무 것도 아니다. 성령의 기름부음의 비결을 일찍이 깨달은 사람은 바로 성군 다윗이다. 그는 양을 치는 목동으로 있을 때, 양을 지키기 위하여 양문 곁에서 이슬에 옷이 젖도록 숱한 밤을 보냈다. 양을 약탈하려는 늑대나 사자를 물맷돌로 퇴치한 일이 한두 번이 아니었다.

하나님을 의지하는 믿음으로 블레셋의 거대한 장수 골리앗을 물매의 조약돌 한 개로 물리칠 수 있었던 다윗은 일생동안 오로지 주님을 기억하며 기도하는 사람이었다. 시편의 대부분이 다윗이 쓴 기도의 시이다. 이런 다윗을 주님께서 엄청 사랑하시며 "… 내가 이새의 아들 다윗을 만나니 내 마음에 맞는 사람이라 내 뜻을 다 이루리라 하시더니"(행 13:22)라는 칭찬을 하셨다. 다윗은 왕이 된 후에도 거의 모든 일을 주님께 기도로 여쭤보며 국정을 운영하였다. 성경에는 이렇게 기도의 사람들의 이야기로 가득 차 있다.

『기도의 능력(Power Through Prayer)』이란 소책자를 만들어 낸 E. M. 바운즈(Edward McKendree Bounds, 1835-1913) 목사는 기도의 성자로 알려진 분이다. 이 책에서 바운즈 목사는 말한다. "진정한 설교는 삶의 문제이다. 사람이 성숙하면 설교도 성숙하다. 또한 사람이 능력이 있으면 설교도 능력이 있다. 사람이 거룩하면 설교도 거룩하다. 사람에게 성령의 기름 부으심이 충만하면 설교에도 성령의 기름 부으심이 충만하다."[136] 그리고 바운즈 목사는 기도에 대하여 말한다. "설교자는 기도하는 사람이어야 한다. 기도는 설교자의 가장 강한 무기이다. 기도는 전능한 힘이 있기에 모든 사람에게 생명과 능력을 준다… 참된 설교는 골방에서 만들어진다. 사람 - 하나님의 사람 - 은 골방에서 만들어 진다. 그의 삶과 그의 가장 깊은 확신들은 그와 하나님과의 은밀한 교제에서 태어난다."[137]

---

136)   에드워드 맥켄드리 바운즈, 이정윤 역, 『기도의 능력』, (생명의 말씀사, 2004), 13.

137)   위의 책, 17.

그리고 5만 번 이상 기도응답을 받은 사람이자 고아들의 아버지인 조지 뮬러(George Müller, 1805-1898) 목사의 책 『먼저 기도하라』에서 뮬러 목사는 이렇게 말한다. "응답이 이뤄질 때까지 절대 포기하지 않는 게 무엇보다 중요하다. 하나님의 자녀들이 범하는 커다란 잘못은 끈질기게 기도하지 않는 것이다. 그들은 계속해서 기도하지 않으며, 인내하면서 기도하지 않는다. 하나님의 영광을 위해서 무엇인가를 바라고 있다면 그것을 얻을 때까지 몇 번이고 기도해야 한다."[138] 이토록 중요한 기도를 우리가 너무나 자주 간과하고 있었던 것은 아닌가?

기도의 능력은 성경 곳곳에 나온다. 특히 우리 예수님께서 늘 기도하셨음을 알 수 있다. "무리를 보내신 후에 기도하러 따로 산에 올라가시니라 저물매 거기 혼자 계시더니"(마 14:23). 또한 "그러므로 내가 너희에게 말하노니 무엇이든지 기도하고 구하는 것은 받은 줄로 믿으라. 그리하면 너희에게 그대로 되리라"(막 11:24). 우리 주님이 이처럼 기도에 힘쓰셨는데 우리 설교자들이 기도에 힘쓰지 않는다면 과연 주님이 기뻐하실 것인가를 우리는 깊이 생각하여야 할 것이다. 곽선희 목사는 교회의 담임목사가 장로나 교인들로부터 "목사님, 기도 좀 하세요. 책 좀 보세요." 라는 말을 들으면 바로 사표를 내라고 설교학 강의 중에 하였다. 설교자가 풍문으로라도 그런 소리를 들으면 절대 안 될 것이다.

---

138) 조지 뮬러, 유재덕 역, 『먼저 기도하라』, (강같은 평화, 2011), 63.

독서의 중요성

"성경연구, 기도 그리고 독서"라는 소제목이 어쩌면 가장 넓은 범위의 내용일 듯하다. 설교자가 평생을 두고 해야 하는 내용이어서 사실상 당연한 말일 것이다. 예전에 목사는 한손에는 성경, 다른 손에는 신문을 가져야 한다는 칼 바르트(Karl Barth, 1886-1968) 목사의 말이 진리처럼 들리기는 하였다. 아마도 지금은 스마트 폰이 하나 더 추가될지도 모르겠다. 성경 연구는 당연한데 '독서'가 주요한 이슈가 되었다. 이 독서의 종류에는 여러 가지가 있겠지만 인문학 서적이라고 한다면 거의 틀리지 않으리라.

"아트설교연구소"를 운영하는 김도인 목사는 10년 동안 5,000권의 책을 읽고 나서 글에 관하여 도통의 경지에 도달하였다고 자타가 공인하고 있다. 10년간 5,000권의 책이라 함은 매일 1-2권씩, 10년 동안 쉬지 않고 읽었다는 놀라운 이야기이다. 그러므로 설교자는 아무리 못해도 일주일에 한권의 책은 읽어야 하므로 매월 5권 정도이고, 일 년이면 최소한 50권 정도의 책을 읽어야 할 것이다. 그래도 많다고 여기는 분들도 있을 것이다. 아무래도 매일 읽는 것이 쉽지는 않을 터이므로, 휴가기간이나 공휴일에 집중하여 읽는 것도 권장하고 싶다.

김진홍 목사는 그의 책 『깊은 설교 얕은 설교』의 제4장 "독서의 중요성을 알아야 한다."에서 깊은 설교를 위해서 독서는 필수라고 말하고 있다. 그리고는 한 분을 소개하시는데 그 분은 바로 동안교회의 김형준 목사라고 하신다. 김형준 목사가 서재실로 안내하여 가서보니 상당한 숫자의 책들이 있었다고 한다. 보유한 장서가 모두 30,000권이라고 하며, 신간이 나오면 대부분 읽는다고 설명해 주었다고 한다. 그래서인지 김형준 목사의 설교는 깊이가 있고 풍성하다고 한다.

결론적으로 김진홍 목사는 다음과 같이 독서에 관하여 설교자들에게 부탁하고 있다. "목사님들께 정말 부탁드린다. 책을 많이 읽으시기 바란다. 책을 먹은 만큼 깊은 영성의 말씀이 나올 것이다. 책을 많이 먹은 만큼 은혜로운 말씀이 준비될 것이다. 그리고 영혼들이 빛날 것이다."[139] 이와 같이 설교자들에게 있어서 성경 연구, 기도 그리고 독서는 일생동안 같이 가야 할 동반자이다.

---

139) 김진홍, 『깊은 설교 얕은 설교』, (쿰란출판사, 2020), 50.

7 / 성령의 기름 부으심

성령님의 권능과 관계없이 설교를 준비하고 말씀은 전하려고 하는 것이
얼마나 어리석은 일이겠는가?
- Faris D. Whitesell

설교자에게 절대적인 성령

설교를 가르치는 교수나 목회자들은 이구동성으로 강의 마무리에 하시는 말씀이 있다. "설교에는 성령의 기름 부으심이 있어야 합니다"라는 말씀이다. 설교는 성령님을 의지하지 않으면 결코 어떠한 역사도 일어나지 않는다는 뜻이다. 그래서 강단에 오르는 설교자가 세미나 또는 강연을 하는 마음자세로 올라가지 않고, 그야말로 두렵고 떨리는 마음으로 올라가는 이유가 설교의 능력이 바로 성령님에게 있음을 알기 때문이다. 마틴 로이드존스(Martyn Lloyd-Jones, 1899-1981) 목사는 그의 명(名)강의록인 『설교와 설교자(Preaching and Preacher)』 책에서 "참된 설교는 결국 하나님의 행하심으로 이루어집니다. 사람이 말하는 것이 아닙니다. 하나님이 말씀하시는 것입니다. 하나님이 사람을 이용해서 말씀하시는 것입니다. 그 사람은 성령의 영향을 받습니다. 바울이 고린도전서 2장에서 말하고 있듯이 참된 설교는 '성령의 나타나심과 능력으로' 이루어집니다. 또한 데살로니가전서 1장 5절은 이렇게 말하고 있습니다. '우리 복음이 말로만 너희에게 이른 것이 아니라 또한 능력과 성령과 큰 확신으로 된 것이라…' 그렇습니다. 이것이 참된 설교의 본질적인 요소입니다."[140]라며, 설교에 성령님의 역사는 절대적임을 기술하고 있다.

---

140) 마틴 로이드존스, 정근두 역, 『설교와 설교자』, (복 있는 사람, 2005), 159.

「성령의 기름 부으심」이란 왕, 제사장 그리고 선지자에게 하나님의 능력과 은총이 부어지는 것을 뜻한다. 우리 구주 예수 그리스도께서는 바로 왕, 제사장, 선지자의 삼중직을 다 가지신 분이시다. 사도행전 10장 38절을 보면, 사도 베드로가 백부장 고넬료의 집에서 설교하는 내용이 나온다. "하나님이 나사렛 예수에게 성령과 능력을 기름 붓듯 하셨으매 그가 두루 다니시며 선한 일을 행하시고 마귀에게 눌린 모든 사람을 고치셨으니 이는 하나님이 함께 하셨음이라" 물세례와는 다른 일종의 영적인 구별을 뜻한다고 이해할 수 있다. 함량은 감람유이나 그 기름이 성령님의 충만을 뜻하기에 너무나도 중요한 영적 예식이라고 할 수 있다. 목사후보생의 경우, 선지자를 계승한 직분으로부터 영적으로 기름 부음을 받아야 한다. 그런 표식으로서 노회 목사들의 안수를 받아 목사가 되는 예식을 거치는 것인데, 사실 교회법에 명시된 이 과정을 거치지 않으면 목사가 될 수 없다.(헌법 시행규칙 제 16조의 4 목사의 자격과 안수)

성경에 나타난 기름의 역사

그런데 성경에서 기름에 대한 내용은 이스라엘 백성이 아직 광야에 있을 때, 출애굽기 30장 22-38절에 "거룩한 관유(a sacred anointing oil)"를 만드는 방법이 나온다. 모세에게 그 기름을 회막, 증거궤, 상, 등잔대, 분향단, 아론과 그 아들들에게 발라 거룩하게 하고, 제사장 직분을 행하게 하라는 여호와 하나님의 말씀이 나온다. 세월이 흐른 후, 사무엘이 기름 뿔병(the horn of oil)을 가져다가 다윗에게 부었더니, 이후로 다윗이 여호와의 영에 크게 감동되었다고 사무엘상 16장 13절에 기록되어 있다. 이것을 시편 89편 20절에서 "내가 내 종 다윗을 찾아내어 나의 거룩한 기름(my sacred oil)을 그에게 부었도다"라고 확인하고 있다. 거룩한 관유(灌油)는 성령님과 관련이 있음을 알 수가 있다.

사도 요한은 요한일서 2장 27절에 "너희는 주께 받은바 기름 부음이 너희 안에 거하나니 아무도 너희를 가르칠 필요가 없고 오직 그의 기름 부음이 모든 것을 너희에게 가르치며 또 참되고 거짓이 없으니 너희를 가르치신 그대로 주안에 거하라"라고 말하고 있다. 또한 20절에는 "너희는 거룩하신 자에게서 기름 부음을 받고 모든 것을 아느니라."고 하셨으며, 사도 바울도 고린도후서 1장 21-22절에서 "우리를 너희와 함께 그리스도 안에서 굳건하게 하시고 우리에게 기름을 부으신 이는 하나님이시니 그가 또한 우리에게 인치시고 보증으로 우리 마음에 성령을 주셨느니라." 라고 성령의 기름 부으심에 대하여 기록하고 있다.

거룩함의 상징

눈에 보이는 관유를 바르거나 붓는 것은 구약시대의 일이고, 신약에 와서는 성령님의 임재를 기름부음으로 인식하게 되었다. 즉 하나님께서 기름을 부어주시고 성령님께서 우리 마음에 오시게 하심을 바울은 고린도후서 1장에서 말하고 있다. 그러므로 성령님으로 충만한 것을 기름부음을 입은 것으로 인식하면 된다. 그리하면 거룩함을 입게 되며 능력의 사람이 되는 것이다. 말씀과 기도로 거룩해 진다고 하심과 연결이 되는 것이다. "성령의 기름 부으심"이란 거룩함의 상징이요, 능력의 걸음이다. 이러한 은총이 없으면 목사의 설교는 죽을 쓰게 되는 것이다. 그러므로 항상 설교자는 설교하기 전에 성령님의 기름 부으심의 은총을 사모하지 않으면 안 된다. 어쩌면 가장 중요한 설교 준비의 마지막 장식이 아닌가 한다.

구약에서 거룩한 관유를 만들어서 성소에 있는 모든 성물에 바르라고 하셨으며, 제사를 집행하는 제사장들에게도 기름을 바르라고 하였다. 이는 거룩함을 나타내는 상징이었다. 이후에 예언자와 왕을 세울 때 반드시 기름을 그 몸에 부어야만 가능하였다. 사무엘이 사울을 이스라엘의 초대 왕이 되게 할 때도 하나님께서 기름을 부으라고 하셨다.(삼상 9:16), 그리고 사울을 버리고 다윗을 왕으로 삼고자 할 때도 사무엘이 다윗에게 기름을 부은 일이 나타난다.(삼상 16:13) 한 나라를 다스리는 왕이라는 큰 직책을 감당하도록, 그에게 거룩한 기름으로 거룩함과 아울러 능력을 주시려는 하나님의 뜻인 것이다.

그러므로 다윗은 시편 23편 5절에서 "주께서 내 원수의 목전에서 내게 상을 차려 주시고 기름을 내 머리에 부으셨으니 내 잔이 넘치나이다"라며 주님을 경배하는 내용이 나온다. 기름을 머리에 부으신다는 표현은 신약시대에 와서는 성령님의 임재와 충만을 나타내는 말로 대치되었다. 그리고 성령님께서 인도하시고 주관하심을 믿고 의지하는 표현을 성령의 기름 부으심이라고 말할 수 있다.

강단에 오르는 설교자의 마음

금천설교아카데미 원장이신 김진홍 목사는 그의 저서 『깊은 설교 얕은 설교』에서 설교가 얼마나 중요한가를 설명하면서, 다음과 같이 성령의 기름 부으심을 강조하고 있다. "설교는 처음 준비에서부터 마지막 선포까지 인간적인 것이 없다. 오직 성령으로 시작하여 성령으로 끝나는 것이 설교이다. 그러니 이런 설교에 어찌 하나님을 만나지 않을 수가 있을까? 필자는 그럴 수는 없다고 본다. 꼭 매 설교 때마다 모든 성도들에게 하나님을 만나게 되는 성령의 기름 부으심이 있다고 확신한다. 그래서 설교 준비는 온 정성과 간절한 기도 위에서 진행이 되는 것이다."[141]

이와 같이 설교자에게 있어서 성령님의 기름 부으심이란 절대적이라고 할 수 있다. 성령의 기름 부으심이 없으면 그 설교는 아무리 설교 형태에 잘 맞추어진 정교한 설교라고 하더라도 청중의 심령에 들어가 변화로 나아갈 수가 없음은 자명하다. 내 힘과 기교와 능력으로 설교를 훌륭하게 하였더라도 그것은 울리는 꽹과리와 소리 나는 구리가 되는 신세가 되어 버린다. 다윗이 얼마나 성령의 임재에 대하여 민감하였는지를 알 수 있는 구절은 시편 51편 10-11절이다. "하나님이여 내 속에 정한 마음을 창조하시고 내 안에 정직한 영을 새롭게 하소서 나를 주 앞에서 쫓아내지 마시고 주의 성령을 내게서 거두지 마소서"라고 기도하고 있음을 알 수 있다.

조직신학자인 싱글레이 퍼거슨(Sinclair B. Ferguson, 1948-) 교수가 쓴 『성령(The Holy Spirit)』이란 제목의 책에서는 성령이 주어진 목적을 이렇게 표현하고 있다. "성령이 주어진 목적은 하나님의 형상의 재건에 있는 것이요, 그것은 하나님의 형상이신 그리스도와 같은 모습으로 변화하는 것이다. 성령을 받는 것은 이런 지속적인 사역의 영향력 안으로 들어가기 시작하는 것이다."[142] 또한 그는 설교와 관련하여 이렇게 기술하고 있다. "성령이 역사하는 설교의 증표는 '담대함'이다… 뉴잉글랜드 초기의 설교자 토머스 후커(Thomas Hooker, 1586-1647) 목사의 설교는 눈에 보이는 실제로 나타난다. 그의 설교를 듣던 사람들

---

141) 김진홍, 『깊은 설교 얇은 설교』, (쿰란출판사, 2020), 31.
142) 싱글레이 퍼거슨, 김재성 역, 『성령』, (IVP, 1999), 105.

은 그가 왕을 들어서 자신의 호주머니 속에 집어넣을 수도 있는 것처럼 느꼈다!"[143] 얼마나 성령님의 기름 부으심이 강렬하였으면 이런 담대함이 실제 나타나는 것일까?

---

143) 위의 책, 273.

5장 · 설교 원고의 작성

1/ 본문 묵상이 최우선

> 살아계신 하나님의 말씀, 로고스를 전하고 듣는 것보다 더 중요하고, 더 고상하며,
> 더 긴급하고, 더 유익하고, 더 결실이 있고, 더 이로운 것은 없다.
>
> - Karl Barth

설교자는 먼저 들어야 한다.

2023년 현재 장로회신학대학교 총장이신 예배·설교학자 김운용 교수는 그의 책 『현대설교 코칭』에서 이렇게 말한다. "엄밀히 말해서 설교는 말하는 것으로 시작되는 사역이 아니다. 왜냐하면 말하는 것도 중요하지만 그보다 더 듣는 것이 중요하기 때문이다. 이것은 말하는 것이 먼저가 아니라 듣는 것이 먼저라는 말이다… 설교자는 듣는 훈련을 필요로 한다. 하나님에게서 듣고, 성경과 사람 그리고 자연에게서 듣는 사람이어야 한다."[144] 매우 아름다운 말씀이다. 피상적으로 설교는 말하는 것인데, 이를 역설적으로 들어야 한다고 하는 말은 "채워져야 나눠줄 수 있다"는 말과 상통한다. 어디에서 듣는가? 하나님, 성경, 사람, 자연에게서 듣는다고 김 교수는 말한다. 그렇다! 하나님이 먼저다. 그러나 가장 객관적으로 안전한 들음은 말씀하시는 하나님인 "성경(聖

---

144) 김운용, 『현대설교 코칭』, (장로회신학대학교출판부, 2012), 124.

經, The Bible)"에서 듣는 것이라고 필자는 분명하게 믿는다. 그리스어 biblion(책)에서 유래한 Bible은 설교자가 가장 안전하게 믿고 들을 수 있는 것이다.

다른 말로 성경을 「The Canon」, 즉 정경(正經)이라고도 한다. 이 말은 그리스어 kanon(규범, 규칙, 원칙)에서 유래되었다고 한다. 책 또는 규범에서 유래한 성경, 즉 정경으로부터 설교자는 먼저 들어야 한다. 그리고 김운용 교수는 설교자를 '빵 굽는 사람(Baker)'이라는 의역으로 멋지게 표현하고 있다. 잘 구운 빵을 고객에게 내 놓으려면 그 '빵의 장인(匠人)'은 얼마나 많은 정성과 땀을 흘려야 하였겠는가? 마찬가지로 설교자는 청중들을 위한 영의 양식을 공급하기 위하여 하나님으로부터 깨달음과 은혜를 공급받아야 한다. 그러므로 김운용 교수는 이렇게 말한다. "설교자는 말씀 읽기와 묵상, 그리고 들음과 참여 등의 단계를 성실하게 밟아나가야 한다… 성경이 말씀하시는 바를 듣고 그것을 자신의 삶 속에 채우고, 그리고 그가 들은 그것을 이 시대에 선포하는 것이다."[145]

성경 본문의 선택 방법

설교를 하면서 설교의 내용 가운데 예화도 있고, 적용도 있으며, 기도문이나 찬양가사도 있을 수 있지만 이 모든 것은 조연이고, 가장 중요한 주연(主演)이 있는데 그것은 바로 '성경 본문'이다. 그러므로 설교자는 성경 본문을 잘 선택하여야 한다. 이런 수고를 덜기 위하여 성경을 연속하여 설교하는 방법인 '렉시오 콘티누아(Lectio Continua)' 방법이 있는데 본문을 선택하기 위하여 특별히 고민할 필요가 없다는 장

---

145) 위의 책, 131.

점이 있는 반면 절기에 맞춘 내용이나 신약과 구약에 대하여 고르게 배열이 안 된다는 단점이 있다. 현재 한국 교회에서는 수요예배와 새벽 기도회에서 사용되는 방법이다.

그러므로 아예 본문을 총회에서 일률적으로 내려 주는 경우도 있는데 통합 장로교의 경우에는 교회 절기 때에 전국교회들에게 본문과 설교문을 아예 내려주는 방법을 택하고 있다. 그러나 몇몇 교회를 제외하고는 그대로 따르는 경우가 그리 많지는 않다. 그래서 주승중 목사도 좋은 방법이라고 추천한 방법이 바로 "교회력과 성서일과(Lectionary)를 통한 방법"이다. 즉 "성구집(聖句集)"이다. 이 성구집을 활용하면 성경 전체를 읽고, 설교하게 된다는 장점이 있다. 주승중 목사는 성구집의 사용을 강조하면서 "성구집은 설교자로 하여금 세상의 상황이나, 설교자의 관심과 기호를 먼저 말하게 하기 보다는 성경이 먼저 말씀하게 만든다. 그러므로 강단에서 말씀의 전체성이 회복되기를 진정 원하는가? 그렇다면 성구집을 사용하라!"[146] 고 그의 책 『성경적 설교의 원리와 실제』에서 강하게 압박하고 있다.

그러나 필자가 볼 때에, 매주일 설교자들에게 있어서 본문을 선택하는 것도 그리 수월하지는 않다. 이는 기도하다가 얻은 영감이나 성경 또는 책을 읽다가 큰 은혜가 되는 내용을 접하였을 때와 지교회의 교인 등의 분위기, 국내외의 사건 사고 등 여러 상황에 맞게끔 된 내용으로 성경 본문을 택하는 경우가 많다고 할 수 있다. 설교학자인 조성현 교수의 권면으로는 택한 본문을 가능하다면 성경의 여러 번역본으로 약 10번 정도 소리 내어 읽으라고 한다. 개역개정, 공동번역, 새번역,

---

146) 주승중, 『성경적 설교의 원리와 실제』, (예배와 설교 아카데미, 2006), 62-63.

표준 성경, 쉬운 성경, 메시지성경, NIV 영어성경 등의 본문으로 읽어서 본문이 말하고 있는 내용을 대충 파악한다.

그리고 설교자가 이해되는 말로 그 본문을 가지고 설교자 본인의 성경을 써보는 것이다. 그리하면서 본문을 되새기며 묵상하는 것이다. 그런데 항상 잊지 말아야 할 것은 메모를 하는 일이다. 그때그때 떠오르는 영감을 기록하는 일이다. 묵상하면서 육하원칙에 의하여 생각해 본다. 왜 이 본문이 써졌는가? 당시의 상황을 생각하면서 왜 이런 문구를 사용하였는가? 라고 하며 당시로 돌아가서 그 본문을 받거나 읽는 사람으로 돌아가는 것이다. 이 모든 것은 주석을 보기 전에 행하여야 하는 본문 묵상의 단계이다.

본문에게 끊임없는 질문

주안장로교회 위임목사이며 설교학자인 주승중 목사는 자신의 책 『성경적 설교의 원리와 실제』에서 본문 묵상을 「본문과 깊이 대화하기」라고 말하며, 이를 「끊임없는 질문을 하라」고 부연 설명하고 있다. 즉 주석을 보기 전에 먼저 설교자가 본문을 가지고 계속적인 질문을 해야 한다는 말이다. 그리고 설교자가 회중을 대신하여 본문과 씨름하며 수많은 질문을 던지는 것은 설교자의 가장 중요한 책임이라 할 수 있다고 말한다. 질문을 던지면서 반응으로 오는 답을 잘 들어본다.

그리고 다음의 9가지 제안을 하고 있다. ① 의역해 보기 ② 다양한 관점에서 체험하기 ③ 이상하거나 부적절해 보이는 내용 검토하기 ④ 본문의 무게 중심 찾기 ⑤ 본문 내외의 상충하는 부분을 찾기 ⑥ 본문 전후 내용 살피기 ⑦ 본문을 많은 눈을 통해 보기 ⑧ 본문의 질문에 대한 대답을 시도하기 ⑨ 본문이 하고 있는 바를 물어 보기[147] 등이다. 이런 제안들은 본문 묵상의 능력을 키우기 위한 좋은 방법으로 생각된다.

독일 로이트링겐 감리교신학대의 실천신학 교수인 아힘 헤르트너 (Achim Hartner)와 홀거 에쉬만(Holger Eschmann)이 2008년에 공동 집필한 『다시 설교를 디자인하라!(Predigen Lernen)』라는 책에서 설교자는 정한 본문을 가지고 그 본문과 대화하면서 이렇게 질문해 보라고 한다. "이 본문이 나에게 가까운 본문인가, 먼 본문인가? 이해하기가 쉬운가, 어려운가?" 또한 "이 본문은 나에게 편안한가, 낯선가? 나에게 어떤 말을 걸어오는가?"하고는 다음의 단계로 나아가라고 한다. "a) 그 본문을 나의 언어로 풀어 본다. b) 이야기, 비유, 상황 묘사로 이루어진 본문이라면 그 본문에 나오는 인물에 감정이입을 한 다음 본문을 재현해 본다.

c) 그 본문에서 이상하게 나를 매료시키는, 혹은 내게 거부감을 불러일으키는 키워드가 있다면 그 단어에 대해 곰곰이 생각한다. 여러 사전을 찾아보며 그 단어의 의미를 조사한다. 본문에 나오는 이미지나 상징에 주의를 기울인다. d) 본문을 다양한 번역으로 읽으면서, 각각의 번역이 특정 단어들을 이렇게 이해했으며 특정 이미지를 어떻게 해석했는지 알아본다." 그리고 계속하여 구조, 클라이맥스, 모호한 곳, 애

---

147) 위의 책, 72-90.

매한 곳을 분석하라고 한다. 본문과 뭔가 관련이 있다고 생각되는 성
경 구절, 성경에 나오는 시(詩), 보통 사람들이 읽는 시, 기도문, 이야기
등을 떠 올리라고 한다.[148]

본문 묵상에서의 영적 씨름

금천교회의 원로목사이며 금천설교아카데미의 원장이신 '김진홍 목
사'는 본문 묵상의 중요성을 깊이 인식하신 분이다. 그의 책인『깊은 설
교 얕은 설교』의 제6장「본문 묵상의 중요성을 알아야 한다.」에서 "본
문을 볼 때 1) 본문이 주는 전체적인 의미를 알아야 한다. 2) 생각을
깊이 하면서 본문을 묵상해야 한다. 3) 본문의 문제와 오랜 시간을 함
께해야 한다. 4) 본문을 묵상할 때에 신학적인, 문화적인 배경을 생각
해야 한다. 5) 본문 묵상을 육하원칙에 의하여 해야 한다." 라고 강조하
면서 묵상이 주는 의미를 다음과 같이 강조하고 있다. "1) 묵상의 힘이
깊은 설교의 힘이다. 2) 청중은 신선한 설교를 좋아한다. 3) 본문 묵상
을 할 때 여러 가지 번역본을 보는 것이 좋다. 4) 청중과 공감할 수 있
는 묵상을 해야 한다."

그리고 고려할 것은 "1) 나의 묵상은 리콜인가, 리필인가 생각해야
한다. 2) 야구와 축구를 함께 볼 수 있어야 한다. 3) 거울 앞에서 많은
시간을 보내지 말아야 한다. 4) 청중의 영적인 맛을 돋우게 한다. 5) 창
의성이 있는 묵상 훈련이 필요하다. 6) 여러 유형의 설교 연장을 가지
고 묵상해야 한다."[149] 라고 친절한 권면을 하고 있다. 오랜 목회사역
가운데 체득한 실무적인 설교이기에 김진홍 목사의 권고는 매우 가깝

---

148)   아힘 헤르트너/홀거 에쉬만, 손성현 역, 『다시 설교를 디자인하라』, (kmc, 2014), 83-84.
149)   김진홍, 『깊은 설교 얕은 설교』, (쿰란출판사, 2020), 54-85.

게 가슴으로 접근해 온다. 깊은 설교는 묵상을 얼마나 깊게 하였는지에 비례한다는 것에 큰 공감이 이루어진다. 또한 주승중 교수도 본문과 깊이 대화하는 것으로 묵상을 말하였는데 아주 적절한 말이다. 설교문을 작성하기 전에 설교자들은 선택한 본문을 가지고 끊임없이 질문을 하면서 얍복강가의 야곱과 같은 묵상의 씨름을 하여야 새로운 차원의 깊은 설교가 탄생될 것이다.

2 / 설교 원고 작성

> 설교자는 하나님 앞에서 그 성경 말씀의 의미를 풀어주고
> 그 가르침을 회중의 삶에 적용시켜야 한다.
> - T. H. L. Parker

안전지대가 없는 세상

2023년 8월, 꿈의 낙원이라고 불리는 '하와이'의 '마우이 섬'이 100년만의 큰 산불로 커다란 재난을 당하였다. 산불이 시속 129km의 돌풍과 함께 이 섬의 북서쪽 해안 마을인 라하이나(Lahaina) 등을 덮쳐서 2,200여 채의 가옥이 잿더미로 변하여 아름다운 마을은 온통 회색지대가 되어 버린 것이다. 인명피해도 현재까지 93명이나 희생당했다고 하는데, 본격적인 발굴이 되면 더 늘어날 전망이라고 한다. 피해 규모도 60억 달러라고 하니 바이든 대통령도 이곳을 재난지역으로 선포하고, 국가 차원의 지원을 하고 있다. 그런데 기후학자들은 이런 대형 산불과 허리케인에 의한 돌풍은 모두 기후변화에 의하여 발생된 것이라고 한다.

이제 지구상에는 안전지대(safety zone)가 없다는 말이 실감이 된다. 불과 며칠 전에 우리 한반도의 남과 북을 관통한 태풍 카눈(khanun)도 역시 기후변화에서 온 이례적인 태풍이었다. 다행스럽게도 정부부처와 온 국민이 대비를 잘 하였기에 아주 큰 피해 없이 종료되었지만 언제라도 이런 자연재해는 기후변화에 의한 천재지변으로 언제라도 나타날 수가 있는 세상이다. 이렇게 종말에 가까워진 일련의 상황들은 우리들이 현재의 삶을 어떻게 살아가야하는지 가르쳐주고 있다. 성경은 "두려워하지 말라"고 가르치고 있다.(마 24:6) 그러므로 기독

교인들은 깨어서 그날을 대비하며 바르게 살아가야 한다.(마 25:13) 설교자는 지속적으로 설교를 통하여 세상에 안주하려는 교인들의 심령을 일깨워 주어야 한다.

중심 주제를 찾으라

이제 설교자가 성경 본문을 선택하고, 이 본문에 대한 충분한 묵상이 이루어졌다면, 이제 설교 원고를 작성할 때가 온 것이다. 일반적으로 설교 원고를 작성하면서 성경 본문에 맞추어 설교 형태를 선정하여야 한다. 설교 형태는 대지, 분석, 강해, 본문 접맥식, 이야기, 네 페이지, 현상학적 전개식 등의 설교 형태가 있음을 우리는 알고 있다. 크게 본다면 대지 설교 등의 연역법적 설교로 할 것인지, 이야기 설교 등의 귀납법적 설교로 할 것인지 본문과 맞추어서 결정해야 한다. 그리고는 설교 원고에 아예 설교 형태의 포맷을 기입하는 것이다. 예를 들면 문제 제기, 본문 설명, 해결 방안, 적용, 예화, 하나님 주어 및 권면 등과 같은 포맷의 소제목을 원고에 미리 적어 놓는 것이다.

그런 연후에 선택된 성경 본문의 묵상에서 얻은 그 본문의 키워드(key word)를 유지하면서 주제를 정한다. 조심할 것은 본문의 중심 주제가 분명한데, 엉뚱한 해석을 하여 본문의 주제를 외면하는 우(愚)를 범치 말아야 한다. 그런 개념으로 설교의 주제를 정한다. 그리고는 이번 설교는 한마디로 "무엇이다"라는 명제를 정하는 것이다. 뛰어난 성경 강해 설교자이자 기독교 작가인 스티븐 로손(Steven J. Lawson, 1951-) 교수는 그의 책 『마틴 로이드존스의 설교를 만나다(The Passionate Preaching of Martyn Lloyd-Jones)』에서 로이드존스가 한 말을 인용하여 기술하고 있다. "중심 주제, 본문의 중심 메시지에 도달하는 일의 중요성은 아무리 강조해도 지나치지 않다. 이것이 당신을 이끌어 가고 당신을 가르치게 해야 한다. 그것에 귀를 기울인 다음에 그 의미에 대해 질문을 하라. 그런 다음 그것이 당신의 설교를 위한 부담감이 되게 해야 한다"[150]라고 말하여 성경 본문의 중심 메시지를 나의 설교의 주제도 따라가야 한다는 중요성을 강조하고 있다.

일단 글을 써라

그 다음에 설교 원고에 미리 기입한 소제목 안에 내용을 채워 넣는 방법이 가장 곁길로 가지 않고 원고를 만들어 갈 수 있는 방법이라고 필자는 생각한다. 설교 형태에 맞추어 설교 원고를 작성해 가는 것은 너무나 중요하다. 설교 형태는 강물의 둑과 같아서 물줄기가 제 길을 갈 수 있도록 해 주는데 엄청 큰 역할을 하기 때문이다. 그런데 본문을 묵상하면서 그때그때 떠오른 생각이나 느낌을 간간히 메모해 놓은 내용을 가지고 퍼즐을 맞추듯이 설교 원고의 포맷에 기록해 나가는 것을 주저하지 말아야 한다. 책상 앞의 컴퓨터 자판을 쳐서 원고에 기술하는 그 작업을 너무 미루지 말고 일단 글을 써 넣어야 한다는 점이다.

김운용 교수는 설교문의 작성에 대한 그의 코멘트를 다음과 같이 기술하고 있다. "이제 이러한 개요가 작성되었다면 그것을 따라 수집한 자료를 배열하게 될 것이며, 설교 원고 작성이 시작하게 될 것이다. 설교를 원고화 하는 작업은 많은 에너지와 시간을 요구한다. 그래서 간편한 메모 설교 형식을 선호하는 경우도 있지만 간편성과 강단에서 자유로움을 가져다줄지는 모르지만 원고가 명확하게 작성되지 않는 설교는 그 흐름과 논리적 전개에 문제가 생길 수 있는 가능성이 높고, 말씀 세

---

150)　스티븐 로손, 『마틴 로이드존스의 설교를 만나다』, (생명의 말씀사, 2017), 117.

계의 깊이를 드러내는데 한계를 갖게 된다."[151]

계속하여 김운용 교수는 의미심장하고 비장한 투의 글로 설교준비에 대한 글을 마무리하고 있다. "존 킬링거(John Killinger, 1933-)는 '형편없는 기술자만이 기술을 하찮은 것으로 여긴다.'고 했다. 그것은 그냥 된 것이 아니라 피나는 노력과 훈련을 통해, 그리고 자기 절제를 통해 전문가로 태어나는 것이다. 설교에 있어서 왕도(王道)는 없다. 다만 철저한 준비만 있을 뿐이다. 찰스 스펄전(Charles Spurgeon, 1834-1892)은 그렇게 말했다. '날마다, 날마다 내려오는 만나(manna), 오! 이 교훈을 잘 배울 수만 있다면…'."[152] 이런 마음으로 설교 준비를 하고 글을 써야 할 것이다.

그리고 설교학 교수인 권호 박사는 그의 책『본문이 살아있는 설교(Text-Driven Preaching)』에서 완성도 높은 설교문을 작성하기 위해, 설교자가 이해하고 활용해야 하는 여섯 가지 과정을 기술하고 있다. "① 설교문의 종류를 이해하고 자신에게 맞는 것 결정하기 ② 영적인 문장 작성하기 ③ 설교문 보강하고 강화하기 ④ 각 대지의 요점 반복하기 ⑤ 서론과 결론 완성하기 ⑥ 제목 결정하기"[153] 이는 당연한 내용이다. 선택한 성경 본문을 깊이 묵상하되 본문의 중심 주⑤제를 나의 설교가 따라가야 한다는 것이 아주 중요하다는 점을 인식한 후 설교 형태를 결정하게 된다.

151) 김운용, 『현대설교 코칭』, (장로회신학대학교출판부, 2012), 175.
152) 위의 책, 177.
153) 권호, 『본문이 살아있는 설교』, (아가페북스, 2018), 175.

감동되는 영적인 문장(spiritual sentence)

그런데 권호 교수가 추천하는 두 번째 「영적인 문장 작성하기」에 대하여 좀 더 알아보는 것이 좋겠다. "영적인 문장"을 "기억하기 쉬운 문장"이라고 하여서는 안 된다고 권호 교수는 말하며 다음과 같이 설명하고 있다. "이 영적인 문장은 본문의 영적 깊이와 깨달음을 언어의 정교함과 아름다움으로 함축한 문장이다. 이것을 사용할 때 사람들의 마음에 메시지가 깊이 남는 것을 경험할 수 있다. 이런 영적 문장을 만들기 위해서는 문화적이고 문학적인 노력도 필요하지만 더 근본적으로는 지속적인 본문 묵상과 기도가 필요하다. 청중의 마음을 울리는 영적 문장은 설교자의 지속적인 영적 활동을 통해 만들어지기 때문이다."[154]

그러면서 영적 문장의 예를 출애굽기 13장 17-22절을 가지고 보통의 문장으로는 '이스라엘을 블레셋 길이 아닌 광야의 길로 인도하시는 하나님'이라면, 영적 문장으로는 '약속을 주신 하나님은 광야도 주신다.'로 나타내는 것이다. 즉 '하나님의 약속은 죽음을 넘어 행진한다. 광야의 삶에도 쉼은 있다.'와 같이 영적 문장은 청중의 마음을 울리는 영적인 힘이 있음을 알 수 있다.[155] 설교자는 같은 말이라도 청중이 곱씹을 수 있는 문장을 만들 수 있어야 한다. 그러므로 인문학 서적, 특히 시(詩)와 수필(隨筆)과 같은 함축된 언어에 익숙해져야 설교 문장이 더욱 성숙해져 갈 수 있다. 그러나 여기에는 반드시 묵상과 기도가 수반되어야 한다는 것이 권호 교수의 주장이다. 필자는 권 교수의 주장에 전적으로 동의하면서도, 영적 문장이라는 것에 너무 치우쳐 자칫 기교만 높아져 가는 것을 경계한다.

---

154) 위의 책, 185.
155) 위의 책, 187.

또한 권호 교수는 자신의 다른 책인 『본문이 살아있는 설교 작성법』에서 설교문을 작성하는 여섯 단계를 소개하고 있다. "1) 먼저 설교문의 종류(개요원고, 완전원고, 부분원고)를 이해하고 자신에게 맞는 것을 결정하라. 2) 메시지가 청중의 마음에 남도록 영적인 문장(spiritual sentence)을 작성하라. 3) 설교문을 보강하고 강화할 예화, 통계, 인용 등을 사용하라. 4) 각 대지의 요점을 반복할 시기를 결정하라. 5) 서론과 결론을 완성하라. 6) 설교의 최종 제목을 정하라."[156] 위 내용은 거의 완성 단계에서의 내용이므로, 본 소제목에서는 참고만 하면 될 것이다.

---

156) 권호, 『본문이 살아있는 설교 작성법』, (아가페북스, 2019), 31.

3/ 주제 먼저, 제목 나중

설교는 인간이 하나님으로부터 마음이 교류되는 기도 중에
성신의 속삭여 알려주심(啓示)을 받아서 회중에게 나아가 그것을 가감 없이 역설함이다.
- 이명직

설교 제목과 주제의 상관성

설교의 제목(題目, subject)은 외부로 나타나지만, 주제는 문장 속에 숨겨져 있다. 그러므로 제목은 청중들로 하여금 주목을 받는데 일조를 한다. 제목은 일종의 이름이고, 브랜드이다. 제목의 중요성은 최근에 유행하고 있는 유튜브에서도 알 수가 있다. 제목이 구독자로 하여금 어필이 안 되면 그 영상의 조회 수가 결코 올라가지 않는다고 한다. 그래서 제목을 작명하는 것에 많은 신경을 쓰게 된다. 설교도 마찬가지이다. 예전에는 제목만 보아도 대개 이 설교가 어떻게 흘러 갈 것인지, 주제가 무엇인지를 잘 알 수 있도록 된 제목이 유행되었지만, 지금은 제목이 설교 내용의 30-40% 정도를 숨기고 있는 듯, 곧바로 주제와 내용을 알 수가 없도록 하는 것을 권하고 있다. 선입감을 없애려고 하는 것이다. 그러므로 제목은 설교 원고를 다 끝내고 만드는 것이 낫다고 판단한다.

그러나 주제(主題, major point)는 다르다. 주제는 설교 전체에 흐르는 중심 단어가 들어가 있는 핵심이라고 할 수 있다. 다만, 설교의 주제는 항상 성경 본문의 중심 주제를 벗어나서는 안 된다. 본문을 묵상하면서 이 부분을 깊이 생각해서 설교의 주제를 정하여야 할 것이다. 그리고 정해진 설교의 주제를 처음부터 확고하게 가지고, 그 주제에 의하여 뼈대에 근육을 붙여나가야 설교가 곁길로 나가지 않게 된다는 것

은 자명한 일이다. 그런데 자주 제목과 주제가 동일한 설교문을 접하기도 한다. 이 경우에 제목에서 너무 자명하게 설교의 속 내용이 보이는 것이기에 가능한 제목에 대하여는 주제와는 다르게 만들어야 할 것이다.

설교의 시작이 주제는 아니다.

20세기 개혁교회의 최고의 설교자인 '마틴 로이드존스(Martyn Lloyd-Jones)' 목사는 주제 설교에 대하여는 극력 반대의사를 나타내었다. 이는 정해진 주제에 성경 말씀을 갖다 붙이는 즉 주객이 전도되는 설교를 하게 되는 것을 염려해서 하는 말이다. 늘 우리는 말하여 오고 있다. '본문이 이끄는 설교'를 해야 한다고. 그리고 그는 말하고 있다. "설교문은 주제에서 출발하지 않는다는 점입니다. 설교문은 언제나 강해로 작성되어야 합니다. 설교문의 주제나 교리는 본문과 문맥에서 나오는 것이며, 본문과 문맥으로 예증되는 것입니다. 그렇기 때문에 주제 같은 것에서 출발해서는 안 되는 것입니다. 설교문을 쓸 때에는 교리나 논지가 들어있는 성경에서 출발해야 합니다. 그리고 특정 배경을 고려하면서 그 본문을 다루어야 합니다."[157]

그런데 주제 설교에 몰입하다보면 그 주제를 살리려고 여기저기서 성경을 가져다가 갖다 붙이는 엉뚱한 설교가 될 수가 있다. 이점을 우리 설교자들은 명심하여야 할 것이다. 금천설교아카데미는 청주 금천동에서 38년 전인 1985년에 금천교회를 개척하신 김진홍 목사께서 1997년부터 설교에 대하여 고민이 많은 후배 목회자들을 위하여 개설된 설교 연구모임이다. 회원 목회자들은 자기 설교를 여러 회원들 앞에서 낭독하여 칭찬과 격려 그리고 지적과 수정을 요하는 코멘트를 받게 된다.

---

157) 마틴 로이드존스, 정근두 역, 『설교와 설교자』, (복 있는 사람, 2005), 119.

항상 설교 원고를 발표할 시, A4 5매 정도의 분량으로 발표하는데 본문, 제목, 주제, 명제, 목적을 명기하여 발표한다.

그러면 회원들은 제시된 주제를 과연 본문에서 잘 잡았는지 또한 그 주제가 원고 속에 면면히 흐르고 있는지 유심히 관찰하게 된다. 주제를 "하나님의 사랑"이라고 했는데 정작 설교 내용에는 "하나님의 은혜"나 "능력"이 주력하여 나타난다면 이는 문제가 되는 원고라고 할 수가 있다. 물론 설교 원고의 주제인 "하나님의 사랑"이 본문에서 나왔는지도 굉장히 중요한 점검 포인트라고 할 수 있다. 물론, 설교 형태에 따른 전개의 적절성, 단문 여부, 예화가 적합한지 그리고 적용이 잘 이루어지고 있는 지를 검토하게 된다. 그리고 제목은 그 설교 원고의 내용을 60-70% 정도만 내 비치는 정도가 되면 아주 잘된 제목이라고 할 수 있다.

최근 주일예배 설교의 제목

최기의 주일예배 설교에서, 세 분의 설교 본문과 제목을 검토해 보자. 첫째로, 용인에 소재한 새에덴교회 소강석 목사의 주일 설교는 창세기 1장 25-29절을 본문으로, 제목은 「새 담론을 만들어 가자」였다. 이것도 "꽃씨 메시지"라는 설교 시리즈의 일환이다. 하나님께서 태초에 창조하실 때 여섯째 날의 내용이 나와 있는 본론이다. 짐승과 가축을 만드시며, 남자와 여자를 만드시고, 사람으로 하여금 생육, 번성, 충만의 복과 모든 생물을 다스리게 하신 일 그리고 채소와 열매를 먹을거리로 주신 내용이 이 여섯 절에 다 나와 있다. 그러니 제목인 「새 담론을 만들어 가자」라는 문장으로 설교 내용을 가름하기는 쉽지 않다고 할 수 있다. 다만 새로운 담론 즉 새롭게 체계적인 논의 또는 새로운 이야기를 만들어 가자고 어렴풋이 가름 할 수는 있다. 그런데 굳이 "담론

(談論, discourse)"이라는 어려운 단어를 사용한 것은 지적받을 수도 있다 하겠다.

두 번째로, 안산 꿈의교회 김학중 목사의 설교는 창세기 28장 15-16절을 본문으로, 「망한 인생? 언제나 길은 있다」라는 제목의 주일 설교였다. 본문은 야곱이 부모를 떠나 하란으로 가다가 루스라는 곳 (추후 벧엘이 됨)의 땅바닥에서 돌베개를 하고 잠을 자게 된다. 그런데 꿈속에서 하늘에 닿은 사닥다리에 천사들이 오르락내리락하는 모습과 하나님의 약속을 듣고, 잠에서 깨어 하나님을 만난 것을 알고 감사 예배를 드리는 내용이다. 부모와 고향 땅을 떠나가는 야곱의 처량한 모습이지만 전능하신 하나님을 만나 큰 위로와 용기를 얻게 되는 내용이기에 삼포 시대(三抛時代)[158]의 젊은이들에게 "승리할 수 있다!"라는 의지와 힘을 북돋아주려는 설교자의 의도가 제목 속에 담겨있다고 생각한다. 일단 제목이 쉽고, 기대가 되면서도 어느 정도 이해가 되는 제목으로 설교할 내용의 의도를 70%정도 보여주고는 있다고 느껴진다.

셋째로, 성남 선한목자교회 유기성 원로목사의 설교는 히브리서 5장 7-10절의 본문에, 제목은 「고난의 때 순종을 배우다」였다. 본문은 예수 그리스도께서 심한 통곡과 눈물로 기도하시며, 고난으로 순종함을 배웠고, 멜기세덱의 반차를 따른 대제사장이라 칭함을 받았다는 내용의 말씀이다. 유기성 목사는 성경 본문에서 그대로 설교 제목을 땄으니 그냥 전통적인 제목이다. 반면에, 소강석 목사나 김학중 목사의 경우에는 젊은이들에게 어필하고 새로운 트렌드로 가는 설교의 제목이고, 이

---

158) 삼포시대(三抛時代): 사회·경제적 상황으로 인해 연애, 결혼, 출산을 포기하는 시대. – 다음 사전

제목 속에 설교의 내용이 보일 듯 말듯 숨어 있다. 그러므로 당연히 주제는 더욱 깊이 들어가 있음이 당연하다.

제목은 설교 원고 완성 후

주승중 목사는 그의 책 『성경적 설교의 원리와 실제』에서 "설교의 제목"에 대하여 이렇게 기술하고 있다. "설교 제목은 설교를 광고할 때 사용되는 상상력이 풍부하고 제안적인 단어나 구이다. 제목을 설교의 중심 사상과 혼동해서는 안 된다. 설교의 중심 사상은 설교의 핵심 내용을 한 문장으로 요약해 놓은 것이다 반면에 설교 제목은 사람들로 하여금 그 설교를 듣게 하거나, 관심을 불러일으키거나, 들을 만한 무엇이 여기서 이야기된다는 것을 암시한다면, 그 제목은 구실을 다한 것이다."[159]

그리고 계속하여 효과적인 제목의 특징을 "관심을 유발하는 것, 간결한 것, 현대적인 것"이라고 말하며, 비효과적인 제목은 "과도 진술, 지나치게 선정적인 제목, 모호성, 진부한 것"이라고 말하고 있다. 그리고 말미에 "마지막으로 제목은 언제 준비해야 하는가? 이상적으로는 설교자가 알리고자 하는 것을 완전히 알게 된 때, 즉 설교가 완성되었을 때 붙이는 것이 가장 옳다. 물론 때로는 설교 준비를 시작하기도 전에, 혹은 시작한 뒤에 곧 제목을 붙일 수도 있다. 그러나 역시 설교 제목은 설교가 완전히 완성된 후에, 그 설교를 가장 효과적으로 알릴 수 있는 것으로 삼는 것이 가장 효과적일 것이다."[160] 주 목사는 자신의 경험을 원칙적으로 잘 표현해 주고 있다.

---

159) 주승중, 『성경적 설교의 원리와 실제』, (복 있는 사람, 2005), 381.
160) 위의 책, 385.

그러므로 설교 원고를 시작하면서 성경 본문에서 반드시 설교의 주제가 나와야 함은 주지의 사실이다. 이후 설교 원고가 완성되었을 때, 제목을 고심하여 정하는 것이 바람직하다고 할 수 있다. 물론 제목은 반드시 설교 원고가 완성되었을 때에만 해야 된다고 못 박을 필요는 없을 것이다. 끝으로 상기 세분의 설교 제목 가운데 필자 개인적으로는 김학중 목사의 설교 제목이 보다 더 귀감이 되지 않은가 한다. 그런데 '귀감(龜鑑, model)'이란 말도 어려운 단어일 듯하다.

4 / 설교 시간과 원고의 분량

> 언제나 나는 다시 설교할 수 없을 것이라는 절박한 심정으로 설교한다.
> 마치 죽어가는 한 사람이 죽어가는 사람에게 설교하듯이 하려고 한다.
> - Richard Baxter

새만금 사업에 대한 진실한 접근

"새만금"은 전라북도의 세 지역인 김제시, 군산시, 부안군에 걸친 금강, 만경강, 동진강의 하구(河口)를 간척하는 사업이다. 여기서 얻은 땅을 산업용지로 사용하고자 1991년부터 시작하여 기네스북에 오른 33.9km의 새만금 방조제는 2010년에 준공하였다. '새만금'이란 이름은 '새 금만평야(호남평야)'라는 뜻으로 붙은 이름이다. 계속하여 8조원 규모의 국가적 사업으로 진행하여 오고 있는 대규모 간척사업의 익숙한 이름이다. 상대적으로 열악한 전라북도를 발전시킬 수 있는 대규모의 국가사업으로 도민들은 물론 국민 모두가 기대하는 곳이다. 이번에 '제25회 세계스카우트잼버리대회'를 개최한 지역이기도 하다.

그러나 그동안의 준비가 소홀했는지, 그저 의욕만 앞세웠는지, 잼버리대회 첫날부터 전 세계 159개국에서 모인 43,000여명의 청소년들에게 엄청난 불편과 고통을 주게 되었고, 급기야는 태풍 카눈으로 인해 새만금에서 철수하여 전국의 지자체로 흩어졌다. 국민들의 성원과 지원 덕분에 잼버리대회는 무사하게 마칠 수가 있었다. 특히 상암 월드컵 축구장에서의 K-팝 공연으로 잼버리대회가 만족스럽게 마쳐질 수가 있어서 다행스럽다. 우리 기독교계에서도 여의도순복음교회, 새에덴교회, 사랑의교회 등 여러 교회에서 각종 후원과 숙소편의를 제공한 바 있다. 하지만 새만금에서의 시설 미비 등의 파행에 대하여 관련된 책임기관들에 대한 감사원 감사로 문제점을 확실하게 알 수 있게 될 것이다. 그럼에도 불구하고, 새만금이라는 국가적 사업이 전라북도를 한 단계 도약 및 발전시킬 수 있도록 정말 잘 되기를 바란다.

원칙적인 설교의 분량

설교에서도 마찬가지이다. 설교자가 제대로 준비하지도 않고, 성령님께 무작정 기대어 은혜로운 설교를 바라는 것은 우물가에서 숭늉을 찾는 것과 같다. 설교 원고의 작성이전에 우선 본문 묵상이 가장 중요한 단계임을 주지한 바 있다. 그런데 설교의 시간은 어느 정도가 가장 좋을까? 신학교에서 배운 이론적으로 가장 적절한 시간은 23분이다. 이 시간이 어떤 통계적 기법에 의하여 산출되었는지 모르나 아마도 신체 정신의학적으로 사람이 어떤 것에 집중할 수 있는 최대한의 한계 시간으로 알려진 시간인지도 모른다.

"TED(Technology, Entertainment, Design)"라는 미국의 비영리 재단에서 운영하는 인기 있는 강연회가 있다. 이 TED 강연회에서는 기술, 오락, 디자인 등과 관련된 주제를 가지고 그 분야에 전문가가 강연을 한다. 그런데 강연회에서의 강연은 18분 이내에 이루어진다. 참석한 청중들은 온 신경을 집중하여 강연자의 말하나 하나를 놓치지 않으려고 한다. 또한 CBS-TV에서 운영하는 "세바시(세상을 바꾸는 시간)"라는 강연회도 TED와 유사한데 15분으로 제한되어있다. 15분이나 18분은 사실상 금새 지나갈 수 있는 시간이다. 그러나 이 짧은 시간에 청중들은 좋은 정보와 함께 마음에 큰 감동을 받는다. 진실로 콘텍스트의 중요함을 느끼게 한다.

그런데 설교에서는 어떤가? 실제로 청중 앞에서 설교를 해보면 보통 30분 정도가 소요되곤 한다. 그러므로 가능하다면 30±5분에서 설교가 마쳐질 수 있도록 시간 조절을 해야 하지 않을까 여겨진다. 이 시간에 맞춰진 설교 원고의 분량은 A4, 10포인트, 160%, 5페이지 정도가 된다. 설교에서 편하게 시간이 지나가는 부분은 예화에 대한 내용이다. 재미있는 내용으로 예화가 본문과 매칭이 잘 되면 설교의 품격이 상승되는 효과가 있다. 다만 여기서 의욕이 넘치면 35분이 훌쩍 넘어가는 것은 일도 아니다.

그런데 무엇보다도 30분이 넘어가면 청중들은 거의 지루함을 느끼게 된다. 설교가 짧아도 문제이지만 길면 더 문제가 된다. 그래서 C채널이나 CBS-TV 등에서 방영하는 방송 설교 분량은 거의 22-23분으로 편집되어있다. 그러므로 가능하다면 예배에서의 설교도 30±5분의 시간이 지켜질 수 있도록 설교자가 시간조절을 할 수 있어야 할 것이다. 시간조절은 설교 원고의 분량을 가지고 할 수 있는데, 설교의 분량에서 서론에서 원고 1-2페이지(5-10분), 본론에서 2-3페이지(17-20분), 결론에서 1페이지(3-5분) 정도의 분량이 적절하다. 그리고 결론은 서론보다 짧아야 한다.

실제 목회에서의 설교 소요 시간

그럼에도 불구하고, 소강석 목사는 거의 44-45분을, 김학중 목사는 40-42분, 유기성 목사는 45-50분 정도를 설교 시간으로 사용한다. 결국 주요 목회자들은 설교 시간을 통상 40분정도로 사용하고 있으며, 적다고 할지라도 30-35분이 소요된다. 이 분들의 설교 특징은 상당한 시간을 청중과의 눈 맞춤을 유지하면서 대화식 설교로 이끌어

나간다. 즉 청중과의 커뮤니케이션을 적극 활용하고 있다. 이 분들에게서 첫째, 둘째, 셋째 등과 같은 대지 설교의 형태는 거의 나타나지 않는다. 청중들을 설교 안으로 초청하는 것과 같은 그런 분위기가 연출되어 실제로 40여분의 설교가 길게 느껴지지 않는다. 이런 설교의 노하우는 이 분들이 대단히 노력하고 수고하여서 정착시킨 방법이라고 생각한다.

다만 불필요한 언어가 설교 중에 나타난다는 문제가 있다. 물론 청중들이 잘 이해가 되도록 보충적인 설명이 많아서 그럴 수 있을 것이다. 하지만 정통적인 보수 교단의 대표적인 설교자이신 주안장로교회의 주승중 목사, 영락교회의 김은성 목사, 소망교회의 김경진 목사 등 설교학에 그래도 연관이 깊은 분들은 30-33분 사이에서 설교가 거의 마무리된다. 그러므로 지 교회의 여러 가지 다른 사정과 환경으로 인하여 조금 길게 설교하게 되는 것을 저지할 수는 없다. 다만 설교 시간의 목표는 최소 25분, 최대 35분에 맞추어 설교 원고를 작성하고, 최대 35분을 넘지 않도록 설교에 흐름을 맞춰야 할 것이다.

마틴 로이드존스 목사의 충언

그런데 20세기 최고의 강해설교자인 마틴 로이드존스 목사는 그의 강의록인 『설교와 설교자』에서 설교의 길이에 대하여 말하고 있다. "이 부분(설교 시간)에 대하여 너무 기계적으로 하거나 엄격하게 하지 말 것을 권하고 싶습니다. 설교의 길이를 결정하는 기준은 무엇일까요? 무엇보다 중요한 기준은 설교자 자신입니다. 시간은 상대적인 것이지 않습니까? 어떤 이에게는 10분도 한 시대만큼 길게 느껴질 것이고, 어떤 이들에게는 한 시간이 몇 분처럼 짧게 느껴질 것입니다… 자신이 전해야 할 진리와 메시지에 따라 시간의 길이를 결정하고 조절하십시오…
'그리스도의 사랑이 우리를 강권하시는도다.'라고 정직하게 말할 수 있다면(고후 5:14), 설교의 길이 문제에서든 그 밖의 문제에서든 잘못된 길로 빠지지 않을 것입니다."[161]

강해 설교라는 점을 감안하더라도 설교자에게 엄격한 잣대를 대고 진지함을 요청하는 로이드존스 목사다운 혜안(慧眼)이다. 하지만 시대의 흐름을 무시할 수 없는 상황에 현대의 설교자는 놓여 있다. 사실 지금도 뜨겁게 부흥하고 있는 파키스탄, 네팔, 인도 등지에서의 설교시간은 1-2시간을 훌쩍 넘어간다. 그러므로 설교의 시간과 원고의 분량은 현지의 환경과 밀접한 관계에 있음을 부인할 수가 없다. 사회의 분위기, 교회의 상황, 청중들의 태도 등에서 설교의 시간은 23분에서 수 시간으로 가변될 수도 있을 것이다.

여기 로이드존스 목사도 거론하시고, 모든 설교학 교수들도 이구동성으로 말씀하시는 것이 있다. 그것은 '성령님의 이동'을 제한(制限)하지 말라는 말이다. 성령의 감동으로 인하여 준비한 설교 원고를 놔두고, 다른 본문으로 다르게 설교한 경우도 있다. 설교 도중에 갑자기 생각지 못하였던 내용으로 말씀하는 경우도 있다. 그러므로 성령님께 설교를 맡기는 그런 자세가 바른 설교자의 자세가 아니겠는가? 다만 자기의 임무인 설교 원고 작성을 반드시 해야 하는 것은 분명한 설교자의 기본 책임이라는 점을 설교자는 반드시 명심하여야 할 것이다.

---

161)　마틴 로이드존스, 정근두 역, 『설교와 설교자』, (복 있는 사람, 2005), 390-392.

5 / 단문(短文) 위주로 작성

> 설교는 최선의 상태에 있는 단지 하나의 붓이다.
> - Charles R. Brown

시(詩)로 노래하는 인생

우리나라 시인들 중에 대표적인 분은 "하늘과 바람과 별과 시"라는 시를 만들어 낸 윤동주(尹東柱, 1917-1945) 시인일 것이다. 본래 이 시의 제목은 "서시(序詩)"이다. 시집의 프롤로그인 셈인데 우리에게는 "하늘과 바람과 별과 시"로 유명한 시가 되어있다. 기독교인인 윤동주 시인은 독립 운동가이기도 하다. 이로 인하여 옥살이를 하였는데, 27살이라는 젊은 나이에 일제로부터 생체실험을 당하여 돌아가셨다는 증언도 있다고 한다. 너무 안타깝고 서글픈 일이다. "가인박명(佳人薄命)"인가? 1941년 11월 20일에 발표한 윤동주 시인의 "서시"는 이렇다.

"죽는 날까지 하늘을 우러러 한 점 부끄럼이 없기를, 잎새에 이는 바람에도 나는 괴로워했다. 별을 노래하는 마음으로 모든 죽어 가는 것을 사랑해야지 그리고 나한테 주어진 길을 걸어가야겠다. 오늘 밤에도 별이 바람에 스치운다." 많은 것을 함축한 시이다. 짧고 부드러우며 아름다운 시이다. 또 한 분인 나태주(羅泰柱, 1945-) 시인의 "풀꽃"이라는 시가 있다. "자세히 보아야 예쁘다 오래 보아야 사랑스럽다 너도 그렇다." 이토록 시(詩)는 시인의 생각과 생각이 거듭되어 나타나므로, 마치 영롱한 아침 이슬과 같다.

그러므로 시를 구성하는 글은 대개 단문이다. 장문도 있겠지만 단문으로 느낌을 함축시켜서 나타내어야 시다운 시가 아니겠는가? 단문은 숏 센텐스(short sentence)이다. 짧은 문장이라는 뜻이다. 단문으로 글을 쓰는 문학의 대표주자는 "시(詩)"이다. 함축된 글로 표현하기에 많은 뜻이 녹아들어있다. 그리고 수필(隨筆)이라는 형식에 억매이지 않는 문학형식이 있는데, 지금도 민태원(閔泰瑗, 1894-1935) 작가의 "청춘예찬"이란 수필이 유명하다.

단문으로 작성해야 하는 이유

사실 글은 짧게도 쓸 수 있고, 길게도 쓸 수가 있다. 그런데 설교는 왜 단문으로 써야 하는가? 그것은 설교는 글로 된 원고를 말을 통하여 그 메시지가 전달되기 때문이다. 설교자는 이 설교 원고를 기초로 말하는 것이다. 하지만 원고에 얼굴을 파묻고, 그 내용을 그대로 읽는 설교자가 있었다. 지금은 고인이 되셨지만 서울 대학로에 있는 동숭교회의 박승은(1925-2007) 목사께선 설교 시에 항상 원고만 보고 설교하셨다. 얼굴 좀 들고 하시지라는 생각도 들었지만, 그렇게 하셨어도 그때는 은혜가 되었다. 쓸데없는 인간적인 이야기는 안하고, 오로지 하나님의 말씀만을 선포하신다는 일념으로 설교하신 것 같다.

그러나 이제는 청중과의 교감을 통한 커뮤니케이션이 중요한 세상이다. 교회의 설교도 예외는 아니다. 그러므로 단문이 아닌 설교문은 말을 할 때, 잊어버리기 십상이다. 긴 문장의 말이 중간 중간에 끊어지지 않으면, 청중들이 말의 뜻을 이해하기가 힘들다. 또한 설교자도 어렵다. 그러므로 아트설교연구원 원장이신 김도인 목사는 자신의 책『설교는 글쓰기다』에서 다음과 같이 말하고 있다. "설교 글은 단문이 좋다. 문학작품도 그렇지만 설교와 같은 논리 글은 더더욱 그러하다. 문장이

짧다는 것만으로 단문이라고 말하지 않는다. 길어도 주어와 술어가 하나씩만 있으면 단문이다. 문장 하나에 뜻을 하나만 담으면 단문이다."[162]

한 문장에 주어와 술어가 2개 이상 있다면 이것을 단문이라고 할 수 없다. 이는 중요한 내용이다. 이는 「…는 무엇이다」로 되어야만 하는 것이 아니라는 뜻이다. 그리고 김도인 목사는 말한다. "그러므로 설교는 단문으로 써야 한다. 단문으로 구성된 설교는 이해가 잘 된다는 것이다. 청중들의 마음이 설교에 쉽게 빨려간다… 설교자들은 말이 되는 것도 중요하지만 그보다는 먼저 잘 들릴 수 있는 가를 고민해야 한다. 그러므로 설교자는 의식적으로 설교 글을 단문으로 써야 한다."[163] 항상 설교를 듣는 청중의 입장에서 그들에게 과연 잘 들리는 가를 고려하여 단문으로 설교문을 쓰고 또 짧은 글을 설교하여야 한다. 이는 설교 글에 대하여 많은 고민을 해본 김도인 목사의 노하우라고 할 수 있다.

문장 구조를 단순하게

그리고 예배·설교학자인 주안장로교회의 주승중 목사는 『성경적 설교의 원리와 실제』에서 설교 원고를 더욱 분명하고 명료하게 할 수 있는 방법 가운데 설교 문장은 가능한 짧은 문장이 되어야 함을 말하고 있다. 짧은 문장이 사고의 혼란을 막아 주며, 설교자 스스로에게도 보다 쉽게 그 내용을 기억할 수 있게 도와준다고 한다. 그리고 말한다. 문장 구조를 단순하게 하라는 말도 잊지 않아야 할 포인트이다. 설교자가 더 주의하여야 할 것을 설교의 언어에서는 긴 단어가 반드시 필요하

---

162) 김도인, 『설교는 글쓰기다』, (CLC, 2018), 218.

163) 위의 책, 219.

지 않는 한 가능한 짧은 단어를 사용해야 한다.[164] 이런 것을 주 목사는 「문자 커뮤니케이션」이라고 한다.

이와 유사한 내용으로 대전대학교 곽면선 교수는 자신의 논문에서 이렇게 말하고 있다. "디지털 시대 속에 인터넷과 스마트폰의 확산으로 모바일 커뮤니케이션(Mobile communication)이 더 일상화 되고 있으며, 문자중심의 커뮤니케이션(Text-based communication)은 우리 일상의 일부분이 되었다··· 대화에서 사람의 얼굴 표정이나 몸짓과 같은 비언어적 요소는 언어 메시지와 함께 통합적으로 해석되므로(박현구, 2004) 메시지를 전달하는데 매우 중요한 역할을 한다."[165] 이와 같이 디지털 문화가 보편화되어가며 문자로 커뮤니케이션이 이루어지는 이 시대에서 단문은 필수적이지 않은가 생각하게 된다.

커뮤니케이션은 쌍방 간의 의사소통이다. 즉 설교자와 청중이 서로 교감하여야만 된다. 단문으로 된 설교 원고에 따라 설교자는 구어체의 설교를 할 수 있다. 청중의 눈과 마주치며 이들이 들을 수 있는, 이해할 수 있는 말로 전달할 수가 있다. 뿐만 아니라 설교 원고를 거의 암기하여 설교할 수가 있으니 전달의 효과는 배가 될 수가 있다. 단문은 원고의 의존도를 떨어뜨리는데 분명히 일조를 할 수 있다.

---

164)   주승중, 『성경적 설교의 원리와 실제』, (예배와 설교 아카데미, 2006), 414-415.
165)   곽면선, 모바일 텍스트 메시지에 나타나는 비언어적 커뮤니케이션 양상의 화용론적 연구: 이모티콘 사용을 중심으로, 2019. 『언어학연구』 24(1), 53-83.

연결어를 활용하라

금천설교아카데미 원장이신 김진홍 목사는 설교 원고를 단문으로 써야 한다고 입버릇처럼 강조한다. 필자도 설교 원고를 발표하는 가운데 여러 번 지적을 받았다. 분명히 설교 원고와 일반 글과는 그 성격이 다르다. 논문이나 보고서를 작성하는 방법과 설교를 하기 위하여 작성되는 설교 원고는 다르다는 것을 체감하는데 꽤 오랜 시간이 걸렸다. 단문 작성! 이것은 주어와 술어가 한 문장 안에 있는 것이 단문임을 주지한바 있다. 중문(重文)이나 복문(複文)은 가능한 단문으로 나누어 작성하고, 두 문장 사이를 연결어로 이어주면 된다.

그러면 실제 설교 시에도 말하기 쉽고 청중들의 입장에서도 편하게 들리게 된다. 청중이 쉽게 경청할 수 있도록 하려면 설교자는 청중이 이미 아는 것과 아직 모르는 것을 함께 제공해 주어야 한다. 즉 이미 아는 것은 더 확실하게 해주고, 아직 모르는 새로운 것은 충분히 이해할 수 있도록 해줘야 한다. 만약 설교에 새로운 내용이 많다면, 청중이 그것을 소화할 수 있도록 충분한 시간을 주어야 한다.[166] 꼭 단문으로 하라는 말은 없으나 말하기 쉽고 편하게 들리도록 해야 한다는 말이 설교문을 단문으로 쉽게 만들라고 주문하는 것과 같다고 할 수 있다.

---

166) 아힘 헤르트너/홀거 에쉬만, 손성현 역, 『다시 설교를 디자인하라』, (kmc, 2014), 157.

그러므로 시와 수필과 같이 정제된 글로 깊은 울림이 있는 그런 설교문이 되면 좋겠지만 현실적으로 설교자가 그렇게 고도로 승화된 글을 쓰기는 어려울 것이다. 물론 시인이며 목회자이신 안산제일교회 고훈 (1946-) 원로목사의 경우, 많은 신앙시를 발표하신다. 여기에 굳세고 아름다운 그의 시 "하나님의 사람아"를 다음과 같이 남긴다. "기도로 싸워 이겨라 그리고 당신을 보라 당신은 기도가 돼 있으리라… 그리고 하늘을 보라 당신은 주님의 사람이 돼 있으리라 뼈가 부서져도 주님을 놓지 말라 그리고 당신을 보라 당신은 하나님도 이긴 승리자가 돼 있으리라"

6 / 적용과 예화가 주는 힘

설교는 하나님의 생각과 인간의 생각이 만날 수 있는 접촉점을 찾아내려고 노력한다.
- Ilion Tingnal Jones

죄와 탐심의 강한 유혹

요즘 우리 사회에 동생 아벨(Abel)을 죽인 가인(Cain)의 행위와 같은 흉악한 일들이 연이어 일어나 시민들이 불안해하고 있다. 대낮에 길에서, 백화점에서, 지하철 내에서 가인과 같은 악독한 자들이 무작위로 흉기를 휘둘러 시민들을 사상케 하였다. 또한 공원의 야산에서 욕정에 눈먼 무뢰한(無賴漢)이 공원 둘레 길에서 조금 벗어난 곳을 지나가던 일면식도 없는 젊은 여성을 치명적으로 때리며, 목 조르고, 성폭력을 저지른 사건도 일어났다. 결국 피해자는 병원에서 숨을 거두었다. "어째 이런 일이…." 심리 전문가들은 이런 종류의 사건을 사회의 불평등, 불만과 불안, 빈부격차에서 오는 범죄라고 사회학적 진단을 내린다. 그러나 성경에 비추어 보면, 이는 인간의 내면에 웅크리고 있는 사악하고 더러운 죄가 몸 밖으로 표출된 것으로 보인다. 이 죄 문제가 해결되지 않으면 어느 누구에게나 해당될 수 있는 문제이다. 내가 할 수도 있고, 당할 수도 있는 세상이다. 결국은 죄 문제이다. 죄를 해결하지 못하면 인간은 영원한 파멸로 갈 수밖에 없다.

그리고 또 한 가지는 말씀을 받고 주와 함께 살아가는 크리스천들은 항상 회개(悔改)하며, 영성(靈性)을 유지하여야 한다. 그렇지 않고, 주 은혜 속에서 지내지 않는다면 누구나 예외 없이 죄악의 깊은 늪 속으로 빠져들어 갈 수밖에 없다. 2015년 8월 27일(목), 신대원 1학년 2학기 때, 전국 신대원 신입생 통합수련회가 명성수양관에서 있었다. 그

때 개회예배에서 증경총회장이신 경천교회 김순권(1941–) 목사께서 '목사로서 경계해야 할 세 가지 내용'을 설교해 주셨다. 그 내용은 ① 물질(돈)에 대한 탐욕 ② 거짓말 ③ 성적(性的) 유혹이었다. 평생, 목사는 이세 부분에 대하여 극히 조심하여야 한다. 이와 같이 말씀을 우리의 삶에서 적용하며 살아가는 것이 중요하다. 목사뿐만 아니라 크리스천이라면 이렇게 살아야 한다. 문제는 알면서도 죄를 행하는 것이다. 몰라서 죄를 짓는 것이 아니라 알면서도 죄의 유혹에 빠져 들어간다. 이는 믿음의 신실성과 성령님의 능력 아래에 잡혀 있느냐 아니냐가 관건(關鍵, key point)이다.

선포–해석–적용

그러므로 설교자는 언제나 설교에서 말씀에 따른 적용(適用, application)을 중요시하여야 한다. 즉 말씀을 전하면서 그 말씀이 청중의 삶에서 어떻게 적용하여야 하는가를 반드시 알려주어야 한다. 적용은 말은 쉬우나 정작 설교문에서 적절한 적용을 기술하고, 또 그것을 설교하기가 그리 쉬운 것이 아니다. 원로설교학자인 정장복 교수는 『한국교회의 설교학 개론』에서 본문 말씀(text)의 중요성을 역설하면서 이렇게 말한다. "설교는 설교자의 사상이나 경험, 혹은 유명한 이야기를 들려주는 종교 수필 또는 교양 강좌가 아니기에 언제나 기본적으로 봉독되어진 성경의 말씀을 선포하고, 해석하고, 적용하는 것이 설교자의 정도(正道)임은 계속적으로 강조해 온 사실이다"[167] 여기서 말씀의 선포–해석–적용의 과정이 올바른 길이라는 말이다.

---

167)   정장복, 『한국교회의 설교학 개론』, (예배와 설교 아카데미, 2001), 38.

그리고 계속하여 "거기서(본문을 같이 봉독한 후), 회중은 그 말씀에 대한 기본적인 이해를 소유한 상태에서, 설교자가 그 말씀을 어떻게 선포하고, 해석하고, 자신들의 삶의 장(場)에 어떻게 적용시켜 주는지를 주시하게 된다."[168] 「삶에의 적용」은 설교에서 너무나도 중요하기에 설교자는 이 적용에 대하여 크게 관심을 갖고, 설교가 그저 성경을 해설하거나 설명하는 시간이 되지 않도록 정말 주의하여야 한다. 해설이나 설명은 성경공부 시간에 하면 된다. 그러나 설교는 전혀 다르다.

적용이 살아있는 설교

이 적용이 얼마나 중요한지 금천설교아카데미를 운영하는 김진홍 목사는 그의 책 『깊은 설교 얕은 설교』에서 「설교는 적용이 분명해야 한다」라는 장(章)으로 별도로 구분하여 기술하고 있다. 설교를 하는 이유로부터 시작하는데 성도들로 하여금 '성경 말씀대로 삶을 살아가라'고 하는 것이 설교라고 말하신다. "그런데 많은 설교를 보면 설명이나 나열로 끝나는 것들이 많다. '오늘 본문에서 이렇게 말씀하신다. 그러므로 우리는 이렇게 살아야 한다.'라고 구체적으로 제시해 주면서 강력하고도 힘 있는 선포가 이루어져야 한다. '우리는 본문이 말하는 대로 살고 있는가?'하는 적용이 살아 있는 설교여야 한다는 것을 말하고 싶다."[169]

적용이 확실한 설교가 결국 깊은 설교가 된다는 점을 말하고 싶으신 것이다. 예를 들면 본문의 말씀을 거론하고는 그냥 "이대로 사시기 바랍니다!"라고만 한다면 안 된다. 반드시 구체적으로 적용을 말해 주어야 한다. 즉 "성도 여러분! 우리들은 코로나 핑계를 대고 예배의 자리에

---

168) 위의 책, 39.
169) 김진홍, 『깊은 설교 얕은 설교』, (쿰란출판사, 2020), 94.

나오는 것을 회피하고 있지는 않습니까? '오늘은 그냥 유튜브로 예배를 드려야지'라고 생각합니다. '이렇게 해도 영과 진리로 예배를 드리는 것이 아닌가?'라고도 합리화 합니다. 또 '교회당에 나가서 예배를 드리지 않아도 될 거야'라고 마음에 결정할 때가 있습니다. 그러나 여러분! 예배당에 나와야 합니다. 모닥불이 모여 있을 때 불이 꺼지지 않는 것처럼 유튜브 예배에 몸과 마음이 몰입되면, 제일 중요한 '믿음'이 송두리째 자신의 영혼에서 빠져 나가게 될 것입니다"라고 구체적으로 말해 주는 것이 적용의 한 예이다.

김운용 교수는 『새롭게 설교하기』에서 이렇게 외치고 있다. "한국 교회가 안고 있는 치명적인 약점 가운데 하나는 교회 안에서의 삶과 밖에서의 삶이 유리되고 있어서 거룩한 삶의 실천이 약하다는 점이다. 이것은 한국 교회가 안고 있는 이원론적인 사고의 영향이 적지 않지만 설교가 가지고 있는 구조적 약점 역시 간과할 수 없다… 기독자로 살아가는 삶에 대하여는 크게 강조점을 두지 않았다… 결국 설교자들은 하나님의 초대를 들어야 할 것이다. '너희는 여호와의 선하심을 맛보아 알지어다.'(시 34:8). 그리고 설교자들이 당신의 청중들로 하여금 하나님의 선하심과 그 신비의 말씀을 맛보게 하라, 경험하게 하라, 참여하게 하라, 그때 그들은 진정으로 변화된 삶을 살게 될 것이다."[170] 마치 예레미야 선지자와 같이 피를 토하는 심정으로 글을 쓰신 것 같은 느낌이 든다. 너무나 이원화된 크리스천을 보며 느끼는 답답함, 바로 그것이다!

---

170) 김운용, 『새롭게 설교하기』, (예배와 설교 아카데미, 2007), 380-381.

효과적인 예화(例話) 사용 방법

그리고 적용과 함께 설교에서 결코 무시할 수 없는 부분이 있다. 그 것은 바로 '예화(例話, illustration)'이다. 오죽하면 이야기 설교의 모 태가 된 귀납법 설교를 주창한 프레드 크레독(Fred B. Craddock, 1925-2015) 교수도 '예화'가 전체 메시지를 담을 수 있다고 주장하였 을까?[171] 아마도 크레독 교수는 복음서의 예수 그리스도께서 예화만 가지고서도 하나의 설교를 하신 것을 염두에 두었을 것으로 추측해 본 다. 그런 점에서 예화를 가지고 전체 메시지를 담을 수 있다는 그의 말 은 그리 잘못된 주장은 아닌 듯하다. 다만 한국 교회의 정서에서 예화 만 하고, 설교를 마친다면 과연 용납할 수가 있을까?

정장복 교수는 『한국교회의 설교학 개론』에서 '예화'는 말씀의 선포 에 절대적으로 필요한 것임에는 틀림이 없다고 말하고 있다. 그리고 설 교에서 예화를 사용할 시, 유용하고 효과적인 길을 다음과 같이 소개 하고 있다. ① 한국인을 위한 한국인의 예화를 활용한다. ② 설교자 자신과 자신의 가족 이야기는 주인공을 제3인칭으로 표시한다.(고후 12:2 참조) ③ 신선한 예화만을 사용하라 ④ 주제별로 예화를 틈틈이 수집하라 ⑤ 독서를 통하여 예화를 수집하라. 그밖에 예화의 길이는 2 분을 넘지 않게 하라, 원고를 보면서 예화를 진행하지 말라, 긍정적인 예화를 하라고 말하고 있다.[172]

그렇다! 가능하다면 부정적인 예화보다 긍정적인 예화를 사용하는 것이 훨씬 좋다. 예화는 적용을 적용답게 만들어 주는 큰 역할을 한

---

171)   Fred Craddock, Preaching, 204, 『한국교회의 설교학 개론』에서 재인용, 280.

172)   정장복, 『한국교회의 설교학 개론』, (예배와 설교 아카데미, 2001), 269-280.

다. 그러므로 예화 3개만 있으면 설교를 완성할 수 있다는 말도 있다. 하여간 본문에 기막히게 맞춰진 예화가 있으면 설교는 상당히 강력해진다. 예화를 매우 잘 활용하시는 분이 바로 소망교회의 원로이신 곽선희(郭善熙, 1933-) 목사이다. 이 분이 추천하는 예화의 출처는 다음과 같다. ① 성경에서 예화를 찾으라.(가장 좋은 예화) ② 일상의 생활(목사는 실생활에서 예화를 찾을 수 있도록 잘 관찰해야 한다.) ③ 역사 ④ 여행 및 관광('내가 어디에 갔었네.'라는 말을 하지 말라) ⑤ 자연, 문학, 과학, 예술 등 많은 곳에 예화가 널려있다. 그리고 하나의 예화는 2분 이내로 하고, 진실하게 하라, 음성을 낮추어서 재미있고 친절하게 하라고 예화의 대가(大家)는 설교학 강의에서 말하였다.

그러므로 본고를 요약하자면, 설교에서 '적용'은 가장 중요한 요소 중에 하나이므로, 적용을 항상 고려하여야 할 것이다. 이와 함께 '긍정적인 예화'를 새롭게 창출할 수 있도록 노력하여야 좋은 설교자가 될 것이다.

7 / 주석과 타 설교 영상 참조

> 설설교가 갱신되려면 무엇보다 먼저 설교의 가장 기본적인 내용,
> 성경적 설교에 충실해야 한다.
> - 주승중

춘천에 가는 길

강원특별자치도의 도청소재지인 '춘천(春川)'은 정녕 아름다운 고장이다. 호반의 도시인 이곳에 우리나라에서 저수량이 제일 큰 소양강댐이 있다. 서울과 춘천을 잇는 서울양양고속도로가 있지만, 필자는 예전부터 있던 46번 국도인 경춘로(京春路)를 이용하기 좋아한다. 올림픽대로를 거쳐, 강동대교를 건너, 경춘로에 들어서면 이내, 도농, 평내, 호평, 마석, 대성리, 청평, 가평, 강촌의 아기자기하고 정겨운 정경들이 계속하여 반겨준다. 특히 대성리에 가기 전, 경춘로의 언덕을 넘어 북한강이 처음 보이는 곳을 지나가면 언제나 반가움의 탄성이 나오고, 아내는 운전하면서도, 정태춘(鄭泰春, 1954-) 가수의 「북한강에서」라는 가요의 한 소절을 흥얼거린다. "강가에는 안개가 안개가 가득 피어나오" 그리고 굽이굽이 경춘선과 병행하여 달린다. 아련한 추억의 대성리와 청평을 지나, 어느덧 경기도와 강원특별자치도를 연결하는 가평2교 및 경강교에 올라서면, 북한강 건너 우측으로 보이는 강변의 펜션들과 산속의 전원주택들이 수채화처럼 펼쳐진다.

가장 마음이 설레어지는 곳은 강촌에 가기 전인 길이 850m의 '춘성대교(春城大橋)'에 진입하면서이다. 눈앞에 펼쳐진 늠름한 월두봉(162.4m)과 순결한 여인의 자태(姿態)와 같은 북한강이 아우러지는 그 모습은 한 폭의 풍경화가 아니겠는가? 그리고 북한강변위로 시원하게

연결된 등선교를 달려, 의암교를 건너 춘천 시내에 입성하게 된다. 호반의 도시답게 깔끔하다. 춘천 시내외곽으로 구봉산(440m) 전망대로 가는 길은 호젓하면서도 기대가 되는 곳이다. 정상부근에 춘천 시내를 잘 관망하면서 맛있는 커피를 마실 수 있는 여러 취향의 커피숍들이 여행자의 눈길을 끈다. 현재는 외손녀를 돌보느라 잠시 수원에서 지내고 있지만, 숲 해설가로도 활동하는 여동생이 시집간 이후로, 평생을 살고 있는 아름다운 춘천에는 언제라도 핑계를 대고 방문하고 싶다. 또한 그가 권사로 있는 아담한 '춘천그리스도의교회'도 생각나는 곳이다.

주석을 참고할 때

이렇게 다소 감상적인 글을 서두에 쓴 것은 설교에서도 본문 선정, 본문 묵상, 설교 형태에 따른 설교 초안을 작성 한 후에 이제는 객관적으로 나의 설교 초안을 냉철하게 바라보는 시간을 가져야 한다는 마음에서이다. 그렇다! 설교 원고의 초안이 어느 정도 되면 진행을 멈추고, 주석(註釋, commentary)을 참고하여야 한다. 주석은 신학을 깊이 연구하고 상당한 연륜과 지식을 갖춘 신학자들이 집필한 것이므로 충분히 인용하거나 참고할 자료이다. 신학적으로, 해석학적으로 오류가 생기지 않도록 가이드 역할을 해 주는 것이 주석이다.

스티븐 로손(Steven J. Lawson, 1951-) 교수는 『마틴 로이드존스의 설교를 만나다』라는 책에서 로이드존스 목사가 말한 주석에 대한 내용을 다음과 같이 기술하고 있다. "설교자는 본문을 꼼꼼히 살핀 다음에는 '사용할 주석이나 다른 보조물'을 사용해야 한다고 권고하였다. 로이드존스는 자신의 서재에 많은 개인 장서를 보유했다… 로이드존스는 설교자는 본문이 말하지 않는 것을 말하도록 본문을 쥐어짜면 안 된다고 주장하였다. 그렇게 하는 것은 본문에서 가르침을 끌어내는 석의(釋義, exegesis)가 아니라, 본문 안으로 본문에 없는 자신의 의견을 밀어 넣어 읽는 자기해석(自己解釋, eisegesis)이 된다."[173] 본문에서 석의가 이루어져야 함을 강조하는 것이다.

설교자가 묵상을 하다가 하나님의 직통 계시로 난해문구에 대한 해석이 확실하게 되었다고 고집을 피우며, 그대로 설교하게 되면 자칫 이단 시비에 휘말릴 수도 있다. 성경 66권만을 하나님께서 우리에게 주신 정경으로 믿고 있는데, 도마복음, Q복음 등의 다른 복음을 말하면 안 된다. 물론 주석도 교파나 신학적인 다름으로 인하여 의견을 달리하는 부분도 적지 않다. 필자는 2021년에 『들려지는 요한계시록』이란 설교집을 발간하면서, 요한계시록의 특정 구절이나 단어에 대하여 상이한 해석을 하는 주석들을 보고는 어느 한 주석만을 고집하는 것이 어리석다는 것을 느낄 수가 있었다.

이와 마찬가지로 설교 원고를 작성하면서, 본문 속의 난해한 구절에 대한 해석은 2-3권의 주석을 통해 파악해 보아야 한다. 뿐만 아니라 현재 한국 교회가 채택하여 사용하고 있는 개역개정성경의 구절과 단어들이 원어(헬라어 및 히브리어)로 어떤 뜻인지를 알아야 한다. 가장 보편적으로 사용하는 주석은 WBC 주석, 바클레이 주석, 총회 100주년 기념 주석, 옥스퍼드 성경원어 대사전, 박윤선 주석, 이상근 주석 등이다. 이 주석들을 다 보유할 수는 없으므로 이중 2개의 주석은 보유하고 참고하여야 할 것이다. 설교자는 자신이 깊은 묵상을 거쳐서 얻은 영감으로 해석한 성경구절을 확인하는 차원에서라도 주석과 비교해

---

173) 스티븐 로손, 황을호 역, 『마틴 로이드존스의 설교를 만나다』, (생명의 말씀사, 2017), 119.

야 한다. 신학적으로 문제가 되는 지 파악하는 것도 중요한 검토사항이다.

설교자는 본문의 해석자

필자는 장로교 통합측 목사로서 통합측 총회의 신학적 견해 및 결정 사항을 마음대로 바꾸거나 자신의 생각을 고집하려고 하지 않는다. 그런데 가톨릭교회에서 성경을 해석하는 부분이 개혁교회와 전혀 다른 경우도 만나게 된다. 예수님의 어머니인 마리아에 대한 해석은 너무나도 다르기에 반박하기에 앞서 그저 참고만 할 뿐이다. '구원'에 영향이 되는 부분만 아니라면 다른 교파의 의견도 이해할 수 있는 아량을 갖추어야 한다. 이제 설교 원고가 완성되기 전에 주석을 참고하여 원고를 수정 보완하여야 한다.

정장복 교수는『한국교회의 설교학 개론』에서 설교자가 통과해야 할 세 단계를 ① 석의 ② 주해 ③ 적용을 말하고 있다. 이 가운데 정장복 교수의 은사이셨던 웨이드 휴이(Wade Huie, 1923-2015) 교수가 석의 과정의 단계를 알려준 내용이다. "가능한 한 본문을 가장 정확하게 번역하라… 성경 원문으로부터 본문을 번역하고, 주요한 변화에 주목해야 한다… 자신의 번역을 각각 달리 번역된 현대 성경과 비교하라… 후에 주석을 찾아 대조하도록 하라… 몇몇 좋은 주석이 본문에 관하여 어떻게 쓰고 있는지를 보라… 주석과의 대화를 통해 그것들을 수용할 수 있어야 한다."[174] 본문에 관하여 주석을 통한 확인을 강조하고 있음을 알 수 있다.

---

174) 정장복,『한국교회의 설교학 개론』, (예배와 설교 아카데미, 2001), 125-128.

또한 김운용 교수는 『새롭게 설교하기』에서 '설교자는 본문의 해석자이다'라고 말하면서 해석의 단계를 석의(exegesis)와 해석(hermeneutics)으로 구분한다고 기술하고 있다. 주석이라고도 하는 석의 작업은 성경 기자들이 처음 의도했던 바와 처음 그 말씀을 대했던 사람들이 어떻게 받아들였는가에 집중적인 관심을 모으는 작업이라고 말한다. 또한 성경 해석은 오늘날을 위해 주어지는 성경의 새로운 의미를 찾기 위해 과거보다는 현재의 자료에 관심을 기울이는 경향으로 볼 수 있을 것이라는 윌리엄 톰슨(William D. Thompson) 목사의 『Preaching Biblically(성경적인 설교)』에서 인용한 내용을 수록하고 있다.[175] 과거 당시에 의도된 내용과 함께 오늘 우리에게 주는 의미를 찾는 것이 설교자에게 주어진 임무라고 할 수 있다.

설교 영상을 참고할 때

그리고 선택한 설교 본문을 가지고 다른 설교자들은 어떻게 설교하였는지 최소한 2-3개의 타 설교자들의 설교 영상을 시청해 본다. 나의 설교 원고와 어떤 부분에서 일치하고 어떤 부분에서 다른 지를 확인하면 많은 것을 배울 수 있게 된다. 필자가 설교 원고를 작성하면서 참고하는 설교 영상은 교파를 떠나 다양하다. 설교자의 진실함을 보며 이 분들의 본문 해석과 전달력을 배우게 된다. 필자가 참고하는 설교 영상물은 금천교회 김진홍 원로목사 및 신경민 목사, 삼일교회 송태근 목사, 베이직교회 조정민 목사, 신양교회 정해우 목사, 영락교회 김운성 목사, 꿈의교회 김학중 목사, 영안교회 양병희 목사, 분당우리교회 이찬수 목사, 명륜중앙교회 손의석 목사, 선한목자교회 유기성 원로목사, 새로운교회 한홍 목사, 새에덴교회 소강석 목사 등의 설교 영상

---

175) 김운용, 『새롭게 설교하기』, (예배와 설교 아카데미, 2007), 174.

이다. 이 분들은 설교를 정말 진지하게 잘하신다. 불같은 분도 있고, 조곤조곤하게 대화식으로 하는 분도 있으며, 강해식의 말씀풀이식의 설교도 있다.

이제 주석에 맞추어 거의 완성이 된 설교 원고를 가지고 설교 영상에서 각 설교자들이 어떻게 본문을 풀이하는지 눈여겨보고 참고한다. 대부분의 설교자들은 설교에서 단지 성경 구절을 말할 때만 보고 읽으며, 그 외에는 모두 청중을 보고 설교하는 특징을 갖고 있다. 설교 원고를 완전히 소화하여, 암기가 된 상태에서 강단에 올라오신 것이다. 이렇게 유튜브라는 인터넷 기반의 많은 영상들이 있기에 필요한대로 실력 있는 여러 설교자들의 설교 영상을 보는 데는 무척 편리하다. 이렇게 귀중한 분들의 설교 영상을 자유롭게 보고 들을 수 있다는 것이 얼마나 감사한지 모른다.

그러나 굳이 타 설교자들의 설교 영상을 안 보는 것도 방법일 지도 모른다. 하지만 영상을 봄으로서 본문에 대한 해석의 내용은 물론 설교자의 태도 및 자세를 배울 수도 있을 것이다. 그러나 설교자는 반드시 좋은 주석을 반드시 찾아서 확인하고 검토하는 것은 필수 요건이라는 점은 염두에 두어야할 것이다.

8 / 설교 표절의 유혹

> 설교는 설교자의 인격을 통한 진리의 전달이다.
> - Phillips Brooks

출애굽기 20장 15절

출애굽기 20장은 '십계명'의 장이다. 그 중 15절에 기록된 제8계명이 "도둑질하지 말라"이다. 인간사회에서 '도둑질(stealing)'이라는 행위가 아무런 죄의식 없이 쉽게 저질러지기에 여호와 하나님께서 이것을 율법으로 만드신 것이 아니겠는가? 도둑질은 남의 것(유형, 무형)을 허락 없이 몰래 가져가는 행위이다. 레위기 19장 11절에도 "너희는 도둑질하지 말며 속이지 말며 서로 거짓말하지 말며"라고 기록되어 있다. 예수 그리스도께서도 마가복음 7장 21절에서 도둑질은 사람의 마음에서 나오는 것이라고 언급하셨다. "사람의 마음에서 나오는 것은 악한 생각 곧 음란과 도둑질과 살인"이라고 말씀하신다. 모든 행위가 있기 전에 마음에서 먼저 생각이 되고, 이를 구체화 한 것이 행동이다.

잠언 30장 9절에서 지혜자 아굴(Agur)은 "혹 내가 가난하여 도둑질하고 내 하나님의 이름을 욕되게 할까 두려워함이니이다"라고 도둑질을 언급하고 있고, 이 도둑질의 행위가 하나님의 이름에 욕(dishonor)이 될까 두려워한다고 말하고 있다. 창세기 31장 32절에도 라헬이 아버지 라반의 '드라빔(teraphim)'[176]을 도둑질하였다고 기록하고 있다. 비

---

[176] 드라빔(teraphim, 히브리어: תְּרָפִים)은 고대 메소포타미아 지역에서 숭배된 우상이다. 성경에서는 족장 시대부터 바벨론 포로 시대 이후까지 종종 등장한다. 문맥에 따라 '가정의 수호신', '우상' 등으로 번역된다. – 구글(2023. 8. 21)

록 우상의 물건이라고 할지라도 허락받지 않고 그냥 가져 간 것이므로, 성경에서는 이것을 도둑질로 표현하고 있다. 또한 여호수아 7장 1절에서는 유다지파의 '아간(Achan)'이 하나님께 백성들이 바친 물건을 훔친 것이 나온다. 엄연한 도둑질이다.

지적 창작물의 무단 사용금지

주성교회 김영대 목사는 말씀 강해에서 이렇게 말하고 있다. "사회가 갈수록 계속 복잡해지고 다양한 현상들이 발생하면서 예전에는 생각하지 못했던 도둑질이 있는데 그것이 바로 '저작권'이나 '특허권'이라는 것이다. 그러면 우리는 저작권이나 특허권에 대한 도둑질은 어떻게 이해하고 지켜야 하는가? 새롭게 대두된 이런 문제들에 대한 구체적인 율법의 조항들을 더 만들어야 하는가?… 하나님께서 '도둑질하지 말라'라는 말씀 속에 담아두신 본질적인 뜻은 무엇인가? '도둑질'의 히브리어 '가나브(בנג)'는 '훔치다, 도둑질하다'라는 뜻인데, 한마디로 '동의를 받지 않고 혹은 몰래 다른 사람에게 속한 것을 취한다'는 의미이다."[177]

김영대 목사가 지적한 도둑질의 종류 가운데 저작권과 특허권이란 지적인 재산을 주인의 허락이나 동의가 없이 마음대로 사용하는 것도 이제는 분명한 도둑질이라고 사회는 판정하고 있다. 특히 논문이나 책, 노래와 같은 지적 창작물에 대하여 무단으로 사용하는 것을 지칭하는 소위 "표절(剽竊, plagiarism)"은 사회적 지탄을 받을 뿐만 아니라 배상을 해야 하는 경우도 있다. 장관 등 주요공직자는 대통령 임명 전에 국회에서 인사청문회를 하게 된다. 이때 반드시 검토되는 것 중 하나가 '석·박사학위 논문표절'인데 이는 후보자의 정직성(正直性)이라는 인

---

177) 김영대, 출애굽기 말씀강론, (2023. 6. 28)

성문제로 보기 때문이다. 나무위키에 따르면 "표절은 剽(겁박할 표)자에 竊(훔칠 절)자를 써서, 원래 한문에서 '노략질하다', '도둑질하다'라는 뜻을 가지는 단어로 쓰였다.

그러나 현대에는 의미가 축소되어 시(詩)나 글, 노래와 같은 타인의 창작물을 몰래 무단으로 베끼는 행위를 뜻한다. 한국 저작권위원회에 따르면 저작권 침해에 해당하는 법적 개념이 아니라, 타인의 아이디어나 저작권 보호 대상이 아닌 것들을 자신의 저작물처럼 표출하는 것을 뜻한다. 고전소설 등의 저작권 보호가 만료된 옛날 작품이나 인공지능이 쓴 글을 베껴도 표절이다."[178] 남의 것을 마치 자기가 한 것처럼 나타내 보이는 것 자체가 표절이라는 뜻이다.

그래서 논문이나 책을 쓸 때 인용한 문구나 문장은 반드시 출처를 명시하여야 바른 인용이라고 할 수 있다. 이는 저작권(著作權, copyright 또는 ©) 보호가 되어 있는 것은 당연하지만, 저작권이 없거나 만료가 된 경우에도 자신의 저작물처럼 인용한다면, 표절로 간주되어 사회적 지탄을 면할 수 없다는 것이다. 또한 초상권(肖像權, portrait rights)이라는 권리도 일반인과 공인(정치인, 체육인, 연예인 등)이 다를 수 있는데, 일반인의 경우에는 영리, 비영리와 관계없이 공개적으로 당사자의 허락 없이 그의 얼굴을 나타내서는 안 된다. 그러나 공인의 경우에는 비영리적인 성격이 큰 언론에서는 어느 정도 나타낼 수 있다고 한다. 뉴스 등에서 보이는 사람의 얼굴을 모자이크 처리하는 이유가 여기에 있다.

---

178) 나무위키 (2023. 8. 21)

설교 표절은 도적, 강도 그리고 죄이다.

그런데 설교자가 설교 원고를 작성하면서 가장 많은 유혹을 받는 것은 바로 다른 설교자의 설교문을 사용하고 싶은 마음이다. 바쁘게 지내다가 설교 준비를 못하였을 경우에 더욱 그렇다. 이렇게 어떤 특별한 때, 다른 설교자의 설교문을 가지고 설교하는 것이 필요할 수가 있다. 하지만 여기에는 분명히 두 가지의 전제조건이 있다. 첫째는 애초 설교문을 작성한 설교자로부터 설교문의 사용을 허락받아야 한다. 여기까지는 그리 어렵지 않을 것이다. 어느 설교자라도 자신이 만든 설교문을 다른 설교자가 유익하게 사용한다면, 마다할 이유는 분명히 없을 것이므로 양해와 허락을 받는 것이 그리 어렵지 않으리라.

그러나 두 번째는 그 설교문을 가지고 자신의 교회나 다른 집회 장소에서 청중을 향하여 설교할 경우이다. 이때, 이 설교문은 누가 작성하였으며, 언제 어디서 설교한 내용이라는 것을 분명하게 공포한 후에, 설교해야 한다는 점이다. 그렇지 않으면 청중들은 그 설교가 자신들의 앞에서 설교하시는 분이 작성한 설교문이라고 당연히 여기게 된다. 그 경우, 타인의 설교문인데 마치 자기가 만든 것처럼 설교한 그 분은 신앙적으로, 윤리 도덕적으로, 그리고 영적으로 도둑질한 것과 같은 상황이 되어 하나님의 책망과 심판에서 벗어날 수 없게 될 것이다.

그러므로 마틴 로이드존스(Martyn Lloyd-Jones, 1899-1981) 목사는 그의 강의록 책인 『설교와 설교자(Preaching and Preachers)』에서 '표절의 위험'을 이렇게 경고하고 있다. "남의 설교를 사용하면서도 그 사실을 밝히지 않는 것은 아주 부정직한 짓입니다. 본인도 자존심이 있을텐데 어떻게 남의 설교를 몰래 사용하는지 저는 이해할 수가 없습니다… 그런 사람은 도적이요 강도입니다. 그것은 큰 죄입니다."[179] 로이드존스 목사는 찰스 스펄전(Charles Spurgeon, 1834-1892) 목사, 멜 트로터(Mel Trotter, 1870-1940) 전도자, 캠벨 모건(Cambel Morgen, 1863-1945) 박사, 성공회 교구 신부 등의 실례를 들어서 표절에 대한 위험을 말하고 있다. 그리고 끝으로 그는 다음과 같이 말하며 이 소단원을 마무리하고 있다. "남의 설교를 쓰더라도 버릴 것은 버리고 쓸 것만 쓰라는 것입니다… 그리고 좀 더 정직해지고 싶다면 남의 설교에 신세를 졌다는 사실을 사람들에게 밝히십시오."[180] 라며 최소한의 출구를 마련해 주고 있다.

자신의 신선한 젖을 공급하라

그리고 원로설교학자인 정장복 교수는 그의 기념비적인 책『한국교회의 설교학 개론』에서 「남의 설교를 복사하는 도용(盜用)의 심각성」에 대하여 이렇게 개탄하고 있다. "오늘의 설교도 언제나 신선한 만나와 같은 양식으로 회중의 심령에 넣어 주어야 하는 것이 당연하다. 그러므로 설교자는 한 주간 내내 말씀의 전달 때문에 하나님 앞에 나아가 몸부림을 치면서 메시지를 받고, 그 말씀의 깊은 뜻을 헤아리기에 자신의 시간을 아낌없이 내놓아야 한다. 그리고 자신이 그 말씀에 먼저 용해되는 감격을 경험하고 난 후에 회중 앞에 서서 그 감격의 메시지를 전해야 한다."[181] 이는 김진홍 목사가 유명한 곰탕집이야기를 통하여 본문묵상을 고기를 푹 끓이는, 예를 들면, 설교가 신선(新鮮)해야 한다고 강조하는 것과 일맥상통하는 이야기이다.[182]

---

179) 마틴 로이드존스, 정근두 역, 『설교와 설교자』, (복 있는 사람, 2005), 473.

180) 위의 책, 480.

181) 정장복, 『한국교회의 설교학 개론』, (예배와 설교 아카데미, 2001), 35.

182) 김진홍, 『깊은 설교 얕은 설교』, (쿰란출판사, 2020), 65.

정장복 교수는 계속하여 말한다. "땀 흘림이 없이 다른 목자가 이미 먹여버린 것을 가져다가 자신의 것인 양 내 양들을 먹여도 되는 것인지를 반성할 필요가 있다. 그리고 이런 행위가 습관화 되는 날 찾아오는 결과는 참으로 비참한 것들이다." 그 결과를 요약하면 ① 설교 능력이 급격히 저하된다. ② 회중이 인지한 경우, 조금의 동정도 없이 경멸의 시선을 보내게 된다는 것이다.[183] '설교 도용(盜用)'에 관한 문제를 김운용 교수도 거론하고 있다. 그는 다른 설교자가 준비한 설교를 아무런 노력도 없이 그대로 들고 강단에 올라가는 설교자를 '악하고 게으른 종'이라고 하고, 건축에 비교하여 '총체적 부실 건물'이라고 말하고 있다.[184]

이렇게 설교의 표절은 게으르고 악하여, 하나님께서 책망하지 않을 수 없는 죄라는 사실이다. 표절은 십계명의 제8계명인 「도둑질하지 말라」를 분명하게 위배하는 일임을 설교자들은 명심하고, 정직하게 설교자 본인이 준비한 신선한 영의 양식을 양떼들에게 공급하여야 할 것이다.

183) 정장복, 『한국교회의 설교학 개론』, (예배와 설교 아카데미, 2001), 36.
184) 김운용, 『새롭게 설교하기』, (예배와 설교 아카데미, 2007), 46.

9 / 원고 숙지와 요약본 준비

당신이 믿을 수 있다면 얻을 수 있고, 당신이 꿈꿀 수 있다면 당신은 될 수 있다.

- William Ward

청중들과 아이콘택트(eye contact)

금천설교아카데미 원장이신 김진홍 원로목사는 늘 「설교가 살아야 교회가 산다.」라고 입버릇처럼 교훈하신다. 그의 책인 『여러 유형으로 설교하기』에서 설교는 미리 준비해야 한다고 하며, 다음과 같이 설교 원고에 대하여 말한다. "어떤 목사님은 준비되지 않은 설교를 하면서 은혜가 되었다고 한다. 그러면서 덧붙이기를 성령의 은혜라고까지 한다. 물론 성령의 은혜이다. 그러나 그것은 정말 아니라고 생각한다. 필자는 기도 하면서 미리 준비한 설교가 성령께서 주신 말씀이라고 생각한다. 적어도 미리 준비한 설교 원고를 20번 이상은 읽고 강단에 올라가서 성령의 인도를 받으면서 설교를 할 때에 은혜가 된다. 그래서 우리는 설교준비를 미리 하는 좋은 습관을 가져야 한다."[185] 그리고 강단에서 청중과 설교 원고를 보는 비율은 7:3 적어도 6:4정도로 하여, 설교 원고만 보는 준비 없는 목회자가 되지 말아야 한다고 강조한다.

그런데 설교시간 30여분 동안 설교 원고에 한 번도 눈길을 안 돌리고, 청중들만 바라보며 설교하는 설교자도 있어서 경이롭기까지 하다. 대표적인 분이 영락교회 김운성 위임목사이다. 이분은 성경 말씀을 읽을 때만 성경을 본다. 하지만 그는 강단을 벗어나 자유롭게 설교하는 스타일은 아니다. 최근의 설교 트렌드(trend, 傾向)는 설교 원고를 안

---

185) 김진홍, 『여러 유형으로 설교하기』, (금천설교아카데미, 2019), 19.

보면서 끊어짐 없이 자연스럽게 설교가 흐르도록 하되, 예배당에 앉아 있는 교인들과 아이콘택트를 하면서 설교하는 방식이다. 그러므로 의욕 넘치는 설교자는 강단의 고정된 마이크를 사용하기보다, 뺨에 가벼운 마이크 또는 가슴에 핀 마이크를 붙이고, 자유롭게 강단 좌우로 이동하며 설교를 한다. 이런 설교는 미국에서 신학공부를 하고 오신 목회자들이 능숙하게 실시한다. 특히 할렐루야교회의 담임이신 김승욱 목사는 자유롭게 강단을 누비며 설교를 시행한다.

그리고 꿈의교회 김학중 목사도 강단에서 자유로운 이동을 한다. 이런 분들의 설교는 이야기 식으로 한다는 특징이 있다. 그러나 대체적으로 한국 교회의 보수적인 교단에서의 설교자는 강단을 떠나지 않고 반듯하고 깔끔하게 설교하신다. 아마도 영안장로교회 양병희 목사, 소망교회 김경진 목사, 주안장로교회 주승중 목사 등이다. 필자는 개인적으로 이분들의 설교가 더 은혜가 된다. 그러나 이제는 그 트렌드가 변하고 있다. 포스트모던의 시대이자 포스트코로나 시대이다. 아무래도 청중의 변화에서 가장 큰 영향을 받고 있다. 다음세대 또는 미래세대로 불리는 MZ세대가 교회 안에 들어와야 한국 교회의 미래가 있다. 현재의 기성교인들만 대상으로 그냥 목회를 한다고 작정한다면 모르겠으나, 계속적으로 청년, 청소년, 아동, 유아들이 교회 안에 있어야 교회는 미래를 향하여 전진할 수가 있다.

원고 없이 설교하기

그러므로 설교의 변화를 기하지 않고 전통적인 방식만 고수한다면 다음세대가 외면하는 그런 사태가 닥쳐올 수가 있다. 그렇다고 전통적인 설교 방식이 무조건 다 나쁘다는 것은 아니다. 그것만 고집하고 새로운 방법도 추구하면서 가변적인 설교형태를 도입하기를 권하고 싶다. 그 중에 가장 눈에 띠는 방법 중 하나가 설교 원고는 준비하되 그 원고를 "안보고 설교하기"이다. 부산장신대 설교학 교수이며, 포스딕설교연구소[186]를 설립한 조성현 박사는 설교 원고를 철저히 준비한다. 그러나 강단에 오르기 전에 그 원고를 의자에 놔두고 올라간다고 한다. 원고를 가지고 올라가면 거기에 의지하려는 마음이 더 생기기 때문이라고 한다. 원고를 안 가지고 강단에 오르므로 더욱 원고 내용을 소화하고 소리 내어 10번 이상 읽어서 입술에 단어나 문장이 거부감 없이 술술 나올 수 있도록 해야 한다고 강조한다.[187]

그런데 설교 원고에 대하여 강해설교의 대가인 마틴 로이드존스 목사는 그의 책 『설교와 설교자』의 소제목인 '설교 원고를 읽을 것인가, 외울 것인가, 기록할 것인가'에서 말하기를 "설교를 할 때에 원고를 처음부터 끝까지 죽 읽어 나가는 방법은 확실히 잘못된 방법이며, 나쁜 방법이다"라고 분명하게 선을 긋고 있다. 설교자는 회중을 바라보면서 말하는 것이 좋다. 하지만 로이드존스 목사는 설교 원고를 그대로 외우서 설교하는 방법도 나쁜 방법이라고 말한다. 즉, 수사학적인 연설과 웅변을 예를 들어 비교하였는데, 명연설가 윈스턴 처칠(Winston Churchill, 1874-1965)은 연설문을 완벽하게 암기하여 연설했다고 한

---

186) 포스딕설교연구소: http://cafe.daum.net/sungrock
187) 조성현, 상상력이 담긴 설교 만들기 세미나. (2023. 7. 28)

다. 그러나 그 경우 연사와 청중 간에 생생한 접촉과 상호작용이 방해를 받았다고 한다. 왜냐하면 설교자의 머릿속에서 계속 암기한 것을 가져와야 했기에 청중이 눈에 들어오지 않는 상황이 생겼기 때문이다.

요점만 가려 뽑은 요약본 준비

그러므로 로이드존스 목사가 추천하는 방법은 설교 원고를 작성해 놓고, 거기에서 요점을 충분히 가려 뽑아 기록하는 방법이다. 이것이 훨씬 자유롭게 말할 수가 있다고 한다. 그러나 이 방법에는 두 가지 문제점이 생겨난다고 한다. 그 내용은 ① 그리 완벽하지 못한 문체를 구사할 수 있다. ② 질 낮은 문장이 나올 수 있다. 하지만 회중들과는 좋은 교제를 나누게 될 것이라고 말한다. 그리고 그는 이렇게 말한다. "성령보다 원고를 더 신뢰하는 것은 현실적으로 쉽게 빠질 수 있는 위험입니다. 원고를 믿지 말고 성령을 믿으십시오. 처음부터 끝까지, 언제 어디서나 자유를 누리십시오. 회중과 접촉하십시오."[188] 그렇다! 성령님을 의지하는 것이 훨씬 더 안전하다.

54년 전인 1969년도에 로이드존스 목사가 웨스트민스터신학교 학생들에게 6주간 강의한 내용의 책인 『설교와 설교자』의 내용이 완벽하다고 말할 수는 없다. 하지만 결론적으로 로이드존스 목사는 "설교문을 작성하되, 그것을 요약한 요약본을 가지고 설교하라"는 말로 귀결된다. 이런 설교가 자유로울 수가 있으며, 성령님의 역사하심에 의지할 수가 있고, 청중들과의 접촉이 훨씬 좋아진다는 말이다. 필자의 예를 들면, 설교문을 완벽하게 작성하고 그것을 가지고 강단에 올라가면 설교 도중에 안 보려고 해도 자꾸 고개를 숙이고 원고를 의지하게 된다. 그래

---

188) 마틴 로이드존스, 정근두 역, 『설교와 설교자』, (복 있는 사람, 2005), 369-373.

서 서론만을 암기하고 해보았다. 한결 나아짐을 느낄 수가 있었다. 그래서 이제부터는 서론과 결론을 완전히 암기하고, 본론은 요약하여 올라가려고 한다.

원고 없는 설교의 위험성

독일의 로이트링겐 감리교신학대학교의 실천신학자 아힘 헤르트너 교수와 홀거 에쉬만 교수가 공동으로 저술한 『다시 설교를 디자인하라』에서 설교 원고 없이 설교하는 것은 잘만 된다면 좋은 일이라고 말하고 있다. 그렇지만 위험성도 만만치 않다고 말한다. 즉, ① 논점을 벗어날 수 있다. ② 했던 말을 자꾸 반복하기 쉽다 ③ 이야기를 계속 늘어놓는 바람에 청중이 맥락을 파악하지 못하게 된다. 반면에 원고를 가지고 설교하는 장점에 대하여는 이렇게 말한다. ① 생각이 명료해 진다. ② 상당한 안정감을 준다. ③ 쉽게 반복할 수 있다. 하지만 이 또한 단점으로는 설교 원고를 토씨하나 빠뜨리지 않고 그대로 읽는다든지 그 원고에서 눈을 떼지 못하는 상황이라고 한다.(필자는 이것에 100% 동의한다.) 그리고 설교 원고를 쓸 때, 문어체(文語體)로 흐르는 경향이 있는데, 이것은 청중에게 부담이 될 수 있기에 항상 구어체(口語體)로 작성하도록 자꾸 노력하여야 한다.

알베르트 담블론(Albert Damblon, 1947-) 목사는 『자유롭게 설교하기(Frei Predigen)』라는 자신의 책에서 자유롭게 설교하여야 하는 이유를 ① 자유로운 설교는 예수 그리스도께서 전하신 메시지의 공적인 증거가운데 하나이다. ② 증언의 성격을 띠므로 우리의 궁극적 관심이 어떤 것인지 생생하게(라이브로) 이야기한다. ③ 말하면서 생각하게 한다. ④ 간결한 스타일, 일회성, 역동성, 즉흥성을 특징으로 한다. ⑤

청중과의 접촉을 만들어 낸다.[189]

원고는 철저히, 강단에선 요약본으로

정장복 교수는 『한국교회의 설교학 개론』의 '설교 방법'에서 이렇게 말하고 있다. "하나님의 말씀이 회중에게 전달되는 과정 속에서 설교자가 원고를 어떻게 관리하고 사용하느냐에 따라 커뮤니케이션의 성패가 좌우되는 것이 사실이다. 그런 까닭에 전달 방법의 제한을 초래하는 원고를 과감하게 없애야 한다고 주장하면서 그것을 몸소 실천한 강단의 거성들이 있다… 상당수의 설교자들이 원고 없는 설교를 행하였다"[190]

정장복 교수는 조지 휫필드, 클래런스 매카트니, 조나단 에드워즈, 필립스 브루스 등 당대의 설교의 거성들을 말하면서 이들은 모두 '원고 없는 설교'를 하였다고 말하고 있다. 그리고 모든 설교를 철저하게 작성한 아더 거시프도 차차 원고에서 벗어나는 단계를 밟아갔다[191]고 하여 궁극적으로 정장복 교수는 원고 없는 설교를 선호하고 있음을 알 수 있다. 그러므로 현재로서 집약된 설교 원고에 대한 의견은 첫째, 설교 원고를 충실하게 작성하라. 둘째, 그 원고가 입에 잘 붙도록 여러 번 소리 내어 읽으면서 충분히 소화하라. 셋째, 원고의 요약본을 만들고 그것만 가지고 강단에 올라가라. 로 생각할 수 있다.

---

189) 아힘 헤르트너/홀거 에쉬만, 손성현 역, 『다시 설교를 디자인하라』, (kmc, 2014), 196-200.

190) 정장복, 『한국교회의 설교학 개론』, (예배와 설교 아카데미, 2001), 448.

191) 위의 책, 449

요지는 청중과의 접촉이다. 커뮤니케이션이다. 설교 원고를 그대로 낭독하는 방법은 과감하게 버리고 요약본으로 자유로워야 한다. 그래야만 성령님께서도 자유롭게 개입하시고, 청중들도 큰 감명으로 말씀을 받아들이게 될 것이다. 무엇보다도 다음세대와 미래세대의 눈과 마음을 잡을 수 있을 것이다.

제3부

설교 비평과 미래

16 나 예수는 교회들을 위하여 내 사자를 보내어 이것들을 너희에게 증언하게 하였노라 나는 다윗의 뿌리요 자손이니 곧 광명한 새벽 별이라 하시더라 17 성령과 신부가 말씀하시기를 오라 하시는도다 듣는 자도 오라 할 것이요 목마른 자도 올 것이요 또 원하는 자는 값없이 생명수를 받으라 하시더라 (계 22:16-17)

16 "I, Jesus, have sent my angel to give you this testimony for the churches. I am the Root and the Offspring of David, and the bright Morning Star." 17 The Spirit and the bride say, "Come!"And let him who hears say, "Come!" Whoever is thirsty, let him come; and whoever wishes, let him take the free gift of the water of life. (Rev. 22:16-17)

6장 · 설교 비평의 양면성

1/ 설교 원고의 적합성

설교자는 회중에게 한 설교에서 하나의 위대한 중심사상을 전할 수 있도록 노력해야한다.

- 주승중

암컷 모기로부터 배우는 집중력

하나님께서 온 우주와 그 안에 수많은 별들을 태초에 만드셨다. 그 중에 가장 아름다운 별인 '지구(Earth)'를 만드시고, 그 속에 천지만물(天地萬物)과 동식물 그리고 인간을 창조하셨다. 진화론자들은 지구의 나이를 46억 년이라고 하지만, 어떤 이들은 성경적으로 6,000년이라며 젊은 지구를 말하기도 한다. 하나님께서 사람을 창조물 가운데 맨 마지막으로 만드시고, 온 세상을 다스리라고 하신 말씀이 창세기에 기록되어 있다.(창 1:27) 그런데 하나님께서 만드신 동물가운데 곤충, 그 가운데 모기(mosquito)라는 생물이 있다. 이 모기가 요즘에 어찌나 기승을 부리는지 모른다. 수컷 모기가 아니다. 수컷은 나무의 진액과 식물의 당분을 먹고 살지만, 암컷 모기만은 오로지 사람과 짐승의 피를 통하여 생존과 번식을 하기 때문에 정말 죽을 각오로 집요하게 달려든다. 사실 설교자는 이런 각오로 설교 원고를 만들어야 할텐데….

모기는 100가지 사람냄새를 감지하는 뛰어난 후각능력과 초속 67cm로서 그다지 빠르진 않아도 회전 및 비행능력은 잠자리만큼 대단히 멋지다. 하지만 모기는 잠자리의 주식(主食)이라고 한다. 또한 모기의 유충인 장구벌레는 새나 물고기 등의 먹이가 되며, 모기는 카카오나무 등의 꽃가루를 옮기기도 하는 수분(受粉)활동도 한다. 그러나 모기는 세상에서 사람을 가장 많이 죽이는 생물로서, 전 세계에서 연간 72만 명이 암컷모기가 옮기는 질병(말라리아, 댕기열 등)에 의해 죽임을 당한다.[192] 그리고 모기는 파리목에 속하는 곤충이지만, 그 피해는 파리보다 훨씬 크다. 출애굽기에서 바로에게 내린 10가지 재앙 가운데 넷째 재앙이 파리 재앙이다.(출 8:24) 하나님께서 재앙의 강도를 조금 낮추시려고 모기대신 파리로 하셨는가?

이렇게 모기도 많고, 덥고 습한 여름철이더라도, 영성이 깨어있는 설교자들은 한편의 설교를 만들기 위해 고군분투(孤軍奮鬪)하고 있다. 그리고 그 설교에 은혜가 풍성하고 영적으로 충만하도록 모임을 갖고 기도한다. 그런 모임이 바로 '금천설교아카데미(원장: 김진홍 목사, 총무: 홍은익 목사)'이다.

금천설교아카데미에서의 격려와 비평

충북 청주에 있는 금천교회는 1985년도에 김진홍 목사께서 개척한 교회이다. 2022년 말에 정년으로 은퇴하시고, 현재는 원로목사로 계신다. 김 목사는 '설교'를 한국 교회 목회자들이 제대로 해야 한다는 일념으로 26년 전인 1997년에 '금천설교아카데미(구 비전목회)'를 금천교회 내에 조직하셨다. 지금도 금천교회로부터 재정적인 지원을 받고 있

---

192) 나무위키, 모기 (2023. 8. 23)

으며, 회원 수 40여명의 목회자들은 매주 금요일 오전 10-12시에 모인다. 회원의 자격은 교파에 관계없이 설교를 해야 하는 전국의 목사 또는 전도사(목사 후보생 포함)이다. 여기서 자신의 설교문을 발표하며, 격려와 지적을 통하여 설교 원고 작성의 수준이 시나브로 향상되어 가고 있다. 코로나-19 팬데믹으로 인하여 굳어지긴 했지만, 현재 매주 금요일 줌(zoom) 영상으로 모이되, 매달 마지막 주 금요일에는 금천교회 5층 JEBS실에서 대면으로 모인다.

필자는 2019년 2월 11일(월)부터 금천설교아카데미의 회원이 되어, 현재까지 참석하여 설교를 배우고 있다. 당시와 비교하면 만 5년이 되어가는 이 세월 속에서 터득된 기량이 천양지차(天壤之差)가 아닌 성싶다. 이 모임에 처음 들어와서 가장 어려운 점은 지금까지 자신의 스타일대로 설교 원고를 작성하였는데, 이제는 그 습관을 과감히 버리고, 다양한 설교 형태에 의한 포맷(format, 형식)에 따라 작성하는 것이다. 10년 이상 목회를 하신 목회자들은 이 단계에서 매우 곤혹스러워하며 힘들어 한다. 그리고 다른 하나는 자신이 작성한 돌아오는 주일설교 원고를 여러 회원 목회자들 앞에서 발표하면, 거기에 칭찬과 격려해 줄 부분과 문제점에 대한 지적 및 수정할 부분을 회원들이 코멘트해 주고, 마지막으로 총 강평을 원장이신 김진홍 목사께서 하는 순서로 진행한다.

설교 원고에 대한 강평

매주 세 분의 목회자들께서 발표하는데 사실 용기가 필요한 과정이다. 설교 원고에 대하여 지적을 받고, 비평을 듣는 것이 결코 쉬운 일이 아니기 때문이다. 제일 거북한 평가가 "묵상의 깊이가 없다", "무엇을 말하는지 이해할 수가 없다." "적용이 부족하다", "은혜가 없이 딱딱하다." 등이다. 그밖에 "어려운 단어를 너무 많이 사용하였다", "단문으로 안 만들어졌다.", "구어체가 아닌 문어체로 되어있다", "가지치기를 더 해야 한다." "설교 형태가 포맷에 맞춰지지 않았다." "예화와 본문이 서로 안 맞는다." 등과 같은 지적도 많이 나타난다. 인지상정(人之常情)인지 회원 간에는 서로 공격적인 지적은 잘 안하고 "은혜 많이 받았다.", "문장작성 실력이 점점 좋아지고 있다.", "좋은 설교라고 생각한다.", "그래도 이 정도면 잘 되었다고 본다."와 같은 덕담 비슷한 조언을 하기도 한다.

그밖에 제목의 변경요청, 예화 추천, 서론이 어색하므로 바꿔야 한다는 지적도 가끔씩 회원들 으로 부터 나오기는 한다. 그래도 맨 마지막에 김진홍 목사가 해주시는 칭찬과 격려의 강평이 가장 좋다. "아주 잘 된 설교이다." "깊은 묵상의 흔적이 있다." "계속 발전해 가고 있다." 등과 같은 평가를 들으면 그 설교 원고 작성을 위해 수고한 보람을 강하게 느끼게 된다. 그래서 어떤 회원은 농담반 진담반으로 "저에게는 채찍질을 마시고 주님처럼 긍휼히 여겨 주시기를 바랍니다"라고 설교 원고를 카톡방에 올리면서 애교의 부탁을 하기도 한다.

사실 고래도 춤추게 한다는 칭찬만 한다면 좋겠지만, 정확하고 날카로운 비평(批評)은 너무나 중요한 사항이라고 생각한다. 비평은 반드시 필수불가결한 요소이다. 비평이 없으면 발전할 수가 없기 때문이다. 이런 과정이 없으면 우물 속의 개구리모양 자신의 설교가 잘 되었다는 착각 속에서 살아가게 된다. 많은 설교자들 중에 자신이 설교를 정말 못한다고 느끼는 분은 거의 없을 것이다. 그러므로 필자는 느낌그대로 잘된 부분과 부족한 부분에 대한 원칙적인 비평을 하는 축이다. 그것이 서로를 위하는 길이기 때문이다. 일단 설교자에게 있어서 작성된 설교 원고가 과연 적합한지를 검토하는 것은 매우 필요한 과정이다.

설교 원고의 내용 검토

김진홍 목사는 그의 책 『여러 유형으로 설교하기』에서 설교를 준비하는 원칙을 크게 다섯 가지로 말하고 있다. ① Easy(쉽게): 설교는 쉽게 하여야 한다. ② Narrow(좁게): 설교는 좁게 하여야 한다. ③ Deep(깊게): 설교는 깊게 하여야 한다. ④ Logical(논리적으로): 설교는 논리적이어야 한다. ⑤ Hearing(들리게): 설교는 들려야 한다.[193] 이 원칙은 설교를 듣는 청중의 입장에서 본 것이다. 설교자는 단순하게 말씀을 선포만 해서는 안 되며, 그 선포된 말씀을 잘 해석하고, 그 해석된 말씀이 청중의 삶에 적용될 수 있어야 하므로, 설교 원고를 작성할 때 위의 다섯 가지 원칙을 잘 고려하여 작성하여야 한다.

한번 본고에서 거론한 바가 있지만, 예배·설교학자인 주승중 목사는 『성경적 설교의 원리와 실제』에서 '설교와 문자 커뮤니케이션'이라는 소제목으로 설교 원고의 명료성에 대하여 기술하고 있다. 설교 원고는 ① '명확한 개요'를 첫 번째 방법으로 제시하고 있는데 이것은 이 설교문의 주제 및 명제를 말하는 것이다. 무엇에 대하여 썼느냐 즉 무엇에 대하여 설교하는가? 라는 그 what이 설교문에 나타나야 한다는 점이다.

---

193) 김진홍, 『여러 유형으로 설교하기』, (금천설교아카데미, 2019), 12-14.

② '짧은 문장'을 말하고 있다. 단문으로 해야 한다고 이미 거론한 바 있다. 설교 원고를 더욱 분명하고 명료하게 할 수 있도록 설교 문장은 가능한 한 짧은 문장으로 작성되었는지를 확인하여야 한다. ③ '단순한 문장 구조'를 거론하고 있다. 완전한 주어와 술어가 있는 문장이 되어야 한다. ④ '단순하고 쉬운 단어'이다. 자칫 설교자가 자신의 지식을 자랑하듯 전문적인 용어와 성경 원어를 자주 인용해서는 안 된다. 분명하고 쉬운 언어로 설교문을 만들어야 한다.[194] "쉽게 설교하라"는 말은 경험 많으신 원로 설교자들로부터 요청되고 있지만 이상하게 잘 안 되는 부분이다.

자기 설교 원고를 보는 요령 17가지

그리고 김진홍 목사는 설교아카데미 회원들에게 설교자가 자기 설교 원고가 완성된 후에 그 원고를 검토하는 요령을 다음과 같이 말한다. ① 본문을 깊게 묵상한 흔적이 있는가? ② 본문 말씀에서 설교가 전개되고 있는가? ③ 본문 묵상한 것을 계속적으로 풀어가고 있는가? ④ 하나의 주제로 설교가 전개되고 있는가? ⑤ 청중이 쉽게 이해하도록 전개하고 있는가? ⑥ 신학적인 문제가 없는가? ⑦ 너무 알레고리칼 (allegorical)한 해석을 하고 있지는 않은가? ⑧ 앞뒤 문장의 연결 부분이 매끄럽게 되어 있는가? ⑨ 너무 어려운 단어나 문장을 사용하고 있지는 않은가? ⑩ 논리적으로 설교문이 진행되고 있는가? ⑪ 적용이 제대로 되고 있는가? ⑫ 연역법, 귀납법 설교를 따르고 있는가? ⑬ 결론이 정확하게 제시되고 있는가? ⑭ 설교문을 20번 정도는 읽고 강단에 올라가는가? ⑮ 청중과 아이콘택트를 하는가? ⑯ 설교에 맞는 예화를

---

194) 주승중, 『성경적 설교의 원리와 실제』, (예배와 설교 아카데미, 2006), 414-415.

사용하고 있는가? ⑰ 설교의 완성도와 깊이가 있는가?[195]

여기서 ⑦번의 "알레고리칼한 해석"이란 추상적인 내용을 구체적인 것으로 비유를 들어 풀이하는 것을 말한다. 성경에는 추상적인 개념의 이야기나 비유가 많이 있기에 이것을 다시 어떤 구체적인 개념으로 설명할 수가 있다. 그러다가 성경 본래의 뜻에 멀어진 아주 엉뚱한 해석이 나올 수가 있는 위험이 있기에 그것을 주의하라는 말이다. 설교 원고가 제대로 되었는지를 객관적으로 보려면 김진홍 목사께서 보여준 부록으로 첨부된 '자기 설교를 보는 요령'을 참고하여 수정한다면 더욱 깊은 설교의 자리로 가게 될 것이다.

> 금천설교아카데미
> 주소: 충북 청주시 상당구 수영로 241, 금천교회 內
> 원장: 김진홍 원로목사, 총무: 홍은익 목사
> 연락처: 043)255-0691

---

195)   김진홍, 자기 설교를 보는 요령 (2022 7, 29), 부록 3 참조

2 / 설교자의 자세와 습관

> 위대한 설교가 되게 하는 가장 결정적인 요소는 다름 아닌 열정(passion)이다.
> 열정이 우리를 설득력 있게 만든다.
> - Robin Meyers

통일한국의 교회를 대비하라!

우리나라의 2022년 출산율이 세계 최저인 0.78이라고 한다. 결혼한 부부가 아기를 1명도 안 낳는 것이다. 수년간 계속되는 이 세계최저출산율은 어디에서 기인된 것인가? 전문가들은 여성들의 사회 진출의 가속화와 함께 가정에서의 과도한 책임과 의무가 주요인이며, 육아에 대한 부담과 사교육으로 인한 엄청난 교육비 지출 등이 그 뒤를 따르고 있다. 옥스퍼드대 인구학자인 데이비드 콜먼(David Coleman, 1946-) 명예교수는 한국이 700년 후인 2750년에 인구소멸 1호 국가가 될 것이라고 예상하고 있다. 저 출산의 상황이 이런 추세로 계속가면 Korea 는 제일 먼저 소멸될 것이라고 많은 전문가들도 경고하고 있다.

출산율이 낮아지면 사회 각 분야에서 매우 큰 공백이 생겨난다. 학교, 군대, 치안 등에 차질을 빚게 되고, 기업에서는 인재가 줄어들며, 일자리는 점점 외국인들이 차지하게 된다. 결국은 한민족이라는 단일 민족은 사라지고, 거대한 다문화 혼혈사회가 형성되어 버릴 것이 자명(自明)하다. 정부에서도 이런 중차대한 문제를 인식하여 '저출산고령사회위원회'를 만들어 해결을 위한 묘안을 구상하고 있으나, 세계 1위의 저 출산은 지난 15년간 280조원을 투입했어도 나아질 기미가 없다고 한다. 이때, 현실적으로 가장 바람직한 방법은 북한과의 통일이다. 그러나 여기에 관건은 김정은 정권의 몰락을 전제로 한, 자유(自由), 민주

(民主), 평화(平和)의 통일이다.

하나님께서는 역사를 주관하신다. 그 영원할 것 같았던 바벨론이나 페르시아도 멸망하였으며, 세계의 대제국이었던 로마도 멸망시키셨다. 현재 세계의 패권이 슈퍼강국인 '미국'에게 있는데 여기에 도전장을 내민 나라가 바로 공산주의 독재국가 '중국'이다. 미국, 유럽, 일본, 한국이 하나의 연합전선을 이루고, 중국, 러시아, 이란, 북한이 또 다른 그룹을 이루게 되는데, 그 중심은 미국과 중국이다. 하지만 중국은 경제적으로, 정치적으로 매우 위태로운 상황이다. 곧 중국이 여러 나라로 분할되면, 중국의 힘이 약해져서 북한에 대한 지원도 불가능할 것이다.

이로 인하여 북한의 3대 세습정권인 김정은 정권이 순식간에 무너지고, 그런 북한을 대한민국이 흡수통일하게 되면 자연스럽게 출산율이 올라가고, 한민족(韓民族)의 대한민국은 부강한 나라로 온 세계위에 우뚝 서게 될 것이다. 이런 가운데 북한지역에 무너진 교회들이 재건되면서 뜨거운 신앙의 부흥이 통일한국(統一韓國)위에 강렬하게 이뤄지게 될 것이다. 중국과 북한은 순망치한(脣亡齒寒)의 관계이므로, 중국이 무너지면 북한은 당연히 망하게 되어있다. 이때를 위하여 설교자들은 늘 기도하며, 북한에 세워질 교회와 성도들에게 전할 풍성한 은혜의 말씀을 준비해야 할 것이다.

강단에서의 설교자의 자세

이제 설교자가 충분히 설교 원고를 숙지하고 강단에 섰을 때, 설교자는 어떤 자세를 취하여야 하며, 가져야 할 좋은 습관은 무엇이고, 버려야 할 나쁜 습관은 무엇인가? 설교자는 웅변가도 연설가도 아니다. 둘 중에 굳이 하나를 택하라면 연설가에 더 가깝다고 할 수 있다. 하지만 설교는 예배 가운데 하나의 요소이다. 즉 설교자도 예배자의 한 사람임을 잊어서는 안 될 것이다. 얼마 전에 설교하기 위하여 강단에 서서 이렇게 멘트를 하며, 설교를 시작한 적이 있다. "여러분, 이 밤에 예배를 드리기 위하여 교회에 오신 것을 환영합니다. 하나님께서 이 시간 말씀을 통하여 크신 은혜와 복을 내려 주실 것을 믿습니다." 성도들은 "아멘!"하며 화답을 하였다.

그런데 여기에 큰 문제가 있다. 아마도 "뭐가 문제이지? 괜찮은데?"라고 하실 분이 계실 것이다. 이 설교의 서론에서 행한 축복의 멘트에는 매우 큰 결함이 있다. 그것은 설교자인 내가 주인장이고, 모인 성도들은 손님이 되었기 때문이다. 그렇다! 예배는 하나님만이 찬양과 경배를 받으시고, 우리에게 은혜와 복을 내려 주시는 것이다. 설교자인 내가 주인이 되어 한 말이기에 하나님을 설교자의 뒤쪽으로 밀어버린 양상이 된 것이다. 설교자는 이렇게 시작했어야 했다. "사랑하는 성도 여러분! 이 밤에 우리는 하나님께 예배드리기 위하여 여기에 모였습니다. 하나님께서 우리의 경배와 찬양을 받으시고, 말씀을 통하여, 우리 모두에게 크신 은혜와 복을 허락해 주실 것입니다." 라고 하나님께서 주인 되심을 공포했어야 했다.

마틴 로이드존스(Martyn Lloyd-Jones) 목사는 그의 강의록 책인 『설교와 설교자』의 13장 '피해야 할 것들'에서 한 말이 이렇다 "예배는 우리 것이 아닙니다. 사람들은 우리를 보러 오거나 우리를 기쁘게 하려고 온 것이 아닙니다. 우리는 우리 개인의 집에 사람들을 초대한 것이 아닙니다. 예배는 결코 우리를 위한 것이 아닙니다. 사람들이나 우리들이 함께 하나님께 예배드리며 하나님을 만나기 위해 모인 것입니다… 예배가 낯설고 특별하지 않다는 인상을 주기 위해 '여러분, 안녕하세요!'하고 인사하면서 몇 마디 농담으로 편한 분위기를 조성하는 관행은 완전히 잘못된 것입니다… 교회는 여러분의 집이 아닙니다. 여러분도 청중과 똑같이 하나님 아래 있는 존재인 것입니다. 우리는 이 차이를 강조해야 합니다."[196] 여기서 '여러분'은 바로 웨스트민스터신학교의 신학생들이자 설교자들이었으며, 오늘날의 설교자들을 지칭하는 것이다.

설교에서 전달의 중요함

설교자는 하나님의 대언자(代言者)라는 것을 항상 자각하여야 한다. 강단에서의 설교자의 설교는 곧 하나님의 말씀이라는 것이다. 칼 바르트는 "설교는 하나님 자신의 말씀이다. 그 말씀을 하나님 자신의 선하신 뜻을 따라 하나님의 이름으로 설교자를 선택하고 성경의 말씀을 근거하여 인간들에게 증거 하게 하신다"라고 정의를 내리고 있다.[197] 그러므로 설교에 수십 년의 경험을 쌓은 마르틴 루터도 강단에 올라가기 전에 두렵고 떨리는 마음으로 올라간다고 고백하였다. 정장복 교수는 설교자가 설교할 때 한편의 설교를 100%이라고 한다면 설교의 내용은 60%이고, 전달이 40%라고 보고 있다. 그만큼 전달(delivery)이 설교

---

196) 마틴 로이드존스, 정근두 역, 『설교와 설교자』, (복 있는 사람, 2005), 423-424.

197) 김진홍, 『깊은 설교 얕은 설교』, (쿰란출판사, 2020), 32.

원고만큼 중요하다는 것을 알 수 있다. 그래서 정장복 교수는 설교자에게 파토스(pathos)가 있어야 함을 먼저 말한다.[198]

파토스는 하나님의 말씀을 사랑하고, 청중들을 사랑하는 열정(熱情)을 말하는 것이다. 이 열정이 있어야 감동이 나타나는데, 설교자 자신이 말씀에 먼저 감동이 되어야, 듣는 청중이 감동받는다는 것을 알아야 한다. 그리고 설교자는 설교시간을 지키는 것이 중요한 덕목이다. 대략 30-35분 사이에서 종료하는 것이 보편적이다. 하지만 김학중 목사, 김승욱 목사 등 이야기식 설교를 주로 행하는 분들의 경우에는 40-43분 동안 설교하고 있음을 알 수 있다. 이는 교회환경과 여건에 맞춰서 될 문제이지만 필자는 가능하다면 30-35분에 마쳐지기를 추천한다.

예배와 설교 가운데 설교자의 습관

성경을 봉독할 때는 두 손으로 받들고 읽는 모습이 좋으며, 몸가짐은 단정하고 바른 자세를 유지하고, 몸을 흔들거리지 말아야 한다. 눈은 자연스럽고 평안한 모습으로 청중을 좌우로 보면서 설교할 수 있어야 한다. 자주 혓바닥을 내밀거나 입술에 침을 적시는 습관도 버려야 할 나쁜 습관이다. 어떤 설교자는 뒷짐을 지고 설교하는데 이는 볼 성사나운 불경스런 모습임을 알아야 한다. 바지 호주머니에 두 손 또는 한 손을 넣고 설교하는 것도 금물(禁物)이다. 말의 끝을 얼버무리거나, 묵음으로 하지 말고 끝까지 명료하게 발음해야 한다. 이는 필자의 설교에서 자주 발생하는 단점이기도 하다.

---

198) 정장복, 『한국교회의 설교학 개론』, (예배와 설교 아카데미, 2001), 301.

그리고 강단에서는 설교자의 얼굴에서 너무 활짝 웃는 모습이 보이기보다 모나리자와 같은 잔잔한 미소(微笑)가 좋을 것이다. 하지만 설교자가 습관적으로 미소를 지어서는 안 된다. 어떤 목회자는 설교 중에 습관적으로 빙그레 웃는 모습이 자주 나타나곤 하여 걱정이 되었는데 아니나 다를까 갑자기 사임하게 되었다. 그런데 그 분이 청빙된 교회에서는 아주 잘하고 계시는데, 바로 그 이상스런 미소가 더 이상 설교 중에 나타나지 않고 있음을 알 수 있었다. 상기 내용 중에 많은 부분이 정장복 교수의 책『한국교회의 설교학 개론』에서 습득한 내용이다.[199]

설교를 불타는 논리! 감동적인 이성! 이라고 말하며, 이것을 「불타는 정열의 신학」이라고 말한 마틴 로이드존스 목사는 그의 전임자였던 조지 캠벨 모간 목사의 「진리와 명료성 그리고 정열」이 바로 설교의 세 가지 필수사항이라고 한 것과 일치되는 고백이다.[200] 우리 설교자들은 설교 시에 과연 겉과 속에서 어떤 자세를 취하는 것이 옳은 것인지 생각하여야 한다. 그리고 항상 좋은 습관을 기르도록 부단히 노력하여야 할 것이다.

199) 위의 책, 302-311.
200) 주승중, 『성경적 설교의 원리와 실제』, (예배와 설교 아카데미, 2006), 543.

3 / 아이콘택트와 강단 위 이동

시인이여 잠들지 마라. 그대가 잠들면 이 세상 사람들의 잠 속을 누가 지나갈 것인가
                                                                    - 황청원(詩人)

BTS와 같은 집단 안무의 노래

우리나라가 K-팝, K-드라마 등으로 인하여 세계인이 좋아하는 문화의 강국이 되어 자랑스럽다. 그래서 외국 팬들이 한국어를 배우려고 세계 85개국 248개소에 있는 세종학당에 등록하는 열풍이 불고 있다고 한다. 많은 나라의 젊은이들이 모두 K-문화를 듣고 보기위하여, 한국어를 배우려고 하기 때문이다. 특별히 BTS(방탄소년단)[201]와 같은 7명의 남성 아이돌그룹은 수많은 젊은이들에게 말 그대로 아이돌(우상)이 되었다. 이 아이돌을 따르는 팬클럽인 아미(AMY)와 같은 극렬한 팬덤(fandom)[202]이 단단히 결성되어있다. BTS는 현란한 춤과 동작을 일사분란하게 하면서, 노래를 부르며 무대를 장식한다. 꼭 영어로 안 부르더라도, 한글가사를 외국 팬들은 암기하여 따라 부른다.

젊은이들이 좋아하는 가수들의 대부분은 무대에서 가만히 있지 않고, 이리저리 휘 집고 다닌다. 물론 나이가 있는 사람들은 트로트(trot)[203]라는 대중가요를 좋아한다. 트로트는 4분의 4박자의 정형화된 리듬에 구성지고 애상적인 느낌을 준다. 일설에는 일본 엔카(戀歌)에서 들어온 음계를 이용했다고 한다. 백성들의 애환과 희락을 부른 이 노래

---

201) 나무위키, BTS (2023. 8. 22)

202) 팬덤(fandom): 광신자를 뜻하는 'fanatic'과 국가를 뜻하는 'dom'의 합성이다. 특정인이나 브랜드를 열정적으로 좋아하는 사람들이라고 할 수 있다. 최근의 '팬덤 정치'도 이와 유사하다. - 행복한 길냥이, (2023. 6. 10)

203) '성인가요'라고 부르기도 한다. - 나무위키(2023. 8. 22)

는 트로트 가수의 독특한 음색과 내용으로 나타내지만, 현란한 춤을 동반하지는 않는다. 최근에는 임영웅(1991-)이라는 젊은 트로트가수가 오직 노래로만 큰 인기를 구가하고 있다. 약간의 예외는 있다. 남진(1946-), 나훈아(1947-)와 같은 가수들은 몸동작이 제법 많은 편이기는 하다. 이렇게 노래 특히 가요세계에서의 흐름이 정적(靜的)인 모습에서 동적(動的)인 모습으로 변화되어 간 것이다.

원고 안 보고 설교하는 시대

이와 같이 교회에서의 전통적인 설교 방식에도 점진적인 변화의 바람이 불어오고 있다는 점이다. 특히 포스트모던시대와 포스트코로나시대에 임하여서 사람들의 심정이 이전과는 다르다는 것을 느끼게 된다. 옛날부터 연설이나 웅변을 할 때 청중들을 항상 바라보고 해야 그들의 마음을 붙잡을 수가 있다고 했다. 하지만 교회에서의 설교는 연설이나 웅변과는 조금 다른 부분이 있다. 그것은 하나님의 말씀이 전해지는 것이기에 청중들은 겸손하게 그 말씀에 귀를 기울이기만 하면 되는 것이었다. 설교자의 말씀을 그대로 수용하는 수동적인 태도가 요구된다고 할 수 있다. 그러나 이제는 그렇지 않다. 설교자는 반드시 청중들의 가슴에 들리는 설교를 해야 한다. 그래서 그 들린 설교가 그들의 마음을 움직여, 삶의 변화를 가져오게 하는데 설교의 목적이 있다. 즉 귀에서 머리, 그리고 가슴으로의 전달이다.

이것을 달성하는데 가장 손쉬운 방법으로 설교자는 청중과 설교 시간동안 커뮤니케이션을 하는데 이는 청중과 눈이 마주치는 것 즉, 아이콘택트(eye contact)이다. 이제는 이것을 설교자의 의무라고 생각하는 시대에 돌입했다고 생각해야 한다. 아이콘택트가 되어야 메시지가 잘 전달될 수가 있다. 청중이 마음을 열게 된다. 우리나라에 "우이독경 (牛耳讀經)" 즉 소의 귀에 글 읽기처럼 듣고 이해가 안 되는데 거기에 아무리 좋은 말을 한 들 무슨 소용이 있는가라는 뜻이다. 청중이 마음을 닫으면 그 마음을 다시 열게 하는 것이 극히 어려운 일이다. 그러므로 설교자는 청중을 바라보며, 그들의 눈을 보면서, 아니 그들의 마음에 설교해야 할 것이다. 지난번의 본고에서도 거론한 바가 있지만, 설교의 트렌드가 강단에서 그냥 설교 원고만을 의지해서 설교하는 시대는 지나갔다. 이제는 설교 원고 없이 설교하는 시대가 오고 있는 것이다.

구어체로 만들어지는 설교 원고

그렇다고 설교자가 설교 원고를 작성할 필요가 없다고 생각해서는 결코 안 된다. 원고를 완벽하게 작성하되 그것을 강단에는 가지고 올라가지 않고도, 그 메시지를 그대로 전할 수 있어야 한다. 그런데 만약에 설교 원고를 문어체(文語體)로 썼다고 하자. 어려운 문구도 삽입하고, 원어도 사용하여 만들었다면 어떻게 그것을 잘 전할 수가 있을 것인가? 아마 완벽하게 그대로 암기하지 않으면 안 될 것이다. 성경구절을 암기하는 식으로 말이다.

경남 창원에 양곡교회(담임: 장형록 목사)가 있다. 통합장로교 총회장을 역임하신 지용수 목사가 1982년부터 40년간 사역하고 있다. 지용수 목사는 언제나 설교 원고에서 나오는 모든 성경 구절을 그대로 암기하여 설교하시는 분이셨다. 지금은 대부분의 교회마다 설치된 대형 모니터에 성경구절을 다 띄어주기에 굳이 성경 구절을 암기할 필요성을 느끼지 못하지만, 예전에는 설교 시에 많은 성경구절을 하나도 틀리지 않고 암기하여 설교하는 설교자가 드물었기에, 지용수 목사의 설교는 매우 감명 깊게 다가오기도 하였다. 그러므로 현대에 설교하는 목회자들이 청중들과 아이콘택트를 하면서 설교할 수 있는 비결은 설교 원고를 구어체(口語體)로 작성하는 것이다.

그래야 설교자가 설교 원고의 스토리를 알기에 간단하게 요약된 내용만 메모하여 올라가도 강단에서 큰 어려움 없이 청중을 바라보며 설교할 수가 있다. 그러므로 원고 없이 설교하시는 설교자들을 보면 그 내용이 대부분 이야기 식으로 되어 있음을 알 수 있다. 문학적이고, 절제되고, 고상한 문체를 사용하고 싶어도 그렇게 할 수가 없는 것이다. 만약에 그렇게 하고 싶다면 성경 구절을 암기하는 식으로 설교문 전체를 통째로 암기하는 수밖에 없을 것이다. 안산 꿈의교회 김학중 목사 또는 할렐루야교회 김승욱 목사의 설교를 들으면 성경 본문도 스토리가 있는 내용이 많이 나타난다. 이는 영락교회 김운성 목사의 경우에도 마찬가지이다. 당연히 이분들의 설교는 조곤조곤 이야기하는 식이다. 여기의 '이야기'는 '이야기 설교(narrative sermon)'의 '이야기'와는 조금 다른 내용이다.

요약본만 가지고 올라가라

그러나 영안장로교회의 양병희 목사의 경우에는 전통적으로 목사 가운을 착용하고, 강단에서 설교하시는데, 원고를 가지고 설교하고 계심을 확연하게 알 수가 있다. 다만 그 원고를 계속하여 보는 것이 아니라 문단이 넘어갈 때에 잠깐 보는 스타일이다. 이는 금천설교아카데미 원장이신 김진홍 목사께서 늘 강조하시는 7:3 또는 6:4의 비율로 청중을 더 많이 보고 설교해야 한다는 점과 일치한다. 하지만 앞으로의 추세는 아예 설교 원고를 안보고 설교해야 하는 때가 점점 더 가시화될 것이다. 그러므로 설교 원고를 요약하여 A5 크기의 용지에 핵심만 기록하고 강단에 올라가서 흐름이 벗어나지 않도록 주의하고, 설교해야 할 것이다.

그리고 강단에서 설교 시작부터 끝까지 꼿꼿하게 설교를 하는 전통적인 설교형태보다는 핀 마이크 등을 이용하여 자유롭게 강단 좌우로 이동하거나 회중석까지 내려가는 그런 설교의 시대가 오고 있다는 것을 잊어서는 안 된다. 이런 설교의 모습은 청중과 의사소통 내지 함께한다는 강력한 의지가 담긴 퍼포먼스이기에 시행해 볼 필요는 있을 것이다. 이런 방식으로 한다면 예배 시에 착용하던 목사 가운도 아마 착용하지 않게 될 것이다. 젊은이가 많은 교회에서는 이렇게 하는 방식은 별도로 청년예배에서 우선 적용하고, 점진적으로 모든 교회의 예배에도 청중과의 친밀감을 높이는 방식으로 바꾸어나갈 수 있을 것이다.

그러나 필자 개인적으로는 거룩하게 드려지는 전통적인 예배에서 은혜를 더 받게 되지, 강단 앞에서 왔다 갔다 하며 설교하는 스타일에는 잘 적응이 안 된다. 그러므로 강단에서 정중한 예배를 드리되, 설교자는 설교 원고 없이 간단한 요약문만 가지고 설교하여 청중과의 아이 콘택트를 대폭으로 올리며 설교하는 방법이 더 좋지 않을까 한다. 이와 관련하여, 최근에 개신교에서 가톨릭교로 개종하는 사람들이 늘어났다는 말을 들었다. 교계에 뼈아픈 말을 자주 하는 이재철 목사의 설교에 따르면, 한국 이코노미스트지가 가톨릭교로 개종한 사람들을 찾아가 이유를 물어보니, 가톨릭교의 '명품성(名品性)'과 '접근성(接近性)' 때문이라는 결론을 얻었다고 한다. 가톨릭교의 성당에 들어가면 마음에 평안함을 느끼며, 편안하게 신부(神父)를 만날 수 있는 등, 가톨릭교에 쉽게 접근할 수가 있었기 때문이란다.[204] 이는 기본적으로 인간의 종교심에서 나오는 거룩함을 추구하는 발로(發露, expression)가 아니겠는가?

이 부분도 간과하지 말고 우리 개신교가 참고할 필요가 있다고 본다. 예배에서의 예전(禮典, sacraments)도 상당히 중요한 '보이는 예배'이므로, 이 예식들을 거룩하고 의미가 있도록 시행하여야 한다. 성찬식, 세례식 등 각종 교회의 절기 및 예식을 거룩하게 잘 지키고, 그 속에서 성령님의 은총을 깨닫게 된다면 참다운 신앙생활을 영위할 수가 있을 것이다. 종교개혁의 뜻도 살리면서 예전의 거룩함을 유지하는 그런 모습이 설교의 자유로움과 잘 연결이 된다면 개신교는 다시 참된 진리의 공동체가 될 것이다. 설교 원고의 숙지와 요약본에 관하여는 본고 제5장의 5-9를 참조하시기 바란다.

---

204) 이재철 목사 설교, 수많은 사람들이..개종하는..2가지 이유..3가지 교훈, 시냇가에 심은 나무 (2023)

4 / 아멘 호응의 허(虛)와 실(實)

설교자는 죄인을 구원하기 위하여 언제든지 순복음적 설교만을 준비하는 것이요.
결단코 자기의 학식이나 지혜의 탈선적 설교는 준비치 말 것이며,
또한 자기의 유창한 언변을 자랑해서는 안 된다.
- 김웅태

지하철 에스컬레이터의 좌측라인

서울 시내에는 모두 9개의 정규 지하철 노선 외에도 15개의 지선들이 거미줄같이 이어져 있어서 사람들의 이동에 편의성을 높여주고 있다. 그리고 출입구와 내부의 많은 부분에 에스컬레이터가 설치되어 계단으로 내려가고 올라가는 수고를 덜하게 된다. 그런데 승객들은 에스컬레이터의 두 줄 가운데 항상 좌측라인은 비워둔다. 왜냐하면 바쁜 사람들이 그리로 걸어서 다니라고 하는 배려(配慮, care)의 마음에서 그리한 것이다. 하지만 정부에서는 승객의 안전상, 발판의 기계적 내구성 등의 이유로 에스컬레이터 발판위에서는 걷거나 뛰지 말라고 오랫동안 공지하고, 포스터도 부착하였지만, 이에 아랑곳없이 사람들은 좌측은 걸어가는 곳이라고 인식해 버렸다. 만약에 좌측에 누군가가 걷지 않고 그냥 서있다면 뒤쪽에서 가만히 있지 않는다. 비키라고 재촉한다. 험악한 분위기가 형성되기도 한다.

급하게 이동해야하는 사람들에게는 에스컬레이터위에서 가만히 서있을 수가 없기 때문이다. 하여간 천천히 걷더라도 좌측라인에 들어섰다면 무조건 움직여야 한다. 그런데 백화점에서의 에스컬레이터는 전혀 그렇지 않다. 거기서는 결코 걷거나 뛰지 않는다. 느긋하게 쇼핑하는 곳이기에 급할 필요가 없기 때문이다. 그렇지만 지하철은 어딘가로 가야

하는 이동의 장소이기 때문에 조금이라도 움직여야 마음이 편한 모양이다. 원칙적으로는 안전상의 위험이 상존하기에 분명히 에스컬레이터 위에서는 이동해서는 안 된다. 옆의 핸드 레일을 잘 잡고 서있어야 안전보호가 이루어진다. 정녕 급하다면 옆의 계단을 이용하면 될 것이다. 자기만 좋거나 편하면 눈치 없이 시행하는 개인주의적인 생활로 급속하게 전환되고 있다는 느낌을 지울 수 없다. 나 위주로 모든 것을 사고하는 '유아독존(唯我獨尊)'사상으로 무장된 역설적인 자기중심적 사회로 가고 있는 것이 아닌가?

설교자가 강요하는 '아멘'소리

이처럼 설교자와 청중 사이에 흐르는 외식(外飾) 또는 쇼맨십 (showmanship)의 모습이 설교 가운데 진하게 나타나고 있지 않은가 염려되기도 한다. 우리 예장통합 측의 부흥사로 잘 알려진 J 목사가 있다. 이 분은 열심히 설교하고, 청중의 마음을 잘 알아서 감동도 주고 웃고 울리는데 대단한 명수(名手)이다. 그런데 이 분이 단골로 하시는 말씀은 "왜 아멘 안 해요?" "아멘 하세요!" "아멘이 어디 출장 갔어요?" 하면서 이 "아멘"을 설교 중에 수없이 요청하고 반복한다. 물론 이 분의 설교가 빗나가거나 신학적인 면에서 문제가 있는 것은 아니다. 하지만 그렇게까지 아멘 소리를 강하게 요청하는 이유가 무엇일까?

오랫동안 예배·설교학을 가르쳤으며, 정통설교의 맥을 이어주신 정장복 교수가 이 문제에 관하여 늘 하시던 말씀이 있다. 그의 책『한국교회의 설교학 개론』은 2001년도에 발간이 되었는데, 제2장의 '한국 강단의 미래를 어둡게 하는 적신호들' 8가지 중에 바로 '설교자를 위한 응답의 강요'라는 소제목이 있다. 이런 글이 나온다. "감정이 풍부한 사회에서는 대화의 대상이 즉각적인 표현을 해주기를 바라는 풍경이 자주 나타난다. 그리고 나의 말에 즉각적인 반응을 보이는 사람을 우선 좋아한다… 우리의 설교 현장에 1970년대 이후 날이 갈수록 심화되어 가는 현상이 있다. 그것은 설교자가 회중에게 무조건 '아멘'의 응답을 보내도록 강요하는 문제이다."[205] 이 내용은 22년 전에 설교학자가 한 말이다. 그런데 지금도 여전히 유효한 말이다.

'아멘'소리가 무슨 추임새인가?

그리고 이 아멘소리를 강요하는 말로서 우리들이 설교 중에 너무나 많이 사용하고 있는 "바랍니다.", "믿습니다." 또는 "주님의 이름으로 축원합니다"라는 말이 있다. 이런 기도용 언어를 설교 가운데 함으로써 청중으로부터의 "아멘"을 강요하고 있다고 지적하고 있는 것이다. 그러나 한국 교회에서 설교 시에 이런 종결어를 너무나 아무렇지 않게 보편적으로 사용하고 있는 현실이다. 이 말은 기도의 표현이지 설교에서 사용되는 말이 아니라고 1981년 제65회 예장통합총회에서 결의하였음에도 한국 교회의 설교자들은 그 결의에 개의치 않고 대단히 많이 사용하고 있다는 점이다.

정장복 교수는 계속하여 말한다. "설교자는 반드시 다음의 질문에 먼저 대답을 정리해야 한다. 첫째, 그 아멘의 진의대로 하나님의 말씀에 긍정을 나타내는 말인가? 둘째, 한 인간인 설교자의 의견이나 바람이나 기원에 주어진 아멘인가? 셋째, 설교자의 기분을 북돋기 위함인가? 넷째, 설교의 분위기를 고조시키기 위한 방편인가?"[206] 가슴이 뜨

---

205) 정장복, 『한국교회의 설교학 개론』, (예배와 설교 아카데미, 2001), 45.
206) 위의 책, 46.

끔해지는 지적이다. 어렸을 때 밤중에 몰래 동네 과수원에 들어가 복숭아 서리를 하다가 주인에게 들킨 것 같은 느낌이 든다. "아멘"소리가 마치 노래의 추임새와 같고, 국악에서 창(唱)을 하는 사람이 한 소절 부르면, 곁에서 북을 치는 고수(鼓手)가 "얼쑤!"하며 장단을 맞추는 것과 무엇이 다른가? 조금 지나친 비유일지는 몰라도 강단에서 아멘을 강요하는 설교자는 이와 같다고 하여도 실상 과언은 아닐 것이다.

그런데 실제로 설교를 하면서 청중들로부터 "아멘"소리가 전혀 나오지 않으면 기분이 묘해지며 분위기가 다운된다. 지금 나의 설교가 청중들에게 은혜로운 설교가 아니로구나! 라는 자괴감(自愧感)이 순간적으로 들기도 한다. 물론 모든 설교자가 다 그런 것은 아니다. 소망교회를 개척한 곽선희 목사는 그의 설교 시간에 아멘 소리 내는 것을 극히 싫어한다. 누군가가 아멘 소리를 내면 "그냥 설교를 들으세요!"라고 일갈(一喝)한다. 이 또한 지나친 점이 있기는 해도 습관적으로 아멘 소리를 내게 하고 또 그것으로 은혜를 끼치고 있다고 즐기는 설교자가 있다면 반성해야 할 것이다. 이런 설교자로 인하여 결국 한국 교회의 미래가 어두워가고 있다고 보아도 무방하다. 현재는 적신호가 아니라 아예 거의 온 한국 교회에 만연되고 있다고 보인다.

감동으로 터져 나오는 "아멘"

설교자들은 설교 시에 "…하기를 축원합니다.", "…하기를 축복합니다.", "믿습니다"라는 말을 물 마시듯이 하고 있지 않은가? 기도나 축도에서 사용해야하는 말을 설교에서 아멘을 유도하기 위해 사용하는 것이 과연 옳은 것인가? 필자도 어떤 때는 설교 중에 나도 모르게 "믿습니까?"라고 외칠 때도 있었다. 이는 운동선수가 높이뛰기나 축구나 야구를 할 때 관중들의 환호와 함성으로 힘을 얻는 이치와 매우 유사하다. 또한 가수가 노래 부르는 현장에서도 마찬가지이다. 관중 또는 관객이 매우 열정적으로 호응하고 박수치고 응원하면 그 선수나 가수는 더욱 힘을 얻게 된다. 설교자도 가수나 운동선수와 같은가?

그렇다고 해서 설교가운데 아멘소리가 없어야 한다는 주장은 결코 아니다. 청중이 아멘을 하도록 유도내지 강요하는 차원이 아니라 자발적(自發的)으로 설교속의 말씀에 은혜가 되어서 감동이 되어 청중의 마음에서 나와야하는 것이다. 그런 표현을 예전에는 속으로 하였는데 이제는 입술로 고백하는 그런 모습이 어쩌면 커뮤니케이션의 한 부분일 것이다. 성령님이 충만한 교회에 가보면 설교자의 말씀 한 마디마다 아멘으로 화답하는 광경을 보게 된다.

그런데 우습고 쓸쓸한 이야기이지만, 어떤 설교자가 "사탄이 여러분과 저를 지옥으로 떨어뜨리기 위하여 갖은 수단을 다 쓰고 있습니다. 그래서 많은 성도들을 쓰러뜨리는 사탄의 계략이 얼마나 주도면밀(周到綿密)한지 모릅니다"라고 설교하는데, 여기서 "아멘!"이라고 어떤 성도가 화답한 것이다. 이런 화답은 조건반사적 응답이다. 잘못된 것이다! 아멘이라는 소리를 천하없어도 입 밖으로 내지 않으려는 성도도 문제가 있지만, 조건반사적으로 무조건 아멘을 외치는 성도에게도 분명히 문제가 있다. 정서적으로는 아멘소리가 유난한 교회는 교육을 시켜서 그럴 수도 있겠지만 분위기적으로는 좋아 보이기는 한다. 예전에 故 조용기 목사의 여의도순복음교회의 예배 분위기가 그리하여서 장로교인의 입장에서 그곳에 광신도들이 모였다고 생각한 적도 있었다.

아멘이 삶에 적용되는 신앙

하지만 청중으로 하여금 아멘을 하도록 강요하는 말을 하거나, 아멘이 나오도록 기도에서 사용할 수 있는 문장을 설교에서 사용하지 않도록 조심해야 한다. 초창기에 장로교에서의 예배는 엄숙하여 결코 "아멘"과 같은 말을 설교 가운데 하지 않고 속으로 하여, 엄숙한 가운데 예배가 진행되었다. 그런데 지금은 아멘 소리가 클수록 은혜로운 교회라고 칭송하는 분위기이다. 다만 아멘을 하도록 강요하거나 유도해서는 안 될 것이다. 자발적으로 설교자의 파토스적인 열정과 에토스적인 진심, 로고스적인 말씀이 쏟아져 나오는 설교 안에서 은혜가 되어 저절로 발생되는 그런 아름다운 화답의 아멘소리가 되어야 한다.

문제는 아멘을 목이 쉬도록 한 후에 그 성도의 삶의 모습에서 그리스도의 마음과 사랑의 실천이 이루어지고 있는가라는 부분이다. 아멘(Amen)이란 무엇인가? "나는 그 말씀에 진실하게 동의합니다.", "진실로 그렇게 되기를 원합니다.", "그 내용을 진실하게 믿습니다."와 같은 신앙고백의 표현이다. 그런데 입술로 말만하고는 행동으로 삶에 적용하지 않는다면 이 역시 울리는 꽹과리에 소리 나는 구리가 되는 것이며, 사회 속에서 빛과 소금의 역할을 감당하지 못하고 있는 성도로 보아도 무방하다.

우리가 늘 부르는 찬송가에도 말미에 '아멘'이 있는 찬송가와 그렇지 않은 찬송가가 있다. 한국찬송가공회에서 신중하게 '아멘' 삽입여부를 정하였을 것이다. 일반적으로 찬송가의 가사가 하나님께 기도, 요청 등의 가사일 때엔 '아멘'이 나온다. 그러나 자신의 다짐, 권유 등에선 '아멘'이 없다. 그렇다! '아멘'이라는 말은 당연히 신앙생활에 활력을 주고 열심을 가져다주는 아주 귀중한 말이다. 그러나 남용되지 않도록 해야 하며, 특히 설교자들은 인간적으로 운동선수나 가수의 모습이 안 되도록 모든 영광을 하나님께로 돌리는 겸손함이 늘 있어야 할 것이다.

5 / 의사소통으로의 탁월한 전달력

사람들이 이 세상에서 누릴 수 있는 가장 최고의 섬김은 하나님의 말씀을 설교하는 것이다.
이러한 섬김은 특별히 목회자에게 허락하셨다.
그러므로 하나님께서는 그들에게 이 일을 더 철저하게 감당할 것으로 요구하신다.

- Contra Frates

일본의 원전 오염수 방류(放流) 소식

일본이 후쿠시마 제1원자력발전소 오염수 134만 톤을 더 이상 저장할 공간이 없다는 이유로 2023년 8월 24일부터 태평양 바다에 방출하기 시작했다. 이때부터 오염수를 30년간 방류해야 할 상황이다. 바닷물과 희석시키는 것이다. 4-5년 뒤에 우리나라 동해로 오염수가 희석된 태평양의 해류가 도달한다는 것이 우리나라 과학자들의 분석이다. 정부의 설명에 의하면 철저하게 모든 수산물의 방사능을 주기적으로 검사할 것이며, 우리나라 바다로 오더라도 방사능의 량은 극히 미미하다고 홍보하고 있다. 하지만 오염수 문제로 여야 간에 첨예한 정치적 대립이 행해지고 있다. 오염수 방출로 가장 큰 직격탄을 맞는 것은 국내 수산물시장이다. 어업으로 생계를 유지하는 어민들과 생선으로 장사를 하는 횟집들은 이제는 손님이 없다고 울상이다.[207]

현실은 하나의 상황인데, 그 팩트(fact, 사실)의 전달은 왜 전혀 다르게 나타나고 있는 것인가? 진실은 하나인데 그 진실을 해석하고 전달하는데 문제가 있는 것이다. 과거에 광우병 파동이나 4대강 사업 등에서 괴담(怪談)이 시간이 흐르니, 그 전말이 거짓으로 드러난 전례가

---

207) 다음 뉴스 (2023. 8. 26)

있다. 가짜뉴스(fake news)라는 말이 예전에는 없었다. 왜냐하면 언론은 항상 정직하게 진실만을 전달해 주는 가장 신뢰할만한 분야라고 믿었기 때문이었다. 하지만 이제는 언론도 진실을 왜곡(歪曲)하고, 좌익사상에 오염된 경영층으로 말미암아 논지(論旨)가 변하고, 거짓이 정론(正論)이 되어버리는 현실 속에서 참담(慘憺)함을 느끼지 않을 수가 없다. 우리는 하나님의 말씀을 전하는 설교자로서, 그 생명의 말씀을 가감 없이 이 세상에 전하여야 하는데 그 전달력(傳達力, delivery power)은 선포-해석-적용을 아우르는 중요한 힘이라고 할 수 있다.

설교는 생명이 탄생하는 자리

설교는 말로 하나님의 메시지를 전하는 행위이다. 20세기 최고의 설교자가운데 한 분인 존 스토트(John Stott, 1921-2011) 성공회 사제는 설교의 정의를 "다리 놓기(bridge-building)"라고 말하고 있다. 즉 성경의 세계와 오늘의 세계 사이에 다리를 놓는 작업이 설교라고 말하고 있다.[208] 어찌 보면 이러한 작업은 우리 주님 예수 그리스도께서 하나님과 인간 사이에 다리가 되어주신 것을 따라가는 것과 같다고도 말할 수 있다. '다리'란 사람들이 자유롭게 건널 수 없는 강이나 계곡을 쉽고 안전하게 건너갈 수 있도록 한다는 의미에서 설교를 말한다는 것은 탁월한 통찰력이다. 다르게 표현한다면 러시아와 유럽을 잇는 천연가스가 통과하는 파이프라인(pipe-line)처럼 두 개의 영역을 연결해 주는 것이 설교의 역할이라고도 할 수 있다.

---

208) 강용원, 설교와 설교학, (2023. 6. 4)

그런데 성경과 세상은 서로 다른 가치관이 존재하는데 어떻게 이것을 다리로 연결할 것인가? 그 수단에 바로 설교가 있다. 설교를 통하여 성경속의 하나님께서 하신 일, 하고 계신 일, 하실 일을 전달하여 듣고 보게 하는 것이다. 그래서 그 성경의 말씀을 제대로 전달하는 것이 너무나도 중요한 미션(mission)이라고 할 수 있다. 정장복 목사는 이 전달이 설교 전체의 40%라고 말하기 한다. 즉 설교 원고를 60%라고 볼 때, 그 원고의 내용을 청중에게 전달하는 부분이 40%라는 것이다. 얼마나 중요한가? 아무리 설교 원고가 잘 만들어져 있다고 하여도 제대로 전달하지 못하면 이는 60점짜리밖에 안 되는 저조한 성과만을 거둘 뿐이다.

설교의 전달을 영어로 딜리버리(delivery)라고 말하는데 이는 '아기를 해산하다.'는 말과 동일하다. 산모가 큰 고통으로 아기를 해산하는데, 그것과 설교의 전달을 같은 단어로 쓴다고 하니 한편 설교자가 산모와 같은 그런 진지함과 온 힘을 다하여 하나님의 말씀을 청중들에게 전하여야 함을 새삼 느끼게 한다. 이것을 생명력(生命力)을 불어넣는 일임에도 불구하고 많은 설교자들이 그렇게 하지 못하고 있다고 주승중 교수는 말하고 있다.[209] 이런 생명을 불어넣어야 하는 설교가 청중에게 제대로 전달하지 못한다면 이는 사산아(死産兒)를 낳은 것과 같다고 설교학자인 해돈 로빈슨(Haddon Robinson, 1931-2017) 교수가 말하였다.[210]

---

209) 주승중, 『성경적 설교의 원리와 실제』, (예배와 설교 아카데미, 2006), 423.
210) 해돈 로빈슨, 정장복 역, 『강해 설교의 원리와 실제』, 186.에서 재인용

설교 전달의 4P

그렇다면 '전달(傳達)'이야말로 설교에서 매우 중요한 역할을 하는데 여기에는 청중과의 교감인 커뮤니케이션이 무엇보다 크게 대두된다. 그 커뮤니케이션에는 청중의 입장에서서 본다면 설교자의 언어(음성)에 관한 부분이다. 통계에 의하면 청중의 70%이상이 설교자의 언어 때문에 설교를 통하여 은혜 받는 것에 방해를 받고 있다고 한다. 순교자 주기철 목사의 손자이기도 한 설교학자 주승중 목사는 음성을 통한 설교 전달에 가장 중요한 요소를 4P로 구분하는데 ① 소리의 높이(pitch) ② 말의 강조(強調, punch) ③ 말의 속도(速度, progress) ④ 휴지(休止, pause) 라고 말하고 있다.[211]

설교를 할 때 저음, 중음, 고음을 설교 원고의 내용에 따라 올렸다 내렸다 하는데 항상 높게만 하다면 청중도 식상하게 될 것이다. 또한 크게 했다가 작게 했다가 하는 그런 강약조절이 적절하게 되어야 청중의 귀에 잘 전달될 수 있다. 그다음으로 말의 빠르기와 느리게 하는 부분을 잘 파악하여 박진감이 있어야 하는 것은 빠르게 하며, 예수님의 말씀을 명료하게 전하고자 할 때는 조금 느리게 설교하여야 한다. 휴지라는 것은 말을 잠시 쉬는 것인데, 고도의 기술이 필요한 부분이다. 설교의 절정 앞에서 일시적으로 정지하는 것이 좋다. 그러나 너무 길게 쉬면 설교의 리듬이 끊어지는 문제가 될 수 있다.

---

211) 주승중, 『성경적 설교의 원리와 실제』, (예배와 설교 아카데미, 2006), 426-431.

한국 교회에서 가장 출중한 설교자 중 한분인 곽선희 목사는 그의 「설교학 강의」에서 좋은 음성을 가지려면 훈련이 필요하다고 하면서 다음과 같이 권면하고 있다. ① 거울을 보면서 자신의 입술 모양을 보고 훈련해야 한다. ② 설교음성이 잘 들려야 한다. ③ 발음이 잘 구분되어야 한다. 즉 발음이 분명해야 한다. 특별히 모음(母音)이 분명해야 한다. ④ 음성은 명랑해야 한다. ⑤ 기분 좋은 음성이어야 한다.[212] 타고난 음성을 가진 분들도 있지만 부단한 노력으로 좋은 음성이 될 수 있으며 분명한 발음을 가질 수 있다. 영안장로교회의 양병희 목사의 음성은 타고난 음색으로 안정감과 신뢰감이 간다고 할 수 있다. 안산 꿈의교회 김학중 목사의 음성은 매우 명료하여 귀에 잘 들려지는 장점이 있다. 한편 계속 우는 소리 같은 음성으로 부담감이 느껴지는 분당의 L 목사, 너무 강한 소리를 내기에 성대결절로 고생하였으며, 결국 탁한 음성으로 변한 S 목사 등도 계신다.

음성은 훈련으로 단련된다.

신대원을 다닐 때 목회실습 시간에 오셔서 강의 해주신 분 중에 일산의 거룩한 빛 광성교회를 개척하고, 65세에 조기은퇴한 후 현재 '크로스로드선교회'의 대표로 있는 정성진 목사가 있다. 이분은 신학생들의 음성을 들어보고는 발음을 교정해 주시곤 하였다. 항상 설교할 시 문장의 끝 부분을 끝까지 발음하라고 하셨고, 음성의 고저와 강약조절이 중요함을 역설해 주셨다. 곽선희 목사의 권면과 일치한다. 지금도 필자는 설교할 시에 문장의 끝까지 발음하지 않는 문제가 있음을 김진홍 목사로부터 지적을 받곤 한다. 이러한 약점은 인식하면서 의도적으로 훈련하지 않으면 결코 개선되지 않는다.

---

212)　곽선희, 설교학 강의 (2022. 12. 3)

현재 장로회신학대학교 총장이신 김운용 교수는 그의 책 『새롭게 설교하기』에서 '전달'에 대하여 다음과 같이 기술하고 있다. "명확한 의사 전달은 설교에서 필수적인 요소인데, 설교자가 고려해야 할 요소이다. 명확한 전달을 위해 설교자는 말하는 방식과 전하려는 내용을 구사하는 방식을 먼저 고려해야 한다… 좋은 스피치는 내용의 진실성과 적절성, 전달의 명쾌성, 스피치의 간결성 그리고 자연스러움 등을 전제로 한다… 음정의 높고 낮음이 분명하게 이어질 때 사람의 감정을 함께 움직이게 된다. 그래서 정장복은 '설교 전달의 리듬'은 '설교 전달의 생명'이라고 강조한다."[213]

설교자의 탁월한 전달력은 일단 그의 스피치에서 나타난다. 선천적으로 훌륭한 음성을 가진 분들도 있지만 그렇지 못한 설교자는 노력을 해야 한다. 곽선희 목사가 권면하는 방법도 좋을 것이다. 하지만 목소리가 그리 안 좋은 S 목사나 L 목사도 큰 교회의 목회를 훌륭하게 감당하고 계신다. 이 분들은 끊임없는 열정(熱情)을 가지고 성령님께 의지하는 귀한 믿음이 있는 목회자로서, 설교 시에 강력한 전달력으로 청중에게 들리는 감동적인 설교를 하고 있다.

---

213) 김운용, 『새롭게 설교하기』, (예배와 설교 아카데미, 2007), 409-411.

6 / 배우자의 조언

> 한 마디의 진리의 말씀이 온 세상보다 무게가 더 나가는 법이다.
>
> – Alexander Solzhenitsyns

설교하는 횟수를 줄여라

한국 교회의 담임목회자는 설교를 너무 많이 하는 편이다. 한 주간에 최소 10회는 된다. 주일예배 설교가 오전에 1-4회, 저녁예배 또는 오후예배 1회 그리고 수요기도회, 금요기도회에 각각 설교해야 하며, 특히 매일(월-토) 새벽기도회에서 설교를 하게 되면, 최대 13회를 하게 되니 설교의 양이 어마무시하다고 할 수 있다. 그래서 정장복 교수는 자신의 책 『한국교회의 설교학 개론』에서 다음과 같이 권면하고 있다. "… 설교의 횟수를 줄이는 것이 설교자와 회중의 수명을 연장시키는 길이라고 본다. 주일의 낮 예배만은 하나님과 인간에게 부끄러움 없는 반듯한 설교를 하도록 하고, 주일 밤과 수요일 밤에의 기도회 등은 모두 성경 강해 또는 계획된 성경 공부로 하도록 효과적인 프로그램을 개발할 필요가 있다.

이럴 때 설교자는 충분한 시간을 가지고 한편의 설교를 준비하게 된다. 그리고 회중은 기다림 속에서 그 설교를 경청하게 된다. 그때에 비로소 그 설교는 새롭고 신선한 말씀으로서 회중의 심령에 이어질 수가 있다"[214] 그런데 필자는 주(週) 1회의 설교준비를 어려워하는 목회자를 만난 적이 있다. 설교 준비할 시간이 없어서 다른 목회자의 설교 원고를 그대로 설교한다고 한다. 하기야 그 분의 환경에 이해가 되기도 한

---

[214] 정장복, 『한국교회의 설교학 개론』, (예배와 설교 아카데미, 2001), 30.

다. 하지만 씁쓸하다. 어떤 은퇴목사께서 지나가는 말로 "부담이 안 되면서도 설교의 품위를 지킬 수 있는 가장 좋은 경우가 월(月) 1회하는 설교다"라고 하신 것을 들은 적이 있다. 월 1회 설교는 담임목사 자신에게는 결코 가능하지 않고, 아마 후임목사로부터 좋은 대우를 받고 있는 원로목사의 경우에만 해당이 될 것이다.

배우자는 가장 적합한 조언자(助言者)

어찌되었든, 여러 번의 설교 가운데 가장 정성을 쏟아야 하는 설교는 아무래도 주일예배의 설교이다. 가장 신선한 말씀을 주님의 양떼에게 공급하는 주일예배에서의 설교는 비록 30여분의 시간이라고 하여도, 원고작성을 위하여 설교자는 20시간이 넘는 시간 속에서 다듬고 완성한 하나의 작품(作品)이다. 그런데 설교자가 기도하며 정성으로 준비하고 완성한 설교 원고라 하여도 분명히 완벽한 내용이 아니므로 그대로 강단에 올라가서는 안 된다. 반드시 확인하는 작업을 거쳐야 한다. 거기에 가장 적합한 조언자가 바로 배우자(아내 또는 남편)이다.

19세기의 위대한 설교자이며, 찬송가 120장 「오 베들레헴 작은 골」을 작시한 성공회 사제인 필립스 브룩스(Phillips Brooks, 1835-1893) 목사는 이렇게 말하였다. "아직 세상은 들어야 할 최선의 설교를 듣지 못하고 있다" 그러므로 설교자는 완벽한 설교를 향하여 부단히 노력하고 단련시켜 나가야 할 것이다. 그런 의미에서 완성된 설교 원고를 자신의 배우자 앞에서 설교해 보거나, 최소한 낭독해 보기를 권한다. 어떤 목사가 농담반 진담반으로 말하기를 "목사위에 사모가 있고, 사모위에 하나님이 계신다." 이 말은 목회에서 사모의 역할이 지대함을 재미있게 표현하는 말일 것이다.

여성 목회자 특히 여성 담임목사가 현실적으로 드물지만, 여성들의 신학교로의 진학이 증가하는 추세이므로 점점 어렵지 않게 앞으로 많은 여성 담임목사를 보게 될 것이다. 특별히 한국 여성들의 강인함과 명석함은 거의 세계 제일이 아니겠는가? 남성 목사의 경우, 목회 생활 가운데 그의 아내인 '사모(師母)'의 역할이 지대하다고 할 수 있다. 교회에서 기도, 심방, 상담 등 다방면에서 사모는 큰 역할을 감당하고 있다. 어떤 교회에서는 피아노 반주, 교회학교 교사, 점심식사 준비 등으로 분주하게 지내는 '일인 다역(多役)'을 하는 사모들도 많이 보았다. 어쩌면 담임목사보다 더 크게 부담감을 가지고 담임목사의 사역을 돕고 있다고도 볼 수 있다.

스트레스로 암(癌)이 자란다.

그런데 인체는 큰 고민과 고뇌로 힘이 들어 스트레스가 생기면 면역력(免疫力, immunity)이 약해진다. 그래서 사모들 가운데 암(癌)에 노출되신 분들이 적지 않다. 가장 큰 원인은 스트레스(stress)라고 할 수 있다. 인간의 몸은 약 60조개의 세포로 되어있는데, 그 세포에 매일 5,000개의 암이 발생된다고 한다. 그러나 발생된 암을 인간의 몸에 존재하는 철벽같은 방위군인 T세포와 백혈구들이 핀셋트로 잡아내는 것처럼 족족 없애버린다. 그러나 사람이 스트레스로 면역력이 떨어지면, T세포 등 우군(友軍)의 힘이 부족하여 발생된 암이 자라게 된다. 그러므로 스트레스로 인한 면역력의 감소가 생기지 않도록 해야 할 것이다.

하지만 워낙 힘든 사역이지만 사모는 기도와 찬양으로 그 스트레스를 이겨내고, 면역력이 증강되도록 기력을 키워야 한다. 담임목사는 교인들에게 영육 간에 힘을 주는 설교를 할 수 있도록 노력해야 한다. 그렇다면, 설교자는 이제 준비된 설교 원고를 갖고 배우자 앞에서 설교해 보면서 제일 중요한 키포인트는 "은혜가 되는가?"라는 점이다. 사모는 그 점을 제일순위로 검토하면서 논리적으로 이해가 잘 되는지 또한 가슴에 닿는 내용의 설교인지를 가름 하여 조언해 주어야 할 것이다. 배우자의 조언은 매우 귀중한 힘이 되며, 고쳐야 점이나 강조해야할 부분에 대한 것을 객관적으로 알게 되는 큰 자산이 된다. 부산장신대에서 설교학을 가르치는 조성현 목사의 경우, 설교 전에 반드시 아내 앞에서 그 설교를 시연한다고 한다. 거기서 좋은 멘트를 얻어 한결 완성도가 높은 설교원고를 만들 수가 있다고 한다.

그러나 함께 하는 부부이기에 문제를 지적하는 것이 어려울 수도 있고, 그런 지적이나 조언을 달게 받아들이는 남편 목사들이 의외로 많지 않다. 어느 교회에서 설교 중에 담임목사께서 자주 사용하는 말이 "잊지 마시기 바랍니다"라는 문장이었다고 한다. 너무 자주 하시기에 직접 말씀드리기가 곤란하여 사모께 이런 상황을 설명하고 대신 부탁을 드리니, 그 사모께서도 "제가 어떻게 목사님의 설교에 대하여 이렇다 저렇다 할 수 있나요?"하면 난색을 표했다는 말을 들은 적이 있다. 충분히 이해가 되는 답변이다. 아니면 고도로 정제(精製)된 의견일 수도 있다. 교인들의 지적이 있어서 말하는 것이 아니라는 증거를 만들려고 하신 것이 아닌가?

설교 전후(前後)의 검토

그러나 한편 생각해 보면 사모는 목회하는 남편인 담임목사께 제일 순위로 조언을 해야 하는 위치에 있음을 알아야 한다. 이것은 설교에 대한 도전도 아니며, 담임목사를 깎아내리는 행위도 결코 아니다. 그러므로 가장 가까이에 있는 배우자로부터 설교에 대한 조언을 듣는 것이 제일 중요한 실질적인 도움이며, 담임목사는 배우자의 조언을 기꺼이 수용하여 설교 원고를 수정하고 보완하여야 한다. 설교에 대하여 배우자의 비평을 달갑게 받아들이지 못하는 목회자가 되어서는 설교의 향상을 기대할 수가 없다. 이것이 발전되어 가능하다면 동료 목회자의 비평도 기꺼이 수용하여, 자신의 설교 원고를 수정 보완하게 되며, 심지어는 전면적으로 개편하게 될 수도 있다.

설교 전(前)에 사모의 조언이 중요하다. 그런데 이에 못지않게 중요한 것은 설교 후(後)의 '피드백(feedback)'이다. 어쩌면 이 피드백 평가가 보다 현실적으로 더 가까이 다가올 수도 있겠다. 객관적으로 설교를 들은 사모는 교인들의 반응도 들려 줄 수 있으며, 설교를 하는 담임목사의 설교 태도, 음성, 발음은 물론 서론과 본론 그리고 결론에 이르기까지 "내용의 흐름이 어떻다." 라고 조언할 수가 있다. 설교자는 이것을 겸허하게 받아들이는 넓은 아량(雅量)과 함께, 다음 설교에서 충분히 참고할 수가 있다.

배우자의 비평이 설교를 살린다.

예장합동에 속한 「풍경이 있는 교회」는 2010년에 '정용성' 목사가 대구에서 개척한 작은 교회이다. 이 교회의 담임인 정용성 목사는 설교 비평에 대하여 매우 합리적인 관점을 갖고 있다. 비평을 창의적인 작업으로 이해한다. 설교의 흐름, 내용, 맥락, 주해, 적용, 결론 등에 어떤 좋은 점 또는 그릇된 점이 있는지 분별하는 작업을 비평(批評, critique)이라고 설명한다. 비평 없는 창작은 위험하고, 창작이 없는 비평은 경직될 수밖에 없다고 말한다.[215] 정 목사는 강단에서 행한 목사의 설교는 하나님의 말씀이라는 대의에 조금 금이 가는 말을 하고는 있다. 필자와 의견이 좀 다르지만, 그만큼 설교는 연설이나 웅변과는 다르게, 사람의 영혼과 관련된 말씀이기에 설교자는 더욱 심혈을 기울여서 하나님의 뜻을 구하며, 두렵고 떨림으로 설교해야 한다.

모든 경우의 수를 보더라도, 담임목사의 설교에 대하여 그래도 온건한 비평과 조언을 할 수 있는 분은 바로 배우자이다. 배우자는 설교자와 공동운명체로서 어떤 설교가 교인들에게 들리는 설교인지를 본능적으로 알고 있으며, 설교 자체가 청중의 가슴에 다가오는 지도 잘 알 수가 있다. 그러므로 배우자 앞에서, 완성되었다고 생각한 설교 원고를 열고, 미리 설교해 보는 지혜가 필요하지 않을까?

---

215)   정용성, 설교를 비평(비판)할 수 있나?, 풍경지기 (2023. 1. 1)

7 / 청중의 피드백

> 설교는 말씀으로 화신이 되어 그의 회중 가운데를 걷고 있는 그리스도 자신이다.
> - Dietrich Bonhoeffer

대한민국의 정치현실

요즘의 우리 사회는 남을 존중하고 배려하고 협조하는 그런 풍토가 점차 엷어져 가고 있다. 사람들의 마음이 강퍅(剛愎)해 지고, 점점 더 이기적(利己的)으로 가기 때문이다. 특히 정치권에서의 모습은 '정치(政治)'라는 귀중한 대의(代議)아래 추한 모습들이 연일 매스컴을 채운다. 정치가(政治家)가 아니라 정치꾼이라고 낮추어 부를 수밖에 없는 현실이다. 정치는 여와 야로 거의 균등하게 나뉘어, 국정의 일방적이고 독선적인 정책에 대한 견제를 통하여 상생과 협력의 정치를 할 수 있도록 해야 그것이 참다운 민주주의 의회정치라고 할 수 있다.

그런데 정치는 실종되고, 아수라장과 같은 대립과 악한 비판(批判) 만이 횡행(橫行)되고 있는 것이 대한민국의 정치 현실이다. 우리의 우방인 미국은 상원과 하원으로 나누고, 그 안에 각각 여와 야를 나누고 있다. 민주주의의 산실이기도 한 영국은 하원이 실질적인 권한을 가지면서 양당제도가 보수와 진보의 이념으로 하되 투표를 통해 다수당이 되면 내각을 조각하고 대표가 총리가 되는 제도이다. 일본도 양당제도로서 참의원과 중의원으로 된 내각제이다. 양당제도라는 것이 보수와 진보의 두 진영을 나뉘는데 견제와 협력의 정신이 사라지고, 무조건 비판하고 깎아내리려는 자세는 반드시 지양(止揚)해야 대한민국의 정치가 발전할 수 있다고 믿는다.

내 눈 속의 들보를 먼저 보라

그러므로 예수 그리스도의 산상수훈(山上垂訓)은 오늘 현대인들이 마음에 간직하고, 따라야할 귀한 교훈이다. 마태복음 5, 6, 7장에 그 내용이 나타나있고, 누가복음에는 6장에 간략하게 수록되어있다. 특별히 마태복음 7장 1-3절과 누가복음 6장 37절에 이런 말씀이 나타난다. "비판을 받지 아니하려거든 비판하지 말라 너희가 비판하는 그 비판으로 너희가 비판을 받을 것이요⋯ 어찌하여 형제의 눈 속에 있는 티는 보고 네 눈 속에 있는 들보는 깨닫지 못하느냐" 결국 이 말씀을 한 마디로 한다면 "남을 비판하지 말라"라고 할 수 있다. 성경에서 말하는 「비판(批判, judgement 또는 critique)」이란 옳고 그름을 판단하는 정당한 판단이 아니다. 도리어 이해심이나 동정심 없이 상대방을 헐뜯을 뿐만 아니라 하나님과 같은 위치에서 다른 사람을 정죄하고 심판하는 교만한 태도를 말한다.

이것을 우리 주님은 내 눈 속의 들보와 상대방 눈 속의 티로 비교하고 있다. 쉽게 말한다면 '남에게 근거 없이 헐뜯는 행위를 하지 말라'는 것이다. 정치도 투표라는 신성한 주권을 국민들이 행사함으로서 대표자를 선출한다. 그러므로 후보자는 국회의원에 당선되기 위하여 관내 국민들에게 공약(公約)을 한다. 그리고 임기 중에 그 공약을 수행한 후에 그 결과를 잘 알림으로 다음 선거에서 재 선출될 수가 있다. 다시 말하면 이것은 국민들로 부터의 피드백에 대한 자기 성찰이다. 국민의 소리 즉 민원 또는 비판을 잘 듣고 그 문제를 잘 해결해 주어야 하며, 고쳐야 할 점은 속히 수정해 나가야 한다.

설교에 대한 비판이 가능한가?

이는 교회의 설교자에게도 마찬가지로 적용할 수가 있다. 이 책의 다른 장에서도 거론을 한 바 있지만 설교는 E.N.D.L.H 즉 쉽게(Easy), 좁게(Narrow), 깊게(Deep), 논리적으로(Logical), 들리게(Hearing)의 설교를 해야 한다는 점이다. 이 설교의 노하우는 금천설교아카데미의 원장이신 김진홍 목사께서 오랜 목회 경험을 통하여 터득된 실질적인 내용이다. 이 중에서 'Hearing' 즉 들리는 설교를 지향하여야 하는데, 청중에게 설교가 들리지 않으면 무슨 소용이 있는 것인가? 그러므로 청중은 설교자의 설교를 들으면서 무조건적으로 다 '아멘!'해서는 신앙이 발전할 수가 없다. 그런데 담임목사의 설교에 대하여 이러쿵저러쿵 비판하기란 그리 쉬운 일이 아니다. 하지만 문제를 속으로만 품고 있으면 언젠가는 그렇게 쌓인 불만이 폭발할 수가 있으므로, 교회에서는 구역장을 통하여 설교에 대한 의견이 설교자에게 잘 전달 될 수 있어야 할 것이다.

그런데 설교자는 그런 세부적인 내용으로 청중의 피드백을 감지하는 것도 있지만, 설교 시에 청중의 반응, 분위기, 눈빛, 태도 등을 통하여 '은혜'가 되는 지를 파악할 수 있어야 한다. 설교자는 청중이 은혜를 받고 있는지 어떤지에 관계없이 그저 말씀을 선포하기만 해서는 안 된다. 현재 장신대 총장이며, 예배·설교학자인 김운용 교수는 청중의 변화를 포스트모더니즘의 도전에 관한 한 양상으로 보고 있다. 그는 옛날과는 다른 설교 사역에의 도전을 다음의 네 가지로 구분하고 있다. ① 해체주의의 경향 ② 다원주의의 흐름 ③ 감성을 중심으로 한 문화 ④ 정보화 시대이다.[216] 특별히 여기서 필자는 '감성을 중심으로 한 문

---

216) 김운용, 『새롭게 설교하기』, (예배와 설교 아카데미, 2007), 86-90.

화'에의 변화가 설교의 방향과 초점을 어떻게 해야 할 지를 가름하게 만든다고 본다.

설교자와 청중간의 의사소통의 시대

그러므로 설교 형태의 변화로서 연역법적 설교에서 귀납법적 설교 형태로 바뀌어가야 청중들의 마음속에 들어갈 수가 있게 된 것이다. 이성과 논리에만 집중해서는 청중의 머리까지는 가능하나, 마음에 까지 들어갈 수가 없다는 점이다. 주제를 단일화 시키고, 청중과의 '아이 콘택트'로 쉽고 좁게 설교함으로써 감동이 되는 설교가 될 수 있도록 해야 한다. 그러므로 설교자는 배우자의 조언을 통하여 설교 전에 검토를 받을 수 있도록 하고, 이후 설교가 마쳐졌을 때 배우자는 다시 한번 피드백의 조언을 해야 한다. 그리고 청중들의 피드백은 교회의 조직을 통하여 공개적이라기보다 비공개적으로 정보를 습득하여 청중들이 바라는 부분에 대한 설교자로서의 미흡한 부분을 채워나가야 할 것이다.

주안장로교회의 주승중 목사는 그의 책『성경적 설교의 원리와 실제』에서 지금까지의 시대는 한쪽에서 다른 한쪽으로 일방적으로 정보가 전달되는 구조였지만, 이제는 서로간의 정보가 교류될 수 있는 쌍방적인 의사소통의 구조 환경을 만들어 준 것이 멀티미디어(multi-media)라고 말하고 있다.[217] 이 말은 설교자와 청중의 상황에서 설교자는 일방적으로 말씀을 전하고 청중은 수동적으로 그 말씀을 듣는 것이 아니라 설교 가운데 설교자와 청중이 서로 간에 의사소통이 이루어지는 그런 세대라는 말이다.

---

217) 주승중, 『성경적 설교의 원리와 실제』, (예배와 설교 아카데미, 2006), 449.

그리고 주 목사는 바로 이러한 멀티미디어 시대를 살고 있는 회중(청중)의 특징을 ① 시각적 세대이다. ② 충격을 남기는 이미지나 바이트를 선호한다. ③ 즐겁게 되기를 바란다. 라고 말하고 있다.[218] 그래서 곽선희 목사와 같은 분도 청중을 설교 중에 적어도 2번은 웃겨야 한다고 말하는 것이 아닌가? 청중의 마음을 열게 하려면 '웃음'이 가장 좋은 방법이므로, 설교자는 필요한 자료와 정보를 꾸준히 수집하여 할 것이다.

실명의 댓글은 청중의 피드백

이렇게 볼 때 설교자는 청중들과 부단한 의사소통이 여러 가지 방법을 통하여 이루어져야 하며, 그들의 목소리를 들어야만 하는 시대에 있음을 자각하여야 한다. 그래서 교회의 인터넷 홈페이지에는 자유게시판도 있고, 담임목사에게 직접 e-mail이나 문자/카톡 메시지를 보낼 수 있도록 많은 의사소통의 길을 마련해 두고 있다. 그러나 이런 언로가 그리 잘 소통되고 있는 것 같지는 않다. 하지만 이제는 시대와 세대가 바뀌었다. 특히 요즘에는 유튜브를 통하여 엄청난 양의 영상물을 누구나 손쉽게 시청할 수 있도록 되어있다. 뿐만 아니라 누구나 손쉽게 영상을 올리며 개인 방송도 할 수 있다. 그러므로 설교영상들도 언제 어디서나 얼마든지 듣고 볼 수가 있는 시대에 있다.

예를 들면 설교영상을 유튜브나 교회의 홈페이지에 올려놓고 설교영상에 대한 '댓글'로 피드백을 받는 것도 방법 중에 하나일 것이다. 이런 것이 쌍방소통일진데, 유튜브 영상에는 '댓글 사용금지'로 막아놓은 설교영상이 적지 않다. 아마도 악의적인 공격이나 비판을 위한 비판성 내용이 있기에 그런 것은 아닌가라고 긍정적으로 생각해 본다. 즉 유튜브

---

218) 위의 책, 450-451.

의 설교 영상에 댓글이 풀어 놓으면 웬만해서는 긍정적인 댓글보다 극히 공격적인 비판이 많이 나타나며, 그런 내용이 무분별하게 노출되기에 댓글에 대하여 민감하게 대처할 수밖에 없을 것이다. 그래서 청중의 악의에 찬 댓글을 방지하기 위하여 댓글을 실명(實名)으로만 하도록 양성화시키는 것도 긍정적으로 고려해볼 필요가 있을 것이다. 익명으로 하는 것만을 자유 민주주의라고 고집하지는 않을 것이다.

동료 평가와 설교 비평

> 설교는 행위의 변화를 일으키려는 명백한 목표를 가지고
> 한 사람이 다수의 사람들에게 성경의 진리를 전달함이다.
> - Daniel Baumann

수평식 평가방법의 도입

20대에 직장생활을 시작하여 60대에 정년퇴직하였다. 일찍 신학공부를 했어야 했지만, 처자식을 먹여 살려야 한다는 의무감에 매여서 빠져나올 수가 없었다. 그래서 너무 늦은 나이인 65세에 목사가 된 것이다. 감사한 것은 금천교회를 1985년에 개척하셔서 청주에서 손꼽히는 대형교회로 일구어내신 김진홍 목사께서 베풀어주신 호의와 사랑이다. 필자를 청주 금천교회의 부목사로 세워주셔서, 총회법에 의한 보호막이 된 것이 참으로 감사하다. 이제 2024년 12월 말이면 70세로 법적으로 목사직에서 퇴임하게 된다.(헌법 제2편 제22조 항존직) 충북노회의 은퇴목사가 될 것이다. 그래도 하나님께서 부르셨기에, 사명(使命)을 위하여 무엇인가 일할 수 있게 해 주실 것을 믿는다.

지난날을 반추(反芻)해 보면, 통신장교로 5년(1976-1981)간 육군에서 근무한 후, 사회생활은 공공기관에서 33년 6개월(1981-2014)을 봉직하고, 수석연구원으로 정년퇴직하였다. 정부의 예산을 지원받는 연구기관이어서 엄격한 인사관리를 시행하는데, 연말에 고과를 평가할 때 예전에는 보통 하향식평가로서 상사가 아래 직원들의 직무능력 등을 평가하였지만, 이제는 그 반대인 상향식평가로서 직원들이 직속상사를 평가하는 방식도 포함되었고, 더 나아가 같은 직급인 동료 간에 평가하는 수평식평가도 포함되어 평가가 더욱 치밀해지고 객관화 되었

다. 대학에서도 학생들이 교수를 평가하는 방식이 이제는 보편화되어 있다. 여기서 수평식평가 방식을 우리 설교자들 간에 도입해 보는 것이다. 고과를 매기는 것이 아니라 있는 그대로 설교 특히 설교 원고에 대하여 발전을 위해서 비평(批評)하는 것이다. 수평식평가방식인 동료 평가(peer review)를 금천설교아카데미에서 유사하게 시행하고 있다.

금천설교아카데미는 전임전도사 시절인 2018년 12월, 아주 우연한 기회에 알게 되었다. 더구나 김진홍 목사께서 원장으로 계시는 금천설교아카데미는 1997년에 시작되었는데, 필자는 2019년 2월부터 참석하면서 "설교(說敎)"에 대하여 어느 정도 눈이 뜨인 것은 정말 하나님의 은혜이다. 금천설교아카데미는 주 1회 줌(zoom)으로 모이며, 매달 마지막 금요일에는 금천교회에서 대면으로 모인다. 금천설교아카데미에서는 매주 3명의 목회자가 자신의 설교 원고를 발표하고, 그 원고에 대하여 참여한 회원 목회자들이 자신의 의견을 말하는 것이어서 일종의 동료 평가라고 할 수 있다. 물론 최종적인 결론은 김진홍 목사께서 정리하여 말씀해 주신다. 보다 상세한 내용은 본고 「6장 1. 설교 원고의 적합성」에 기술되어있으니 참고하시기 바란다.

설교 비평은 설교 발전을 위한 시금석

비평(批評)은 쉬운 일이 아니다. 비평에는 건전한 비평과 악(惡)감정으로 하는 비평도 있다. 우리가 추구해야 하는 비평은 바로 건전한 비평이다. 일단 비평을 하려면 비평 대상이 되는 내용에 충분한 지식과 경험을 가지고 있어야 한다. 자기도 모르면서 남을 비평할 수는 없을 것이다. 더구나 설교 비평은 충분한 사전지식과 경험을 가져야 가능할 것이다. 설교 비평은 설교 발전을 위한 시금석(試金石)이 된다. 대한기독교서회에서 2004년에 발간한 『한국교회 16인의 설교를 말한다』라는 책이 있다. 이 책의 머리말에서 당시 출판국장인 서진환 목사(2023년 현재 대한기독교서회 사장)는 이렇게 말하며 시작하고 있다.

"설교에 대하여 말하는 것은 그리스도인으로서 썩 즐거운 일은 아닐 것이다. 설교는 인간의 말이지만, 인간의 말에 그치지 않는다고 믿기 때문이다. 설교는 인간의 말로 구성되어있지만, 동시에 설교는 하나님의 말씀을 전달하는 매개라는 점에서 신적인 지평에 연결되어 있다… 개신교는 교회에 집중되었던 권위를 성서로 옮겼다. 자연히 성서해설의 비중이 커졌고, 예배에서도 설교가 중심을 차지하게 되었다… 지금 한국 교회는 내부적인 부패와 외부적인 비난에 직면해 있다. 이런 상황은 그야말로 한국 교회의 설교를 되돌아보게 만든다."[219] 이때에도 한국 교회 설교에 관한 걱정이 묻어 나온다. 설교에 대하여 평한다는 것을 썩 즐거운 일이 아니라고 하지만 안 할 수 없는 상황이라는 것을 말하고 있다.

설교는 설교대로, 삶은 삶대로

이 책에는 당시에 그래도 설교에 일가견이 있어서 성도들이 모여드는 교회의 목회자들의 설교를 평한 것이다. 대상 설교자는 곽선희(소망교회), 김진홍(두레교회), 故 조용기(여의도순복음교회), 故 김선도(광림교회), 故 옥한흠(사랑의교회), 홍정길(남서울교회), 故 하용조(온누리교회), 이동원(지구촌교회), 故 김홍도(금란교회), 김삼환(명성교회), 김동호(높은뜻숭의교회), 김남준(열린교회), 김서택(대구동부교회), 강준민(동양선교교회), 전병욱(삼일교회) 목사 등 모두 16인의 설교자에 대한

---

219) 유경재 외, 『한국교회 16인의 설교를 말하다』, (대한기독교서회, 2004), 5-6.

평을 김회권 교수, 정용섭 목사 등 9인이 날카롭게, 비정하게 때로는 존경스럽고 다정하게 16인을 표현하고 있다. 현재는 16인 중 다섯 분이나 소천(召天)하셨다.

대표적인 설교비평가인 '대구성서아카데미' 원장 정용섭 목사는 故 하용조 목사와 이동원 목사의 설교에 대한 평을 하였는데, 그 평이 가혹하다 못해 처절하다. 감상주의(感傷主義), 사대주의(事大主義) 등의 말이 거리낌 없이 나왔다. 정용섭 목사는 두 분의 설교집, 영상물, 예배 참석 등으로 객관적인 평가를 하려고 무척 애를 썼다. 그러나 이런 평이 확실하다면 한국 교회의 설교는 참으로 큰일이 아닌가 싶다. 눈앞에 대리석으로 높이 건축되고 본당의 화려한 전등 및 강단의 대형 모니터 등 수천, 수만 명이 들어가는 교회당이 있다고 하여도 그것이 주님과 관계가 없다면 어찌 될 것인가?

더구나 불과 6년 후에 사회적 물의를 일으키고 2010년에 삼일교회를 사임할 전병욱 목사의 설교에 대한 평에서 「기독교사상」 한종호 편집장은 전 목사는 세속적 성공주의와 역사 왜곡, 거기에 곽선희 목사의 설교집의 표절 등을 기술하였다. 80명에 불과했던 삼일교회를 15년 만에 16,000명으로 성장시킨 전 목사는 주목받는 젊은 설교자였다. 그러나 자만심과 느슨한 자기관리로 여자성도들에 대한 성추행으로 물러났다. 그는 자숙의 기간 후, 1년 뒤에 바로 "홍대새교회"를 개척하였다. 한국 교회가 20여 년 전에도 문제가 많았지만, 현재에도 여전히 많은 목회자들의 설교에 그리고 인격에 많은 문제가 나타나고 있다. 그런 비인격인 목회자로부터 보고 배운 부교역자들은 무엇을 생각할 것인가? 그렇다! 중요한 것은 "설교자의 인격(人格)"이다. 바른 인격의 소유

자만이 바른 설교를 하게 된다는 점을 굳게 간직해야 할 것이다.

설교자는 인격적인 삶의 본이 더욱 중요하다.

그러므로 설교 비평을 적극적으로 활용하여야 한다. 우리나라에서 최초로 설교비평을 강행한 분은 대구성서아카데미 원장인 정용섭 목사이다. 그는 한국 대형교회의 설교자들의 문제를 ① 성서 읽기의 아마추어리즘 ② 포퓰리즘 ③ 흑백논리로 잡고 있다. 그래서인지 가짜 설교를 비속화한 "짝퉁 설교"가 우리나라 개신교의 비극이라고까지 말한다. 설교자는 ① 성경 ② 기독교 역사 ③ 신학을 바로 알아야 한다고 역설한다. 여전히 한국 교회에 기복주의, 종교적인 만족감이 주축을 이루는 설교를 하고 있고, 그런 설교를 교인들이 선호하여 문제가 되고 있다고 하면서도, 한국 교회에 김기석(청파교회), 박종화(경동교회), 이재철(前 100주년기념교회), 임영수(모세골교회), 故 옥한흠(사랑의교회), 민영진(대한성서공회), 조현정(향린교회) 목사와 같은 분들이 있어서 위안이 된다고 하고 있다.[220]

그러나 이러한 문제점은 2001년에 장로회신학대학교 설교학자인 정장복 교수가 그의 책 『한국교회의 설교학 개론』에서 이렇게 지적하고 있었다. 이 내용이 22년 전의 모습이었음을 우리는 슬퍼해야한다. "문제는 오늘의 설교자들이 가장 고결한 성직인 목사로서 자신이 전달한 메시지를 먼저 실천하는 본을 보이고 있는가 하는 질문에 대한 자신들의 대답이다. 설교자가 이 땅에서 풍겨오던 고유한 상은 남다른 것이었다. 일상생활에서는 누구도 따를 수 없는 헌신적이고 검소한 생활의 주인이며, 풍기는 인격에 있어서는 누구도 따를 수 없는 고결한 품성과

---

220)   경향신문, 김덕종 선임기자. (2008. 7. 11)

지식을 소유한 것이 한국의 설교자상(像)이었다."[221] 그렇지만 오늘날의 설교자들이 실질적으로 물질의 풍요함을 먼저 누리며, 개인적인 삶이 인격과 무관하게 살고 있지 않은지 돌아보아야 할 것이다. 설교 비평은 최소한 갖춰야 하는 설교 속의 내용이지만 더 중요한 것은 설교자의 일상에서의 인격적인 삶으로서의 모범일 것이다.

---

221) 정장복, 『한국교회의 설교학 개론』, (예배와 설교 아카데미, 2001), 40-41.

7장 · 설교 장르의 미래

1/ 미국과 유럽 교회의 현실

> 말씀이 들리지 않는 세계는 죽은 세계이다.
> - Fred B. Craddock

건강만 좋아진다면…

우리 동네는 관악산 줄기의 작은 산 아래 서민(庶民)들이 고즈넉이 모여 살고 있는 소박한 곳이다. 작은 아파트의 주민들은 서로 잘 왕래하며, 이웃 간의 정(情)을 붙이며 살아가고 있다. 그리고 주민들은 건강을 위하여 구청에서 잘 설치해 놓은 둘레길을 걷고 즐거움을 갖는다. 그런데 운동하시는 분들 가운데 특이한 건강 관리모습이 보이기도 한다. 맨발로 걷는 것은 차치(且置)하더라도, '뒤로 걷는 것'이다. 60대 후반의 한 여성분은 무조건 뒤로 걷는다. 얼굴을 좌우 뒤로 돌리면서 시야를 확보하며 걷는데 운동하는 모습이 그리 아름답게 보이지는 않는다. 뒤로 걷는 운동은 무릎관절에 도움이 되며, 칼로리 소모가 많아서 살이 빠지고, 치매(癡呆)에도 도움이 되는 효과가 있다고 한다. 그러나 시야 확보가 어려워 미끄러져 넘어질 수도 있기에 사람들의 왕래가 적은 평평한 곳에서 짧게 하는 것이 안전하다.

그런데 그 여성분은 아침, 저녁으로 골목길이나 둘레길을 가리지 않고 뒤로 걷는 것 같아서 무슨 사연이 있는 성 싶기도 하다. 하여간 뒤로 걷는 것이 자칫 다칠 위험이 큼에도, 평소에 사용치 않는 근육을 쓰게 만들고, 관절을 튼튼하게 해 주어서 몸을 건강하게 하는 효과는 분명히 있다고 본다. 이렇게 세상 모든 일에도 좋은 것과 나쁜 것이 공존(共存)하고 있다. 그러므로 복음 진리 외에는 완벽한 것은 세상에 없다. 이와 같이 설교에서도 '강해 설교(講解說敎)'야말로 가장 좋은 설교라고 하며, "강해 설교가 아닌 설교는 설교가 아니다"라고까지 하신 분이 있다. 바로 명설교자였던 성공회 사제인 해돈 W. 로빈슨(Haddon W. Robinson) 교수이다. 하지만 강해 설교에도 약점이 있는데, 그것은 바로 '청중의 지루함(boredom)'을 유발시킬 수 있다는 점이다.

어찌 할꼬, "미국 교회"

그런데, 이런 설교 형태의 문제가 아닌 교회의 존재자체의 어려움에 봉착하고 있는 현실이다. 한국 교회에도 서서히 이런 그림자가 비추기 시작하였지만, 복음의 꽃을 활짝 피웠고 철옹성 같았던 기독교국가, 특별히 청교도(淸敎徒, puritan)의 나라라고 일컬을 정도로 개신교가 왕성하였던 '미국 교회'가 힘을 잃은 삼손과 같은 모습을 보이고 있다.(삿 16:21) 우리나라에 열정을 갖고 복음을 전해 준 미국 교회는 이제 무너져 내리고 있다. 한국 교회가 이를 반면교사(反面敎師)로 삼아야한다, 현재, 미국의 개신교 교파의 교세는 침례교, 오순절, 루터교, 장로교, 감리교 등의 순이다.

본래는 회중교회[222]가 가장 큰 교단이었지만 제1차 대 부흥운동 후, 회중교단 내에서 부흥에 대한 찬반 분열로, 대거 부흥지지파가 침례교로 이동하여 갑자기 침례교가 급성장하였다는 역사가 있다. 현재 미국 교회는 동성애를 합법화하고, 성경을 상대화 시키며, 다른 종교에도 구원이 있다는 다원주의(多元主義, Pluralism)에 몰입되어 그 힘이 점점 약해지고 있다. 미국 교회에서의 설교는 예수 그리스도, 회개, 구원, 영생을 말하는 것이 아니라 도덕, 윤리, 사랑만을 전한다. 교회가 아니더라도 그런 말은 어디서나 들을 수 있는 말이다.

구체적이고 원색적인 복음 설교를 통하여 거듭난 사람으로 태어나야 하는데 그런 구원의 메시지는 이제 이들의 눈앞에서 사라지고 없다. 복음이 약해서 인가? 하나님의 구원의 손길이 짧아서인가? 아니다! 사람들이 점점 세속화되어가고 세상적인 물질과 쾌락에 젖어들도록 교묘하게 위장한 사탄의 계략에 넘어가고 있는 것이다. 여기에 설교자도 방향을 잃고 참된 복음을 전하지 못하고 기껏 동성애나 찬성하고 있다. 미국에서 가장 큰 개신교 교단인 남침례교단(SBC)의 교세는 2006년도에 1,630만 명으로 정점을 찍었고, 2022년에 1,322만 명으로 내리막을 걷고 있다. 20년 전으로 회귀하고 있는 셈이다. 분명히 문제가 있는 상황이다.

---

222) 회중교회(會衆敎會, Congregational Church)는 회중정치로 교회를 운영하는 개신교 교회이다. 신학적으로 급진적 개혁주의로 보수적 성향의 교회이다. 조합 교회라고도 한다. 장로교회는 당회의 권한이 강하지만, 회중교회는 전체 회중들의 의견에 따라서 교회의 결정과 정치가 실행된다. 사보이 신앙고백이 대표적인 선언문이며 청교도인 존 오언이 대표적인 인물이다. – 위키 백과(2023. 8. 31)

회개하여 처음 행위를 가지라(계 2:5)

1982년에 호주(Australia)에서 손발이 없이 얼굴과 몸통만 가지고 출생하였지만, 이제는 전 세계를 다니며 복음을 전하고 있는 전도자 '닉 부이치치(Nick Vujicic)' 목사는 청년 때, 회심을 하고는 신앙과 긍정적인 사고로 모든 신체적인 약점을 극복한 사람이다. 최근에 그는 미국 교회에 대하여 낙태, 음란물 중독 및 성매매와 같은 시급한 문제에 대한 미지근한 태도를 하나님께 회개(悔改)하고, 이 문제에 대한 강력한 반대와 지원을 담대히 선포해야 한다고 촉구하고 있다. 그리고 미국에 있는 10만개 교회의 절반인 5만개 교회가 문을 닫았으며, 교회 건물의 부채가 무려 4,980억 달러(한화 약 647조원)라고 말한다.

그래서 지금은 부흥을 이야기할 때가 아니라 회개할 때라고 외친다. 부이치치 목사는 "전례 없이 악마들은 당신 앞에서 뻔뻔하게 웃으면서 돌아다니고 있다. 그러니 기도하고, 기도하는 법을 배워라하며, 자녀와 소통하고, 그들에게 가르치고 보여주어라. 매일 '넌 아름답다'고 말하고, 그들에게 큰 꿈을 꾸고, 당신보다 멀리 가라고 말하라. 말해 주지 않으면 자녀들은 하지 않을 것"이라고 당부했다.[223]

---

223) 김유진 기자, 기독일보 뉴욕, (2023. 7. 30)

찬란했던 유럽 교회의 참담한 모습

미국 교회보다도 더 빨리, 유럽의 교회들은 교인들이 감소하고 있다. 고색창연(古色蒼然)하였던 가톨릭교회나 개신교회 건물들을 관리하거나 보수할 수 있는 자금이 없어서 신성시하던 건물을 매도할 수밖에 없는 상황이 점점 깊어지고 있다. 결국 교회 건물이 팔려서, 지금 서점, 카페, 레스토랑으로 사용되고 있다. 심지어는 나이트클럽이나 서커스 연습장 또는 이슬람교 사원으로 사용되고 있다니 정말 남의 일이 아니다. 예를 들면 16,000개의 성공회 교회의 75%가 사라졌고, 지금 있는 4,000여 교회에는 각 교회에 신자수가 20명도 안 된다고 한다. 그러므로 영국은 이미 선교하는 나라가 아니라 선교를 받아야 할 나라가 되었다.[224]

독일, 프랑스, 스페인, 네덜란드 등의 교회도 격감된 교인수로 인하여 걱정이 한두 가지가 아니다. 이렇게 저조한 유럽의 교회가 된 표면적인 원인으로는 ① 출산율의 저조 ② 높은 이혼율 ③ 과학기술의 발달 ④ 높은 교육 수준 ⑤ 주 5일제 정착 등으로 전문가들은 판단하고 있다. 그러나 영적으로 보면 유럽 교회의 몰락은 인간의 철학과 과학에 비중을 둔 인본주의와 실존주의가 원인이 됐다고 보는 것이 옳다고 본다. 이는 미국 교회도 동일한 원인이다. 얼마 전에 필자는 설교하면서 기독교의 가장 큰 적은 바로 "인본주의(人本主義, humanism)"라고 역설하였다. 인본주의는 기본적으로 인간 본성에 대한 신뢰를 바탕에 두고 있으며, 사람이 세상의 주인이라는 사람 중심의 생각에 뿌리를 두고 있다. 그렇기 때문에 신본주의와 배치되며 인간의 합리적 사고와 가치를 모든 것 보다 우위에 둔다. "사람이 꽃보다 아름다워"라는 노래는

---

224) 지식브런치, 유럽 교회의 쇠퇴 원인과 현상 (2022)

안치환(1965-) 가수가 부른 노래의 제목이다. 그러나 사람은 꽃처럼 아름다울 수 있으나, 꽃보다 아름답지는 않다. 꽃은 일관성 있게 아름다움과 향기를 내고 있지만, 사람은 외식과 이중성으로 그리 아름답지가 않다. 그런데도 이 노래는 사람을 우선으로 삼고 있다.

인본주의는 사람이 제일이라고 생각하는 사상으로서 바로 바벨탑을 세우려고 한 사람들과 같다고 본다. 창세기 11장에는 온 땅의 언어가 하나이고 말이 하나인 모습으로 시작하고 있다. 그리고 11장 4절에서 이 무리들이 말한다. "자, 성읍과 탑을 건설하여 그 탑 꼭대기를 하늘에 닿게 하여 우리 이름을 내고 온 지면에 흩어짐을 면하자"라고 하나님께 반기를 들고 자신들을 드러내려는 야망을 나타내는 모습이 나온다. 이 모습은 오늘날 현대인들이 과학과 기술로 세상을 지배하고 인간을 미화하고 높이려는 마음과 흡사하다. 유럽의 29세 미만의 젊은이들의 60%는 무신론자들이며, 21%만이 신을 믿는다고 한다. 순교자 얀 후스(Jan Hus, 1369-1415)와 같은 위대한 종교개혁자를 배출한 나라인 체코의 젊은이 91%는 무신론자라고 한다. 이렇게 되면 앞으로 100년 내로 교회가 사라질지 모른다는 예측도 나오고 있다.[225] 이 문제는 미국과 유럽의 교회만의 문제가 아니다. 여기 우리 한국 교회에도 어두운 그림자가 드리우고 있다.

---

225) 위의 영상 (2022)

영성 회복이 시급한 한국 교회

내 교회만 잘 지어놓고 편안한 의자, 화려하고 쾌적한 환경, 웅장한 파이프 오르간, 아름답고 멋진 화음으로 교회당에 울려 퍼지는 찬양, 가장 멋진 모습으로 강단위에서 우리를 즐겁게 하는 설교를 하시는 위임목사로 만족할 때가 아니다. 무엇을 할 것인가? 가장 먼저 할 일은 "영성(靈性)을 회복하는 일"이다. 이를 위하여 기도하여야 한다. 교회의 강단에서 세속의 복만을 강조하는 설교를 할 때가 아니다. 설교자들의 설교 패턴이 바뀌어야 한다. 이런 때 일수록 앞서 가신 신앙의 선진들이 생각난다. 故 옥한흠 목사께서 생전에 외쳤던 설교가 쟁쟁하게 그 목소리와 함께 들린다. "여러분! 기도하십시오. 바르게 사십시오."

그리고 요즘에 광야의 세례 요한의 소리와 같은 분, 이재철 목사의 외침에도 귀를 기울일 때라고 생각한다. 미국과 유럽의 교회들의 교인 급감과 다음 세대들이 떠난 그 모습이 조만간 우리 한국 교회에도 반드시 다가온다. 아니 지금 다가온 것이다. 그래도 자기 교회만을 고집하고 예수 그리스도의 품성으로 바꾸지 않을 것인가? 영적인 변화를 촉구하는 설교가 전국방방곡곡의 교회의 강단에서 외쳐져야 한다. 아니 서울 장안에 하늘 높게 솟아있는 호화로운 초대형교회(mega church)에서부터 먼저 무릎 꿇고 회개하며 기도하여야 한다. 설교자들의 설교도 복음이, 피에 젖은 십자가의 복음이 전해져야 할 것이다. 그렇지 않으면 한국 교회도 곧 유럽 교회처럼, 미국 교회처럼 급속히 몰락하게 될 것이 분명하다.

2/ 남미 교회의 현실

> 성령님이 허락하시는 감화를 통해 양철이 금이 되고, 땅바닥의 돌들도
> 다이아몬드가 된다는 점에서 설교는 일종의 연금술(鍊金術)이다.
> - Barbara Brown Taylor

지구 반대편의 대륙, 남미

남미(南美, South America) 대륙은 우리나라와 반대편에 있어서 계절(季節)이 정 반대이다. 우리가 여름이면, 남미의 나라들은 일반적으로 그렇게 춥지 않은 겨울이다. 직장 생활을 할 때, 남미의 페루(Peru)의 수도 리마(Lima)에서 파견근무를 한 적이 있다. 12월 25일 성탄절을 한여름에 보내려니 이상하였다. 크리스마스를 스페인어로 "나비다드(navidad)"라고 부른다. 성탄절이 다가오면 모두가 마음이 들뜨고 선물을 준비하고, 건포도와 달콤한 젤리, 초콜릿이 박혀있는 빠네톤(panettone)이라고 부르는 약 1kg정도 되는 큰 빵을 꼭 나눠먹는다. 이 빵은 이탈리아가 원산지인데 이민자들이 페루에 들여왔다고 한다. 가정마다 온 가족이 모여 춤을 추며 파티를 한다. 그리고 서로 간에 "펠리스 나비다드(feliz navidad)" 즉 "메리 크리스마스"라고 하면서 예수 그리스도의 탄생을 축하하고, 즐거워했던 추억이 새록새록 피어난다.

16세기 남미전체에 대한 유럽의 식민지 정책이 한창이었을 때, 당시 해양대국인 스페인과 포르투갈이 거대한 남아메리카를 총칼로 정복한 후 양분(兩分)하고, 약 300년간이나 통치하였다. 총·균·쇠의 희생양이 원주민들이었다. 그래서 브라질은 포르투갈어를, 나머지 나라들은 모두 스페인어를 공용어로 지금도 사용하고 있다. 이런 식민지 정책과 함께 남미에 들어온 것이 바로 가톨릭교였다. "자유 아니면 죽음"이라는

말처럼 정복자들과 잘못된 사제들의 "가톨릭교 아니면 죽음"이라는 강압적 요구로 원주민들은 억지로 가톨릭 교인이 되어버렸고, 지금도 미신화(迷信化)된 가톨릭 교인이 대다수이다. 물론 이후 18세기에는 죽음을 각오하고, 밀림의 부족들에게 복음을 전한 신실한 신부들도 상당수 있다.

영화 미션(The Mission)은 바로 깊은 밀림 속에 살고 있는 과라니족에게 선교하는 가브리엘 신부의 내용을 그린 영화이다. 현재 가톨릭교의 266대 교황인 프란치스코(Francis, 1936-)교황도 남미 아르헨티나 출신이다. 우리 개신교는 19세기 초에 남미 선교를 시작하여 많이 전도가 되었지만, 아직 10-20% 대에 머물고 있다. 다만 오순절계통의 교회가 가장 왕성한데 이는 남미 사람들의 체질적 특성 때문이 아닌가라고 조심스레 분석해 본다. 이들은 정열적이고 느긋하지만 차분하지 않은 정서상 뜨겁게 찬양하고 치유의 은사가 나타나는 것을 동경하고 열렬히 기도하는 그런 스타일이다.

신유와 은사에 큰 관심

페루에 있는 동안, 주일에는 주로 리마한인연합교회에 가서 예배를 드리고, 교회학교에서 봉사하였지만, 어쩌다 현지인의 교회에 가서 예배에 참석하기도 하였다. 그들의 예배는 매우 뜨거웠다. 예배시작하기 전부터 2시간 정도를 찬양하는데 모두 일어서서 온 힘을 다해 찬양을 부른다. 그리고 개신교인들은 필자가 한국인임을 알면, 반드시 "조용기 목사님"을 알고 있다고 하며 엄지척 한다. 아마도 신유의 집회에 참석하여 눈앞에서 병이 고쳐지는 기적을 체험한 분들 같았다. 그만큼 신유와 은사에 관심이 크고, 열심을 갖고 성경공부하고, 교회의 예배에 참석한다.

이들의 관심이 이처럼 눈에 보이는 무엇인가를 따라가려고 하는 것은 아마 무속신앙과 가톨릭교의 혼합적인 영향으로 보인다. 그러므로 오순절 성령운동으로 교회에서도 뜨겁게 기도하고 찬양하지만 하나님의 축복으로 물질적인 번영을 누리고 살게 된다는 소원이 큰듯하다. 미국 교회도 마찬가지이지만 오순절계통의 교회가 성장하는 것도 메마른 세상에서 사랑을 베풀고 위안이 되는 그런 정이 있으면서 하나님의 은총으로 잘 된다는 믿음이 강하기 때문이다. 그러나 이런 한쪽만의 믿음이 강해지면 이런 생각에 편승하는 것이 바로 이단들의 세력이다.

이단들과 해방신학

그래서인지 남미는 우리나라의 이단들의 집합소 같기도 하다. 안상홍의 하나님의 교회, 이만희의 신천지예수교증거장막성전, 이재록의 만민중앙교회, 여호와의 증인 등 이단들의 교회가 공공연히 간판을 걸고 포교활동을 한다. 특히, 간교(奸巧)한 이단인 '하나님의 교회'는 페루의 24개 주요도시에 300개의 교회를 세웠으며, ASEZ WAO[226]라는 직장인청년봉사단을 설립하여 전 세계 175개국에 7,500개의 교회를 세워 놓고 있다. 이들은 여러 환경보호 및 사회봉사활동을 통하여 선하다는 이미지를 심고, 그 나라의 정부 및 국민들과 친밀해지려는 교묘(巧妙)한 술책을 쓰고 있다.

그리고 "해방신학(解放神學)"[227]이라는 신학의 한 주류가 1960년대 말기에 중남미 등 제3세계를 중심으로 민중해방을 기점으로 한 가톨릭신학으로 탄생하기도 하였다. 한국에서는 1970년대에 이와 유사한 민중신학(民衆神學)이 나타나기도 했다. 남미는 강대국들에 의한 식민지생활을 오랜 세월동안 하였기에 지금도 우파보다는 좌파세력이 더 힘이 있다. 페루의 가톨릭 신학자이며, 사제인 구스타보 구티에레스(Gustavo Gutiérrez, 1928-) 신부가 1971년에 쓴 『해방신학(Teología de la liberación)』에서 출발했다고 보고 있다.

정복자로 부터의 식민지 해방도 해방신학의 한 틀로 보는 것이다. 해방신학은 1960년대 라틴아메리카의 불의한 현실과 인간의 존엄성이 유

---

226) ASEZ WAO: '우리가 한 가족이 되어 처음부터 끝까지 세상을 구하자(Save the Earth from A to Z, We Are One Family)'는 뜻이다. (2023. 7. 18)

227) 해방신학(解放神學, liberation theology): 가톨릭 신앙을 정치적·서민적 일상사와 관련시킴으로써 가난한 자와 억압받는 자를 도와주고자 하는 신학이다. -다음 백과

린되는 상황에서 탄생한 신학이다. 우리나라의 급진적 진보단체인 '천주교정의구현전국사제단(CPAJ)'[228]도 해방신학으로부터 적지 않은 영향을 받았다. 그러나 해방신학은 기본적으로 부자(브르주아)들의 돈을 빼앗아 가난한 자(프롤레타리아)들에게 분배하자는 논리가 저변에 깔려있고, 브르주아(bourgeois)들의 저항에는 폭력(暴力)도 불사하겠다는 공산주의 이론을 정립한 카를 마르크스(Karl Heinrich Marx, 1818–1883)의 사상이 그 안에 개입되어있다.

오순절 교회의 급속한 성장

현재 국제경제가 되살아나지 못하고 인플레이션이 치솟고 있는 상황에서 남미의 강대국인 브라질, 아르헨티나, 칠레와 같은 나라들도 많은 어려움을 겪고 있다. 그나마 브라질이 남미의 중심을 잡고 있는 나라이지만 현재는 어려운 상황에 놓여있다. 남미의 교회들 가운데 가장 크게 부흥하고 있는 나라는 온두라스와 과테말라이다. 특별히 오순절 교회 위주의 복음주의 교회가 남미에서 가장 빠르게 성장하고 있다. 2022년 현재 20%성장하고 있다고 한다. 온두라스는 40%가 넘고, 브라질은 2030년에 가톨릭교회를 상회할 것으로 보고 있다.[229]

한전순복음교회의 윤성원 목사에 의하면, 브라질의 개신교 독립교단인 하나님의왕국보편교회(UCKG)를 1977년에 설립한 에디 마세도(Edir Macedo, 1945–) 목사는 백만장자이고, 브라질에서 두 번째로

---

228) 천주교정의구현전국사제단(CPAJ): 한국의 로마 가톨릭교회 사제들로 구성된 천주교회내의 비인가 하위 조직. 1974년 지학순 주교의 구속을 계기로 결성되어, 1970–80년대 군부 독재 아래 반군사독재운동을 벌였고, 1987년에는 박종철 고문치사사건을 폭로하여 6월 민주화운동을 이끌었다. – 다음 백과

229) 뉴스파워, 김다은 기자 (2022. 6. 2)

많은 TV채널을 가지고 있다고 하니, 교회를 섬기는 것인지, 사업을 하는 것인지 모르겠다. 다만 개신교회의 성장을 나타내는 하나의 지표는 되고 있다. 통계에 의하면, 지금 전 지구적으로 북반부의 기독교는 하락하고 있고, 남반부는 성장하고 있다고 한다.

미국 고든콘웰신학교산하인 세계기독교연구센터에서 발표한 자료에 따르면, 북반부는 교인이 모두 8억 3,800만 명인데, 2025년에 8억 2,900만 명, 2050년에는 7억 7,300만 명으로 8% 감소하는 것으로 나타나고 있는 반면, 남반부는 2022년에 17억 2,000만 명, 2025년에 18억 1,000만 명, 2050년에는 25억 6,000만 명으로 무려 48.8% 증가할 것이라는 연구결과가 나왔다. 특히 오순절 교단의 신자가 현재 약 6억 명인데, 2050년에는 10억 명으로 증가한다고 하니 교세가 상당하다. 오순절 교회가 이처럼 성장하는 가장 큰 이유는 소외된 사람들의 마음을 어루 만져주고, 방언(方言)과 신유(神癒)를 통하여 정서적, 육체적 욕구를 채워주기 때문이라고 전문가들은 진단하고 있다.[230]

마태복음 4장 4절

그러나 한편으로는 1970년도에 남미의 목회자들이 오순절교파를 도입하면서 번영 복음(繁榮福音)이 급속도로 전파된 것이라고 보는 것이 정설이다. 우리나라의 여의도순복음교회도 바로 오순절 계통의 교회로서 성령운동을 강하게 하는 교회이다. 이 교회를 설립한 故 조용기 목사의 삼박자 축복이 바로 그런 물질적 번영의 복인 것이다. 등록교인 수 78만 명이라는 세계 제일의 단일교회를 설립하심과 전 세계를 누비며 말씀과 신유의 역사를 통하여 선교한 그 공로를 잊을 수는 없다. 하

---

230) 윤성원 목사, 한전순복음교회 (2022. 10. 4)

지만 자식들에게 전해진 비자금 문제 등 물질 관리에 대한 과오 등 안타까운 부분이 있는 것은 사실이다. 우리가 세상에서 육신으로 살아가기 때문에 물질을 무시하고, 정신으로만 지낼 수가 없는 것은 자명하다,

  하지만 분명히 우리 주님은 마태복음 4장 4절에서 말씀하신다. "예수께서 대답하여 이르시되 사람이 떡으로만 살 것이 아니요 하나님의 입으로부터 나오는 모든 말씀으로 살 것이라 하였느니라 하시니" 이는 물질에 억매이지 말고 하늘의 음성 즉 영혼의 양식을 먹어야 함을 말씀하신 것이다. 그런데 너무 돈을 따라다니며, 육신의 잘됨이 모든 복의 중심인양 살아가는 기독교인들이 얼마나 많은지 모른다. 이단들의 행위가 대부분 돈과 크게 관련이 있다. 정통 기독교 목회자들의 탐욕과 탈선도 너무나 걱정스럽다. 목회자의 설교는 그 분의 평소 생활 속의 인격에 의하여 가름이 된다. 남미의 개신교회가 올곧은 목회자에 의한 복음 설교로 참된 성장이 있기를 소망한다. 물론 한국 교회도 그렇게 되기를 더욱 소망한다. 아멘!

3 / 아시아와 아프리카 교회의 현실

설교는… 비기독교 세계를 향한 공식적인 선포이다.
- C. H. Dodd

셈(Shem)의 후손

창세기를 보면 노아의 아들 세 명이 나온다. 셈(Shem), 함(Ham), 야벳(Japheth)이다. 이분들이 온 세상 모든 민족들의 조상인 셈이다. 홍수 심판 후, 오직 8명인 노아의 가족들만 지구상에 남은 사람이 없었기 때문이다. 창세기 9장 18-19절에 "방주에서 나온 노아의 아들들은 셈과 함과 야벳이며 함은 가나안의 아버지라. 노아의 이 세 아들로부터 사람들이 온 땅에 퍼지니라"라고 기록되어있다. 그런데 이 세 아들들이 황인종, 흑인종, 백인종으로 나누어졌다는 말을 정설로 굳게 믿었을 때가 있었다. 매우 그럴 듯하였다. 그러나 성경은 주로 셈의 후예인 이스라엘 민족의 역사만을 기록하고 있다. 온 세상의 모든 인생을 구원하기 위한 하나님의 섭리이기 때문이다.

그런데 이스라엘 사람들은 황인종인가? 백인종인가? 구분이 쉽지 않다. 이스라엘은 분명히 중동아시아에 속해 있기에 아시아인이라면 황인종인지도 모른다. 그러나 그들의 모습을 보면 백인에 가깝지 않은가? 한국인은 확실한 아시아인이며 황인종이다. 그러니 큰 아들인 셈의 후예일 가능성이 높다. 노아의 장자인 셈의 후손이라는 점은 시사(時事)하는 점이 크다고 할 수 있다. 창세기 11장은 바로 셈의 족보장이다. 여기서 셈이 아브라함의 조상임을 확실하게 하고 있다.(창 11:10-26) 아시아인은 모두 셈의 후손이라고 할 수 있을까? 또한 "야벳이 백인의 조상이고, 함은 흑인의 조상이다"라는 추측은 가능하나, 단언하기는 어려울 것이다. '아시아인'이란 지역적으로 나누어진 것이지, 피부색으로 나뉜 것은 아니기 때문이다.

아시아는 사상(思想)의 중심지역

남미의 교회와 함께 아시아와 아프리카의 교회도 성장하고 있다. 한국, 미국, 유럽 등 북반부 지역의 교회들이 침체(沈滯)내지 몰락(沒落)의 부침을 겪는 와중에, 경제적으로는 빈약하지만 아시아와 아프리카의 교회들은 힘차게 성장하고 있다. 아시아 지역은 실로 그 범위가 넓고, 인구도 많으며, 동아시아(극동아시아), 동남아시아, 중동아시아, 서남아시아, 북아시아 등으로 나누어진다. 근래에 호주(Australia)도 아시아에 속한다고 공표한 바 있다. 성경 요한계시록에서 나오는 일곱 교회가 있었던 곳은 지금의 튀르키예(舊 터키)자리인데, 사도 바울 당시에는 이 지역을 아시아로 불렀으며, 실제로 '소(小)아시아'이다.

사도행전 16장 6–7절을 보면 "성령이 아시아에서 말씀을 전하지 못하게 하시거늘 그들이 브루기아와 갈라디아 땅으로 다녀가 무시아 앞에 이르러 비두니아로 가고자 애쓰되 예수의 영이 허락하지 아니하시는지라"라고 기록되어 있다. 그래서 사도 바울은 그곳에서 배를 타고 아가야(Achaea) 땅, 지금의 그리스(Greece)인 유럽으로의 선교를 하게 된 것이다. 그때 성령 하나님께서 왜 아시아가 아닌 유럽으로 사도 바울의 발길을 돌리게 하셨을까? 지난 역사를 생각해 보면 세계 선교를 위한 가장 빠른 길이었기 때문이었다는 생각이 든다. 빌립보, 데살로니가, 베뢰아, 아덴, 고린도, 겐그레이 등에 복음이 전해졌다. 우랄산맥, 에게해, 지중해, 흑해의 경계선을 가지고 아시아와 유럽이 구분이 되었다. 그런데 1980년부터 튀르키예(Türkiye)는 유럽연합에 들어가려고 애를 쓰고 있다. 선진국으로의 경제화를 바라고 또 국가안보의 문제로 유럽에 속하기를 바라고 있는 것이다. 그러나 성경은 그 땅을 '아시아'라고 기록하고 있는데….

아시아는 세계 4대종교(기독교, 불교, 이슬람교, 힌두교)의 발상지이며, 세계 4대문명(이집트문명, 메소포타미아문명, 인더스문명, 황하문명)의 중심지이다. 정신적인 종교와 문명이 모두 아시아에서 출발하였지만 종교와 문명이 꽃을 피운 곳은 유럽이다. 특별히 기독교를 통해서 사실상 서구의 산업혁명이 시작되었다. 서방의 과학과 기술이 크게 성장하였기에 상대적으로 아시아는 열세에 몰리게 되었다. 그런데 기독교가 아닌 다른 종교 특히, 이슬람교를 믿는 아시아 국가들에서 기독교에 대한 탄압이 가장 살벌하게 이루어지고 있다. 자기 종교를 위해서 다른 종교인을 살해하는 그 악순환(惡循環)이 언제까지 가야 하는가? 정말 어리석고도 슬픈 일이다.

과격한 무슬림의 잘못된 신앙

특히 수니파 이슬람 극단주의 무장단체들이 시리아와 이라크 일부 지역을 장악하고는 이슬람국가(IS: Islamic State)를 설립하고는, 기독교인들을 잡아서 참수(斬首)하는 만행을 저지른다. 이들도 아시아인이다. 다행히 IS는 미국의 공격으로 상당한 데미지를 입고 약화되어있는 상태이다. 이제는 이집트와 아프가니스탄 등으로 잠입하여 자살테러와 기독교인들을 공격하고 있다.[231] 또한 "종교가 아편이다"라고 말하는 공산주의 국가인 중국과 북한에서의 참된 기독교인들은 상상하기 어려운

---

231) 중앙일보. 채인택 기자 (2017. 8. 20)

박해와 고난을 받고 있다. 이슬람교를 국교화한 중동아시아의 이란, 이라크, 사우디아라비아 등을 비롯하여 파키스탄, 방글라데시 등 회교 국가들에서 기독교인으로 지내기가 차이는 있겠지만 매우 위태로워 보인다. 이슬람교를 따르는 나라들이 많고, 파키스탄에서는 기독교에 극히 배타적인 무슬림들이 많다.

그러나 그런 어려움에도 불구하고 순교(殉敎)의 각오로 선교하는 선교사들과 신실한 현지 기독교인들의 헌신으로 성령의 바람, 성령의 불길이 퍼져나가고 있다. 서남아시아인 파키스탄, 네팔, 인도, 스리랑카에서, 동남아시아인 필리핀, 베트남 등에서 성령의 역사가 일어나고 있다. 하지만 공산주의 국가인 중국은 시진핑(習近平, 1953–) 주석이 정치적 야망을 갖고, 기독교를 억압하고 있다. 중국내 모든 외국 선교사들을 추방하였고, 중국 공산당의 엄격한 통제를 받고 있는 '삼자애국운동(일명 삼자교회)'에 속하지 않은 교회는 강제 폐쇄 및 철거를 하고 있다. 그러나 이런 열악한 상황에서도 현지인 목회자들을 중심으로 지하교회 및 가정교회가 번져나가고 있다. 중국인구의 10%인 1억 명이상의 그리스도인들이 중국내에 있다는 것은 놀라운 일이다.[232] 그러므로 중국의 기독교는 반드시 일어설 것이다.

---

232) 크리스천 투데이, 이대웅 기자 (2023. 2. 18)

아시아에 가득 찬 성령의 은총

　서남아시아의 네팔과 파키스탄의 기독교의 도약이 매우 감격적이다. 네팔에는 많은 한국인 선교사들이 파송되어 있다. 신학교를 세우고 현지인 목회자를 양성하는데 주력하고 있다. 그 가운데 네팔의 수도 '카트만두'에서 차로 14시간 거리인 모랑州 이타하리(Itahari)市에 NNCC(새언약신학교)를 2013년에 설립하고, 젊은 네팔인들에게 사명을 안겨주고 있는 분이 권승일 총장이다. 드디어 2023년 3월 30일에 NNCC를 정식으로 졸업한 3명의 졸업생을 네팔 최초의 현지 선교사로 파송하는 역사적인 일이 있었다.[233] 그리고 수도인 카트만두(Kathmandu)에도 장로교신학교, 침례교신학교를 세워 사역하고 있는 한국 선교사들도 많이 있다.

　중국선교사인 존 네비어스(John Livingston Nevius, 1829-1893) 선교사가 1890년 6월 한국에 2주간 머물면서 선교사들에게 선교 전략과 방법론을 강론하였다. 그때 네비어스 선교사는 한국 교회를 비약적으로 발전시키게 한 네비어스 선교 정책을 발표하였는데, 이를 '3자 정책(三自政策)'이라고 부른다. 즉 교회의 자치(自治), 자립(自立), 자전(自傳)이다.[234] 이런 정책을 신학교에서 목사후보생들을 잘 가르쳐서 교회를 설립하고 사역하는데 꼭 실현시켜나가도록 해야 한다. 현지인에 대한 신학교육의 중요성을 알기에 신학교를 세우는 것이다. 파키스탄은 이슬람국가이지만, 상업과 금융의 중심지인 '라호르(Lahore)'로 부터 강력한 성령의 역사가 나타나고 있다. 그와 함께, 무슬림에 의한 테러도 나타나고 있다. 과격한 무슬림들은 '신성불가침(神聖不可侵)'인 코

---

233)　국민일보, 김아영 기자 (2023. 4. 12)
234)　김인수, 『한국 기독교회의 역사(上)』, (장로회신학대학교출판부, 1998), 193-194.

란(Qur'an)을 모독하였다는 엉뚱한 누명을 씌워서, 기독교인들의 집과 교회를 불태우는 행동을 서슴지 않고 실행하기도 한다.

그리고 동남아시아인 미얀마, 캄보디아, 태국, 필리핀 등에도 한국 선교사들이 많이 나가있다. 비록 경제적으로 낙후되어 있어도 교회를 사모하는 열심과 신앙은 누구에게도 지지 않을 정도이다. 얼마 전에 금천교회에서 후원하고 있는 필리핀 믿음교회의 '김정수' 선교사가 잠시 귀국하였기에 그의 선교보고를 듣고 보았다. 교회학교의 모습, 코로나 기간 중에 금천교회에서 보내준 지원금과 물품에 감사하는 내용, 예배를 드리며 열심을 찬양하는 모습들이 아름다웠다.

아프리카에 퍼지는 부흥의 불길

한편 "월드 브릿지 미션(World Bridge Mission)"이라는 국제구호단체가 있다.[235] 대표는 서울영광교회(신월동)와 김포영광교회(장기동)의 담임인 박영민 목사이다. 이 분은 16년간을 아프리카 선교를 위하여 많은 사역을 감당하였는데, 교회를 건축하고, 우물을 파며, 아이들을 위하여 뻥튀기과자를 만들어 주고, 소녀들을 위한 생리대를 제공하는 실질적인 사역을 하고 있다. 2022년 2월 16일, 케냐 마사이족의 마을을 방문하여 예배를 드리는데, 시작은 있으나 마침이 없을 정도로 기도하며 찬양하고 춤을 추는 아프리카 특유의 열정을 알 수 있었다. 또한 우물을 깊게 파서 생수가 나오면 마사이족 아이들이 너무나 기뻐한다.

---

235) 월드브릿지미션 홈페이지, http://worldbm.org/

그리고 우간다의 한 마을을 방문하여, 몇몇 가정에 염소를 기증하여 영양분을 공급하게 하고, 어린이들에게 망고나무 묘목 500그루를 선물하며, 흙탕물로 보이는 웅덩이로 보이지만, 그곳에서 엄숙하게 침례를 거행하는 영상도 보았다.[236] 한국 교회, 특히 장로교에서는 세례를 거행할 때, 성수를 세례자의 머리위에 약간 적시는 정도로 하나, 아시아나 아프리카에서는 침례로 하여야 확실하게 자기 고백이 되기 때문에 장로교 목사라도 침례로 집전(執典)하게 된다.

아프리카의 교회는 아시아의 교회와 또 다른 분위기를 보여준다. 소박하면서도 순수하게 하나님을 믿고 찬양하는 케냐의 마사이족과 우간다 마을의 그리스도인들의 모습을 보며 우리는 형식적으로 예배드리고 있는지 반성하게 된다. BC 960년경 솔로몬 왕을 만나러 이스라엘을 찾은 스바의 여왕이 성경 열왕기상 10장 1-13절에 나온다. 스바(Sheba)왕국은 오늘날의 아프리카 북동쪽에 있는 에티오피아(Ethiopia)이다. 이렇게 지혜와 진리를 갈구하는 아프리카를 주님께서 복 주시기를 간구한다. 탄자니아, 케냐 등 아프리카의 동쪽에서부터 부흥의 불길이 타오르고 있다. 아프리카에 복음이 더욱 강렬하게 전해지는 선교의 땅이 되기를 소망한다.

---

236)   서울김포영광교회 홈페이지, http://www.sgctv.com/

4 / 인공지능(AI)을 활용하는 설교

> 우리는 강단에서 하나님의 거룩한 신비 앞에 서야하며,
> 오늘도 말씀하시는 살아계신 하나님의 임재를 선포하여야 한다.
> - David Buttrick

만화 '라이파이'가 만들어 준 꿈

한국전쟁 직후에 태어난 우리 세대는 대부분 가난하게 살았지만, 청운(靑雲)의 꿈을 가지고 살았다. 필자가 어렸을 때 가지고 있었던 꿈이 있었다. 야곱이나 다윗이 가졌던 신앙의 꿈이 아니라, 미래에 멋지게 사는 꿈이었다. 그것은 바로 '하늘을 나는 자동차'를 직접 만들어 타고서, 자유자재로 여기저기 다니겠다는 꿈이었다. 아마도 그 꿈은 1960년대 당시의 남자 어린이들에게 최고인기였던 SF 만화 '라이파이'에 몰입했기에 그런 상상을 하게 된 것이라고 생각한다. 머리에 'ㄹ'자가 새겨진 두건을 둘러쓰고, 종횡무진 전 세계와 우주까지 넘나들며 악의 무리를 소탕하던 '라이파이'는 그 당시 모험심이 많은 남자 어린이들에게 닮고 싶은 꿈속의 영웅(英雄)이었다. 그가 사용하는 여러 첨단의 무기들과 비행선들은 '라이파이' 만화를 그린 김산호(1939–) 화백만이 상상할 수 있는 것이었다.[237] 주인의 명령대로 하늘과 땅 그리고 물속까지 종횡무진 다닐 수 있는 자동차를 만들겠다는 생각 때문인지 전자공학과를 선택하였다.

그런데 요즘에도 「라이파이」라는 말이 있다. 지구의 영웅 '라이파이'와는 다른, 현대의 '라이파이(LiFi)'는 가시광 통신이라는 Light-Fidelity의 약자로서 전파대신 빛을 사용해 데이터를 전달하는 미래

---

237)   서울신문, 김문이 만난 사람 (2011. 8. 5)

통신기술이다. 이 기술은 현재의 와이파이(wifi)보다 데이터 전달속도가 100배나 빠르다고 한다.[238] 우리의 생각보다 더 앞서서 과학기술이 발전하고 있는듯하다. 세계경제포럼(WEF)의 회장인 클라우스 슈밥(Klaus Schwab, 1938-) 박사가 2016년 WEF 다보스포럼에서 '4차 산업혁명'을 거론하였다. 이 혁명은 자율자동차, 로봇, 인공지능(AI), 사물인터넷, 3D프린팅, 양자컴퓨팅, 나노테크 등과 같은 영역에서 이뤄질 기술 혁신을 거론한 것이다.

장신대 정기묵 교수는 특별히 인공지능(人工知能, Artificial Intelligence)에 관련하여 스스로 학습하며 진화하는 '딥러닝(deep learning)'[239]이라는 알고리즘이 인공지능의 진보이며, 예측은 다르지만 인간의 삶에 급격한 변화를 줄 것이라고 수년전에 발표하기도 했다.[240] 최근에 이 기술로 페이스북에서 얼굴인식 기술인 '딥페이스(deep face)'를 개발하였다. 결국 고인(故人)이 된 분들과 영상으로 실제처럼 대화하는 상황도 만들어간다. 그리고 4차 산업혁명의 기술혁신에서 모든 항목들이 서로 간에 연결이 된다. 자동차의 핸들이 불필요한 자율자동차는 온전히 인공지능과 결합될 것이다. 드론을 활용한 택시도 있지만 아직 실용된 것은 아니다. 아마도 하늘을 손쉽게 날 수 있는 자동차는 드론보다 더욱 가변성이 크도록 자장(磁場)을 사용하여야 할 것이다. 마치 무적의 사나이 라이파이의 자동차처럼 자유자재로 날아다니거나 움직일 수 있으려면 자장에 의해 동력(動力)을 얻어야 할 것이다.

---

238) 나무위키 (2023. 8. 30)

239) 딥러닝(deep learning): 컴퓨터가 사람의 뇌처럼 사물이나 데이터를 분류할 수 있도록 하는 기술로, 기계학습의 일종이다. -다음백과

240) 정기묵, 4차 산업혁명시대의 선교, 선교신학 vol.48(2017), 269.

대화용 인공지능 'Chat-GPT'

그런데 2022년 12월에 인공지능을 제대로 활용한 기가 막힌 제품이 나왔다. 그것이 바로 대화형 인공지능인 '챗지피티(Chat GPT)'의 출연이다. 사용자가 질문을 하면 챗지피티는 그야말로 즉시 답변한다. 대화하는 기분을 느끼게 만든다. 이 프로그램을 개발한 회사는 미국의 'Open AI'사인데 사람들은 획기적인 개발품이라고 놀라워하고 있다. 이제는 군이 구글이나 네이버에 알고 싶은 정보를 자판을 두드려 찾을 필요가 없게 된 듯하다. 챗지피티에게 물어보면 인터넷상에 올라온 온갖 정보를 종합하여 가장 보편적이고 가장 통계적으로 결정된 정보를 알려준다. 그런데 그 시간이 즉시이다.

그래서 챗지피티에게 성경 본문을 주고, 주제를 정해주면서, 삼대지 설교를 만들어 달라고 하면 거의 1초 만에 무난하고 보편적인 설교 한 편을 만들어 무료로 제공한다. 물론 A4 1장 정도의 분량이다. 하지만 유료 회원이 되면 훨씬 더 긴 문장의 설교문이 작성된다. 이렇게 앞으로 인공지능(AI)이 더욱 발전하게 되면, 설교자가 설교 한편을 만들기 위하여 20시간이나 끙끙거리며 설교문을 작성할 필요가 없어 질 것인가? 아니면 그 설교문을 참고 정도로 하고, 설교자는 자기 스스로 기도하며 설교문을 만들 것인가? 그런데 챗지피티의 설교문은 AI의 창작물이니 만약 그 AI가 만든 설교문을 그대로 교회에서 설교하면 이는 '표절'이 될는지 모른다.

좀 더 발전을 거듭하면 아예 가상(假想)의 설교자가 화면에 나타나서 가장 듣기 좋은 음성과 발음으로 설교할 지도 모른다. 또한 인공지능으로 무장된 로봇이 인간과 거의 같은 모습으로 강단에서 설교하는 세상이 올 런지도 모른다. 온라인상에서 하든, 대면으로 하든 이런 인공지능, 더 나아가 가상의 인물, 또 한 걸음 나아가 설교 로봇이 설교자와 거의 동일하게 강단에 나와서 설교를 한다면 거기에 우리는 과연 "아멘" 할 수 있겠는가?

설교는 영과 영이 만나는 시간

여기서 가장 중요한 부분이 있다. 설교는 영(靈)과 영(靈)이 만나는 시간이며, 하나님의 영이신 성삼위 성령님이 오셔서 뭇 영혼들에게 은총을 베풀어 주시는 것이다. 그런데 이런 영혼이 없는 기계장치, 혹은 스스로 창조할 수 있는 자가 생성(自家生成) AI 로봇 설교자가 강단에서 설교한다면 표면적으로는 아멘을 할 수 있으나, 영적으로는 전혀 같이 할 수가 없다는 점이다. 더구나 설교는 설교자의 인격(人格)과 큰 연계가 된다. 로봇 설교자의 삶에서 아무런 존경심과 감화가 없는데 어떻게 은혜를 받을 수가 있겠는가? 아마도 인공지능 설교를 통해서 지식의 축적(蓄積)과 정보의 습득(習得)은 될 것이다.

그러므로 영과 영이 만나는 그런 영적인 일은 결코 일어나지 않을 것이다. 예측하기로는 설교자는 인공지능에 의하여 몇 가지 도움을 받을 수는 있을 것이다. 주석을 통하여 원어에 대한 석의함에는 도움이 될 것이다. 역사적인 년도(年度)나 사건(事件) 등을 신속하게 파악할 수 있다. 인공지능 로봇에게 설교자의 위치를 빼앗기는 일은 거의 없을 것이지만, 제대로 준비하지 않는 설교자의 설교를 듣느니 차라리 인공지능

로봇의 설교를 듣겠다고 할 교인들이 많이 생길지 모르겠다.

인공지능(AI)은 활용해야할 소프트웨어

하지만 인공지능의 도움을 받아 설교문을 더 알차게 작성할 수는 분명히 있다고 생각한다. 설교문은 하나님의 말씀인 성경본문에서 나와야 하며, 선택된 본문에 대한 깊은 묵상을 통하여 하나님의 음성을 듣고, 문단(文段)속의 메시지를 발견할 수 있어야 진정한 설교자가 될 수 있을 것이다. 인공지능에게 요청하여 만들어진 설교문으로 설교하는 일은 없기를 바란다. 꼭 그래야만 한다면 반드시 설교 전에 강단위에서 "이 설교문은 인공지능이 작성한 내용입니다"라고 양심선언을 한 뒤에 설교하여야 한다. 그렇지 않는다면 이는 표절로서 도둑질과 같은 죄악이라고 할 수 있다.

정장복 교수는 아마 인공지능이 만든 설교문을 가지고 설교하려는 설교자에게 이렇게 말하실 것 같다. "땀 흘림이 없이 인공지능으로 만든 설교문을 마치 자신이 작성한 것처럼, 교인들에게 설교해도 되는 것인지 진지하게 반성할 필요가 있다. 그리고 만약 이런 행위가 습관화되면 그 결과는 참으로 비참한 것들이다. 그것은 ① 설교 능력이 급격히 저하된다. ② 회중이 인지한 경우, 조금의 동정도 없이 경멸의 시선을 보내게 된다"라고 하실 것이다. 그렇다고 설교자가 인공지능을 외면하라는 것은 전혀 아니다. 과학기술을 가능한 설교의 목적이 맞추어 잘 활용(活用)하면 되는 것이다.

우리 주 예수 그리스도의 재림

기독교인들은 첨단 과학기술이 범람하는 현대화된 세상에 살면서 상상을 초월하는 시공간 속의 첨단기기로 무장된 삶의 터전 속에서 생활하는 때가 언젠가 도래할 것이다. 앞으로 빠르면 100년 내로 그런 사회가 형성 될지 모른다. 그때는 예배의 양상이 지금과는 전혀 다르게 이루어질 것이며, 수많은 교인들이 한 자리에 모여서 예배드리는 것은 거의 사라지고, 대부분 비대면 온라인 예배가 엄청난 초 첨단기술 장치에 의하여 진행될 것이다. 그러나 그때쯤이면 우리 주 예수 그리스도께서 하늘 구름을 타고 모두가 다 인지(認知)하는 상태에서 재림(再臨)하시지 않을까?

5 / 인문학과 영상의 이해

> 기러기들처럼 날고 싶습니다. 온 국민이 그렇게 날았으면 싶습니다.
> 소리 내어 서로 격려하고 대열을 이끌어가는 저 신비하고 오묘한 기러기처럼 날고 싶습니다.
> - 이어령

문학 고전(古典)을 통한 인생의 성숙함

한창 감수성이 깊었던 청소년 시절에 문학에 깊이 빠진 적이 있었다. 영국은 윌리엄 셰익스피어의 『햄릿』, 찰스 디킨스의 『크리스마스 캐럴』 등이 있고, 미국은 헤밍웨이의 『노인과 바다』, 너대니얼 호손의 『주홍 글씨』 등 수많은 작품들이 있다. 독일과 프랑스 등에도 너무나도 좋은 문학작품들이 많다. 그러나 필자는 젊은 시절에 특별히 러시아의 대문호인 표도르 도스토에프스키(Fyodor Dostoevsky, 1821-1881)와 레프 톨스토이(Lev Tolstoy, 1828-1910)의 작품들을 밤새워 읽은 적이 많았다. 도스토에프스키의 『죄와 벌』, 『카라마조프의 형제들』, 『백치』 등을 읽으면서, 그 스토리에 탐닉(耽溺)되었다. 『죄와 벌』의 경우, 주인공인 라스꼴리니코프가 전당포의 노파를 살해하면서 자신의 범죄를 통해 세상에 보다 큰 이익을 주려는 생각으로 실행하였다.

하지만 범죄로 인해 정신적으로 미쳐가던 라스꼴리니코프가 창녀인 소냐를 통하여 자수를 하고, 시베리아에 유배된 가운데서도 따라와 준 소냐의 사랑으로 죄를 깨닫고는 새 삶을 살 것을 다짐하는 스토리이다. 생생하게 기억은 나지 않지만 19세기 러시아의 제3의 수도인 상트 페테르부르크를 묘사하는 그 필치에 두근거리는 마음으로 상상의 날개를 펴곤 하였다. 그래서 지금도 필자는 이 작품을 생각하며, 위대한 문호들을 탄생시킨 러시아에 대하여 남다른 동경과 애정을 품고 있다. 그리고 또 다른 위대한 작가인 톨스토이의 작품인『전쟁과 평화』,『이반 일리치의 죽음』,『사람은 무엇으로 사는 가』등을 통하여 넓고 광대한 다른 세상에서의 인간의 삶에 대한 막연한 애착과 내면의 갈등을 비춰보기도 하였다.

또한 한국문학에서는 故 이어령(李御寧, 1933-2022) 선생의『흙속에 저 바람 속에』,『축소지향의 일본인』등의 수필은 그야말로 공감(共感)하지 아니할 수가 없는 작품들이었다. 이어령 선생의 문학비평과 신문에 실린 논단을 읽으면서, 그의 번뜩이는 재치와 필력이 대단하다는 것을 느꼈다. 글을 잘 쓰는 것뿐만 아니라 그분은 정말 말도 잘하였다. 청산유수처럼 쏟아져 나오는 소위 그의 말빨에 당할 사람이 없을 정도였다. 그리고 이광수, 김동인, 김유정, 이상, 김동리 등의 작품들을 읽었는데,『무정』,『흙』등을 쓴 춘원 이광수(李光洙, 1892-1950)와『운현궁의 봄』,『발가락이 닮았다』등을 쓴 금동 김동인(金東仁, 1900-1951)이 변절하여 친일반민족작가가 된 것이 너무나 아쉽다. 그런데 한국 기독교회사에 의하면 이광수는 1917년과 1918년 한국 교회에 대하여 지식인으로서 매서운 비판을 하였다. 교회가 전제적이고 계급적이며, 자유평등 사상을 몰각하였다는 등 일리 있는 비판을 하였다. 그는 1910-1913년, 오산학교 교사로 있을 때 이승훈 장로 및 조만식 장로로부터 적잖은 영향과 톨스토이의 기독교적 휴머니즘에 영향을 받았음을『무정』,『흙』등의 그의 대표적인 소설에서 알 수 있다.[241]

---

241) 김인수,『한국 기독교회의 역사 (상)』, (장로회신학대학교출판부, 1998), 390-392.

60년대에는 지금처럼 '친일반민족자'라는 굴레를 씌우지는 않았다. 아무튼 약한 인간이기에 일본제국이라는 전쟁범죄국가 앞에 무릎을 꿇은 것이 못내 안타깝다. 하지만 이분들은 친일행각이 있었음에도 불구하고, 이들의 문학작품들은 참으로 귀하며, 작품을 통하여 인간의 삶을 잘 조명해 주고 있다. 뛰어난 소설, 수필, 시, 희곡 등이 자라나는 청소년들에게 얼마나 큰 꿈을 갖게 하는가? 정서적으로, 정신적으로, 성숙하게 만들어주는 문학작품을 통하여 어린 시절에 인생의 보람과 의미를 발견하며, 성장할 수가 있는 것이다. 인간에게 있어서 인문학(人文學, humanities)은 인격함양과 고결한 정신의 세계에 큰 영향을 끼친다. 뿐만 아니라 인문학은 인간의 성품, 성격에도 지대한 영향을 주게 되므로, 설교자는 반드시 인문학적인 소양을 갖추지 않으면 안 될 것이다.

설교는 인문학이다

그리스도인은 인간이 제일이라는 인본주의(人本主義)에 빠지지 않고, 신본주의(神本主義)로 살아야 한다. 인간을 이해하고 그들의 삶에 복음을 심어 주기 위하여서라도 설교자는 인문학에 대한 깊은 이해와 성찰이 필요하다. 설교를 잘하기 위하여 많은 고민을 하다가 10년간 인문학서적 5,000권을 읽고는 큰 깨달음을 얻고, '아트설교연구원'을 설립하여 후배 목회자들에게 설교를 가르치는 분이 있다. 그분이 치열한 설교연구가인 '김도인' 목사이다.[242] 김 목사는 글쓰기 관련 책들을 18권이나 집필하기도 했는데, 첫 번째가 『설교는 글쓰기다』라는 책이고, 두 번째가 바로 『설교는 인문학이다』라는 제목의 책으로서 2018년에 6월, 12월에 각각 발간하였다.

---

242) 크리스천투데이, "목회자가 (설교집 아닌) 책 써야 하는 이유는…", 이대웅 기자 (2023. 8. 29)

그는 『설교는 인문학이다』의 프롤로그에서 다음과 같이 말한다. "들리는 설교를 위해 성경 말씀에서 메시지를 추출해 설교 전체를 하나의 이야기로 만들어야 한다… 인문학이라는 그릇이 필요하다… 청중이 설교를 들을 수 있도록 문학 작품으로 만들어야 한다… 설교는 신학과 문학의 연결이다… 설교자는 인문학적 소양을 갖추어야 한다. 즉 인문학에서 가장 중요한 창의성, 구성력, 글쓰기에 탁월한 실력을 겸비하여야 한다."[243] 그는 이 책에서 설교에 대하여 귀중한 팁을 주고 있다. 설교에서 청중의 마음을 사로 잡아야할 부분은 '도입'이라고 한다. 즉 서론이다. 설교를 시작하고 3분 안에 청중은 진행될 설교를 다 판단한다.

영성(靈性)과 기도는 설교자의 무기

일반적으로 성인이 설교에 집중할 수 있는 시간이 9-11분인데, 설교는 대개 30분 정도이기에 항상 낯설게 하는 노력이 필요하다고 강조한다. 그리고 TED는 미국의 비영리 재단에서 운영하는 유명한 강연회인데, 이 재단의 대표인 '크리스 앤더슨(Chris Anderson, 1957-)'이 청중의 관심을 유도하기 위한 4가지 방법으로 ① 첫 마디가 중요하다 ② 호기심을 유발하라 ③ 설득력 있는 사진, 영상, 물건을 사용하라 ④ 애를 태우라 그리고 처음부터 다 보여 주지 말라고 소개하고 있다[244] 이와 같이 김도인 목사는 설교에 인문학적 요소를 철저하게 도입하여 청중에게 들리는 설교를 해야 한다고 강조하는 것이다. 100% 동조한다. 그러나 너무 인문학을 강조하다보니 설교의 본질인 영적인 부분으로 설교자의 영성, 기도, 삶의 중요성을 강조하지 못하고 있는 것은 아닌지 모르겠다.

---

243)　김도인, 『설교는 인문학이다』, (두란노, 2018), 14-19.
244)　위의 책, 143-144.

실상 예배·설교학의 대가이신 정장복 교수, 김운용 교수, 주승중 목사는 그들이 집필한 설교에 관련된 모든 책의 결론에서는 그럼에도 불구하고 성령님께 의지하고 기도하여야 함을 적극 강조하셨음을 우리는 상기하여야 할 것이다. 인문학은 정말 중요하고, 당연히 설교자는 인문학에 대한 지식을 갖고, 적용하여, 그의 설교문이 문학작품처럼 정제(精製)되도록 하고, 분명하게 하나님의 메시지가 전달되어 청중들의 귀, 머리, 마음에 심겨지도록 해야 하는 것은 당연하다. 이것은 이론(異論)의 여지가 없다. 다만 성령님의 역사하심은 그 무엇보다도 최우선이라는 점도 설교자는 분명히 인식하여야 할 것이다.

VIDEO 활용은 설교에 큰 도움

그리고 설교에서 또 다른 포인트가 바로 영상(映像, video)이라고 할 수 있다. 충북 청주시 강내면의 가로수로 변에 92년 역사의 '강내교회'가 위치하고 있다. 은은한 붉은 색과 미색이 혼합된 것 같은 아름다운 교회 건물은 마치 깔끔한 성당건물과 유사하게 느껴진다. 실제로 성당의 건물을 조금 따랐다고 이은철 담임목사께서 설명해 주셨다. 그런데 이 교회의 주일 설교는 서론 격으로 항상 주일 설교 내용과 부합되는 영상을 5분 정도 시청한 후, 설교말씀이 시작된다. 설교의 내용을 살짝 보여주면서 감동과 기대감을 갖게 하려는 의도이다. 이는 TED의 앤더슨 대표가 말하는 요지와 부합되는 실례이기도 하다.

사람들은 영상 또는 사진 등의 이미지를 쉽게 이해하므로 설교에서 사진이나 영상을 많이 이용하는데, 다음 세대는 더욱 영상과 이미지에 적응이 잘되어 있기에 다음 세대를 위해서라도 영상의 활용이 매우 필요하다. 김운용 교수는 그의 책『현대설교 코칭』에서 적절한 이미지와 기호의 활용과 의미 해석은 이 시대 가운데 효과적인 하나님의 말씀의 전달을 꾀하는 설교에서도 중요한 작업이라고 강조하고 있다. 설교 자체를 기호의 체계를 가지고 행해지는 수사학적 커뮤니케이션이기 때문이라고 기술하고 있다.245) 영상은 분명하게 실체를 보여주고 있기에 귀로 듣는 것보다 눈으로 보는 것이 더 신뢰감이 있고 감동을 받기에 더 용이하다. 특히 요즘의 MZ세대에게는 시청각(視聽覺)이야말로 일상적인 그들의 생활이기 때문이다. 그러므로 설교자는 인문학에 깊은 관심과 영상의 활용 추진을 적극적으로 행하여야 할 것이다.

---

245)　김운용, 『현대설교 코칭』, (장로회신학대학교출판부, 2012), 335.

6 / 한국 교회의 설교 흐름

> 주 예수 그리스도의 이름이 알려지는 한, 나의 이름은 잊히고 지워지기를 바란다.
> - George Whitefield

빌리 그래함 목사 전도대회 50주년 기념대회

금년이 세계적인 부흥사인 미국의 故 빌리 그래함(Billy Graham, 1918-2018) 목사가 1973년 5월 여의도광장에 모여든 100만 명의 청중들에게 복음의 메시지를 전한 지, 50주년이 되는 해이다. 당시 빌리 그래함 목사의 영어설교를 통역한 분은 수원중앙침례교회의 담임인 김장환 목사였다. 어찌나 그 낭랑한 목소리와 박력 있는 제스처로 통역을 하는지 그 때 그 자리에 있었던 필자도 그 모습이 똑똑히 기억에 남는다. 당시 39세였던 김장환 목사는 빌리 그래함 목사 설교의 강약과 제스처에 맞춘 통역으로 그래함 목사의 설교가 더욱 빛을 발하게 만들었다. 빌리 그래함 목사는 2018년에 99세의 나이로 소천 하셨고, 통역으로 유명한 김장환 목사께선 현재 89세이시다. 그런데 이제 1973년 빌리 그래함 전도대회 50주년을 맞이하여, 빌리 그래함 목사의 장남인 프랭클린 그래함(Franklin Graham, 1952-) 목사가 내한하였고, 2023년 6월 3일 서울 상암동 월드컵 경기장에서 7만여 명이 참석한 대회가 개최되었다. 이때 통역을 명성교회 담임인 49세의 김하나 목사가 아주 훌륭하게 감당한 것이다. 마치 50년 전의 김장환 목사처럼… 세대가 바뀌어서 새로운 인물로 교체되었다고 할 수 있다.

한국 기독교역사 139년

우리나라에 공식적으로 기독교가 들어온 해는 1884년이다. 1884년 9월 20일 개신교 첫 선교사인 의사 알렌(Horace N. Allen, 1858-1932)의 입국을 기점으로 삼고 있다. 미국의 북장로교회가 파송한 것이다. 그리고 다음해인 1885년 4월 5일 부활절 오후, 제물포항에 도착한 장로교 언더우드(Horace Grant Underwood, 1859-1916) 목사와 감리교 아펜젤러(Henry Gerhart Appenzeller, 1858-1902) 목사가 동시에 한국 땅을 밟았다. 언더우드는 미국 북장로교회, 아펜젤러는 미국 북감리교회에서 파송하였다.[246] 25-26세의 젊고 믿음이 충만한 선교사들로 말미암아 이 땅에 기독교가 들어온 지 이제 139년이 되었다. 짧다면 짧고, 길다면 긴 세월이다. 이 기간 동안 한국 교회는 2012년에 1,146만 명의 성도이었는데, 10년만인 2022년의 통계로는 774만 명으로 372만 명이나 줄어들었다. 7.5%나 감소된 것이다.[247] 출산 감소의 영향도 있지만 한국 교회의 행태에 실망을 하여 교회를 등지고 다른 종교로 개종하거나 신앙을 포기하는 사람들이 많다고 한다. 한편, 가톨릭교로 많이 개종한다는 말도 들린다.

더구나 코로나 팬데믹의 상황이 지난 3년간 지나는 동안 자연스럽게 가나안 성도가 약 200만 명으로 늘었다고 한다. 한국 교회의 침체에 대한 다각적인 분석을 해 보아야 한다. 그러나 너무 자책만 하고 손을 놓아서도 안 된다. 다시 원점으로 돌아가 새롭게 시작해야 한다. 139년의 기간 동안 한국 교회에 얼마나 많은 신실한 목회자들이 생명을 바쳐 헌신과 희생을 하였던가? 강단을 지키기 위하여 이루 말할 수 없는

---

246) 김인수, 『한국 기독교회의 역사(상)』, (장로회신학대학교출판부, 1998), 129-137.

247) 국민일보, 김동규 기자 (2023. 9. 10)

고초를 당하였으며, 설교에 목숨을 바칠 정도로 노력한 주의 종들도 많이 있었다. 「강단이 살아야 교회가 산다.」라는 모토로 설교 연구를 하고 있는 김진홍 금천설교아카데미 원장께서는 후배 목회자들이 영혼을 살리는 풍성한 은혜의 설교를 할 수 있도록 26년간 애를 쓰고 있다. 목사는 설교를 할 수 있는 특권을 가지고 있기에 정말 설교를 잘해야 한다.

한국 교회 강단의 변모(變貌)

교회의 강단을 구약성경의 성전으로 여겨서 강단에 갈 때는 몸도 여미고, 신발도 벗고, 그야말로 하나님의 법궤를 모신 것같이 대부분의 성도들이 그리 하였다. 당연히 담임목사도 설교할 시에 가운을 입고 거룩하게 예배를 인도하고 설교하였다. 가운을 착용하는 이유는 성도들이 설교자의 복장에 눈길을 주는 것이 아니라 오로지 말씀에만 집중할 수 있도록 한 것이다. 그러나 지금의 강단의 모습은 어떤가? 목사가운보다 평상시의 복장으로 강단에 선다. 어떤 경우에는 노타이로 한다.

하기야 캐나다 에드먼턴을 잠시 방문 중, 참석한 '셀레브레이션 교회'[248]의 주일예배에서 데니스 바티(Dennis Varty) 담임목사는 청바지에 티셔츠 차림으로 설교하였다.[249] 청중과 가까이 하고자 강단을 낮추고 또한 교회당 내부를 원형으로 하여 강단을 다 같이 볼 수 있도록 한다. 뒤로 갈수록 바닥이 높아져서 청중의 편이성을 높이는 그런 추세이다. 멀리서 설교자의 모습과 얼굴이 잘 보이지 않는 문제를 해결하기 위하여 대형 모니터를 강단의 중앙과 곳곳에 설치하여, 설교자의 얼

---

248) 셀레브레이션 교회의 홈페이지: www.celebrationedmonton.com/
249) 이경만, 『보내심의 자리』, (도서출판 밥북, 2020), 240-241.

굴을 멀리서도 잘 볼 수 있도록 하였다. 그런데 그 모니터에 성경 말씀, 찬송가 가사 등을 띄어 놓는다. 성도들이 성경과 찬송가를 들고 오지 않아도 되는 극진한 친절을 제공하고 있는 현실이다. 그냥 편하게 가도 되게 만든 시스템이다. 이것이 바른 길인지?

한국 교회의 설교자들

그간 한국 교회에 기라성(綺羅星)같은 설교자들이 지나갔다. 초창기에는 미국 선교사이자 평양신학교 교장인 마포삼열(Samuel Austin Moffett, 1864-1939) 목사, 그곳에서 '설교학'을 최초로 가르친 곽안련(Charles Allen Clark, 1878-1961) 교수 등 선교사들에 의한 설교의 시대가 있었다. 그리고 이기풍, 길선주, 김익두, 주기철, 이용도, 손양원 목사 등 초창기의 한국인 설교자들을 거쳐서, 한경직, 림인식, 김선도, 김준곤, 곽선희, 박조준, 조용기, 김홍도, 옥한흠 목사 등이 한국 전쟁 이후의 60-80년대에 전성기를 이루었다. 그리고 김진홍(두레), 임영수, 홍정길, 김삼환, 하용조, 이재철 목사 등이 그 뒤를 이었으며, 그 다음이 김동호, 김진홍(청주), 김기석, 이영훈, 오정현, 전광훈, 송태근, 장경동, 김운성, 유기성, 김문훈 목사 등이다. 이어서 이찬수, 소강석, 김학중, 김승욱, 한홍, 정해우, 손의석, 이재훈, 안광복, 신문수 목사 등이 뒤를 잇고 있다. 그리고 강은도, 김다위, 김하나, 신경민, 오기원, 조영민, 최병락 목사 등 40대 중반에서 50대 초반의 젊은 목사들이 다음 세대를 이어가고 있다.

그동안 한국 교회의 설교는 주로 말씀을 3개의 대지(大旨)로 나누어서 논리적이고 이성적으로 이해가 될 수 있게 대지 설교나 강해 설교 위주로 강단이 이루어졌다. 설득과 선포에 주안점을 주었으며, 설교의 내용은 축복, 재림, 재앙 등과 함께 도덕적이고 윤리적인 내용이 점철되었다. 강단에서 사자후(獅子吼)와 같이 열변을 토하는 그런 주입하달(注入下達)식의 설교였다. 하지만 점차적으로 설교는 청중과의 커뮤니케이션이 필요하다는 것을 자각하게 되었다. 그러므로 설교자는 강단에 고정된 마이크에 연연(戀戀)하지 않고 움직임을 자유롭게 하고자, 뺨이나 가슴에 붙이는 작은 마이크를 부착한 모습을 많이 볼 수 있다. 설교자는 강단의 좌우를 쉽게 움직이면서 그야말로 청중들과 가까이하는 아이콘택트가 이루어지는 설교를 하고 있다.

그리고 설교의 형태는 대지설교가 아닌 원 포인트 설교를 하여 한 가지 주제를 일관성있게 풀어 나간다. 설교 안의 예화도 가족이야기, 주변에서 경험하는 것들을 예화로 하므로 청중들이 공감해 가는 그런 설교를 지향한다. 더 이상 미국 예화를 사용치 않는 추세이다. 설교 원고를 철저히 준비하되, 설교 원고에 얽매이지 않고 말씀을 이야기식으로 풀어 나간다. 영상과 이미지를 병행한다. 설교자가 설교 도중에 설교내용과 부합하는 복음송이나 찬송가를 부른다. 웃음을 유발하는 예화나 이야기를 삽입하여 청중들의 마음을 열어간다. 이렇게 강단에서의 모든 행위들은 어느 형태가 좋을지 정해진 것은 아니다. 해당 교회의 상황과 처지와 환경에 따라 다르기에 정답이 따로 없을 듯하다.

다음 세대는 어떤 설교를 선호하나?

젊은이들이 많이 모인다는 분당우리교회의 62세 이찬수 담임목사는 공평과 나눔 그리고 무욕(無慾)의 마음으로 인하여 많은 청년들이 그의 진실함에 마음을 열고 교회에 찾아온다. 이 목사께선 성도가 5,000명 이상이 되면 재정과 인사가 독립된 교회로 분립한다. 그리고 휴양시

설인 가평우리마을이나 각종 사회에 봉사할 수 있는 일을 찾아서 시행한다. 그의 설교는 담백하다. 자신이 읽은 책에서 감동받은 내용으로 시작하거나 주간 중에 겪은 교역자나 이웃 간의 작고 사소한 일 또는 가족의 이야기 등으로 설교가 시작된다. 그리고 설교 중에도 사소한 내용들이 자주 나온다. 그러나 막힘없이 계속 흘러나오는 설교 속에서 그의 진실함이 사뭇 가까이 다가온다. 그분이 설교를 위하여 얼마나 많은 시간을 투입하였는지 느낄 정도로 치열하게 묵상하고 연구한 흔적이 보인다. 그리고 하나님의 은혜가 덜컥 청중의 마음을 사로잡는다.

그와 반면에, 조금 다른 개념과 목회철학을 갖고 있는 용인 새에덴교회의 소강석 목사는 장로회합동 총회장과 한국교회총연합 대표회장을 지냈지만 나이는 61세인 비교적 젊은 분이다. 설교 중에 미리 준비된 행위인지 모르겠으나, 시인답게 문학의 감수성이 매우 커서 그가 설교 중에 부르는 복음송에 많은 교인들이 감동을 받고 눈물을 흘린다. 설교 내용으로 은혜를 받는 것보다 그의 노래가 감동과 은혜를 더 받게 만든다. 가끔 하모니카로 흘러간 옛날 가요를 능숙한 솜씨로 연주하기도 한다. 그렇다고 그의 설교가 빈약한 것은 결코 아니다. 기승전결이 있고, 전하려는 복음의 메시지가 분명히 나타난다. 설교 중간 중간에 나타나는 애드리브(ad lib) 같은 내용으로 청중을 웃게 만든다. 소목사는 한편의 설교를 위하여 많은 책을 참고하며, 깊이 연구한 모습이 나타난다. 청중으로 하여금 그의 설교에 기대를 갖게 만들며, 남들이 인지(認知)하지 못한 부분을 그는 매우 적절하게 캐치하여 설교하는 탁월한 능력이 있다.

필자가 알고 있는 설교 형태 가운데 이런 분들이 즐겨 사용하는 형태는 원 포인트 설교, 이야기 설교 그리고 현상학적 전개식 설교가 혼합되어 적절하게 사용하고 있다. 삼대지로 설교하는 분들은 현 시대 조류에서는 목회 경력이 30년 이상 되신 목사님들을 제외하고는 그리 많지 않다. 대지 설교는 장점이 매우 많고, 설교를 배울 시에 거쳐 가야 하는 설교 형태이지만, 실제로 강단에서는 첫째, 둘째, 셋째라고 하면서 대지를 선포하는 설득형 설교는 주일 예배에서는 점차 사라질 것이다. 대신 성경을 가르쳐야 할 경우에는 대지 설교 또는 분석 설교가 유용할 것이다. 지금의 설교자들은 영상과 이미지를 잘 사용하면서 성도들과 호흡을 맞춘다. 그러므로 자유롭고 평안함이 있는 예배 분위기를 조성한다.

한국 교회의 설교의 흐름은 설교자와 청중이 교감(交感)하면서, 청중이 행복함을 느끼도록 하나님의 말씀을 듣고 깨달아가는 조류(潮流)로 점점 심화될 것이다. 설교 형태는 어쩌면 하이브리드와 같이 전통과 신규의 융·복합적인 형태가 될 것이다. 그런 면에서 이 시대의 설교자들은 더욱 치열하게 준비하고, 연구하며, 성령님께 온전하게 의탁하는 영성이 풍부한 선한목자들이 다 되어야 하지 않을까?

7 / 주목해야 할 설교자들

십자가에 못 박힌 설교는 십자가에 못 박힌 사람에게서만 나올 수 있다.
- E. M. Bounds

하나님의 섭리와 구속안의 설교자들

장로회신학대학교의 역사신학교수인 김인수(1943-) 교수가 1998년
에 『한국 기독교회의 역사』라는 책을 상하권으로 발간하였다. 「로마 가
톨릭 교회의 한국 선교」, 「개신교의 전래와 수용」, 「해방 이후의 한국
교회」에 대하여 기술된 총 700쪽에 가까운 책이다. 김 교수는 머리말
에서 이렇게 기술하고 있다. "교회의 역사는 구속사관(救贖史觀) 내지
는 섭리사관(攝理史觀)의 입장에서 써야 한다. 일반 세상의 역사는 수
많은 사관에 의해 쓰여질 수 있으나 교회사는 하나님의 인류 구원을
위한 섭리와 구속의 사역에 조명하여 쓰여져야 한다"라고 말한다.[250]
한국 교회의 역사는 목회자들이 그 중심에 서서 개척해 나간 것인데,
바로 지교회의 예배에서의 설교를 통한 설득과 참여로 성도들과 함께
동고동락(同苦同樂)하면서 지난 139년이 지나갔다.

교회는 하나님께 신령과 진정으로 예배드리는 곳으로 예배 속의 설
교로 위로와 격려로 힘을 얻기도 하고, 마음에 찔림을 받고, 통회 자복
함으로 새사람이 되기도 하는 거룩한 장소이기도 하다. 그러므로 한 세
기를 훌쩍 넘은 한국 기독교회의 역사 속에서 하나님께서 특별하게 사
용하신 설교자들도 계셨고, 농어촌 교회에서 조용히 사역하신 분들도
많이 계셨다. 일반적으로 사람들이 많이 모이는 교회의 담임목사설교

---

250)   김인수, 『한국 기독교회의 역사』, 머리말

는 어딘가 특별한 부분이 존재한다. 설교에 감동이 있으며, 사랑과 유머가 있고, 성경 말씀에 대한 해석과 적용이 뛰어나다.

교회에도 경영학적 관리가 필요한가?

2021년 현재, 우리나라의 등록교인수로서 12대 교회[251]를 알아보면, ① 여의도순복음교회(78만) ② 은혜와진리교회(12만) ③ 금란교회(9만) ④ 광림교회(8만) ⑤ 숭의교회(8만) ⑥ 사랑의교회(7만) ⑦ 주안장로교회(7만) ⑧ 인천순복음교회(6만) ⑨ 영락교회(5만) ⑩ 온누리교회(4만) ⑪ 소망교회(4만) ⑫ 명성교회(4만) 순이다. 약간의 차이는 있지만 대개의 순위는 비슷할 것이다. 위 내용에서 보면 1위와 2위 그리고 3위와 4위 교회의 설립자들은 서로 형제지간이다. 故 조용기 목사와 조용목 목사, 故 김선도 목사와 故 김홍도 목사이다. 이는 목회자의 설교능력이 교회에 영향을 미친다는 뜻이다. 그러므로 설교가 바로미터라고 아니할 수 없다. 현재 설립하신 분들이 대부분 고인이 되셨거나, 세습이든 아니든 후임자에게 위임된 상황이다.

어떻게 보면 대형교회일수록 기업처럼 경영학의 조직관리, 인사·문서관리, 재정관리, 물품관리 등을 하지 않을 수 없기에, 신학교에서는 '교회행정'과목을 가르치기도 한다. 내용은 주로 '조직경영'이다. 조직에 가장 효율적이며 효과를 낼 수 있는 방법을 추구하려면 경영학을 이용할 수밖에 없다. 시스템으로 조직이 움직이게 해야 한다. 대형교회에는 기도원, 학교, 병원, 장례시설, 수양관, 사회복지시설, 출판사 등 선교적 차원에서 많은 예하조직이 있다. 그러므로 경영학을 도입하여야 제대로 일을 할 수 있다. 교회가 대형화 될수록 어쩔 수 없이 교회는 담임

---

251) 배성환 tv, 우리나라 교회 순위 (2021. 12. 11)

목사가 CEO의 역할을 맡아야 하는 상황에 직면하게 된다. 목회자는 기도와 말씀만을 전념해야 하는데 그렇게 하지 못하는 문제에 봉착한다. 그래서 대형교회 목회자가 마치 사기업의 회장처럼 군림하려는 태도로 자신도 모르게 변모하게 되는 것이 안타깝기도 하다. 하지만 사기업의 회장들 가운데도 얼마나 신앙이 좋은 분들이 많은가? 인간의 내부에서 나오는 탐욕을 버리고 늘 겸손함과 절제로 설교자 본연의 자세로서 항상 기도하며 살아가야 할 것이다.

목회자가 일생 경계하여야 할 세 가지

장로회 통합측 증경 총회장인 김순원 목사께서 목회자들에게 주는 충고의 말씀으로 조심할 것 3가지를 가르쳐 주셨다. ① 돈 사랑 ② 거짓말 ③ 성(性)의 유혹을 정말 조심하라고 하셨다. 이는 2015년 8월 27일(목) 신대원통합수련회 개회예배에서 들은 말씀이다. 돈 문제로 인하여 열거하기 어려울 정도로 물의가 빚어진 목회자가 얼마나 많은가? 비자금, 투기, 재산 은닉, 자녀 상속 등 큰 교회는 물론 작은 교회 안에서도 돈의 위력 앞에 다 쓰러지고 만다.[252] 그리고 거짓말로 인하여 신뢰가 땅에 떨어진다. 정직하게 살아야 한다.[253] 외식(外飾)으로 겉과 속이 다른 삶을 살아가서는 모든 것을 잃게 된다. 그리고 성 문제가 발생되면 목회자로서의 생명이 끝날 수도 있다. 남성 목회자는 정욕의 늪에 빠지지 않도록 음녀인 보디발 아내의 유혹을 물리친 요셉을 본받아 살아야 한다.[254] 성 문제는 늘 주의하고 긴장의 끈을 놓쳐서는 안 된다.

---

252) (딤전 6:10) 돈을 사랑함이 일만 악의 뿌리가 되나니 이것을 탐내는 자들은 미혹을 받아 믿음에서 떠나 많은 근심으로써 자기를 찔렀도다.

253) (잠 12:19) 진실한 입술은 영원히 보존되거니와 거짓 혀는 눈 깜짝일 동안만 있을 뿐이니라.

254) (딤후 2:22) 또한 너는 청년의 정욕을 피하고 주를 깨끗한 마음으로 부르는 자들과 함께 의와 믿음과 사랑과 화평을 따르라.

그렇다! 지금도 교회의 크기에 관계없이 이 세 가지 교훈은 모든 목회자들에게 유효하다고 할 수 있다. 특히 대형교회의 목회자들은 이것을 명심하여야 할 것이다. 마지막 때에 사탄이 집요하게 공격의 포인트로 잡고 있는 부분이 '돈과 섹스'이다. 여기에 우리 설교자들이 넘어가서는 안 되므로 늘 영성이 깨어있는 사람이 되어야 한다. 필자가 알기로는 분당우리교회의 이찬수 목사가 이 부분에 대하여는 가장 잘 준수(遵守)하고 있다고 생각한다. 그래서 우리 한국 교회를 앞으로 굳세게 짊어지고 나갈 젊은 목회자들을 생각하게 되었다. 시간은 금새 지나간다.

주목할 만한 7명의 젊은 설교자들

이 마지막 소제목을 "주목하여야 할 설교자들"이라고 하였는데, 40대 중반에서 50대 초반의 단독목회자들 가운데 중·대형교회를 담임하고 있는 분들이 후보군에 많이 들어갔다. 이런 교회들은 정기적으로 유튜브에 설교영상을 올리므로 영상을 보고 판단하기가 용이하였다. 아마도 소형교회들은 설교 영상을 찍거나 온라인 예배를 할 수가 없기에 역량 있는 설교자들이 분명히 있음에도 불구하고 확인하기가 어려웠다. 혹시 대형교회라는 배경이 선정된 이유가 된 것이 아닌가라는 생각도 들었다. 그러나 이 선정은 필자의 개인적인 취향과 신앙이 많이 작용되었을 수도 있어서, 소형교회에서 최선을 다하고 있는 젊은 목회자들을 알아보지 못한 것에 양해를 부탁드린다. 나름의 판단을 위하여 인터넷을 통하여 교회 홈페이지에 들어가서 검색하거나, 유튜브에 올린 영상을 보면서 조건에 맞추어 선정해 보았다.

기준은 나이가 45세부터 50세를 갓 넘은 분, 목회 훈련을 바르게 받은 분, 학식과 목회경험을 갖추신 분, 설교할 시에 하고자 하는 메시지를 분명하게 전달하면서 청중과의 커뮤니케이션을 중요시 하는 분, 설교 원고에 너무 집착하지 않는 분, 자신감과 열정이 있는 분 등을 필자는 선정기준으로 정하였다. 그래서 숙고 후, 결정된 분들이 총 일곱 분인데, 모두 하늘의 보석처럼 느껴진다. 성함의 가나다순으로 다음과 같이 순서를 정하였다. ① 강은도(더푸른교회/동탄) ② 김다위(선한목자교회/성남) ③ 김하나(명성교회/서울) ④ 신경민(금천교회/청주) ⑤ 오기원(뉴서울교회/서울) ⑥ 조영민(나눔교회/서울) ⑦ 최병락(강남중앙침례교회/서울) 목사이다.

설교 영상을 보면서 설교 형태와 내용을 보다.

40대 중반에서 50대 초반의 나이에 해당되는 이 일곱 분들이 아버지로부터 교회세습을 받았다든지 또는 어떤 이유나 조건으로 현재의 위치에 오시게 되었는지는 불문하고, 현재 이 분들의 주일예배 설교 영상을 보면서 성도들에게 정말 바르게 메시지를 전하고 있는 분인지를 면밀하게 살폈다. ① 첫 번째, 더푸른교회의 강은도 목사는 천성적으로 유머 감각이 뛰어난 분으로 어느 곳에서나 잘 적응할 수 있는 성품으로 보인다. 주일 설교 시에 뺨 마이크를 붙이고, 열정적이며, 뜨겁게 설교한다. 45-47분간 길게 설교한다. ② 두 번째, 선한목자교회의 김다위 목사는 유기성 목사의 후임으로서, 설교 시에 뺨에 이동할 수 있도록 마이크를 붙이고 설교한다. 청중들을 좌우로 보면서 차분하고도 여유 있게 설교한다. 제스처가 크다. 강대상을 벗어나지는 않는다. 30-35분 정도 설교한다. ③ 세 번째, 명성교회의 김하나 목사는 세습 문제로 큰 어려움을 겪었다. 목사 가운을 입고 설교한다. 강대상의 고정 마이크를 그대로 이용한다. 완벽함을 추구하려는 성품으로 보인다.

지난 6월에 내한한 프랭크린 그래함(Franklin Graham, 1952-) 목사의 영어설교에 대한 순차통역을 아주 훌륭하게 수행한 능력 있는 분이다. 주일예배의 설교는 35-40분간이다.

④ 네 번째로 금천교회의 신경민 목사는 2023년 4월부터 첫 담임목사직을 수행하고 있다. 그의 설교는 부목사 경험이 풍부한 탓에 매우 깔끔하며 노련함이 돋보인다. 설교 중에 찬양을 수준급으로 부르는데, 음악에도 분명한 재능이 있다. 설교를 진행하면서 영상, 사진 등 이미지를 잘 활용한다. 청중을 좌우로 보며 아이콘택트를 한다. 양손의 제스처가 자연스럽다. 천성적으로 발음과 억양이 깨끗하여 잘 들린다. 목사가운을 입고 33-35분간 설교한다. ⑤ 다섯 번째는 뉴서울교회의 오기원 목사이다. 특별히 이 분은 사랑의교회 오정현 목사의 장남이다. 세습 받지 않고, 지난 5월 14일 방배동 백석총회 2층에서 뉴서울교회(NSC) 탄생예배를 드렸다. 외국인들을 위한 전문사역교회로서 설교를 주로 영어로 하지만 한국어도 가끔씩 병행한다. 아마 영어를 배우려는 젊은이가 흥미를 가지고 예배에 올 수도 있겠다. 특별한 강대상이 없이, 뺨 마이크를 붙이고 악보대 정도의 강대상에서 자유롭게 설교한다. 미국식의 예배와 같아 보인다. 대화하듯이 편하게 설교한다. 35-40분간 설교한다.

⑥ 여섯 번째는 나눔교회의 조영민 목사이다. 뺨 마이크를 붙이고 설교한다. 청년 사역을 하다가 9년 전에 청빙 받아 오신 분이다. 열정적으로 설교하며, 가운 없이 평상복을 유지한다. 45-50분간 길게 설교한다. 끝으로, ⑦ 일곱 번째는 강남중앙침례교회의 최병락 목사이다. 50대 초반의 최 목사는 이미 미국 텍사스주 캐밀톤의 '세미한교회

(Semihan Church)'를 개척하고 크게 성장시킨 분으로 경험이 많다. 뺨 마이크를 붙이고 자유롭게 설교한다. 50분 정도 길게 설교한다. 젊기에 강단에서 하고 싶은 말을 다 하는 분들이 많다. 그러나 30분 정도를 설교의 시간으로 잡고, 정제되고 절제된 문장으로서 설교하기를 권면해 드린다. 이 분들이 우리 한국 교회를 위한 큰 일꾼들이 다 되시기를 소망한다. 이 분들을 주목하며, 건강을 잃지 않고, 소속 교회는 물론 한국 교회에 필요한 귀한 일들을 모두 하시기를 축복한다. 아멘!

에필로그

오직 하나님께 영광

책을 만드는 기쁨과 감사

일종의 수필(隨筆)과 같은 책인 『가슴에 들리는 설교 이야기』를 마무리하면서, 언제 시간이 이렇게 쏜살같이 지나갔는지 모르겠다. 여전히 부족하지만 개인적으로 또 하나의 의미 있는 책이 만들어 진다고 생각하니 맘에 기쁨과 감사가 절로 나온다. 설교에 대하여 거의 문외한(門外漢)이었는데 이렇게라도 설교와 관련된 책을 집필하였다는 것 자체가 신비롭고 감격적이다. 신대원을 졸업하면서 "삼대지 설교만 할 수 있어도 목회를 잘 할 수 있다"는 설교학 교수님의 결론과 같은 조언을 들었다. 성경 본문을 3개의 대지로 나누어서 설교하고, 중간에 예화를 한두 개 넣으면 설교가 완성되는 줄로 알았다. 그러나 인생 가운데 하나님의 인도하심으로 금천설교아카데미를 알게 되었고, 김진홍 목사님을 만나, 지도를 받으면서 설교에 조금씩 눈이 뜨이기 시작하였다. 진정으로 놀랍고 감사한 일이다.

본고를 작성하기 위해 계속 책상 앞에 앉아 있어야 하니, 엉덩이의 살이 물러지면서 쓰라렸다. 식사와 화장실에 가는 시간만을 제외하고는 밤낮으로 엉덩이는 의자에 붙어있었다. 무엇보다도 눈이 가장 혹사(酷使) 당한 것 같았다. 양쪽 눈 전체가 묵직하고, 눈 주위와 안쪽이 자꾸 간지러워진다. 운동을 못하니 어느새 체중이 늘어버렸다. 제일 즐거운 시간은 새벽에 동네 교회의 새벽기도회에 다녀오는 시간이다. 말씀과 기도를 통해 영성(靈性)을 유지할 수 있는 귀중한 시간이다. 영성이 약해지면 책을 쓸 수가 없다. 책을 써야할 이유가 사라지거나 희미해지기 때문이다. 그리고 제대로 배우지 못한 컴퓨터 자판이기에 엄청나게 사용되는 몇 개의 손가락만이 가혹한 노동의 강요를 받아서 손가락 마디와 끝이 알알하다. 보다 못한 막내아들이 자판연습을 몇 번하면 곧 되는데 왜 안하시냐고 가련한듯한 표정을 지어도 "앞으로 얼마나 자판을 두드린다고.."하며 고집스런 필자는 자기방식대로 원고를 만들어 갔다. 그런 무식한 과정을 거쳐서 이제 완성이 되었으니 샘솟는 기쁨과 함께 그저 좋으신 하나님께 감사드릴 뿐이다.

설교학 관련 저자(著者)들이 용기를 주다

53개의 소제목들이 산고(産苦)로 낳은 자식들 같아 보인다. 후반부로 갈수록 어려워져서 "여기서 그만두어야 하나?"라는 생각도 들었다. 그러나 여러 설교학 관련 책속의 많은 스승님들께서 할 수 있다고 용기를 부어주고 있음을 느낌으로 알았다. 목차의 소제목을 가지고 묵상을 많이 하였다. 항상 메모지를 비치하면서 떠오르는 생각들을 즉시 기재하면서 문장을 삽입하였다. 그래도 책을 10년간 5,000권 읽으셨다는 김도인 목사님은 인문학적 소양이 그것밖에 안되냐고 질책하는 것 같았다. 설교자의 설교 문장이 수준 있는 문학책 정도는 되어야 한다는 그 분의 의도는 설교 원고작성에 온 힘을 기울여야 한다는 뜻으로 이해되었다.

강해 설교의 대가이신 마틴 로이드존스(Martyn Lloyd-Jones) 목사님이 1969년에 웨스트민스터신학교 학생들에게 봄 학기 6주 동안 강의하였다. 그 내용을 캐빈 드영(Kevin DeYoung) 목사님이 편집한 『설교와 설교자(Preaching and Preacher)』는 불멸의 명작이 되었다. 51년 전에 강의한 내용이지만 현대에도 여전히 유효한 내용으로 가득 찬 것이 경이롭다. 로이드존스 목사님이 힘을 내라고 하시는 것 같았다. "설교야말로 사람의 소명 중에 가장 고귀하고 위대하며 영광스러운 소명이다"라고 하면서, 설교가 쇠퇴한 가장 큰 이유는 "성경의 권위에 대한 믿음이 사라지고, 진리에 대한 신뢰가 약화되었기 때문이다"라고 지적하였다. 그의 예지(叡智)대로 영국은 이제 선교를 받아야 하는 대상 국가가 되어 버렸다. 한국 교회가 영국 교회를 안 따라간다는 보장이 있는가? 그러므로 더욱 책을 써야겠다는 사명감이 생겨났다.

아멘소리는 은혜 받음에 비례하는가?

한일장신대 정장복(1942-) 명예총장님은 미국의 샌프란시스코신학대학에서 기독교 예전(禮典)과 설교전공으로 신학박사학위를 취득하신 분으로 설교학을 처음으로 장신대에서 가르친 분이다. 그분의 책인 『한국교회의 설교학 개론』에서 설교 중에 "아멘!"을 유도하는 설교를 해서는 안 된다고 몇 번이나 기술하였으며, 이것은 총회에서도 결의한 것이라고 뒷받침을 하였다. 축복 기도할 때 사용하는 문장인 "축원합니다!"라는 말을 왜 설교에서 사용하느냐라는 것이다. 교인들의 아멘 소리를 들어야겠다고 아멘이 자동적으로 나오도록 되어 있는 기도 말을 너무 자주 사용한다는 것이다. 그런데 그 책이 나온 것은 22년 전이다. 그러나 근래에 들어서 더욱 청중들의 아멘 소리의 크기를 가지고 은혜 받음을 판별한다고 하니, 22년 전에 외쳤던 정장복 교수님의 지적이 무색할 따름이다.

설교도 예배의 한 부분이다. 그러나 종교개혁이후 하나님 말씀의 중요성이 높아지면서 설교가 예배의 중심이 되었고, 설교가 없으면 예배를 드린 것 같아 보이지 않기도 한다. 그러므로 예배의 중심이 하나님이어야 하는데, 자칫 설교자가 그 영광을 받을 수 있는 위험성이 크다. 설교 중의 '아멘'은 설교말씀에 진정으로 동의하고 그렇게 살겠다고 다짐하는 경우에 나오는 청중의 자발적인 호응이다. 하지만 이것을 설교자가 인위적으로 하도록 유도하는 것은 하나님께서 기뻐하는 것이 아니라 설교자를 기쁘게 만드는 것이므로 정말 조심해야 할 것이다. 그런데 문제는 이것이 고쳐지기는 아마 어려울 것이다. 왜냐하면 이 문제가 너무 깊숙하게 당연한 것으로 교회 안에 퍼져있기 때문이다. 이제는 어찌하든 '아멘!'소리가 크게 들려야 은혜가 된다.

설교가 살아야 교회가 산다,

그리고 7명의 주목할 만한 차세대 지도자를 선정하는 것도 쉽지 않았다. 하지만 이 분들의 설교를 들으면서 한국 교회의 미래가능성이 긍정적으로 생각되었다. 이 『가슴에 들리는 설교 이야기』 책자가 설교 형태에 대한 이해와 차이점을 알게 하고, 어떻게 설교 원고를 준비하며, 강단에서 어떤 식으로 전해야 한다는 내용을 조금이라도 느끼고 시행한다면 필자는 행복할 것이다. 바라기는 한국 교회의 모든 설교자들은 이제 설교의 8가지 형태인 ① 대지 설교 ② 분석 설교 ③ 강해 설교 ④ 본문 접맥식 설교 ⑤ 원 포인트 설교 ⑥ 이야기 설교 ⑦ 네 페이지 설교 ⑧ 현상학적 전개식 설교 형태에 익숙해지기를 소망한다.

이 책의 제3장에 있는 형태별 특징에 따른 내용을 이해하고, 부록에 있는 표에 따라 양식에 맞춰서 기본기를 갖출 것을 권면한다. 빠르면 1년, 최대 2년 내에 분명하고 가시적인 변화가 생김을 느낄 것이다. 은혜 받는 교회의 성도님들이 이전과 지금의 설교차이점을 파악하게 될 것이다. "강단이 살아야 교회가 산다." 이 말은 케빈 드영 목사님이 1972년에 로이드존스 목사님의 강의록인 『설교와 설교자』 책자를 편집하면서 한 말이다. 이제 『가슴에 들리는 설교 이야기』 책자를 통해 설교의 중요성을 깨닫고, 성도들의 가슴에 하나님의 말씀이 들려, 삶이 변화되는 역사가 있기를 바란다. 또한 불신자들에게는 예수 그리스도의 복음이 더욱 강력하게 전해지길 소망한다. 이 시대의 설교자들에게 작으나마 이 책이 도움이 된다면 필자는 더없이 기쁠 것이다. 한국 교회를 사랑하시는 하나님의 각별하신 은혜에 충심으로 감사하며, 모든 감사와 찬송으로 영광을 우리 하나님께 올려드린다. 아멘!

참고 자료

▶ 문헌

권호, 『본문이 살아있는 설교』, 아가페북스, 2018

____, 『본문이 살아있는 설교 작성법』, 아가페북스, 2019

김도인, 『설교는 글쓰기다』, CLC, 2018

____, 『설교는 인문학이다』, 두란노, 2018

김인수, 『한국 기독교회의 역사(상, 하)』, 장로회신학대학교출판부, 1998

김운용, 『새롭게 설교하기』, 예배와 설교 아카데미, 2007

____, 『현대설교 코칭』, 장로회신학대학교출판부, 2012

김진홍, 『여러 유형으로 설교하기』, 금천설교아카데미, 2019

____, 『깊은 설교 얕은 설교』, 쿰란출판사, 2020

로버트 E. 웨버, 이승진 역, 『교회력에 따른 예배와 설교』, 기독교문서선교회, 2006

마틴 로이드존스, 정근두 역, 『설교와 설교자』, 복 있는 사람, 2005

박영재, 『원 포인트로 설교하라』, 요단, 2018

싱글레이 퍼거슨, 김재성 역, 『성령』, IVP, 1999

스티븐 로손, 황을손 역, 『마틴 로이드존스의 설교를 만나다』, 생명의 말씀사, 2017

아힘 헤르트만·홀거 에쉬만, 손성현 역, 『다시 설교를 디자인하라!』, kmc, 2014

야마모토 다카미쓰, 지비원 역, 『그 많은 개념어는 누가 만들었을까?』, 메멘토, 2023

에드워드 맥켄드리 바운즈, 이정윤 역, 『기도의 능력』, 생명의 말씀사, 2004

유경배 외, 『한국교회 16인의 설교를 말하다』, 대한기독교서회, 2004

이경만, 『보내심의 자리』, 도서출판 밥북, 2020

____, 『들려지는 요한계시록』, 도서출판 밥북, 2021

이동현, 『경영전략에센스』, 휴넷, 2003

정장복, 『한국교회의 설교학 개론』, 예배와 설교 아카데미, 2001

_____, 『예배학 개론』, 예배와 설교 아카데미, 2014

조성현, 『설교 건축가』, 카리타스, 2016

_____, 『성경적 설교』, CLC, 2016

_____, 『설교로 보는 종교개혁』, CLC, 2017

조지 뮬러, 유재덕 역, 『먼저 기도하라』, 강같은 평화, 2011

조현재 등, 『CO_2 전쟁』, 매일경제신문사, 2006

주승중, 『성경적 설교의 원리와 실제』, 예배와 설교 아카데미, 2006

지용근 외, 『한국교회트렌드 2023』, 규장, 2022

최윤배, 『개혁교회의 예배예전 및 직제 I, 3. 깔뱅의 예배』, 한국장로교출판사, 2015

토마스 롱, 정장복·김운용 역, 『증언으로서의 설교』, 쿰란출판사, 1998

▶ 주석

김철손, 『대한기독교서회 창립 100주년 기념 성서주석』, 대한기독교서회, 1993.

데이비드 E. 아우내, 김철 역, 『WBC 성경주석』, 솔로몬, 2003.

한성천 외, 『옥스퍼드원어성경대전』, 제자원·바이블네트, 2006.

▶ 문서 및 자료

강용원, 설교와 설교학 (2023. 6. 4)

곽면선, 모바일 텍스트 메시지에 나타난 비언어적 커뮤니케이션 양상의 활용론적 연구:

이모티콘 사용을 중심으로, 2019, 「언어학연구」 24(1) 53-83P

곽선희, 설교학 강의 (2022. 12. 3)

김영대, 출애굽기 말씀 강론 (2023. 6. 28)

송용식, 원 포인트 설교 세미나 (2012. 4. 29)

아이굿뉴스, 정장복 교수의 설교학교 20 (2016. 7. 20)

예배회복을 위한 자유시민연대 공동선언문 (2021. 10. 15)

정용성, 설교를 비평(비판)할 수 있나?, 풍경지기 (2023. 1. 1)

정인교, 설교 리모델링-설교형식 다양화, 한국성결신문 (2018. 11. 15)

주도형, 제네바 예배모범(1542) 요한 칼빈 탄생 500주년 기념 학술 심포지움, 2009, 제5분과

주승중, 장신대 예배와 설교법-네 페이지 설교 작성법 (2023. 8. 2)

최진봉, 설교학 개론 수업 강의록 (2017. 10. 25)

▶ 영상물

강은도, 『주의 뜻이 이뤄지다(왕상 1:28-30)』, 더푸른교회 (2023. 9. 3)

_____, 『통하지 않는 회개(렘 14:7-12)』, 더푸른교회 (2023. 8. 6)

김다위, 『뜻을 정한 삶에 부어진 은혜(단 1:8-21)』, 선한목자교회 (2023. 9. 3)

_____, 『세속도시안의 그리스도(단 1:1-7)』, 선한목자교회 (2023. 8. 20)

김하나, 『놀라운 하나님의 은혜 3-물을 좀 달라(요 4:3-8)』, 명성교회 (2023. 9. 3)

_____, 『세상을 사는 지혜(시 123:1-4)』, 명성교회 (2023. 4. 30)

신경민, 『쌓아나가는 신앙(벧후 1:4-11)』, 금천교회 (2023. 8. 20)

_____, 『그럼에도 불구하고 감사(룻 2:8-13)』, 금천교회 (2023. 7. 16)

오기원, 『The Beauty of Shared Suffering(벧전 4:12-19)』, 뉴서울교회 (2023. 8. 20)

_____, 『True Power(욘 3:1–5)』, 뉴서울교회 (2023. 5. 28)

조영민, 『팔복 2–애통하는 자(마 5:4)』, 나눔교회 (2023. 9. 10)

_____, 『팔복 1–심령이 가난한 자(마 5:1–3)』, 나눔교회 (2023. 8. 27)

최병락, 『주님이 다 보고 계셨다(행 1:21–26)』, 강남중앙침례교회 (2023. 9. 17)

_____, 『그래 그 다락방(행 1:12–14, 12:5, 12)』, 강남중앙침례교회 (2023. 9. 10)

배성천 tv, 『우리나라 교회 순위』 (2021. 12. 11)

손동식, 『내러티브 설교』, 거인들의 설교연구소, 2023

이재철, 『수많은 사람들이 교회(개신교)에서 성당(천주교)으로 개종하는 핵심적인 2가지 이유와 명심해야 할 3가지 교훈』, 시냇가에 심은 나무, 2023

잘잘배움, 『계시록, 어떤 문서인가?』, 한국신약학회, 2021

지식브런치, 『유럽교회의 쇠퇴원인과 현상』, 2022

부록

14 아침에 주의 인자하심이 우리를 만족하게 하사 우리를 일생 동안 즐겁고 기쁘게 하소서 (시 90:14)

14 Satisfy us in the morning with your unfailing love, that we may sing for joy and be glad all our days. (Ps. 90:14)

인생의 편도여행(片道旅行)

2022. 6. 12. 금천설교아카데미   이경만 목사(금천교회)

본문: 행 7:54-60

주제: 스데반의 거룩한 외침

명제: 성령 충만은 영성이다.

목적: 주님을 닮아가는 삶을 살게 한다.

구성: 삼대지 설교

> 54 그들이 이 말을 듣고 마음에 찔려 그를 향하여 이를 갈거늘 55 스데반이 성령 충만하여 하늘을 우러러 주목하여 하나님의 영광과 및 예수께서 하나님 우편에 서신 것을 보고 56 말하되 보라 하늘이 열리고 인자가 하나님 우편에 서신 것을 보노라 한대 57 그들이 큰 소리를 지르며 귀를 막고 일제히 그에게 달려들어 58 성 밖으로 내치고 돌로 칠새 증인들이 옷을 벗어 사울이라 하는 청년의 발 앞에 두니라 59 그들이 돌로 스데반을 치니 스데반이 부르짖어 이르되 주 예수여 내 영혼을 받으시옵소서 하고 60 무릎을 꿇고 크게 불러 이르되 주여 이 죄를 그들에게 돌리지 마옵소서 이 말을 하고 자니라.

1. 서론

1976년에 애플사를 창립한 스티브 잡스(Steve Jobs, 1955—2011)는 애플 컴퓨터, 아이팟, 아이폰 등 혁신적인 제품을 개발하여 억만장자가 되었습니다. 많은 돈을 벌었지만 안타깝게도 그는 췌장암에 걸려서 56세의 비교적 젊은 나이에 세상을 떠났습니다. 그가 병상에서 죽음을 앞두고 남긴 말이 회자되고 있습니다. "나의 지난 삶을 회상해보면, 내가 그토록 자랑스럽게 여겼던 주위의 갈채와 막대한 부는 임박한 죽음 앞에서 그 빛을 잃었고 그 의미도 다 상실했다. 이제야 깨닫는 것은 쉬지 않고 돈 버는 일에만 몰두하다보면 결과적으로 비뚤어진 인간이 될 수밖에 없다는 점이다. 바로 나같이 말이다." 그는 지나간 삶을 후회하면서 더 살고 싶어 하였습니다. 하지만 현대의학으로도 큰 부자인 스티브 잡스의 꺼져가는 생명을 살릴 수가 없었습니다.

모든 인간은 이 세상에서 단 한번만 귀중한 생의 기회가 주어지는 한시적인 삶을 살아갑니다. 다시는 되돌아 올 수 없는 인생의 편도여행을 하고 있는 셈입니다. 그러므로 지금 살고 있는 현재의 삶이 너무나 귀한 시간입니다. 하지만 이 삶의 여행이 어떤 이에게는 행복과 영광의 시간이었다면, 다른 이에게는 불행과 후회로 나타날 수가 있습니다. 많은 사람들이 쉬지 않고 물질과 육적인 행복을 추구하다가 인생이 끝나버립니다. 그러므로 온갖 사치와 영화를 누렸고 지혜롭다는 솔로몬 왕이지만 결국 "모든 것이 헛되다"라며 인생의 허망함을 말하였습니다. 그런데 짧은 인생을 불꽃처럼 살다가 놀라운 소망으로 장렬하게 그 생을 마친 위대한 신앙인이 있습니다. 우리는 그를 순교자라고 부릅니다. 오늘 저는 성경 속에서 참된 복음을 생생하게 증언하였던 그 순교자를 소개하고자 합니다.

2. 본문 설명

그 분은 바로 "면류관"이란 뜻을 가진 이름의 "스데반"입니다. 스데반은 오순절 성령 강림 후, 유대인 박해로 인한 초대교회의 첫 순교자가 되었습니다. 스데반은 오순절 성령체험을 받은 교회 공동체로부터 선택된 일곱 집사중 한 분입니다. 그는 사도행전 7장에서 이스라엘 역사 속에서의 율법과 성전을 잘못이해한 유대교지도자들을 강력히 비판하는 설교를 합니다. 이 설교이후, 산헤드린 공회에 모인 대제사장들과 서기관들의 모습을 성경에서 이렇게 표현하고 있습니다. 오늘 본문의 54절입니다. "그들이 이 말을 듣고 마음에 찔려 그를 향하여 이를 갈거늘" 마음에 찔렸다는 헬라어 원어 "디아트리오"의 뜻은 "마음이 조각조각 톱질되다"라는 뜻으로 마음이 뒤틀려서 크게 노한 상태를 말합니다.

그리고 이들은 스데반을 향하여 이를 갈고 있습니다. 이를 간다는 것은 분하거나 원통하여 상대방에 대한 증오로 마음을 독하게 먹는 것을 말합니다. 사탄의 마음이며 악인의 행동입니다. 시편 37편 12절입니다. "악인이 의인치기를 꾀하고 그를 향하여 그의 이를 가는도다" 이를 갈게 된 것은 바로 스데반의 설교에서 율법과 성전에 관한 유대인의 잘못을 지적함과 말미에 선포된 52-53절 말씀 때문입니다."… 이제 너희는 그 의인을 잡아 준 자요 살인자가 되나니 너희는 천사가 전한 율법을 받고도 지키지 아니하였도다…"산헤드린 공회에 모인 유대교지도자들이 바로 의인을 죽인 살인자라는 스데반의 설교의 결론이 그들의 양심을 푹 찔렀습니다. 율법과 성전에 대한 지적에 마음이 뒤틀리고 크게 노한 이들은 예수 그리스도를 불법으로 십자가에 못 박아 죽였던 일을 상기하고 있었습니다.

그런데 만약에 스데반이 여기까지만 말했다면 아마 돌에 맞아 죽는 일은 없었을 지도 모릅니다. 유대인들은 그저 이를 갈며 분노하는 상태에만 머물렀을 것입니다. 그러나 하나님께서는 스데반의 영혼을 천국으로 옮기시길 원하셨습니다. 스데반의 순교를 기점으로 온 세상에 구원의 복음이 전파되기를 원하셨습니다. 그러므로 홀연히 스데반의 눈에 영광스런 하늘 보좌와 하나님 우편에 서계신 예수님이 보였습니다. 이 광경에 너무나 감격한 스데반은 거룩한 외침이 저절로 나왔습니다. "보라 하늘이 열리고 인자가 하나님 우편에 서신 것을 보노라" 이 외침은 진정 아무나 쉽게 할 수 있는 내용이 아니었습니다. 오직 성령님으로 충만 되어야 가능한 말이었습니다.

스데반이 모세와 하나님을 모독하는 말을 한다고 유대인들이 거짓 증인을 내세워 불법으로 붙잡아 공회에 세웠습니다.(행 6:12) 그는 대제사장과 서기관들의 힐난 속에서 아브라함-모세-다윗-솔로몬까지의 이스라엘 역사를 율법과 성전과 연결하여 유대종교지도자들의 불신의 죄악을 지적하였습니다. 바로 사도행전 7장 2절부터 53절까지가 그 내용입니다. 너무나도 당연한 말이었지요. 하지만 그 위대한 설교 후에 한 그의 거룩한 외침이 결정적으로 꼬투리가 되어 스데반은 유대인들의 돌에 맞아 죽어간 것입니다. 왜 그렇게 되었나요? 성경은 그가 성령 충만한 상태에서 영안이 열렸음을 증언하고 있습니다. 55절입니다. "스데반이 성령 충만하여 하늘을 우러러 주목하여 하나님의 영광과 및 예수께서 하나님 우편에 서신 것을 보고"하나님의 보좌를 본 것입니다. 그리고 예수 그리스도께서 하나님 우편에 서 계신 것을 보고 외쳤기 때문입니다.

3. 해결 방법
그런데 사실 우리들은 영적인 것보다 물질적인 것에 더 관심을 가지며 살아가기 쉽습니다. 이 세상에서 육신적으로 잘 먹고 잘 사는 것만을 목표로 살아간다면 그 얼마나 허망한 인생이겠습니까? 하지만 그렇게 살아가는 사람들이 너무나 많습니다. 한국 교회 안에도 많은 인본주의적 신자들이 있습니다. 여러분은 어떠신가요?

20세기말부터 인류에 닥친 재앙 중에 하나가 바이러스 전염병의 창궐입니다. 누가 코와 입을 마스크로 가리고 지내게 될 것을 예상이나 하였습니까? 코로나19의 진원지가 무신론과 공산주의 국가인 중국인 것도 우연이 아닙니다. 또한 주로 신체접촉을 통해 전염되는 원숭이두창(Monkeypox)이라는 치사율이 높은 전염병이 동성애자들을 중심으로 전 세계에 퍼져나가고 있습니다. 이런 전염병에 관련 되는'기후위기(Climate crisis)'는 현 시대에 아주 긴박하게 닥쳐온 재앙의 원인입니다. 그러므로 우리가 진정으로 원하는 참다운 행복은 이 땅에 있지 않습니다. 존 번연(John Bunyan, 1628—1688)이 옥중에서 집필한『천로역정(天路歷程)』은 성경다음으로 가장 많이 읽힌 책입니다. 이 책에서는 이 세상을 장망성(將亡城), 즉 장차 망할 성이라고 말하고 있습니다. 그렇다고 이 땅에서의 삶이 아무 것도 아닌 것은 아닙니다. 우리가 주님과 함께 살아간다면 여기가 천국의 그림자가 될 수 있습니다. 그렇다면 우리는 어떻게 하여야 참다운 행복을 얻을 수 있겠습니까? 스데반이 순교현장에서 외친 세 마디의 거룩한 증언에 그 해답이 있습니다.

첫째, 보라 하늘이 열리고 인자가 하나님 우편에 서신 것을 보노라(56절): 바라봄의 축복

스데반이 설교를 마치고, 하늘을 우러러보니 거기에 예수님께서 하나님 우편에 서계신 모습이 똑똑히 보였습니다. 육적인 눈이 아니라 영적인 눈, 즉 영안이 열린 것입니다. 그 광경을 보고는 감격에 겨워 외칩니다. 56절입니다. "보라 하늘이 열리고 인자가 하나님 우편에 서신 것을 보노라."이는 요한이 요한계시록에서 하나님의 오른손에 있는 두루마리를 펴거나 보거나 할 자가 없어 눈물을 흘리며 안타까워할 때 어린 양을 본 것과 같습니다. 요한계시록 5장 6절입니다. "내가 또 보니 보좌와 네 생물과 장로들 사이에 한 어린 양이 서 있는데 일찍이 죽임을 당한 것 같더라…" 죽임 당하신 어린 양이 모든 문제의 해결자이십니다.

영안이 열리는 극적인 상황은 많은 경우, 임종 직전에 영육간의 경계가 모호해졌을 때 나타나기도 합니다. 이때 천사를 보기도 하며 하늘길이 보이기도 합니다. 진실하게 하나님을 믿고 섬긴 성도는 하늘에서 자신을 환영하는 천사들의 무리를 보고는 기쁨으로 임종을 맞이하기도 합니다. 하늘이 열리는 환상을 본 스데반이 외친 이 말! "보라 하늘이 열리고 인자가 하나님 우편에 서신 것을 보노라"하지만 스데반은 이 외침으로 인하여 결정적으로 죽임을 당하게 되었습니다. 이를 갈고 있던 공회에 모인 유대교지도자들은 소위 "신성모독"이라는 근거를 찾아내어 스데반을 죽음으로 내 몰았습니다. 이들은 스데반의 멱살을 잡고 성 밖으로 끌고 가서 땅바닥에 내동댕이쳤습니다. 그리고는 둘러서서 돌을 던지기 시작하였습니다.

여기서 신성모독의 근거는 인자(人子)의 모습을 표현하였다는 점입니다. 즉 자칭 메시아인 예수를 십자가에 처형하였는데 그 예수가 하나님 우편에 서 계심을 본다고 하니 유대교지도자들로서는 참을 수가 없었습니다. 큰소리를 지르며 귀를 막고 스데반에게 달려들어 성 밖으로 내치고 돌로 친 것입니다. 성경 속에는 스데반처럼 영안이 열려 하늘세계를 본 믿음의 인물들이 있습니다. 벧엘 광야에서 돌베개를 베고 자다가 하늘 사닥다리와 천사들을 본 야곱, 성전에서 하나님과 스랍들을 보고 사명을 받은 이사야, 이방 땅인 바벨론 그발 강가에서 하늘이 열리며 하나님의 모습을 본 에스겔, 밧모 섬에서 하늘이 열리고 놀라운 환상을 본 요한 등입니다. 이들은 오로지 성령님으로 충만하였기에 영안이 열려 신령한 광경을 볼 수 있었습니다. 그러므로 성령 충만은 오직 사모하며 간구하는 기도로서 얻게 됩니다.

한국불교계의 거인이었던 성철(性徹, 1912—1993) 스님은 초인적인 극기수행으로 성불하였다고 추앙받는 인물입니다. 하지만 그는 임종직전에 거짓진리를 가르쳤던 자신을 후회하면서 이와 같은 유언을 남겼습니다. "내 인생을 잘못 선택하였다. 나는 지옥으로 간다. 내가 80년 동안 포교한 것은 헛것이로다. 우리는 구원이 없다. 죄 값을 해결할 자가 없기 때문이다." 얼마나 안타까운 일입니까? 성철 스님은 10년 동안 장좌불와(長坐不臥)를 한 것으로 유명합니다. '장좌불와'란 방바닥에 눕지도, 벽에 기대지도 아니하고, 꼿꼿이 앉은 채로 수행하는 방법인데 10년간이나 행한 이런 극한 고난도 모두 헛된 행위가 되었습니다.

그렇습니다! 예수 그리스도를 알지 못하므로 인간은 어리석은 길로 가게 됩니다. 산 정상으로 가는 길은 여러 길이 있다고 말합니다. 그래서 구원의 길에도 여러 진리가 있다고 종교다원주의를 주장하는 사람들이 있습니다. 하지만 창조주 하나님께서는 오직 예수 그리스도만이 유일한 구원의 길이심을 성경을 통하여 알려주고 계십니다. 그러므로 신실한 기독교인은 영원한 천국을 바라보며 구원의 기쁨으로 평화롭게 임종을 맞이하게 됩니다. 주님을 늘 생각하고 바라보는 성도들에게 하나님께서 은혜와 평강으로 채워 주시기를 축복합니다.

둘째, 주 예수여 내 영혼을 받으시옵소서.(59절): 의탁의 축복

날아오는 날카로운 돌덩이가 스데반의 온 몸과 얼굴을 맞혀서 피투성이가 되는 상황입니다. 그러한 가운데 스데반은 자신의 영혼을 주님께 의탁하였습니다. 59절입니다. "주 예수여 내 영혼을 받으시옵소서" 예수님도 십자가 고통을 받으시고 운명하실 때 하신 말씀과 동일합니다. 누가복음 23장 46절입니다. "…아버지 내 영혼을 아버지 손에 부탁하나이다…"예수님처럼 스데반은 주님이신 예수님께서 자신의 영혼을 받아 주십사 기도하고 있습니다.

스티브 잡스와 같이, 성철 스님과 같이 그 삶의 마지막 순간에 자신의 어리석었음을 후회하는 인생이 되지 않아야 합니다. 여러분은 어떤 말을 유언으로 남기시길 원하시나요? 1912년, 32세의 간호사로 일제 식민지가 된 조선의 광주에 온 여성이 있었습니다. 그녀는 버림받은 자, 걸인, 한센씨 환자들을 보살피다 54세에 소천한 '작은 예수'라고 칭함을 받은 미국인 서서평(Johanna Elisabeth Schepping, 1880—1934) 선교사입니다. 서서평 선교사는 평소에도 그리스도인의 삶은 "성공이 아니라 섬김이다.(Not Success, but Service)"라는 말을 모토로 삼고 살아왔습니다. 이런 삶이 자신의 영혼을 주님께 맡기는 삶입니다. 우리는 하나님 섬김, 이웃 섬김을 입술로는 말하지만 실제로는 자신의 인간적인 성공과 행복만을 위하여 달려가고 있지 않습니까? 남보다 더 잘 먹고 더 잘 살기위하여 아침부터 저녁까지 일하고 있지는 않은가요?

인간은 영혼과 육체가 결합된 존재입니다. 육체는 흙에서 왔으므로 흙으로 돌아가나 우리의 영혼은 주님 품안으로 돌아갑니다. 주님의 재림 시에, 죽은 육체와 영혼이 다시 결합하여 부활체가 되며, 새 하늘과 새 땅에서 영원무궁토록 복락을 누리며 예수 그리스도와 함께 살아가게 될 것입니다. 영혼은 하나님께서 넣어주신 생기로서 나를 나타냅니다. 육체는 늙어가지만 영혼은 나이와 관계없이 동일합니다. 예수 그리스도께 자신의 영혼을 부탁하는 그런 믿음을 사모하시길 축복합니다.

셋째, 주여 이 죄를 그들에게 돌리지 마옵소서.(60절): 용서의 축복

이제 피투성이가 된 스데반은 털썩 무릎을 꿇고는 큰 소리로 마지막 기도를 합니다. 온 몸에 돌덩이들이 날아오는 상황에서 눈물을 흘리며 간구합니다. 60절입니다. "주여 이 죄를 그들에게 돌리지 마옵소서" 이 역시 우리 주님께서 십자가에서 하신 말씀과 동일합니다. 누가복음 23장 34절입니다. "…아버지 저들을 사하여 주옵소서 자기들이 하는 것을 알지 못함이니이다…"자기를 죽이는 자들을 용서하는 일은 결코 쉽지 않습니다. 이런 행위가 어리석게 보이기도 합니다.

제가 10년 전 직장에 다닐 때, 남미 페루에 공무로 파견을 나간 적이 있었습니다. 당시에 주말에는 한글학교에서 한인 2세 어린 학생들에게 한국역사를 가르치며, 주일에는 리마한인연합교회에서 교회학교 중고등부 교사로서 봉사하였습니다. 어느 날 박맹춘 담임목사님이 저에게 메모지에 무엇인가를 써서 손에 쥐어주며 읽어보라고 하셨습니다. 그 메모에는 "삶의 철학 4S"라는 제목이 있었습니다. "S"자로 시작되는 신앙인의 네 가지 철학입니다. 1) Small(스몰) 2) Slow(슬로우) 3) Simple(심플) 4) Simpleton(심플톤)이라고 적혀 있었습니다. 작고 느리며 단순하고 바보스럽게 살아가는 삶을 지향하라는 말씀이지요. 세상 사람들이 살아가는 모습과는 180° 다른 삶입니다. 세상 사람들은 크고, 빠르며, 복잡한 일을 하고, 똑똑해야만 잘 살수 있다고 생각합니다. 상대방을 이겨야 하고 냉철하게 앙갚음을 하여야 합니다.

그러나 스데반은 바보같이 자기를 죽이고자 돌을 던지는 사람들을 용서해주시길 하나님께 기도하였습니다. "주여 이 죄를 그들에게 돌리지 마옵소서."원수에 대한 용서를 일곱 번을 일흔 번까지라도 하라는 예수님의 말씀은 끝까지 용서하라는 말씀입니다. 우리의 삶속에서 얼마나 용서하며 살아가고 있는지 한번 생각해 보시기 바랍니다. 조금이라도 손해를 안 보려고 하며, 이기주의로 살아갈 때가 너무나 많습니다. 스데반의 신앙을 생각해 보시기 바랍니다. 용서하려고 다짐하는 성도들에게 하나님께서 크신 능력과 믿음을 주실 것을 믿습니다.

4. 결론

사랑하는 성도 여러분! 저와 여러분은 오직 한번인 인생의 편도여행 길을 걸어가는 순례자들입니다. 스데반이 순교현장에서 외쳤던 거룩한 외침은 현재를 살아가는 우리들의 믿음을 깨우쳐 주고 있습니다. 스데반은 성령 충만하였기에 하늘영광과 영접하시려고 서 계신 예수님을 볼 수 있는 영안이 열린 것입니다. 그러므로 돌에 맞아 순교하는 처절한 현장에서 자신의 영혼을 주님께 부탁하는 복된 유언을 남길 수 있었습니다. 돌을 던지는 원수무리를 진심으로 용서할 수 있었습니다. 이 세상을 살면서 눈앞에 보이는 이익만을 위하여, 물질의 풍족함만을 따라서 살아가면 결코 안 될 것입니다. 오직 주님만을 바라보며 스데반처럼 예수 그리스도를 닮아가는 삶을 사시기를 축복합니다. (아멘!)

"인생의 편도여행" 설교문에 대한 강평

◆ 지신규 목사(주광교회)

– 제목을 "인생의 마지막 대사"로 하는 것은 어떨지?

– 서론은 순교자 스데반 집사의 이야기로 잘 시작되었다.

– 그러나 주제 설명이 형식화 된 것처럼 보인다.

– 본문 설명에서 "스데반 집사가 왜 이렇게 외쳤는가?"라고 이야기 하며, 설명에 들어가는 것이 좋겠다.

– 해결 방법이 논리적이지 않다. 즉 1대지 '바라봄의 축복'에서 본 것을 증언하고, 예수님께서 하나님 우편에 서계시는 상황인데 이런 내용은 논리적으로 잘 연결 시켜야 한다. 그리고 스데반 집사가 왜 "내 영혼을 받으시옵소서!"라고 왜 했는지에 대한 묵상과 그 내용이 기술되면 좋겠다. 죽음이 끝이 아니라 영원한 삶이 있음을 알려주어야 한다.

– 대지에 너무 많은 내용이 들어가 있어서 정말 중요한 '주제'가 산만해진 설교문이므로 '가지치기'가 필요하다.

◆ 홍은익 목사(생명의빛교회, 금천설교아카데미 총무)

– 극적인 내용을 잘 살려야 한다. 이런 본문은 스토리텔링으로 만드는 것이 좋겠다.

– 스데반 집사의 순교는 마치 예수님의 십자가상에서의 내용과 판박이이므로, 잘 각색하여야 하는데, 오늘 설교는 너무 일반적인 내용으로 되어 있다.

◆ 김진홍 목사(금천교회, 금천설교아카데미 원장)

– 설교문의 제목인 "인생의 편도여행"이 본문과 좀 거리가 있다.

– 구성면에서 서론은 아주 깔끔하고 좋았다.

- 본문 설명에서 현대인들이 너무 물질적이고 이기적이므로 영적으로 살아가도록 하는 내용이 있으면 좋을 것이다.
- 스데반 집사의 순교 장면에서 얼굴이 천사의 얼굴과 같다고 한 부분과 그의 거룩한 외침에 대하여 왜 그렇게 하였나? 라는 깊은 묵상이 필요하다고 느꼈다.
- 대지를 "완전히 의탁하였습니다"라고 하면서 스데반 집사처럼 우리도 100% 하나님께 위탁하며 살수가 있다면 얼마나 좋을까? 라고 하고, 다른 대지도 "죽으면서도 용서하였습니다."로 하고 우리도 용서하며 살아야 한다는 적용을 넣으면 나을 것이다.
- 이 설교문의 문제는 "적용(application)"이 없다는 점이다. 더욱 영안이 열리도록 하여야 한다.

이마에 타브 표시 있는 자

2022. 9. 16. 금천설교아카데미   이경만 목사(금천교회)

본문: 겔 9:3-8

주제: 심판가운데 구원의 길

명제: 이마의 타브 표시는 구원이다.

목적: 민족과 나라를 위하여 중보 기도하게 한다.

구성: 분석설교

> 3 그룹에 머물러 있던 이스라엘 하나님의 영광이 성전 문지방에 이르더니 여호와께서 그 가는 베 옷을 입고 서기관의 먹 그릇을 찬 사람을 불러 4 여호와께서 이르시되 너는 예루살렘 성읍 중에 순행하여 그 가운데에서 행하는 모든 가증한 일로 말미암아 탄식하며 우는 자의 이마에 표를 그리라 하시고 5 그들에 대하여 내 귀에 이르시되 너희는 그를 따라 성읍 중에 다니며 불쌍히 여기지 말며 긍휼을 베풀지 말고 쳐서 6 늙은 자와 젊은 자와 처녀와 어린이와 여자를 다 죽이되 이마에 표 있는 자에게는 가까이 하지 말라 내 성소에서 시작할지니라 하시매 그들이 성전 앞에 있는 늙은 자들로부터 시작하더라 7 그가 또 그들에게 이르시되 너희는 성전을 더럽혀 시체로 모든 뜰에 채우라 너희는 나가라 하시매 그들이 나가서 성읍 중에서 치더라 8 그들이 칠 때에 내가 홀로 있었는지라 엎드려 부르짖어 이르되 아하 주 여호와여 예루살렘을 향하여 분노를 쏟으시오니 이스라엘의 남은 자를 모두 멸하려 하시나이까

1. 문제 제기(What's problem): 세상안의 문제점

"풀꽃"이라는 서정적인 시로 유명한 나태주(羅泰株, 1945—) 시인이 있습니다. "자세히 보아야 예쁘다. 오래 보아야 사랑스럽다. 너도 그렇다." 시가 매우 단아합니다. 나태주 시인은 자연과 사람의 아름다움을 잔잔한 시구로 만들어 지쳐있는 사람들의 마음을 위로하고 있습니

다. 제 아내도 들에 피어있는 작은 꽃들을 어찌나 좋아하는지 모릅니다. 같이 산책하다가 자주 걸음을 멈출 정도입니다. 그런데 시인과 아내의 눈에 비친 풀꽃처럼 이 세상은 아름답고 평화스러운 모습만이 아닙니다. 지금의 세상은 너무나 살벌하고, 음란과 탐욕과 정욕으로 가득 차 있다는 표현이 더 정확할 것입니다. 마음은 아프지만 이 세상은 불치병에 걸린 것처럼 점점 악화되어 가고 있는 듯합니다.

2. 본문 설명(What): 하나님의 분노 가운데 한줄기 구원의 빛

여기 지금으로부터 약 2,600년 전에 하나님이 택하신 소위 선민이라는 이스라엘이 멸망의 위기 앞에 놓여있습니다. 이들은 여호와 하나님께서 가장 싫어하시는 더러운 우상숭배에 몰입되어 있었기 때문입니다. 당시에 에스겔 선지자는 여호야긴 왕과 함께 바벨론에 포로로 잡혀 와 있었습니다. 암담하고 절망적인 마음으로 바벨론의 '그발 강 가(Kebar River)'에 있던 에스겔에게 놀라운 환상이 보였습니다. 에스겔 1장 1절입니다. "서른째 해 넷째 달 초 닷새에 내가 그발 강 가 사로잡힌 자 중에 있을 때에 하늘이 열리며 하나님의 모습이 내게 보이니"

예루살렘성에 하나님의 분노의 심판이 이루어지고 있는 모습이 오늘 본문입니다. 5절입니다. "그들에 대하여 내 귀에 이르시되 너희는 그를 따라 성읍 중에 다니며 불쌍히 여기지 말며 긍휼을 베풀지 말고 쳐서" 하나님의 진노가 극심합니다. 그런데 이 재앙은 약 680년 후에 사도 요한이 밧모 섬에서 본 재앙의 환상과 정교하게 겹치고 있습니다. 그러므로 현재 우리가 살고 있는 이 세상에 대한 종말심판과 재앙의 예표가 되고 있습니다. 여호와 하나님께서 이스라엘을 완전히 멸망시키려는 가장 큰 원인은 바로 그들의 가증스런 우상숭배로 인함이었습니다.

예루살렘 성전은 우상에게 예배드리는 장소로 변했습니다.(겔 8:5) 제사장들과 장로들은 모두 우상숭배자가 되어 버렸습니다.(겔 8:16) 하나님께서는 더 이상 인내하실 수가 없으셨습니다.

그러므로 성전에서부터 심판이 시작되어 예루살렘 성읍의 남녀노소 모두가 죽게 됩니다. 6절입니다. "늙은 자와 젊은 자와 처녀와 어린이와 여자를 다 죽이되 이마에 표 있는 자에게는 가까이 하지 말라 내 성소에서 시작할 지니라 하시매 그들이 성전 앞에 있는 늙은 자들로부터 시작하더라" 우상숭배를 주도하였던 영적지도자들부터 죽임을 당합니다. 이런 살벌한 진노의 심판은 북향한 윗 문길에서 나온 여섯 명의 천사들에 의하여 시행됩니다.(2절) 에스겔 선지자는 이 멸망의 환상을 보고는 너무나 안타까워서 엎드려 큰 소리로 부르짖어 기도합니다. "주 여호와여 예루살렘을 향하여 분노를 쏟으시오니 이스라엘의 남은 자를 모두 멸하려 하시나이까?"(8절)

그러나 한줄기 구원의 빛이 있습니다. 살육이 시행되기 전에 백성들이 자행하는 가증한 일로 인하여 탄식하며 우는 자들의 이마에 표가 그려집니다. 모든 사람이 죽임을 당하지만 세마포를 입고 서기관의 먹그릇을 가진 한 고귀한 천사에 의해 이마에 표가 그려진 사람들은 구원을 받습니다.

3. 주제의 정의(Definition): 구원의 표란?

오늘 본문에서 이마에 표를 받은 사람들이 있습니다. 이 사람들은 예루살렘 성읍과 성전에서 자행되는 가증한 일 즉, 우상 숭배하는 모습을 보았습니다. 이 모습으로 인하여 너무나 마음이 아파서 탄식하며 우는 사람들이었습니다. 한마디로 "의인(義人)"들입니다. 마치 소돔성에 살던 의로운 롯과 같은 사람들입니다. 베드로후서 2장 7절입니다. "무법한 자들의 음란한 행실로 말미암아 고통당하는 의로운 롯을 건지셨으니" 하나님은 주변 사람들의 행실로 마음에 고통당하고 있는 롯과 그 가족을 구원해 주셨습니다.

지금 세상에서는 어떤 사람이겠습니까? 첫째는, 죄를 지은 자기 자신을 애통해 합니다. 하나님께 울면서 용서해 주시기를 기도하는 사람입니다. 둘째는, 탐욕과 정욕으로 가득 찬 세상과 영적인 힘을 잃어가는 교회를 보고 가슴을 치며 슬퍼하는 사람입니다. 여러분은 어떻습니까? 이 세상과 교회를 바라보며 진정으로 가슴 아파하십니까? 롯은 천사가 손을 잡고 소돔성 밖으로 이끌었으나, 본문에서는 이마에 표를 하여 구별하고 있습니다. 여기서 "표를 그리라(타우 웨이트히타)"라는 말씀은 다른 말로 "타브 표시를 하여라" 라는 말과 같습니다. 그런데 "타브(ת)"는 히브리어의 22개 알파벳 중 마지막 글자로서 '약속의 표'입니다. 이 글자의 어원인 고대 히브리어(페니키아어)에서는 "타우(✕)"로 표기하였습니다.

어떤 학자들은 이를 예수그리스도의 십자가를 상징한다고 해석합니다. 그리스도의 보혈을 뜻합니다. 애굽에서의 열 번째 재앙이 있기 전, 어린 양을 잡아 그 피를 인방과 문설주에 발라 죽음의 천사가 넘어간 것과 같은 이치입니다.

4. 주제의 필요성(Why): 분노의 심판이 행해지는 이유 (구원의 필요성)

하나님께서 크게 분노하셔서 심판하시는 가장 큰 이유는 바로 우상숭배였습니다. 십계명의 일(1)계명부터 사(4)계명까지 오직 하나님만을 사랑하라는 규정입니다. 그러나 예루살렘 성읍과 성전에 있는 사람들은 "하나님이 이 땅을 버리셨고 보지 않으신다"라고 말하며, 가증한 행위를 하고 있습니다.

에스겔 8장 16절에 그들의 적나라한 모습이 나타나고 있습니다. "그가 또 나를 데리고 여호와의 성전 안뜰에 들어가시니라. 보라 여호와의 성전 문 곧 현관과 제단 사이에서 약 스물다섯 명이 여호와의 성전을 등지고 낯을 동쪽으로 향하여 동쪽 태양에게 예배하더라" 꼭 우리나라 일제 강점기 때의 신사참배나 동방요배와 같지 않은가요? 이런 가증한 일을 하는 이스라엘 사람들처럼 지금 이 세상도 우상을 숭배하고 있음을 알아야 합니다.

현대 자본주의 사회에서 사람들이 하나님보다 더 앞세우고 있는 것이 있습니다. 무엇인가요? 네, 돈입니다. 돈이 만능입니다. 돈이 없으면 비참해 지는 것이 세상입니다. 대부분의 사람들은 사람의 가치를 소유, 재물, 부유함에 기준을 두고 있습니다. 이와 같이 에스겔 선지자 당시의 예루살렘 성읍에도 바알, 아세라와 같은 우상을 만들어놓고는 절하거나, 태양을 향해 예배하고 있었습니다.

그러므로 죽이는 무기를 가진 여섯 명의 천사들에 의하여 무차별적인 살육이 이루어집니다. 이것은 바벨론 느부갓네살 왕에 의한 잔혹한 침략에 관한 암시입니다. 곧 예루살렘 성읍이 멸망된다는 것을 예언한 환상입니다. 이는 요한계시록에서 나타난 인, 나팔, 대접재앙과도 연결되는 상황입니다. 그렇다면 이런 상황에서 우리는 어떻게 하여야 구원의 길에서 승리할 수 있을까요?

5. 해결 방법(How): 구원에 이르는 사람들이 가는 길

오늘 본문과 연계하여 보면 심판 가운데 구원의 길이 있습니다. 이 구원의 길을 가는 사람들의 모습을 우리도 따라가야 합니다. 어떤 모습인가요?

첫째, 하나님을 떠나 가증한 일을 자행하는 이 세상을 보고 애통해 합니다.(4절)

예루살렘 성읍에서의 가증한 일로 하나님의 분노가 무섭게 임합니다. 성읍의 모든 사람이 죽게 됩니다. 그러나 예루살렘 성읍에서의 가증한 일에 대하여 탄식하며 우는 의인들은 이마에 구원의 표를 받습니다. 그런데 요한계시록을 보면 이마에 표를 받는 사람들의 두 종류가 있습니다. 하나는 요한계시록 7장 3절입니다. "이르되 우리가 우리 하나님의 종들의 이마에 인치기까지 땅이나 바다나 나무들을 해하지 말라 하더라" 하나님의 종들이 이마에 인을 받습니다. 성령의 인침입니다.(엡 1:13) 성경에서는 이 인침을 받은 하나님의 종들의 수를 십사만 사천(144,000)이라고 부릅니다.

그런데 144,000에 대한 신학적 해석이 교단별, 개인별로 다양합니다. 구원받은 사람들에 대한 상징적인 숫자로 보기도 하며, 대 환난기간에 순교할 순수 이스라엘 사람들 또는 이방 선교사의 숫자라고 하기도 합니다. 분명한 것은 택함 받은 이들의 이마에 예수님의 새 이름이 기록되어 있다는 점입니다.(계 14:1)

또 다른 하나는 요한계시록 13장 16절입니다. "그가 모든 자 곧 작은 자나 큰 자나 부자나 가난한 자나 자유인이나 종들에게 그 오른손에나 이마에 표를 받게 하고" 이 표는 적그리스도의 이름으로서 통상 육백육십육(666)으로 알려진 짐승의 수인 표시입니다. 영원한 불 못에 들어가는 멸망의 징표입니다.(계 19:20) 그런데 본문에 나타난 의로운 사람들의 이마에는 십자가의 표시인 "타브"표시가 그려지어, 멸망당할 사람들과 구분이 됩니다. 이 의인들은 어떤 사람들일까요? 악하고 가증스런 일을 행하는 동족을 보며 안타까움으로 탄식하고 우는 자들입니다. 진정한 애국자이며 진실한 사람들입니다.

우리나라의 독립을 위하여 만세를 외치다가 순국한 유관순 열사와 같은 사람입니다. 안중근 의사는 나라를 사랑하여 분연히 일어났습니다. 예루살렘 성읍의 파괴 소식을 듣고 금식하며 애통해 한 느헤미아가 있습니다. 위대한 지도자 모세는 자기 민족을 위하여 자기의 이름이 생명책에서 지워져도 된다고 할 정도로 민족을 사랑한 사람이었습니다. 안타까운 일이지만 대한민국 사회에는 음란과 탐욕 그리고 부정과 부패를 일삼는 악인들이 있습니다. 반면 이로 인하여 가슴아파하며 애통해 하는 의로운 사람들이 있습니다. 한편, 한국 교회 안에도 탐욕과 분열을 획책하는 육에 속한 무리들이 있습니다. 이러한 교회의 모습을 보며 애통해 하며 기도하는 신실한 신자들이 있습니다.

여러분은 어디에 속하여 있습니까? 이마에 타브 표시가 그려져 있는 의로운 성도인가요? 아니면 짐승의 수인 육백육십육(666) 표를 받을 어리석은 사람인가요? 이마에 십자가 표시는 오늘날 예수 그리스도를 항상 마음에 모시고 그 뜻대로 사는 성도를 말합니다. 우리 하나님께서 이런 성도

들을 기억하시고 새 예루살렘 성으로 인도해 주실 것입니다.(계 22:4)

둘째로, 하나님께 엎드려 부르짖어 간절히 기도합니다.(8절)

죽음의 여섯 천사들이 살상무기를 가지고 무자비하게 이스라엘 백성들을 죽입니다. 예루살렘 성읍에 거주하는 수많은 사람들이 죽어가는 광경을 본 에스겔 선지자는 본문 8절에서 이렇게 기도합니다. "그들이 칠 때에 내가 홀로 있었는지라 엎드려 부르짖어 이르되 아하 주 여호와여 예루살렘을 향하여 분노를 쏟으시오니 이스라엘의 남은 자를 모두 멸하려 하시나이까?"

동족들이 죽는 모습을 본 에스겔 선지자가 엎드려 부르짖는 중보기도입니다. 「기도는 하나님 앞에서 가장 낮은 자세로 엎드리는 영적인 낮은 포복이다.」 라는 말이 있습니다. 정녕 이스라엘의 남은 자까지 모두 죽이시느냐고 이마에 표를 받은 의인들과 같은 심정으로 엎드려 기도하고 있습니다. 하나님께서는 이스라엘 백성들의 죄악이 심히 중함을 보셨습니다. 그 땅에 살인으로 말미암아 피가 가득하며 불법이 찼다고 대답하십니다.(9절)

그런데 그들은 엉뚱하게 적반하장으로 말합니다. "여호와께서 이 땅을 버리셨으며 여호와께서 보지 아니하신다"라고 합니다. 이런 말은 불신자들이 자기합리화를 위해 하는 말입니다. 그러나 긍휼하신 하나님께서는 결코 버리지 않으십니다! "내가 결코 너희를 버리지 아니하고 너희를 떠나지 아니하리라"(히 13:5) 주님은 부르짖어 기도하는 신실한 자를 찾으십니다. 여러분은 이 확신을 가지고 있습니까?

21세기의 'C. S. 루이스'라고 찬사를 받는 팀 켈러(Timothy J. Keller, 1950—)목사님이 암 투병을 하면서 쓴 책인『팀 켈러의 기도』에 나오는 글입니다.

"만일 의사가 당신의 상태가 너무나 치명적이어서 이 약을 매일 밤 11시에서 11시 15분 사이에 먹지 않으면 다음 날 아침에 죽을 것이라고 한다고 하자. 그렇다면 당신은 절대로 그 시간을 놓치지 않을 것이다. 너무 피곤하다거나 영화를 보고 있어서 시간이 없었다고 말하지 않을 것이다. 이와 같은 결심으로 우리가 기도하지 않는다면, 우리 영혼은 급속도로 피폐해질 것이다."

기도 없는 삶이 얼마나 우리의 영적 건강을 크게 악화시키는지 말하고 있습니다.

우리의 기도가 나 자신의 성공, 내 가정, 내 교회만을 위한 얕은 물가와 같은 기도의 자리에 머물러 있어서는 안 됩니다. 민족과 나라에까지 우리의 지경을 넓혀야 합니다. 시인 아삽(Asaph)은 시편 80편 3절, 7절, 19절에서 이렇게 반복하여 기도하고 있습니다. "만군의 하나님이여, 우리를 회복하여 주시고 주의 얼굴의 광채를 비추사 우리가 구원을 얻게 하소서" 적군의 공격으로 이스라엘이 멸망을 당하게 되었을 때의 간절한 기도입니다.

오늘날 이 세상에서 얼마나 많은 사람들이 기도를 외면하고 있는지 모릅니다. 참된 그리스도인이라면 자기 민족과 나라를 위해 기도해야 할 의무가 있습니다. 이러한 중보기도는 해도 되고 안 해도 되는 선택

사항이 아닙니다. 참된 성도라면 누구나 깊은 바다와 같은 기도의 자리에 들어가야 합니다. 이런 성도들을 하나님은 반드시 은혜와 평강으로 채우시고 구원해주십니다.

6. 실천 결과(What then): 구원의 길에 선 사람들

자비하신 하나님께서 엎드려 기도하는 에스겔 선지자의 기도를 외면하지 않으시고 결국 이스라엘을 회복시키십니다. 에스겔 39장 25절입니다. "그러므로 주 여호와께서 이같이 말씀하셨느니라 내가 이제 내 거룩한 이름을 위하여 열심을 내어 야곱의 사로잡힌 자를 돌아오게 하며 이스라엘 온 족속에게 사랑을 베풀리라" 이와 같이 우리 하나님은 민족과 나라를 위하여 중보 하는 의인의 기도를 들으시고 응답하십니다. 이마에 예수 그리스도의 보혈을 상징하는 십자가 표시를 그려서 죽음의 심판을 면하게 하십니다. 구원을 받습니다!

구원의 참된 의미는 나 홀로 천당에 가는 것이 아닙니다. 내 가족이, 내 이웃이, 내 백성이 구원받도록 하는데 있습니다. 사도 바울의 말씀인 로마서 9장 3절입니다. "나의 형제 곧 골육의 친척을 위하여 내 자신이 저주를 받아 그리스도에게서 끊어질지라도 원하는 바로라" 이 마음이 바로 예수 그리스도의 마음입니다.

7. 결론(Conclusion)

에스겔 선지자의 환상 속에서 보인 하나님의 분노의 심판은 너무나 참혹하였습니다. 의인들은 동족의 불법과 가증한 죄악에 대하여 마음에 고통을 가지며 울었습니다. 그리고 그 이마에 타브 표시를 받아 죽음을 면하였습니다. 또한 에스겔 선지자는 심판의 모습을 보며 엎드려 부르짖어 기도하였습니다.

여러분의 이마에 주님의 십자가 보혈이 표시되어 있습니까? 우리나라와 사회 그리고 자신과 교회 안에 나타나는 음란, 부정, 사욕, 악한 정욕 그리고 탐심의 모습을 보십시오. 그리하여 안타까운 마음을 가지고 눈물로 기도하는 저와 여러분 모두가 되기를 축복합니다. (아멘!)

"이마에 타브 표시 있는 자" 설교문에 대한 강평

◆ 박은영 목사(청주 소망교회)
– 제목을 "구원의 표를 받았습니까?"로 하면 더욱 강력한 임팩트를 줄 수 있다고 생각한다.

◆ 강윤규 목사(경주 건천제일교회)
– 이 내용으로 설교하고 싶은 마음이 생긴다.

◆ 서승걸 목사(동탄 더함께하는교회)
– 설교에 감사하다.

◆ 홍은익 목사(생명의빛교회, 금천설교아카데미 총무)
– 설교가 전반적으로 잘 되었다.
– 오늘날 가증한 것들인 동성애, 트랜스젠더 등과 같은 문제를 다루면서 현실의 안타까움을 표현하면 더 좋을 것이다.

◆ 김진홍 목사(금천교회, 금천설교아카데미 원장)

- 이제는 이경만 목사가 목회를 시작해도 좋을 설교를 작성하고 있다.
- 많이 발전하였으며, 설교의 맛을 알아가는 듯하다. 그러므로 감사하고 보람된다.
- 서론에서 나태주 시인의 내용은 아주 적절하다고 생각한다.
- 긍정과 부정이 잘 교차되도록 하여 청중이 지루하지 않도록 해야 하며, 항상 본문이 이끌어 가는 설교문이어야 한다.
- 본문 설명은 잘 되었으나 설명으로 끝나고 있다. 본문이 나, 우리와 항상 관계가 되도록 해야 한다. 이 부분이 좀 빈약하다.
- 본문을 깊이 묵상한 흔적이 보이며, 듣는 나도 은혜가 되었다.
- 설교에는 언제나 교인들에게 필요한 것을 넣어야 한다는 것을 잊어서는 안 된다.

은혜 받은 후

2023. 7. 7. 금천설교아카데미 　　　　　　　　이경만 목사(금천교회)

본문: 요 5:14-16, 9:35-38

주제: 신앙 인격의 중요성

명제: 신앙은 인격이다.

목적: 은혜 받은 후에 신앙 인격이 더욱 성숙해 가도록 한다.

구성: 이야기 설교

5:14 그 후에 예수께서 성전에서 그 사람을 만나 이르시되 보라 네가 나았으니 더 심한 것이 생기지 않게 다시는 죄를 범하지 말라 하시니 15 그 사람이 유대인들에게 가서 자기를 고친 이는 예수라 하니라 16 그러므로 안식일에 이러한 일을 행하신다 하여 유대인들이 예수를 박해하게 된지라

9:35 예수께서 그들이 그 사람을 쫓아냈다 하는 말을 들으셨더니 그를 만나사 이르시되 네가 인자를 믿느냐 36 대답하여 이르되 주여 그가 누구시오니이까 내가 믿고자 하나이다 37 예수께서 이르시되 네가 그를 보았거니와 지금 너와 말하는 자가 그이니라 38 이르되 주여 내가 믿나이다 하고 절하는지라

장면 1: 베데스다 연못가의 38년 된 병자의 모습(평형감각을 깨뜨림)

지난 6월 14일 국회에서 대정부 질의가 있었습니다. 그때 선천성 시각장애인인 국민의힘 김예지 의원의 질문차례가 되었습니다. 김 의원은 안내견과 함께 조심스럽게 단상에 올랐습니다. 그리고 국무총리와 법무부장관에게 질의를 했습니다. 세심하게 잘 준비된 자료로서 차분하고 예의를 갖추어 질의하는 모습이 매우 감명 깊게 다가왔습니다. 점자로 읽으면서 질의한 내용은 장애인에 대한 지원이 더욱 필요하다는 마음을 갖게 만들었습니다. 질의를 끝낸 김 의원을 향하여 여야 국회의원

들이 기립박수를 보내는 모습은 참으로 인상적이었습니다. 저런 질의와 답변이 되어야 우리나라 정치가 발전할 수 있겠다는 생각이 들었습니다. 그러나 우리나라 정치인들에게서는 성숙된 인격을 거의 볼 수가 없습니다.

이와 같이 요한복음 5장 5절을 보면 38년이라는 긴 세월동안 병상에 누워 하루하루 연명하는 한 사람이 나타납니다. 젊었을 때는 건장하였기에 자기 마음대로 살았습니다. 젊음을 자랑하고 세상풍조에 따라 방탕하게 살았습니다. 그러다가 그만 중병에 걸리고 말았습니다. 아마 근육과 뇌혈관의 문제로 생긴 중풍병으로 추측됩니다. 그는 병을 고치려고 온갖 병원에 다 다녀 보았습니다. 이제는 돈도 모두 떨어지고, 가족들도 더 이상 그를 돌볼 수가 없었습니다. "긴 병에 효자 없다"라는 말처럼 처량한 신세가 되었습니다. 그 결과 그의 인격도 매우 피폐해졌습니다. 병도 점점 더 심해져 갔습니다. 이젠 완전히 자리에 누워 지내는 신세가 되었습니다.

어느 날 이웃집에 사는 아주머니가 말해 주었습니다. "저기 베데스다연못에 가보세요. 거기서 물에 소용돌이가 생길 때 먼저 물속에 들어가면 어떤 병이라도 낫는다고 합니다"라고 했습니다. 그래서 간신히 들것에 실려서 가보니 수많은 병자들이 가득 모여 있어서 그 요행을 바라고 있었습니다. 5장 3절입니다. "그 안에 많은 병자, 맹인, 다리 저는 사람, 혈기 마른 사람들이 누워 물의 움직임을 기다리니" 라고 말씀하고 있습니다. 그러던 어느 날 연못의 물이 요동치는 것을 보았습니다. 그러나 어떤 손 마른 사람이 재빨리 제일 먼저 연못 속에 들어가 버렸지요. 그 광경을 본 이 38년 된 병자는 "아이고! 누군가 나를 연못에 넣어주는 사람이 있어야 내가 들어가지"라고 혼잣말로 투덜거립니다. 하지만 친절을 베풀어 줄 사람은 주위에 아무도 없습니다. 모두들 자기의 병이 나아야 하므로, 물이 움직이면 먼저 들어갈 생각만 합니다. 경쟁적 이기주의로 가득 찬 베데스다 연못가에서는 이 오래된 병자를 거들떠보지 않습니다.

마찬가지입니다. 우리도 경쟁사회에서 살고 있습니다. 직장에서 먼저 승진하려면 경쟁자를 밟고 가야 합니다. 또 학생들은 내신 성적이 대학입학에 결정적인 역할을 합니다. 그러므로 내신을 잘 받으려고 치열하게 경쟁합니다. 일류대학이 인생 전부인양 그렇습니다. 양보하고 이해하며 사랑하라는 설교를 듣지만, 예배를 마치고 주차장에서 다툽니다. 예전에는 교회 차량이나 교인 개인차량에 교회이름 또는 물고기 마크를 붙였지만 지금은 많지 않습니다. 오히려 "아기가 타고 있어요"와 같은 스티커만 붙입니다. 교회이름이 붙은 차를 타고 다니면 다른 차들이 무시하고 끼어든다고 합니다. 더 큰 문제는 신호위반이나 속도위반 같은 불법적인 행동을 했을 시 불편해서 표시를 안 한다고 합니다. 예배에서 목사님의 설교를 듣고, 은혜를 받았다면 그 은혜가 실행되어야 할 것입니다. 조금 불편하면 어떤가요? 좀 손해를 보면 어떤가요?

장면 2: 병 낫기를 원함보다 다른 사람을 원망하는 병자(갈등 구조의 심화)

38년 된 병자는 이제 오기와 불만으로 가득 차 있습니다. 나보다 먼저 연못물에 들어가는 사람이 미워집니다. 내가 들어가야 병에서 나음을 얻는데 들어 갈 기회가 전혀 없다는 점입니다. 그래서 타인을 원망합니다. 병이 낫는 것은 2차 문제입니다. 일단 물이 움직일 때 물속 넣어주는 누군가만 있으면 된다는 생각뿐입니다. 벌써 세월이 흘러 70세에 가까워가는데 이대로 죽을 수는 없다는 생각도 듭니다. 자포자기의 지경에 이를 지경입니다. 그런데 이렇게 실의에 빠져 있는 불쌍한 병자 곁에 누군가 가까이 다가왔습니다.

그리고는 아주 인자한 얼굴에 눈에 광채가 나고 있는 그 분이 병자를 긍휼히 보시며 말씀하십니다. "네가 낫고자 하느냐?"(6절) 이 말씀에 보통 정상적인 사람이라면 "네! 낫고 싶습니다. 저를 고쳐 주세요"라고 말할 것입니다. 그러나 이 병자는 그 분을 쳐다보며 정말 엉뚱하게 답변을 합니다. 불만에 찬 목소리로 "주여 물이 움직일 때에 나를 못에 넣어주는 사람이 없어 내가 가는 동안에 다른 사람이 먼저 내려가나이다"(7절) 이 말이 할 말입니까? 병이 낫기를 원하느냐는 질문에 맞는 답변이 전혀 아닙니다. 그저 투정과 원망의 소리가 아닌가요?

사랑하는 성도 여러분! 38년이나 되는 아주 오랜 기간을 질병으로 고통 받는 사람이기에 그럴 수 있었을 것입니다. 만약 내가 이런 상태라면 어떨까요? 사람은 마음이 몸과 연계가 되어 있기에 몸의 질병은 마음에 질병을 전이시킵니다. 자기만 알게 되는 아주 이기주의적인 사람이 되어 버립니다. 제가 전임전도사 시절에 섬기던 교회에 열심히 출석하시는 80세를 넘기신 권사님이 계셨습니다. 그 분의 56세 된 아들이 20여 년 전 불의의 사고를 당하여 하반신을 전혀 사용할 수 없는 중증 장애인이 되었습니다. 간병인이 붙어서 침대와 휠체어로 이동할 수밖에 없습니다. 그 아들을 돌보기 위하여 노심초사 하시면서 자신이 먼저 하늘나라에 가면 이 아들을 누가 돌보겠느냐며 걱정하곤 하였습니다. 그런데 권사님 댁을 심방하여 보면 그 아들이 어머니에게 마구 투정부리고 원망하며 상스런 말도 하곤 하였습니다. 본래 착한 사람이었는데 반신불수의 장애인이 되고부터 성격이 변하고 괴팍해 졌다고 합니다. 심방하여 예배를 드리고 손을 잡고 기도해 주면 그때는 얌전하지만 그 때뿐입니다. 계속 어머니를 만만하게 보고 힘들게 한다고 하여 제 마음도 아팠습니다. 오랜 질병이라는 것이 이렇게 사람을 바꿔 버립니다. 이처럼 38년 된 병자의 인격도 이기적인 성격으로 바뀐 것 같습니다.

장면 3: 예수님의 무조건적인 사랑의 고침 역사(해결의 실마리)

그런데 정말 이상한 일이 일어났습니다. 그 병자 옆에 오신 예수님께서 38년 된 병자의 말도 안 되는 답변을 듣고도 "일어나 네 자리를 들고 걸어가라"(8절)하시는 것입니다. 이런 말씀을 하실 수 있는 분은 바로 예수 그리스도밖에 없습니다. 그 병자가 낫기를 원한다는 답변을 한 것도 아닙니다. 그저 불평과 원망의 대답을 하였는데도 말입니다. 그것은 우리 주님이 38년간이나 불치의 병으로 죽을 고생을 하고 있는 이 병자를 무조건 사랑하신 것입니다. 예수님의 눈에는 사랑의 눈물이 고여 있었습니다. 나를 사랑하사 독생자를 보내신 하나님 아버지의 긍휼함입니다. 병의 근원되는 부분에 안수하신 것도 아닙니다. 그저 말씀으로만 하신 것입니다.

주님의 긍휼히 여겨주심이 관건입니다. 38년이나 드러누워야 하는 이 병자가 어떻게 일어날 수 있을까요? 더구나 자기가 깔고 드러누웠던 그 더럽고 냄새나는 매트를 들고 걸어가라고 명령하신 것입니다. 도저히 상식적으로 이치에 맞는 말씀은 아니었습니다. 하지만 병자는 그 명령을 듣자 갑자기 몸에 이상한 느낌이 들었습니다. 말씀의 능력이 나타난 것이지요. 다리와 팔에 이전에 전혀 느끼지 못하였던 힘이 생겨납니다. 깔고 누워있었던 자리를 충분히 들 수가 있었습니다. 성경은 말씀합니다. "그 사람이 곧 나아서 자리를 들고 걸어가니라"(9절)

주님은 지금 우리에게도 말씀하십니다. "일어나라 안주하는 그 곳에서 일어나 내가 가르친 진리의 길을 걸으라"고 하십니다. 불평과 원망으로 가득차고 모든 잘못을 남에게 전가하려는 마음으로부터 우리는 일어나야하겠습니다. 시기하고 미워하며 왜 나에게만 이런 슬픔과 괴로움이 왔는지 불평하지 말고 일어서야겠습니다. 김석균 목사님이 부른 "주님 손잡고 일어서세요"라는 힘이 되는 복음송이 있습니다. "왜 나만 겪는 고난이냐고 불평하지 마세요/ 고난의 뒤편에 있는 주님이 주실 축복 미리 보면서 감사하세요/ 너무 견디기 힘든 지금 이 순간에도 주님이 일하고 계시잖아요/ 남들은 지쳐 앉아 있을지라도 당신만은 일어서세요…"

장면 4: 죄로 인한 질병임을 암시하심(복음의 경험)

그런데 문제가 생겼습니다. 병을 나은 사람이 자리를 들고 간 그 날이 바로 유대인들은 아무 일도 해서는 안 되는 '안식일'이라는 점입니다. 하지만 주님은 안식일이기에 더욱 그리 하신 것입니다. 십자가의 고난과 죽음의 길을 가야하는 사명의 길임을 아시기에 안식일에 병을 고쳐주셨습니다. 그리고 자리를 들고 걸어가게 하셨습니다. 유대인들이 가뜩이나 예수님이 행하시는 여러 가지 이적과 말씀들에 반감을 가지고 있는 차에 안식일에 하지 말아야 하는 일을 하게 하신 것입니다. 여기서 이 38년 된 병자에게 복음은 무엇인가요? 그렇습니다! 바로 그의 38년이나 된 병이 나은 것입니다. 주님의 은혜가 주어진 것입니다. 그렇지만 안식일에 병이 나아 자리를 들고 가던 이 영혼보다 유대인들은 오로지 안식일 범한 것에만 몰두하였습니다.

참으로 또 다시 이상한 일이 일어났습니다. 병 고침의 은혜를 받은 사람임에도 불구하고 그는 주님께 책임을 전가하는 핑계를 대는 것입니다. "나를 낫게 한 그가 자리를 들고 걸어가라 하더라"(11절) 자기가 안식일 규례를 어긴 것을 자기에게 은혜를 베푸신 주님께 넘겨버리는 엉뚱한 짓을 한 것입니다. 아마 무서워서 얼떨결에 급히 답하다 보니 그럴 수도 있었을 것입니다. 얼마 후에 성전 안에서 예수님이 그 병 나은 사람을 만납니다. 이때 인격적인 사람이라면 "예수님, 정말 감사합니다. 저의 병을 고쳐주셔서 이렇게 두발로 다닐 수 있도록 해 주셨습니다. 이제 성전에도 들어올 수 있으니 그 은혜를 평생 잊지 않고 믿음으로 살겠습니다"라고 해야 하지 않을까요? 아무런 말도 안하고 "어! 이 분이 예수님이시네"라는 마음만 갖고 있는 듯합니다. 그런 자를 불쌍히 여기신 예수님은 그에게 자비롭게 그러나 엄중하게 말씀하십니다. "보라 네가 나았으니 더 심한 것이 생기지 않게 다시는 죄를 범하지 말라"(14절)

성도 여러분! 우리의 질병은 죄와 상당히 밀접한 관계에 있습니다. 다만 일률적으로 말할 수는 없습니다. "죄를 지으면 병이 생긴다. 그러므로 병에 걸리면 뭔가 죄를 지은 것이다"라고 확정적으로 말할 수는 없습니다. 이는 욥기서의 이야기를 통해서도 알 수가 있습니다. 아무런 죄가 없는 욥에게 엄청난 재난과 악성 피부병이 닥쳤습니다. 위로하기 위하여 방문한 그의 친구인 엘리바스, 빌닷, 소발은 욥에게 죄가 있으니 그런 고난이 온 것이라고 단정을 짓습니다. 하지만 아니었습니다. 죄와 질병은 반드시 인과관계가 있는 것이 아닙니다. 그러나 오늘 본문에서 병 나은 사람은 많은 죄로 인하여 중병에 걸린 것임을 우리는 짐작할 수 있습니다.

이 병 나은 사람은 예수님이 어려움에 처하실 것이라는 점보다 자신의 안위를 더 생각한 듯합니다. 출교를 두려워했습니다. 곧바로 유대인들을 찾아가 자기를 고친 사람은 예수라고 알렸습니다. 15절입니다. "그 사람이 유대인들에게 가서 자기를 고친 이는 예수라 하니라" 자기가 안식일에 자리를 들고 걸어감으로 율법을 범했다는 것만 생각하였습니다. 유대인 사회에서 따돌림 받는 것이 싫었습니다. 그래서 예수님께 그 책임을 넘겨버린 것이지요. 한편, 요한복음 9장을 보면 예수님께서 선천성 시각장애인을 고쳐주신 이야기가 있습니다. 땅에 침을 뱉어 진흙을 이겨 그의 눈에 발랐습니다. 그리고 실로암 못에 가서 씻으라고 하여, 그 시각장애인이 고침을 받았습니다. 9장 7절입니다. "이르시되 실로암 못에 가서 씻으라 하시니(실로암은 번역하면 보냄을 받았다는 뜻이라) 이에 가서 씻고 밝은 눈으로 왔더라" 고침 받은 선천성 시각장애인이 주님을 만난 곳은 성전이 아닌 성문 밖이었습니다. 주님이 먼저 찾아가 만난 것입니다. 그는 이미 출교라는 큰 어려움 속에도 "주여 내가 믿나이다"하며 예수님께 절하였습니다.

장면 5: 은혜를 믿음과 경배로 보답하는 신앙 인격을 갖추라(결과 기대)

사랑하는 성도여러분! 38년 된 병을 고침 받은 사람과 선천성 시각장애인으로서 눈 고침을 받은 사람의 차이가 무엇이라고 생각하시나요? 병 고침 받음은 둘 다 동일한데, 받은 은혜에 대한 감사의 마음이 각각 다르다는데 있습니다. 이는 신앙 인격의 문제입니다. 가룟 유다는 3년간이나 주님을 따르면서 온갖 기적을 보았고 말씀을 배웠습니다. 주님과 먹고 자며 제자 훈련을 받았습니다. 그러나 그의 마음은 주님께로 향하지 않았습니다. 마음이 부정적이 되면 그 마음은 기적을 겪어도 변하지 않을 수 있다는 점입니다. 38년 된 중병을 고침 받은 사람이 유대인들에게 곧바로 보고했습니다. 그럼으로 유대인들이 예수님을 박해하게 되었고 또 죽이려고 하는 단초가 되었습니다. 5장 16절입니다. "그러므로 안식일에 이러한 일을 행하신다 하여 유대인들이 예수를 박해하게 된지라"라고 기록하고 있습니다. 예수님으로부터 우리는 구원의 은혜를 값없이 받았습니다. 하나님께서는 우리들이 받은 그 은혜에 깊이 감사하며, 어떤 고난이 와도 흔들리지 않는 참다운 신앙의 인격자가 되는 것을 진정으로 기뻐하십니다. (아멘!)

"은혜 받은 후" 설교문에 대한 강평

◆ 홍은익 목사(생명의빛교회, 금천설교아카데미 총무)

- 새로운 시각으로 본문을 보고 있으며, 전체적으로 38년 된 병자에게 집중을 하면서도, 균형이 잘 맞춰진 설교이다.
- 들어가는 말에서 김예지 국회의원이 예절 있는 기독교인임을 더 잘 나타내면 좋겠으며, 그러나 이와는 다른 정치현실이라는 것을 보이면 좋겠다.
- 비교의 기법을 살리면 좋겠다.

◆ 안용남 목사(천안평강교회)

- 설교자의 상상이 너무 많이 들어간 듯하다. 예를 들면 38년 된 병자의 나이가 70세라는 것, 방탕했다는 것인데, 설교자가 추측하였다는 것을 설교문에 넣어서 확정적이라는 느낌이 없도록 해야 한다.

◆ 이기용 목사(동대전장로교회)

– 제목 "은혜 받은 후"를 "치유 받은 후"로 하는 것은 어떨까?

– 영상이나 사진으로 김예지 의원의 국회 질의 모습을 보여주면 더욱 실감이 날 것이다.

– 내용 속에 "몸 관리를 못해서"와 같은 성경에는 없는 내용의 추측이 가능한지?

◆ 박은영 목사(청주소망교회)

– 이야기 설교로서 신선하고 은혜가 되었다.

– 본문을 2개로 하였는데, 중간에 언급된 예화가 잘 매칭이 안 되는 것 같다.

– "신앙 인격"이 어떤 것인지 설명해 줄 필요가 있다

– 결론 부분에서 예수님께 감사드려야 하는 것을 좀 더 명확하게 할 필요가 있다.

◆ 서승걸 목사(동탄 더함께하는교회)

– 이야기식으로 풀어나가서 잘 이해가 되어 감사하다.

– 장애인 김예지 의원의 이야기는 그 정치인의 인격에 관한 것인데 굳이 필요하였나?

– 즉 그 사례가 본문 속의 38년 된 병자와 관련이 있는 것인가?

– 욥의 고난에서 죄와 질병은 인과관계가 아님을 말했는데 관계있는 예화가 필요하다.

◆ 임성수 목사(문경새재교회)

- 유진 라우리의 5단계 이야기 설교를 하셨는데, 사실상 유진 라우리도 이해하기가 어려워서 4단계로 바꾸었다고 한다.
- 설교문에서 38년 된 병자의 일가친척으로부터 버림을 받은 상황을 갈등으로 본 것이다. 그러나 장면 2에서는 글의 순서를 바꾸면 좋겠다. 그리고 누가복음 10장에서 감사한 사람은 오직 1명인 부분이 있는데 이런 내용이 들어가면 좋겠다.

◆ 김형진 목사(용암교회)

- 임 목사님의 설명에 감사하다. 오늘 설교에서 '이웃집에 사는 아주머니'가 38년 된 병자에게 말한 것은 설교자가 상상한 것인데 괜찮은가? 수많은 요행을 바라고 있다는 부분도 그렇다.

◆ 김진홍 목사(금천교회 원로목사, 금천설교아카데미 원장)

- '신앙 인격'이란 은혜를 갚는 것으로서, 신앙도 도리를 따라 살아야 한다.
- 이야기 설교로 작성하느라 수고가 많았다. 그런데 이 설교를 듣는 청중이 과연 얼마나 은혜를 받을 지를 늘 생각해야 한다.
- 김예지 의원의 이야기는 살리는 것이 좋겠다. 김 의원과 본문과 연계가 잘되도록 해야 한다. 연계가 덜되면 그저 평이하게 지나갈 수 있다.
- 이 설교는 지루하게 펼쳐지고 있다고 느낀다. 장면 2도 갈등의 심화 부분인데 평이한 내용이다. "아!"라는 감탄사가 나와야 한다. 장면 3은 해결의 실마리로서 "일어나라"라는 주님의 은혜가 더 상세하게 나타나서 그 은혜에 감사하여야 하는데, 여기가 일반적으로 흘러간다. 60%정도인데 90%가 되어야 한다. 장면 4는 '안식일'에 대한 문제가 나오는데 유대인들이 생각하는 그 가치를 뛰어넘는 복음을 잘 제시

하여야 한다. 장면 5는 38년 된 병자가 엄청난 은혜를 입은 것처럼
오늘 우리에게도 나타난다는 점을 기술하여야 한다.

– 내용은 좋다. 그러나 설교가 90% 정도 되어야 하는데 잘 만들 수 있
는 것을 평이하게 만들었다고 생각한다. 풀어가는 능력을 더 길러야
한다. 더 깊이 묵상하여야 하며 과연 교인들이 이 설교에 은혜를 받
을 것인가를 생각하여야 한다. 적용이 약하다.

설교의 8가지 형태

순서	설교 형태		주요 내용	비고
1	연역법적설교〈설득형〉	대지 설교	서론, 본문 설명, 해결방법(각 대지별로 ①문제제기 ②본문 설명 ③적용 ④긍정예화 ⑤하나님 주어 및 권면)	삼대지 또는 이대지
2		분석 설교	서론(What's problem), 본문 설명(What), 이유(Why, 주제의 정의 및 필요성), 해결방법(How, 적용), 결과(What then), 결론(Conclusion)	1. 윌리엄 에반스 2. 정장복
3		강해 설교	서론(도입), 본문 강해(원 포인트 또는 ①문제제기 ②본문 설명 ③적용 ④긍정예화 ⑤하나님 주어 및 권면), 적용(대지에 있으면 삭제), 요약	본문 강해, 제목 강해, 전기 강해, 주해식 강해, 성구열람식 강해, 분류식 강해
4		본문 접맥식 설교	서론, 본문 설명, 이유(본문의 문화적 배경, 신학적 배경, 육하원칙에 의한 분석), 해결 방법.	
5	귀납법적설교〈참여형〉	원 포인트 설교	하나의 요점, 개념, 사상, 주제, 설교목적. 본문에서 키워드를 찾고, 절정(Climax)의 과정을 향함	다양한 적용
6		이야기 설교	1. 평형감각을 깨뜨림, 갈등구조 심화, 해결의 실마리, 복음의 경험, 결과 기대 2. 갈등, 심화, 역전, 해소 (4C) ※ "아하!"포인트 지향	1. 유진 라우리 2. 김수중
7		네 페이지 설교	① 본문에 나타난 문제 ② 이 세상에 있는 문제 ③ 본문에 나타난 하나님의 행동 ④ 세상에 나타난 하나님의 행동	폴 스캇 윌슨
8		현상학적 전개식 설교	중심주제 중요, 4-6개의 장면, 각 장면에 주해 또는 예화, 적용, 영화처럼 긴밀한 연결. 여는 말(중심개념의 움직임 관점), 전개(중심개념의 상세한 설명), 닫는 말(움직임의 완성)	데이비드 버트릭

자기 설교를 보는 요령

2022. 7. 29   금천설교아카데미 원장 김진홍 목사

1. 본문을 깊게 묵상한 흔적이 있는가?
- 원어 본문을 읽고 분석하는 과정을 갖는다.
- 대표적인 주석(이상근 주석, 박윤선 주석 등)으로 자기 설교를 확인한다.

2. 본문 말씀에서 설교가 전개되고 있는가?
- 즉 본문 중심으로 나의 설교가 전개되고 있는 것이 중요하다.

3. 본문을 영적으로 깊게 묵상한 것을 계속적으로 풀어가고 있는가?

4. 하나의 주제만을 전개시켜나가고 있는가?
- 한 설교에서 여러 이야기를 하는 설교는 잘못되었다. 오직 하나의 주제만으로 처음부터 끝까지 설교를 전개시켜 나가야 한다.

5. 청중이 쉽게 이해 할 수 있도록 전개시켜나가고 있는가?
- 설교자 중심보다, 청중 중심으로 설교가 작성이 되어야 한다.
- 영어나 원어를 되도록 사용하지 않아야 한다.
- 원어를 사용한다면 '번역을 하면 이런 뜻이다.'라고 하는 것이 좋다.
- 교인 중에 영어나 원어를 알아듣는 사람이 얼마나 될까 생각해야 한다.

– 추상적인 단어나 어려운 단어를 사용하지 말아야 한다.

– 즉 정체성이라는 말도 알아듣는 분들도 많지 않다는 것을 명심하라.

– 한경직 목사님은 중학교 수준에서 단어를 구사하라고 하셨다.

6. 신학적으로 문제는 없는가?

7. 너무 알레고리칼하게 해석하면 위험하다는 것을 명심해야 한다.

8. 설교 작성에서 앞 뒤 문장에서 연결되는 부분이 매끄러운가?

9. 너무 어려운 단어나 문장을 사용하고 있지는 않은가?

10. 논리적으로 설교가 진행되고 있는가?

– 문제를 제기하고 이유를 말하고 해결방법을 제시하고 있는가?

– 문제를 제기하고 해결방법을 제시하고 있는가?

– 이유를 말하고 해결방법을 제시하고 있는가?

– 이유를 말하고 해결방법을 제시하고 결과를 말하고 있는가?

– 해결방법을 제시하고 이유를 말하고 있는가?

– 갈등을 말하고 해결방법을 제시하고 있는가?

11. 적용이 제대로 되고 있는가?

– 대개 보면 설교가 설명과 나열을 하고 있는 경우가 많이 있다. 이것은 설교가 아니다. 설교에서 적용을 빼면 설교가 아니다. 그러므로 적용이 분명해야 한다는 것을 결코 잊지 말아야 한다. 적용은 "성경은 이렇게 말한다. 그러므로 오늘 우리는 어떻게 살아야 하는가? 어떻게

살아야 할 것을 분명하게 제시하고 있는가?" 이것이 분명해야 한다.

12. 연역법적인 설교인가? 귀납법적인 설교인가?

– 즉 이 설교는 설득하는 설교인가? 참여시키는 설교인가? 참고사항이
다. 적어도 이 두 가지 설교를 만들 수 있는 설교 작성법을 알고 본
문을 묵상해야 한다.

13. 결론은 정확하게 만들어졌는가?

– 모든 설교를 아주 짧게 잘 정리를 해서 청중들이 한마디로 이해 할
수 있도록 결론을 내려야 한다.

14. 적어도 설교를 준비하고 20번 정도는 읽고 강단에 올라가는가?

– 설교는 많이 읽어 볼수록 좋은 설교로 다듬어지기 때문이다. 읽는 도
중 수정(많이 바꿈), 교정(적게 바꿈), 그리고 암기가 되기 때문이다.

15. 설교 중에 60-70%는 원고를 안보고 청중과 아이콘택트를 하면, 설교를 할 때에 자연스러운 설교가 될 수 있다.

– 이것은 원고를 많이 읽어보는 수밖에 없다. 성경을 읽을 때에만 원고
를 보면 된다. 아니면 성경을 읽을 때에 다른 사람이 마이크를 잡고
읽게 하는 것도 하나의 방법이다.

16. 설교에 맞는 예화를 잘 사용하고 있는가?

– 그 설교에 맞는 예화를 찾는 것은 정말 소중한 일 중에 하나이다. 좋
은 예화를 찾기 위해서 많은 수고를 해야 한다. 책을 많이 읽어 보아
야 한다. 다른 사람의 설교집도 읽어 보아야 한다.

17. 나의 설교의 완성도와 깊이가 얼마나 되는가를 평가 할 수 있어야 한다.

- 아직 완성도가 떨어지는 설교를 갖고 강단에 올라간다면 설익은 밥을 먹는 것과 같다. 잘 익은 밥과 맛있는 반찬으로 준비된 설교이어야 한다. (끝).